젊음

젊음은 인생의 한 시기가 아니라
마음의 상태이다.
그것은 장미빛 뺨도 입술도 아니며
나릇나릇한 무릎도 아니다.
그것은 의지와 상상력이며
활력이 넘치는 감성이다.
그것은 삶의 깊은 샘에서 솟아나는 신선함이다.

젊음은 용기가 비겁함을 누르는 것을 뜻하며
안일함을 떨쳐버리고 모험에 나서는 것을 뜻한다.
나이만 먹는다고 늙는 것은 아니다.
이상을 버릴 때 우리는 늙는 것이다.

나이를 알면 피부에 주름살을 만들지만
열정이 식어버리면 정신의 주름살을 만든다.
걱정과 두려움과 자기 불신은 용기를 꺾고
정신을 죽여버린다.

내일은 두렵지 않다.
어제는 이미 지나갔고
오늘만을 사랑하므로 태양은 내일도 잊지 않고
떠오른다.

Publish Company

Woongbo

Woongbo
Publish Company

Visual C++ 6.0

Visual C++로 구현한

C프로그래밍

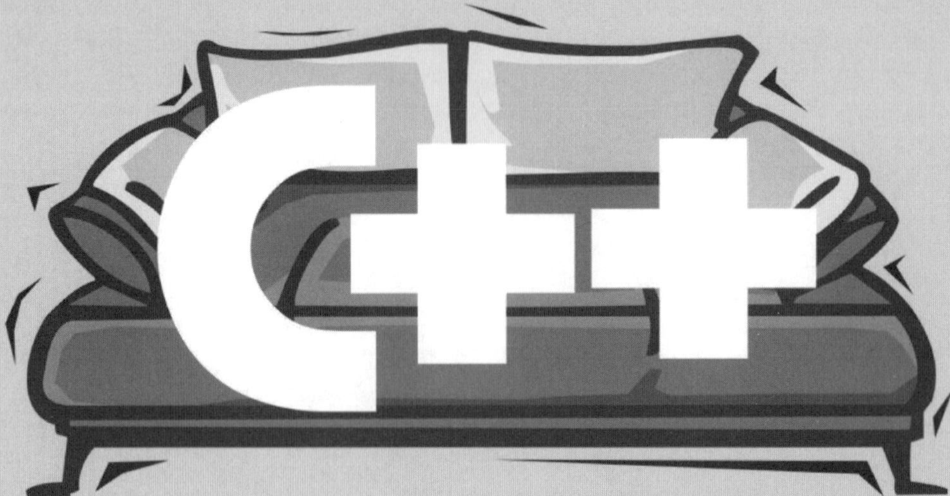

웅보출판사
www.woongbo.co.kr

머 리 말

컴퓨터 프로그래밍 언어로 각광을 받아온 C언어는 1972년 Bell 연구소에서 처음 개발되어 오늘에 이르기까지 IT(Information Technology)분야에 중추적인 역할을 해왔다.

여기에는 그럴만한 이유가 있는 것이다. C언어는 고급언어와 저급언어의 특성을 동시에 지니고 있어 과거의 어셈블리 언어와 같은 저급언어로 프로그래밍을 했던 시스템 프로그래밍으로부터 각종 응용프로그래밍에 이르기까지 널리 사용하고 있기 때문이다.

즉, C언어는 절차형 언어로써 운영체제, 컴파일러, 어셈블러 등의 시스템 소프트웨어와 데이터베이스, 패키지, 통신용 언어 등과 같은 일반 업무용 응용소프트웨어에도 광범위하게 사용되고 있다.

또한 요즈음 인터넷에서 요구되는 프로그래밍 언어로서는 객체지향 언어를 들 수가 있는데 이들은 C++, JAVA, C#등이 대표적이다. C언어는 이들을 배우는 기초 선수과목으로 필수적이라 할 수 있다.

특히, C언어를 배움에 있어서 최근에 윈도우 비주얼(Visual)환경을 피할 수 없을 정도로 일상 생활화되어 있어서 C언어를 비주얼 환경에서 배우지 않으면 안된다. 또한, C++언어를 접하는데도 다소 도움을 줄 수 있다는 점을 고려하여 Visual C++ 6.0 개발환경을 사용하였다.

이 책은 컴퓨터 언어를 배우려는 초보자를 위해 기초부터 단계적으로 다루었기 때문에 프로그래밍 입문서로서 가장 적절하게 만들어 졌다고 볼 수 있다.

◉ 이 책의 구성

제1장 C언어의 개요
제2장 C언어의 기초
제3장 기본 자료형
제4장 기억 클래스
제5장 연산자
제6장 제어 구조
제7장 배열
제8장 함수
제9장 프리프로세서

제10장 포인터
제11장 구조체와 공용체
제12장 라이브러리 함수
제13장 파일 처리 입・출력 함수
으로 구성하였다.

따라서, C언어에 처음 입문하는 학생들과 전문 프로그래머의 기초과정을 튼튼히 하는데 많은 도움이 되리라 믿는다.

특히, 많은 예제들을 수록하였고, 객관식 및 주관식 문제를 첨가하여 대학교재 및 수험서로서 충분히 활용할 수 있도록 최선의 노력을 다했다.

아무쪼록, 이 한 권의 책이 프로그래밍 언어를 깨우치는데 좋은 길잡이가 되기를 바랄 뿐이며 부족한 부분은 계속해서 수정 보완해 나가고자 한다.

끝으로 이 책의 출간을 위해 물심양면으로 협조해 주신 웅보출판사 정병국 사장님 이하 관계자 여러분들께 깊은 감사의 말씀을 드린다.

IT연구실에서
저자씀

차례

차례

차례

차례

차례

제1장 C 언어의 개요

1. C 언의 역사

C 언어의 역사는 1960년 ALGOL 60 언어로부터 그 유래를 찾아볼 수 있다. 당시 이 언어는 프로그래밍 언어 설계 등에 많은 영향을 주기는 했지만 매우 추상적이고 지나치게 범용적이라는 이유로 별로 인기를 얻지 못했다. 그 후 ALGOL 60보다 사용하기 쉽게 하려는 목적으로 CPL이 개발되었는데, 이 언어 역시 배우기 어렵고 사용하기가 불편하여 그 기능을 충분히 발휘하지 못했다. 그래서 이러한 문제를 해결하기 위해 등장한 언어가 1967년 Martin Richards에 의해 개발된 BCPL 언어이다. 그리고 이 BCPL을 기초로 하여 벨 연구소(Bell Lab)의 Ken Thompson이 UNIX 운영체제를 처음 개발했는데, 이때 사용된 언어는 어셈블리언어와 BCPL 언어였다.

한편, B언어는 이 BCPL 언어를 기준으로 하여 좀더 고급화한 언어로서 자료형이 제한된 시스템 프로그램용 언어이지만 서로 다른 컴퓨터 기종간의 호환성과 하드웨어 기능까지 제어할 수 있는 새로운 고급 프로그래밍 언어로서 호평을 받았다.

그 후 이 B언어를 모체로 하여 1972년 Dennis Ritchie가 개발한 것이 바로 c 언어이다. 이 언어는 UNIX 운영체제와 함께 발달한 언어이고 최초로 DEC사의 PDP-11상에서 구현하였다.

오늘날 c 언어는 UNIX 운영체제에서 뿐 아니라 개인용 컴퓨터 운영체제 등에서도 널리 이용되므로 날로 그 인기를 더해가고 있다.

개발년도	언어명 및 개발 주체
1960년	ALGOL 60 (ALGOrithmic Language 1960) (국제 위원회)
	⇩
1963년	CPL(Combined Programming Language) (캠브리지 및 런던대학교)
	⇩
1967년	BCPL(Basic CPL) (캠브리지의 Martin Richards)
	⇩
1970년	B (Bell 연구소의 Ken Thompson)
	⇩
1972년	C (Bell 연구소의 Dennis Ritchie)

〈그림1.1〉 C 언어의 유래

2. C 언어의 특징

BCPL과 B 언어는 자료의 형이 정수형으로 제한된 언어이지만 c 언어는 일반 언어들이 갖는 기본 자료형과 복합 자료형을 모두 갖추고 있다. 본래 c 언어는 시스템 기술용으로 개발되었지만 스위칭과 통신, 마이크로 프로세서, 워드프로세서, 시스템 제어, 수치 계산 등 여러 가지 패키지 프로그램을 작성하는 데에도 사용되고 있다.

C 언어에 대한 특징을 요약하면 다음과 같다.

- UNIX 운영체제의 근본이 되며 범용 프로그래밍 언어이다.
- 저급 언어와 고급 언어의 구조를 모두 갖추고 있다.
- c 언어 자체에는 입・출력 기능이 없고, 입・출력은 함수에 의해 행해진다.
- 포인터와 주소를 계산할 수 있다.
- 프로그램의 모듈화가 가능하고, 분할 프로그래밍과 분할 컴파일 할 수 있다.
- 구조화 프로그래밍 작성을 위한 각종 제어문이 있다.
- 연산자가 풍부하며, 비트연산, 시프트연산, 번지 및 포인터 연산 등으로 시스템 프로그래밍을 하기 쉽다.
- Preprocessor의 매크로 기능이 있다.

- 문자열(string), 집합, 리스트, 배열과 같이 전체로서 고려되는 것을 직접 연산하는 명령 이 없다.
- 모든 함수의 순환이 허용된다.

3. 컴파일과 실행

C 언어 문법으로 구현한 리스트를 프로그램이라고 하고 이 프로그램을 원시프로그램(*.c, *.cpp)이라고 한다.

원시 프로그램은 컴파일러라는 번역기를 통해 문법의 오류를 검사한 후 에러가 발견되면 이를 곧 프로그래머에게 알려준다. 이때, 프로그래머는 원시 프로그램을 수정하여 다시 번역기에 번역(compile)을 시킨다. 반복적인 에러 수정을 거쳐 에러가 없으면 컴파일러는 기계어로 번역하여 목적 프로그램을 생성시킨다. 이 목적 프로그램을 시스템 라이브러리나 다른 목적 프로그램과 링크하여 실행 가능한 프로그램으로 만든다. 최종적으로 이 실행 프로그램을 실행시켜 원하는 결과를 얻는다.

다음은 프로그램의 실행과정을 나타낸 것이다.

Source program의 편집(editor)
⇩ c 언어 문법으로 코딩(*.c, *.cpp), 저장
C - preprocessor
⇩ 확장, 보충코딩
C - compiler
⇩ 어셈블링(assembling)
Assembler
⇩ 목적 프로그램 생성(*.obj)
Linker
⇩
Execution program 생성(*.exe)
⇩
결과

〈그림1.2〉 프로그램의 작성과 실행 단계

1. Visual C++의 특징

운영체제가 DOS인 상태에서 프로그래밍은 순서적으로 작성하고 순서적으로 처리하는 방식이었으나 윈도우 환경에서는 키보드나 마우스를 이용하여 사용할 수 있는 응용 프로그램개발이 필요하게 되었다. 이러한 응용프로그램을 개발하기 위한 도구로써 Delphi, Visual Basic, Visual C++등이 있다.

다음은 Visual C++의 특징을 나타낸다.

① 윈도우 환경에서 응용 프로그램의 사용은 사용자에게 윈도우(window), 대화 상자(Dialog Box), 메시지 박스(Message Box), 컨트롤 박스(Control Box)등의 시각적인 개체(Object)를 제공한다. 이와 같이 개체를 중심으로 프로그래밍 하는 객체 지향 프로그래밍(Object Oriented Programming)방식을 채택하고 있다.

② 이벤트 처리의 프로그래밍(Event Driven Programming) 방식을 도입하고 있다. 이벤트란 키보드로 입력하거나 마우스로 클릭하는 경우 일어나는 사건을 의미한다. 이와 같이 윈도우용 응용 프로그램은 이러한 각각의 이벤트를 설정하여 처리하는 방식으로 만들어진다.

③ 개체와 개체간의 상호작용을 가능하게 만들어 주는 것이 메시지의 역할이다. 이때 각 개체의 이벤트 동작이 전달 될 수 있도록 윈도우는 표준화 된 메시지로 만들어 준다. 예를 들면, 마우스의 우측 버튼을 눌렀을 경우를 이벤트로 본다면 이에 대한 표준화된 메시지가 전달된다. 이와 같이 메시지 처리의 프로그래밍(Message Driven Programming) 방식을 사용하고 있다.

2. Visual C++6.0의 통합환경

Visual C++ 6.0의 시동

먼저, 윈도우즈에서 처음으로 Visual C++ 6.0 을 실행시키려면 다음과 같이 선택한다.

① 〔시작-프로그램(P)-Microsoft Visual Studio 6.0- Microsoft Visual C++6.0〕을 선택한다.

② Microsoft Visual c++6.0 로고 화면이 나타난다.

③ 첫 화면 창으로 다음과 같이 간단한 팁을 알려주는 대화상자가 나타난다. 이때, 내용을 읽어보고 〔Close〕를 클릭한다.

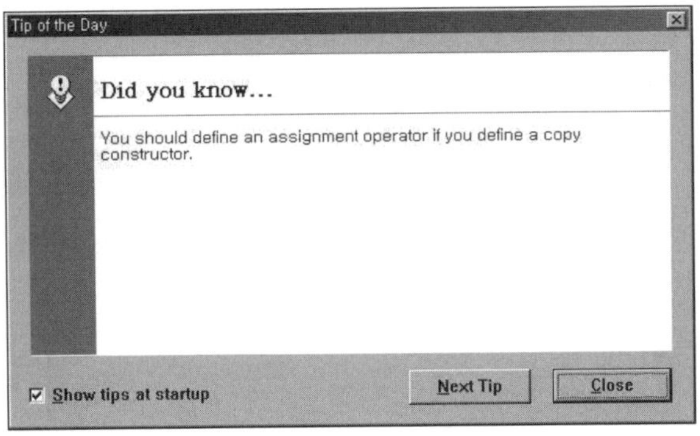

④ Microsoft Visual c++6.0 실행화면이 나타난다.

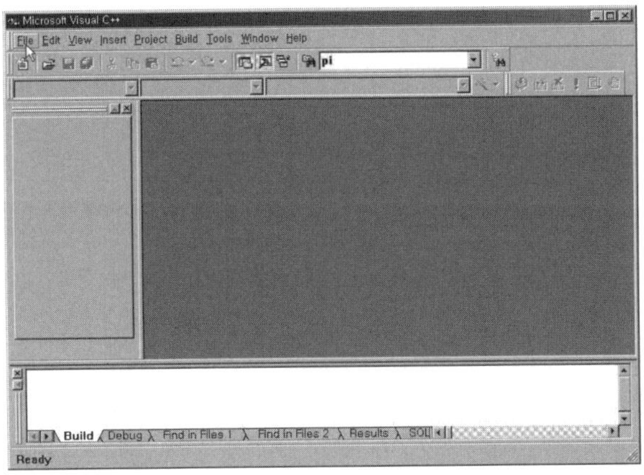

프로젝트의 생성

프로젝트란 프로그램을 생성하기 위한 소스 파일과 관련 파일, 여러 자원들의 묶음을 의미한다. 즉 여러 파일들이 하나의 폴더에 저장되어서 하나의 집합체를 구성하는 것을 말한다.

예를 들면, 운동선수를 관리하는 프로그램을 만드는데 필요한 파일이 선수의 연령순위 설정하는 파일, 선수 개인의 특기를 파악하는 데이터 베이스를 관리하는 파일, 각 종 파일에 필요한 아이콘 파일 등이 있다면 이들을 한꺼번에 컴파일하고 링크하는데 필요로 하는 공간을 의미한다.

하나의 프로그램을 생성하기 위해서는 하나 또는 여러 개의 관련된 파일들을 묶어 관리하는 프로젝트 작업공간(project workspace)이 필요하다. Visual C++을 이용하여 프로그램을 작성할 때 맨 먼저 해야 할 일이 새로운 프로젝트를 생성하는 일이다.

⑤ 새로운 프로젝트를 생성하기 위해서는 다음과 같이 〔File〕-〔New〕를 선택한다.

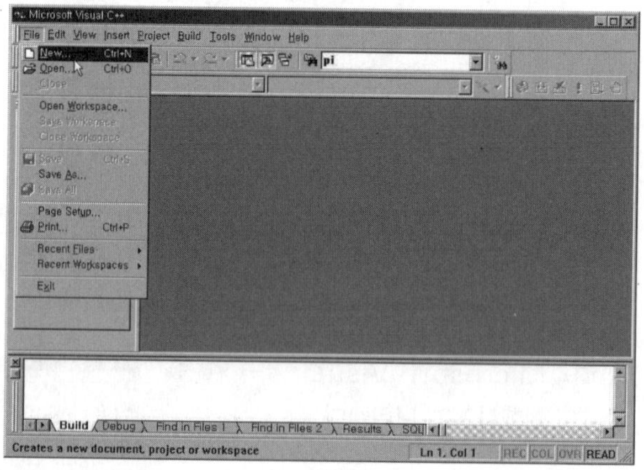

⑥ 새로운 창에서 〔Project〕텝을 선택하면 새로이 만들어질 프로그램의 형태를 나타내는 목록들이 보인다. 여기서 DOS형 프로그램(콘솔응용 프로그램)을 만들기 위해서는 〔Win32 Console Application〕 프로젝트를 선택한다.

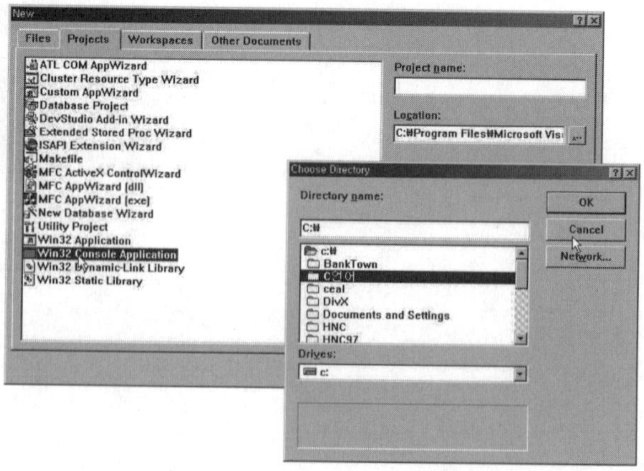

⑦ 〔Location〕란의 [...] 을 선택하면 〔Choose Directory〕대화 상자가 나타나는데 이때 C:\c 언어 폴더를 선택한 후 〔OK〕를 클릭한다.

⑧ 다음은 오른쪽의 〔Project name:〕에 프로젝트 이름을 넣는다. 이 프로젝트의 이름이 곧 프로그램의 이름이 된다. 즉 디렉토리(폴더)이름이 자동적으로 생성된다. 여기서는 예로써 프로젝트 이름을 'test'라는 이름으로 입력하고 〔OK〕를 클릭한다.

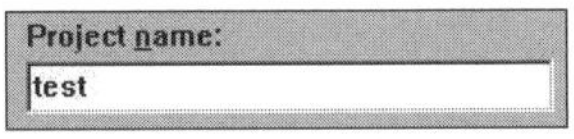

⑨ 〔OK〕단추를 누르면 Win32 Console Application-Step 1 of 1의 대화상자가 나타나는데 이들의 콘솔 에플리케이션의 형태 중 ◉ An empty project을 선택하고 〔Finish〕단추를 누른다.

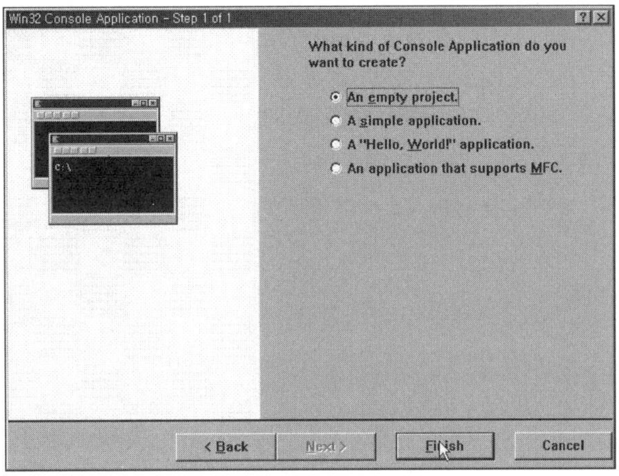

⑩ 프로그램 코딩하고자하는 Win32 콘솔 응용 프로그램이라는 것과 프로젝트에는 아무런 파일도 생성되어 있지 않다는 새로이 생성된 프로젝트 정보를 보여주고 있으며, 내용을 확인 후 〔OK〕를 선택한다.

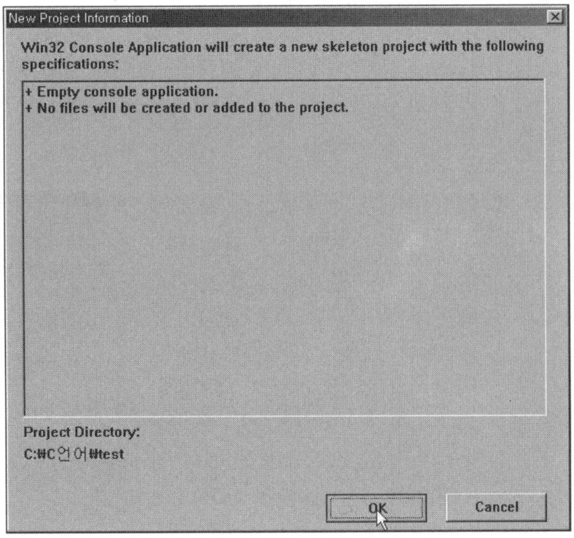

⑪ 이상의 과정에서 프로젝트가 생성되는데 이 프로젝트는 test폴더라는 디렉토리 내부에 Debug폴더, test.dsp, test.dsw, teset.ncb, test.opt가 만들어지게 된다. 이 중에 test.dsw파일이 프로젝트 작업 공간에 대한 전체적인 정보를 가지고 있는 프로젝트 파일이다.

프로젝트 열기

앞에서 프로젝트가 생성되었는지 확인해보기 위해서 일단, 모든창을 닫은 후, 다시 Visual C++ 6.0을 기동을 시킨다.

⑫ Tip of the Day창이 나타나면 〔Close〕를 클릭하고 〔File〕-〔Open Workspace...〕을 선택한다.

⑬ "test.dsw"을 더블 클릭한다.

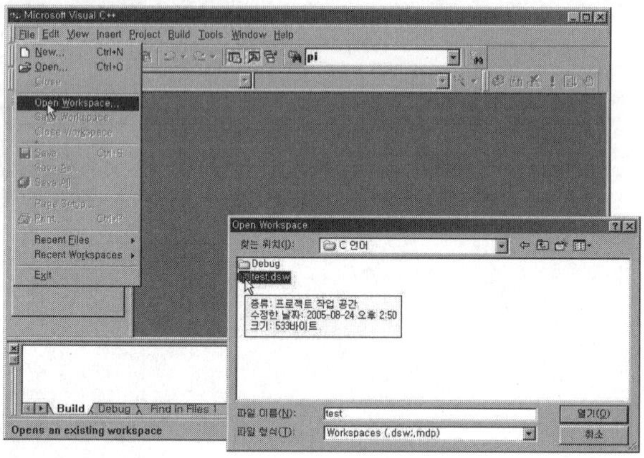

소스 파일의 입력

프로젝트 형태를 An empty project으로 지정했기 때문에 여기에 삽입할 소스 파일을 만들어야 한다.

⑭ 왼쪽 하단의 〔FileView〕 탭에서 폴더모양의 〔Source Files〕에서 마우스 오른쪽 버튼을 눌러 〔Add Files to Folder...〕를 선택하면 Insert Files into Project 대화상자가 나타난다. Insert Files into Project 대화상자에서 파일이름을 sample.c 입력하고 〔OK〕버튼을 클릭한다.

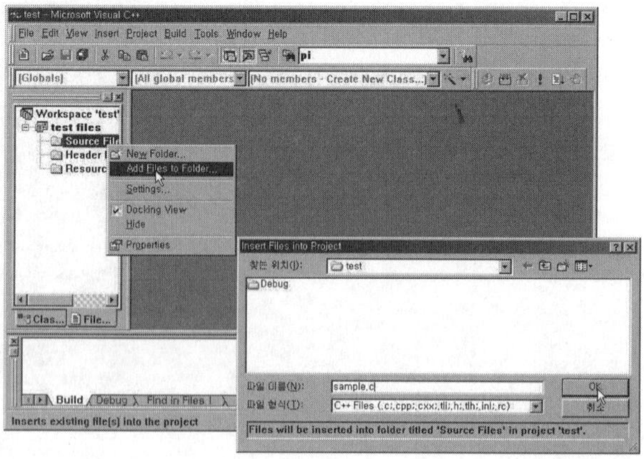

⑮ 소스파일 sample.c 파일을 참조하겠냐는 대화상자가 나타나면 〔예(Y)〕를 누른다.

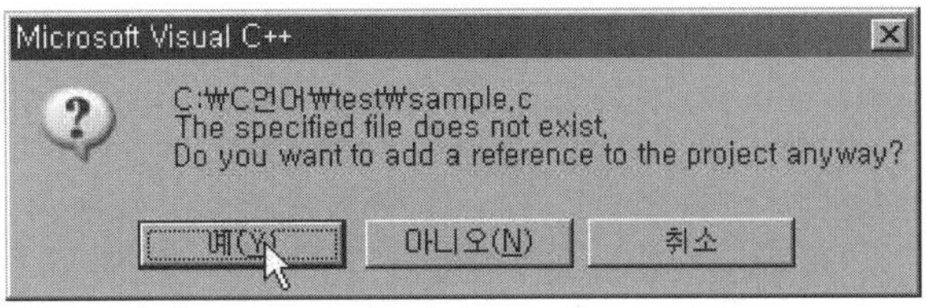

⑯ Source File에서 sample.c를 클릭하면 파일을 생성한다는 대화상자가 나타나고, 〔예(Y)〕를 누르면 파일을 작성할 수 있는 창을 볼 수 있다.

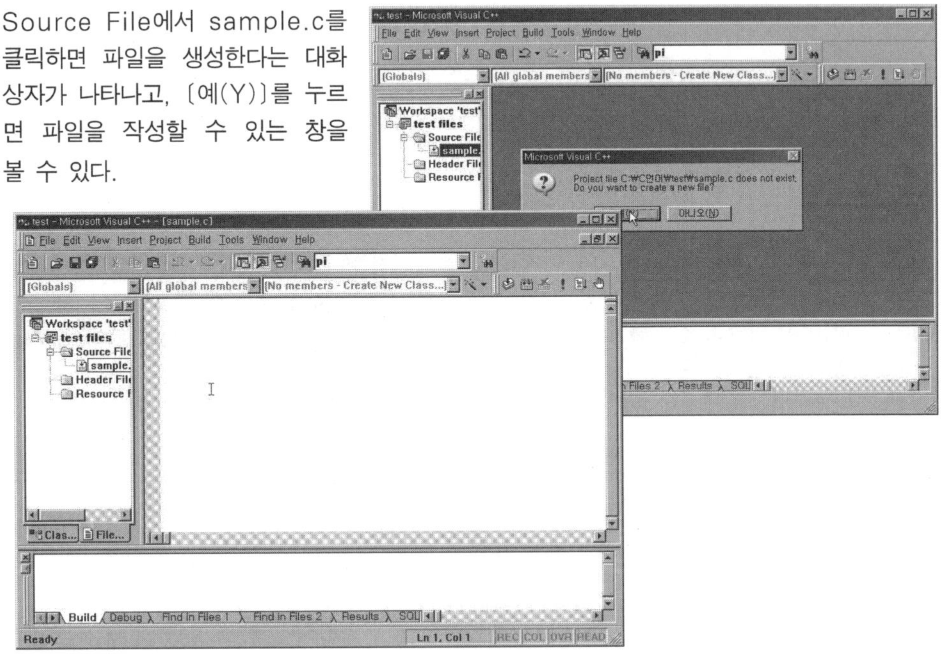

⑰ sample.c 소스를 입력한 전체화면이다.

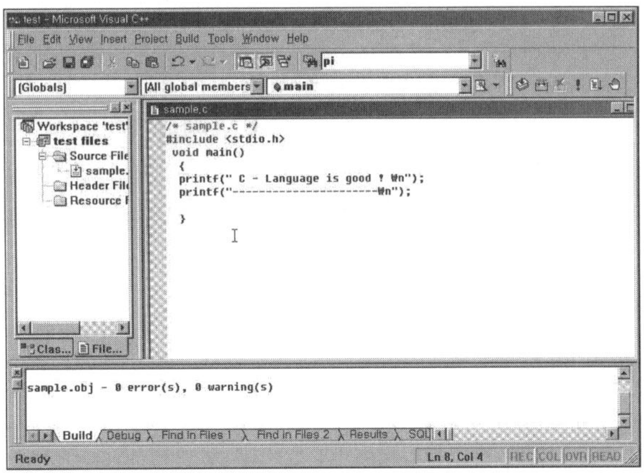

3. 목적프로그램 생성

위에서 저장시킨 원시 프로그램은 단지, 저장만 되어 있을 뿐 컴퓨터는 이 원시 프로그램을 이해할 수 없기 때문에 기계어로 바꿔주어야 한다. 기계어로 변환된 프로그램을 목적 프로그램이라 한다.

이와 같이 변환시키는 것은 컴파일러(compiler)라는 번역 프로그램에 의해서 실행이 된다.

Turbo C(또는 C++)에서는 컴파일러가 포함되어 있어 쉽게 번역 처리할 수 있다.

만약, sample.c를 컴파일 시키면 sample.obj 라는 목적 프로그램이 생성된다.

① 〔Build〕 메뉴에서 〔Compile sample.c Ctrl+F7〕을 선택하여 컴파일이 성공하면 창의 하단부에 컴파일 된 정보가 나타난다.

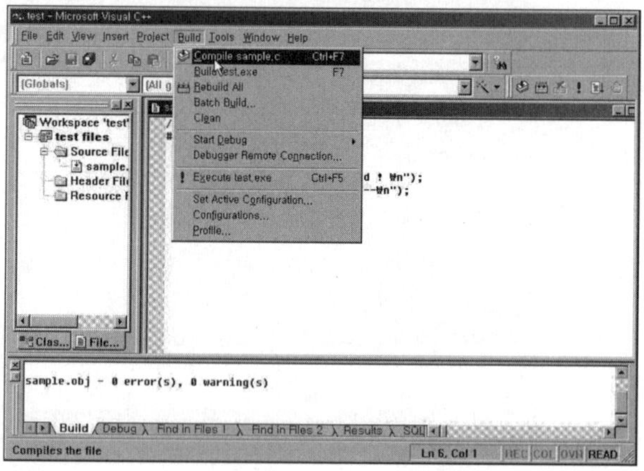

4. 실행 프로그램의 생성

기계어로 된 목적 프로그램(sample.oj)을 실행 프로그램(즉, 실행 파일)으로 변환시켜 실행시켜야 결과 출력을 볼수 있다.

예를 들면, 기계어로 된 목적 프로그램(printf)과 내장함수(printf())를 연결시켜야 내장함수 속에 들어 있는 내용이 화면에 출력된다. 이와 같이 연결시키는 과정을 링크(link)라고 하며 링크가 완결되면 test.exe 라는 실행 프로그램(파일)이 생성된다.

① 〔Build〕 메뉴에서 〔Execute test.exe Ctrl+F5〕를 하면 자동으로 실행 파일을 먼저 생성하고 실행한다.

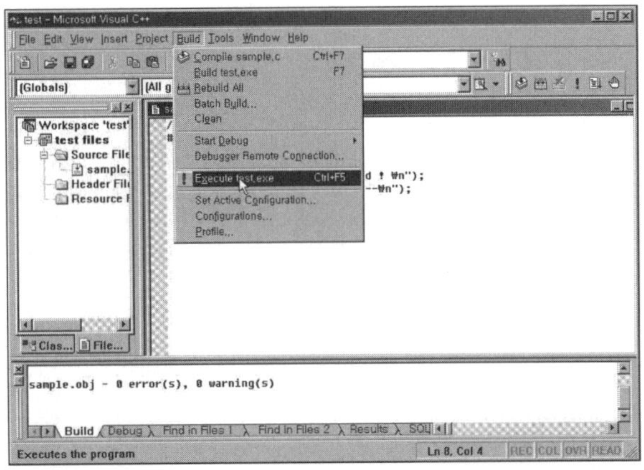

② 성공적으로 실행파일 test.exe가 새로운 창에서 출력 〔C - Language is good !〕가 나타나고 Press any key to continue는 비주얼 C++에서 프로그램을 실행하면 마지막에 나오는 부분으로 아무 키나 누르면 실행 화면이 닫힌다.

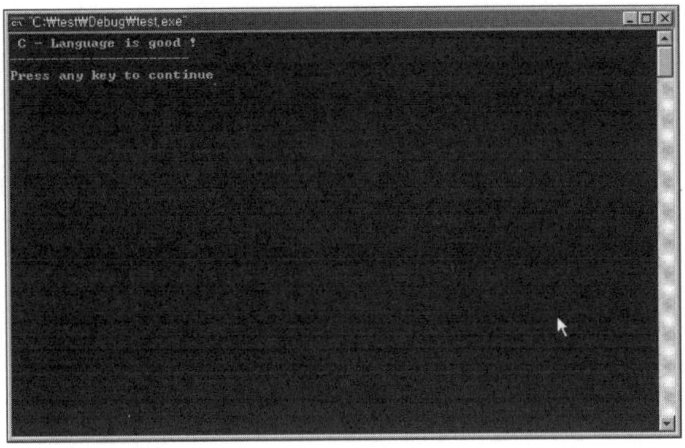

5. 디버깅

컴파일 에러나 실행에러를 수정하는 것을 디버깅(debugging)이라 하며 이는 버그를 잡는다는 의미로 사용되며 에러가 없는 프로그램 작성은 매우 힘든 일이라 프로그램 코딩에 있어서 매우 중요한 부분을 담당하고 있다.

① 입출력 함수를 이용하여 출력하는 프로그램으로 Project name에 sample1이라고 입력하고 〔OK〕 버튼을 클릭 한다.

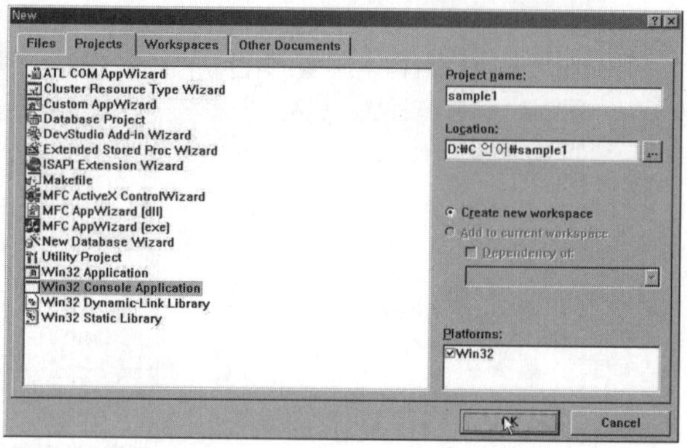

② Win32 Console Application -Step 1 of 1의 대화상자가 나타나는데 이들의 콘솔 어플리케이션의 형태 중 ◉ An empty project를 선택하고 〔Finish〕단추를 누른다.

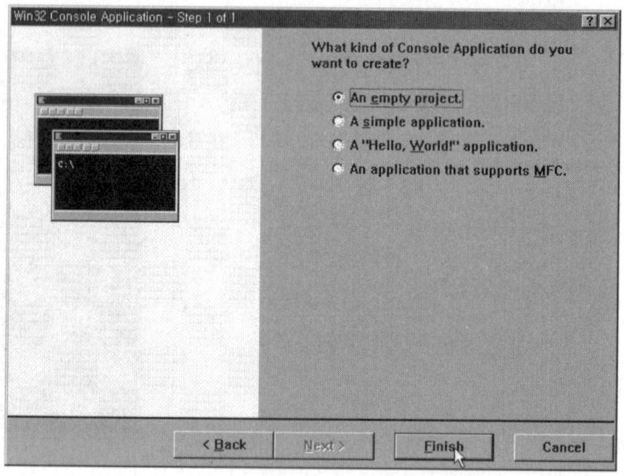

③ 새로 생성된 프로젝트 정보를 보여주고 있으며, Project Directory 위치와 내용을 확인 후 〔OK〕를 선택한다.

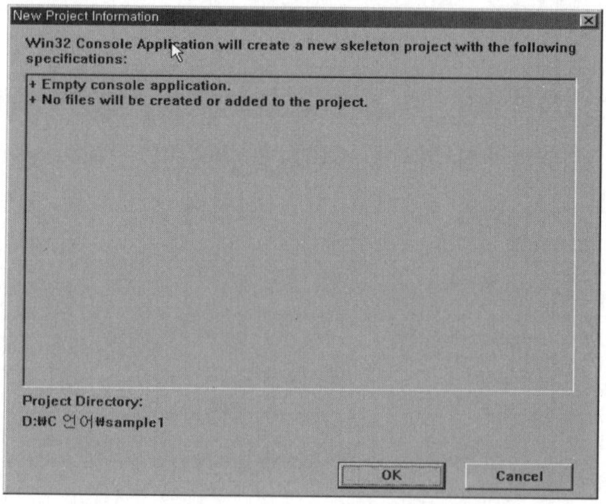

④ 〔FileView〕 탭에서 폴더모양의 〔Source Files〕에서 마우스 오른쪽버튼을 눌러 〔Add Files to Folder...〕를 선택하여 소스 코드를 입력하기 위한 파일을 생성한다.

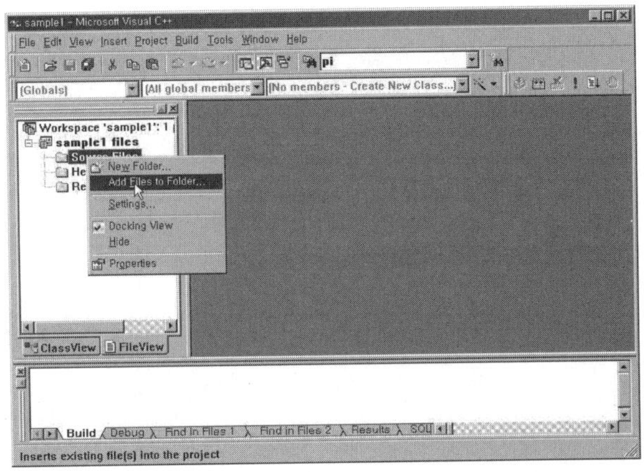

⑤ Insert Files into Project 대화상자가 나타난다. Insert Files into Project 대화상자에서 파일이름을 sample1.c 입력하고 〔OK〕버튼을 클릭 한다.

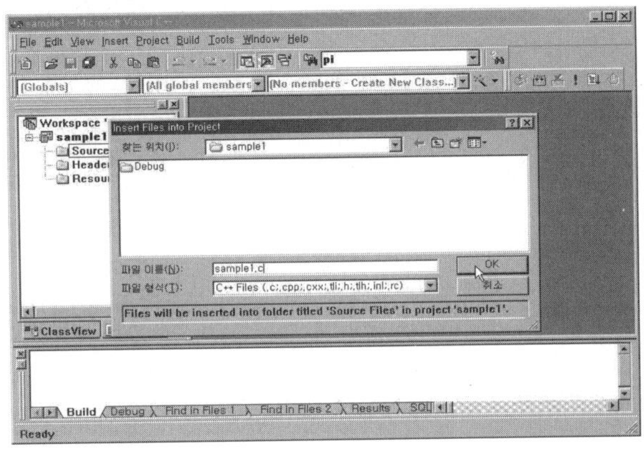

⑥ 소스파일 sample1.c 파일을 참조하겠냐는 대화상자가 나타나면 〔예(Y)〕를 누른다.

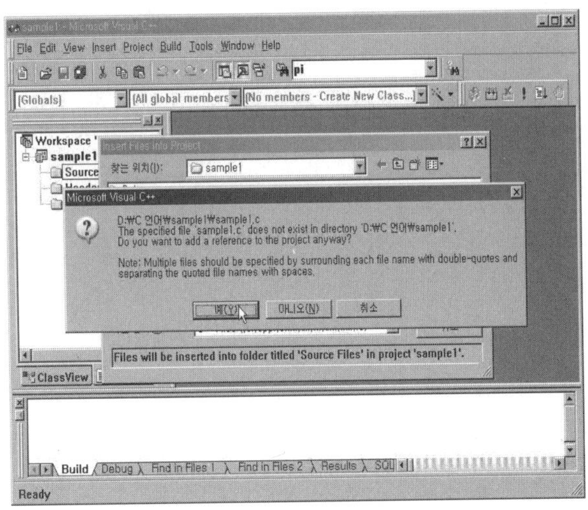

⑦ Source File에서 sample1. c를 클릭하면 파일을 생성한다는 대화상자가 나타나고, 〔예(Y)〕를 누르면 파일을 작성할 수 있는 입력창을 볼 수 있다.

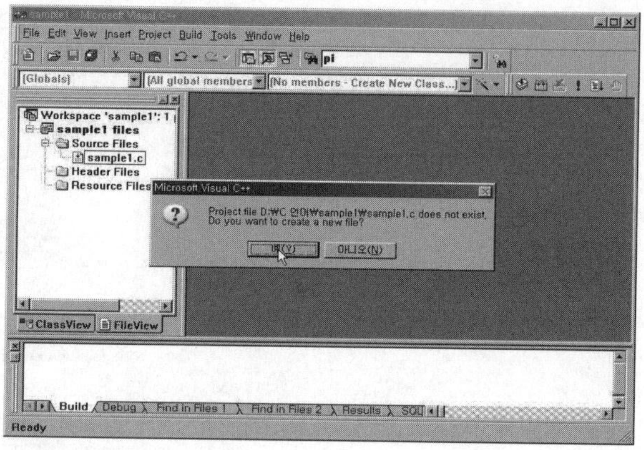

⑧ sample1.c 입력창에 소스를 입력한다.

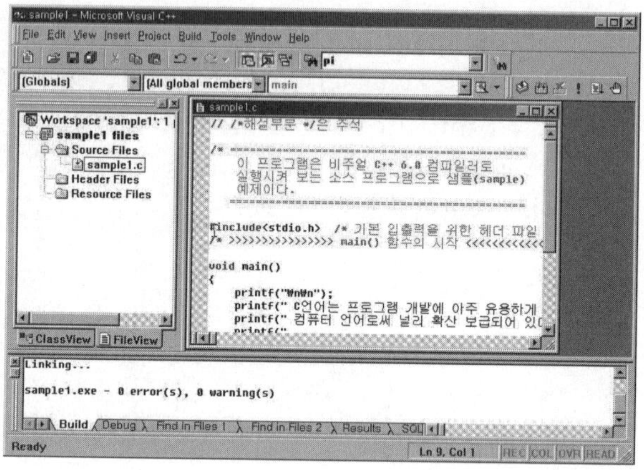

Sample1 소스

```
// /*해설부분 */은 주석
/* ===================================
  이 프로그램은 비주얼 C++ 6.0 컴파일러로
  실행시켜 보는 소스 프로그램으로 샘플(sample)
  예제이다.
  ================================= */
#include<stdio.h>  // 기본 입출력을 위한 헤더 파일 포함
// >>>>>>>>>>>>>>> main() 함수의 시작 <<<<<<<<<<<<<<<
void main()
{
        printf("\n\n");
        printf(" c 언어는 프로그램 개발에 아주 유용하게 사용되는 \n");
        printf(" 컴퓨터 언어로써 널리 확산 보급되어 있다.        \n");
        printf("                                                  \n");
        printf(" -------------------------------------- \n");
        printf(" c 언어를 정복하여 훌륭한 프로그래머가 됩시다!   \n");
        printf(" \"십리 길도 한 걸음 부터 입니다. \"              \n");
        printf(" 천천히 따라 공부합시다!                          \n");
        printf(" -------------------------------------- \n");
}

// >>>>>>>>>>>>>>> main() 함수의 종료 <<<<<<<<<<<<<<<
```

실행결과

```
C 언어는 프로그램 개발에 아주 유용하게 사용되는
컴퓨터 언어로써 널리 확산 보급되어 있다.
------------------------------------------
c 언어를 정복하여 훌륭한 프로그래머 됩시다!
"십리 길도 한 걸음부터 입니다."
천천히 따라 공부합시다!
------------------------------------------
```

⑨ 〔Build〕 메뉴에서 〔Execute sample1.exe Ctrl+F5〕를 하면 자동으로 실행 파일을 먼저 생성하고 실행되는 것을 볼 수 있다.

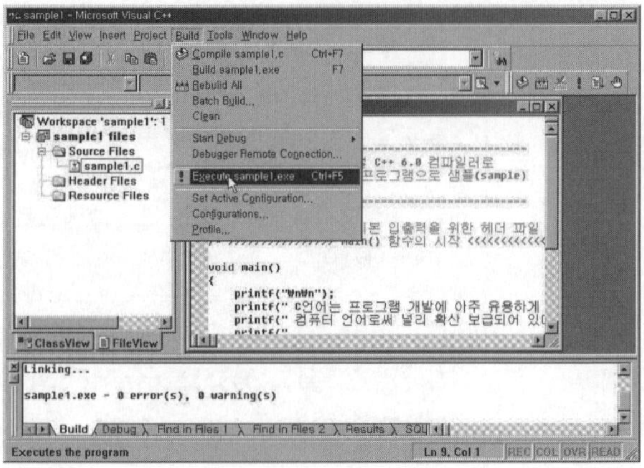

⑩ 실행파일 sample1.exe가 새로운 창에서 실행된 결과가 나타난다.

4. 기본 프로그래밍

1. main() 함수

C 프로그램의 실행은 main이라는 일정한 이름의 함수에서부터 시작된다. 이 main은 주프로그램임을 의미하며 () 괄호와 함께 함수 이름으로 사용된다. 다음은 일반적인 C 프로그램의 형태를 나타낸 것이다.

형식

```
#include <stdio.h>                    // 선행 처리
void main()                           // C 시작 함수명
 {                                    // 프로그램의 시작
   문장;
   문장;                              // 프로그램의 몸체 부분
    :
    :

   문장;
 }                                    // 프로그램의 끝
```

- 사용되는 각 명령어들은 영문자 소문자로 표시한다.
- 행번호가 필요하지 않다.
- 컬럼(column)이나 행(line)에 제약을 받지 않고 자유로이 코딩을 할 수 있다.
- 문장과 문장을 구별하기 위해 세미콜론(;)을 붙인다.
- 프로그램의 작성은 특별한 경우를 제외하고는 main()부터 시작한다.
- 괄호 { }는 함수 main()의 유효 범위로서 함수의 실행 범위를 나타낸다.

프로그램 1-1

```
#include <stdio.h>          // 표준 입출력 헤더파일
 void main()                // ()은 인수가 없음을 뜻함
  {
```

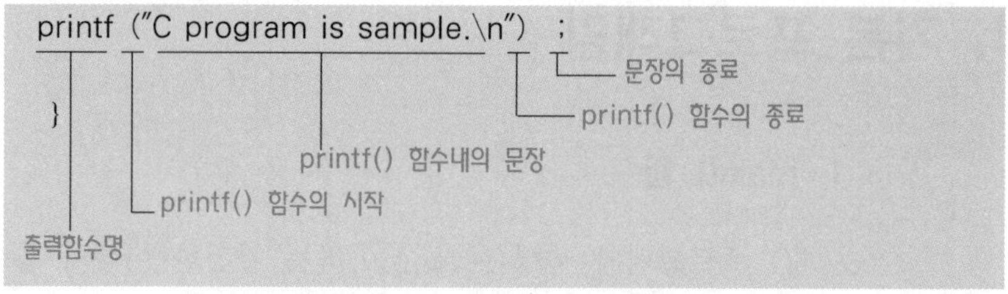

해설 C 언어의 가장 기본이 되는 프로그램의 설명이다.

2. printf() 함수

형식

```
printf("문자열, 인수1, 인수2, · · · ");
```

• 문자열이나 인수의 값들을 화면에 출력한다.

문자열(string)

문자열은 문자들의 배열이며 일련의 문자들이 이중 인용 부호(")내에 있는 것을 말한다. 이때 문자열 내에 이중 인용 부호를 포함시키고자 하면 역슬래시(\) 문자가 이중 인용 부호의 앞에 와야 한다.(예, \")

프로그램 1-2

```
#include <stdio.h>
void main()
 {
 printf("Let's study C language.");
 }              ↳ 문자열(string)
```

실행결과

```
Let's study C language.
```

해설

printf() 함수 내의 문자열을 화면에 출력한 결과이다.

프로그램 1-3

```
#include <stdio.h>
void main()
 {
 printf(" A string \" double quotes\"  ");
 }
```

실행결과

```
A string " double quotes"
```

해설

문자열 내의 \"의 실행은 "을 나타낸다.

프로그램 1-4

```
#include <stdio.h>
void main()
 {
 printf(" C language is");
 printf(" my first ");
 printf(" sample program.");
 }
```

실행결과

```
C language is my first sample program.
```

해설

printf() 문에 표시된 3개의 문자열이 한 행(line)에 모두 출력되어 나타난다.

개행(new line)

개행 표시는 printf문 내에서 \n로 나타내며 컴파일하여 실행하면 화면에는 표시되지 않지만 행 바꿈의 역할을 한다. 즉 \n는 커서를 다음 행의 선두로 옮기도록 제어하며, 화면으로는 출력되지 않는 제어 문자이다.

이외에도 기본 프로그래밍에 필요한 몇 가지의 escape 문자를 표시하면 다음과 같다.

표 1.2 escape 문자의 종류

escape 문자	명 칭	기 능	ASCII 코드
\a	BELL	벨소리	0x07
\b	Back space	왼쪽으로 1칸 이동	0x08
\f	Form feed	한 페이지 전진	0x0c
\n	Line feed	줄바꿈	0x0a
\r	Carriage return	enter키의 역할	0x0d
\t	HTAB	수평 탭(tab)	0x09
\v	VTAB	수직 탭(tab)	0x0b
\\	Back slash	\을 출력	0x5c
\‘	Apostrophe	작은 따옴표 출력(‘)	0x2c
\“	Quoto	큰 따옴표 출력(“)	0x22
\0	Null	아무 동작하지 않음	0x00
%%	Percent	% 기호 출력	0x25

• (*) 역슬래시(\) 뒤에 직접 아스키 코드를 입력해도 escape 문자를 만들어 낼 수 있다. 즉, \x0a는 '\n'와 같다.

프로그램 1-5

```
#include <stdio.h>
 void main()
  {
  printf(" 퍼스널 컴퓨터 \n");          // 출력 후 행 바꿈
  printf(" \n");                     // 행만 바꿈
  printf(" C programming \n");  // 출력 후 행 바꿈
  }
```

실행결과

```
퍼스널 컴퓨터

C Programming
```

해설

한글 문자열도 printf() 함수에 의해 화면 출력을 할 수 있다.

프로그램 1-6

```
#include <stdio.h>
void main()
 {
 printf(" floppy disk \n hard disk");// 문자열 중간에 \n 사용
 printf(" \n memory");   // 먼저 행을 바꾼 다음 문자열을 출력
 printf(" device\n");      // "memory"를 출력 라인에 이어서
                           // "device"를  } 출력한 다음, 행을 바꾼다.
```

실행결과

```
floppy disk
hard disk
memory device
```

해설

문자열 floppy disk를 화면 출력한 다음, \n(new line)에 의해 행(line)을 바꿔 hard disk를 출력한다.
또, ("\n memory")는 먼저 행을 바꾸고 memory를 화면 출력한 다음 바로 그 행에 device를 출력하고 행을 바꾼다.

프로그램 1-7

```
#include <stdio.h>
 void main()
 {
 printf( " How are you? \n");
 printf( " How\tare you? \n");     // ①
 printf( " Hello");
 printf( " Mr. kim ! \n");         // ②
 printf( " Good morning,\          // ③
          everybody !\n");
 printf( " \'Hello,\' he said. \n");            // ④
 printf( " \7\07\007 attention !\n");           // ⑤
 }
```

실행결과

```
How are you?
  how     are you?
  hollo  Mr. kim  !
Good morning, everybody!
  'Hello,' he said.
  attention  !
```

해설

① 문자열 중간에 탭(tab)을 사용
② 두 개의 printf()문으로 나누어 문자열을 기술했지만 모두 한 행에 출력된다.
③ 문자열이 길어서 다음 라인까지 프로그램을 기술할 때 \를 사용한다.
④ \'표시에 의해 '가 출력된다.
⑤ "삑" 소리를 세 번 내는데, 삑(bell) 소리는 ASCII 코드값이 7이다.(\7, \07, \007으로 표기해도 된다.)

3. 주석문(Comments)

주석문은 프로그램의 이해를 돕고 프로그래머 자신이나 다른 사람이 읽을 때 알아보게 하기 위한 해설의 역할을 한다. 주석은 /* 와 */ 사이에 문자열로 채워진다.

다음은 주석의 사용 예이다.

예

```
① /* 주석(설명)에 관한 내용 */
   /* == 주석은 설명문 ==    */
② /* * *
   === 주석은 프로그램의
   === 내용을 설명하는 문장이다.
   * * */
③ /* ===============
     =              =
     =  주  석  문  =

     =              =
     ===============*/
④ /* ======================= */
```

주석문은 컴파일러(compiler)에 의하여 여백으로 간주되며 번역되지 않고 무시해 버린다.

그러므로 실행과는 전혀 무관하기 때문에 비실행문이라고 한다.

주석문은 되도록 많이 사용하는 편이 좋다. 자기가 작성한 프로그램이라 할지라도 오랜시간이 경과하면 특정 루틴(routine)의 목적이라든가 각 변수나 문들의 역할을 잊어버려 그 프로그램의 기능을 알 수 없게 되는 경우가 가끔 있다. 간단한 주석문을 부분마다 적절히 넣어 둠으로써 프로그램의 내용을 알아내는 데 허비하는 시간을 절약할 수 있게 된다.

프로그램 1-8

```
/* This is a sample program. */
   /* 작성일자: 2005, 11, 18 */
   /* Author : Kim J. H. */
  #include <stdio.h>
  void main()
    {
    printf("주석문은 해설문입니다.\n");
/* ------------------- */
printf("많이 사용하십시오 !\n");
}
```

실행결과

```
주석문은 해설문입니다.
많이 사용하십시오 !
```

해설 위 프로그램의 결과를 보면 /*와 */사이의 내용은 전혀 나타나지 않았을 뿐만 아니라 컴파일 과정에서도 아무런 영향을 주지 않았다는 것을 알 수 있다.

4. 단락 맞추기(indentation)

c 언어 프로그램은 칼럼(column)이나 행(line)에 제약을 받지 않고, 어디에서나 들쑥날쑥하게 기술할 수가 있다. 그래서 프로그램을 작성(coding)할 때 알아보기 쉽고, 수정, 변경하는 데도 용이하게 할 수 있다. 아울러 주석문과 공백을 적절히 부여하게 되면 프로그램을 읽기 쉽고 보기에도 좋다. 이와 같이 프로그램을 들쑥날쑥하게 작성하는 것을 단락 맞추기(indentation)라고 한다.

프로그램 1-9

```
// 단락 맞추기는 프로그램을 들쑥날쑥하게 정리하는 것
#include <stdio.h>
void main()
 {
printf(" 맑은 하늘 \n");
   printf(" 푸른 산 \n");
       printf(" 깨끗한 공기 \n");
   printf(" 자연은 우리의 재산 \n");
printf(" 강산을 지키자.\n");
}
```

실행결과

```
맑은 하늘
푸른 산
깨끗한 공기
자연은 우리의 재산
강산을 지키자.
```

해설 main()이나 printf()함수 등의 명령어들이 좌측, 우측으로 들쑥날쑥 편집되어도 프로그램 실행의 결과에 아무런 영향을 주지 않는다.

5. 구성 문자와 단어

프로그램이란 명령문의 집합이며 각 명령문은 영문의 대·소문자와 기호를 써서 c 언어의 규칙에 맞도록 적성해야 한다. 언어의 규칙에 맞는지의 여부는 컴파일러(compiler)가 체크해 주며 에러가 없는 프로그램만 정상적으로 실행시킬 수 있다.

1. 사용문자

프로그램의 명령문을 작성하는 데 사용할 수 있는 문자는 다음과 같다.

① 영문 소문자(lowercase letters) : a, b, c, …, z
② 영문 대문자(uppercase letters) : A, B, C, …, Z
③ 숫자(digits) : 0, 1, 2, 3, 4, 5, 6, 7, 8, 9
④ 특수 문자(special characeters) : +, =, _, −, (), *, &, #, !, |, 〈, 〉, ·, ,, ;, ", ', /, ?, {, }, ₩, [,], ^, ~ 등
⑤ 출력되지 않는 문자(white space) : 빈칸(blank), 탭(tab), 개행(new line) 등

이와 같은 문자들은 컴파일러에 의해서 구문의 단위인 토큰(token)과 결합된다. 토큰에 포함되는 요소에는 식별자, 예약어, 문자열, 상수, 연산자와 분리자 등이 있다.

표 1.3 토큰과 구성 요소

토 큰	요 소 기 호
주석(comment)	/* */
식별자(identifier)	변수, 함수, 상수 등에 부여한 명칭
예약어(reserved word)	int, long, char 등
문자열(string)	"와 "로 구성된 문자
연산자(operator)	*, +, =, & 등
분리자(separator)	(,), {, } 콤마, ; 등

2. 예약어(reserved word)

c 언어에서 이미 뜻이 약속되어 있는 단어를 예약어 또는 키워드(key word)라 한다. 이 예약어는 사용자가 임의로 변수로서 사용하는 것을 허용하지 않는다.

표 1.4 c 언어의 예약어

char	auto	if	do
short	static	else	goto
int	extern	switch	break
long	register	case	continue

float	typedef	default	return
double	struct	for	sizeof
unsigned	union	while	voidconst
enum	signed	fopen 등	

3. 식별자(identifier)

식별자란 프로그래머가 임의로 정의하여 사용하는 변수, 함수, 상수 등에 부여한 명칭을 말한다. 식별어는 영문자와 숫자, 밑줄(_)로 한 단어를 구성하는 데 문자 또는 밑줄로 시작하여야 하며 개수의 제한은 없지만 8자리까지만 유효하다. 그리고 영문 소문자와 대문자는 서로 다른 문자로 취급된다.

사용 가능한 예

SUM, Sum, sum : 서로 다른 식별어로 사용
Z, z : Z와 z는 서로 다른 식별어
Seoul_olympic : _(underscore)를 식별어의 중간에 사용
Olympic88 : 영문자와 숫자로 구성한 식별어
KBS : _(underscore)를 처음과 끝에 사용

위의 예는 모두 사용 가능한 식별어이다.

사용 불가능한 예

Hotel#35 : 특수 문자 #은 중간 사용 불가
518move : 처음에 숫자 사용 불가
Super-COM : -(hyphen)은 사용 불가
?home : 맨 처음 문자는 특수 문자로 사용 불가

연습문제

(객관식)

1. 다음 중 c 언어 유래에 관계가 없는 언어는 어떤 것인가?

① BCPL ② ALGOL 60
③ CPL ④ PL-I

2. c 언어에 대한 특징을 나열한 것이다. 특징에 속하지 않는 것은?

① c 언어 자체에는 입출력 기능이 없고 입출력은 함수에 의해 행해진다.
② 구조화 프로그래밍 작성을 위한 각종 제어문이 있다.
③ UNIX 운영체제의 근본이며 고급 언어로만 되어 있다.
④ 프리프로세서(preprocessor)의 매크로 기능이 있다.

3. c 언어는 Dennis Ritchie에 의해 만들어져, PDP-11 미니 컴퓨터상에서 구동되도록 개발된 운영체제는?

① XENIX ② UNIX
③ MS-DOS ④ CP/M

4. main() 함수 내의 블록(block)의 의미를 나타내는 괄호는?

① 소괄호 ② 중괄호
③ 대괄호 ④ 중첩 소괄호

5. 화면 출력 함수로 바르게 사용된 것은?

① PRINTF() ② PRINT()
③ printf() ④ print()

6. 다음 escape 문자 중 back slash를 나타내는 것은?

① \a ② \b
③ \\ ④ \o

7. 설명문(comments)을 나타내는 표시 중 알맞은 것은?

① 〈* this is sample *〉 ② *〈 sample program 〉*
③ */ this is sample /* ④ /* sample program/*

8. c 언어의 예약어에 속하지 않는 것은?

① auto ② default
③ name ④ goto

9. 프로그래머가 임의로 정의하여 사용하는 식별자를 나타내는 것 중 틀린 것은?

① Sum ② _ABS
③ name3 ④ hote?

10. c 언어 프로그램 구성 요소 중 컴파일(compile) 하는 데 관계가 없는 것은?

① comment ② identifier
③ operator ④ separator

1. 다음 문장의 빈곳에 알맞은 답을 보기에서 고르시오.

① 에디터(editor)를 사용하여 작성한 프로그램을 (①)라 한다.
② 컴파일러(compiler)로 컴파일되어 만들어진 프로그램을 (②)라 한다.
③ C컴파일러가 오브젝트 레벨(object level)로 제공되어 있는 함수의 모임을(③)라 한다.
④ 입출력 함수 등의 표준 라이브러리 함수와 목적 프로그램을 연계 편집 프로그램을 사용하여 결합하면 (④)이 된다.

■ 보기 ■

a. 원시프로그램	b. 실행 가능한 프로그램
c. 목적프로그램	d. 표준 라이브러리

2. c 언어 프로그램의 기본 골격을 설명하시오.

3. "computer language 컴퓨터 언어를 공부하자."를 영문 부분과 한글 부분으로 나누어 2행으로 출력하는 프로그램을 작성하시오.

4. 단락 맞추기(indentation)란?

5. 예약어와 식별어에 대해서 설명하시오.

6. 다음 프로그램을 실행시켰을 때 어떤 결과로 출력되는가?

```
void main()
{
printf( " Test\t program\n +++A\" \
          +++B\n +++C \n");
 }
```

제2장 C 언어의 기초

1. 변수 선언

c 언어에서 사용되는 변수는 기억류 및 자료형을 사용 전에 미리 선언해 두어야 한다. 정수형 상수를 기억시키기 위한 자료형은 int이고, 실수형은 float와 double이며 문자형은 char이다. 변수 선언은 자료형과 함께 선언되어진다.

만약, 변수명이 여러 개인 경우에는 콤마(comma)로 구분하여 나열할 수 있다.

예

```
int  a, b ;               ← 변수 a, b를 정수형으로 선언
float  a, b, c ;          ← 변수 a, b, c를 표준 실수형으로 선언
double  x, y, z;          ← 변수 x, y, z를 긴(long) 실수형으로 선언
char x, y, z;             ← 변수 x, y, z를 문자형으로 선언
unsigned n, p, r;         ← 변수 n, p, r를 부호 없는 정수로 선언
```

① 덧셈, 뺄셈 곱셈, 나눗셈 사칙연산을 수행하는 프로그램으로 Project name에 sample2이라고 입력하고 〔OK〕 버튼을 클릭 한다.

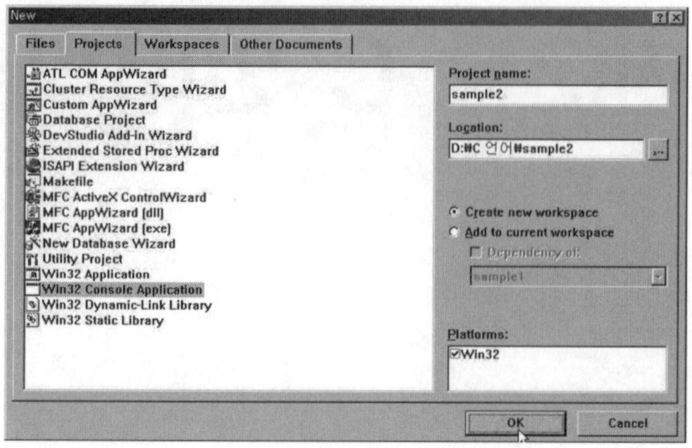

② Win32 Console Application - Step 1 of 1의 대화상자가 나타나는데 이들의 콘솔 어플리케이션의 형태 중 ◉ An empty project을 선택하고 〔Finish〕단추를 누른다.

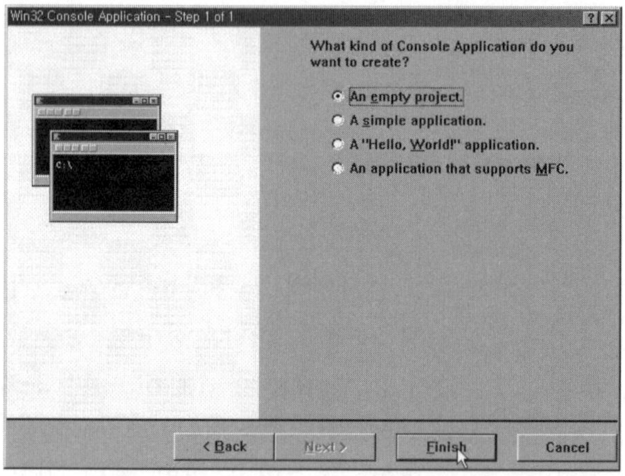

③ 새로 생성된 프로젝트 정보를 보여주고 있으며, Project Directory 위치와 내용을 확인 후 〔OK〕를 선택한다.

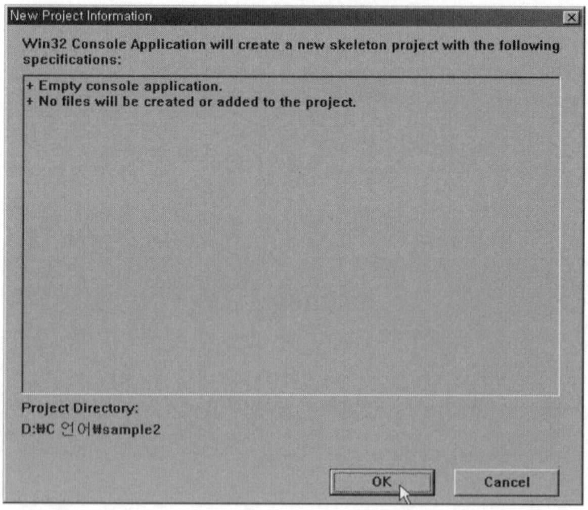

④ 〔FileView〕 탭에서 폴더모양의 〔Source Files〕에서 마우스 오른쪽버튼을 눌러 〔Add Files to Folder...〕를 선택하여 소스코드를 입력하기 위한 파일을 생성한다.

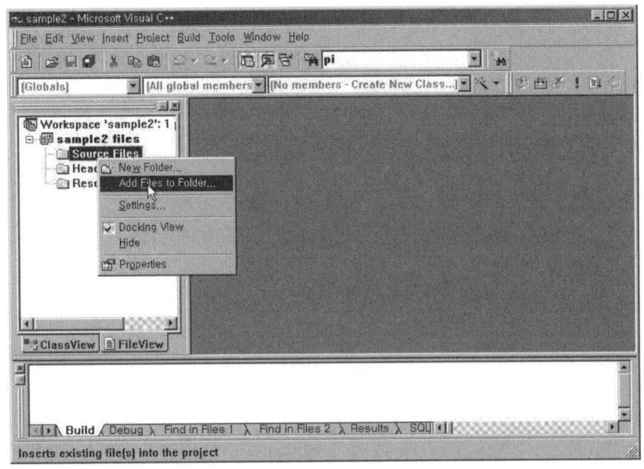

⑤ Insert Files into Project 대화상자가 나타난다. Insert Files into Project 대화상자에서 파일 이름을 sample2.c 입력하고 〔OK〕버튼을 클릭 한다.

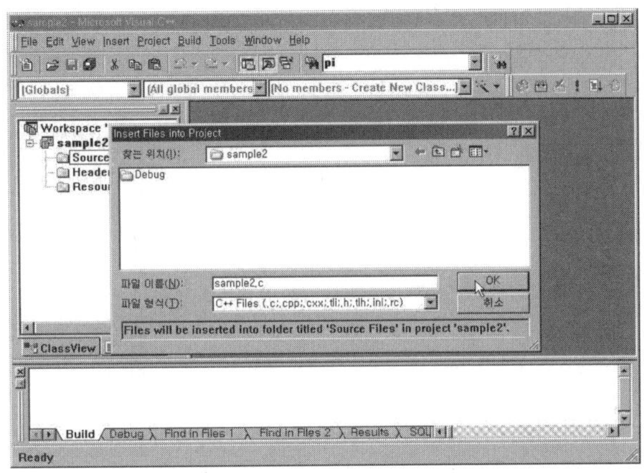

⑥ 소스파일 sample2.c 파일을 참조하겠냐는 대화상자가 나타나면 〔예(Y)〕를 누른다.

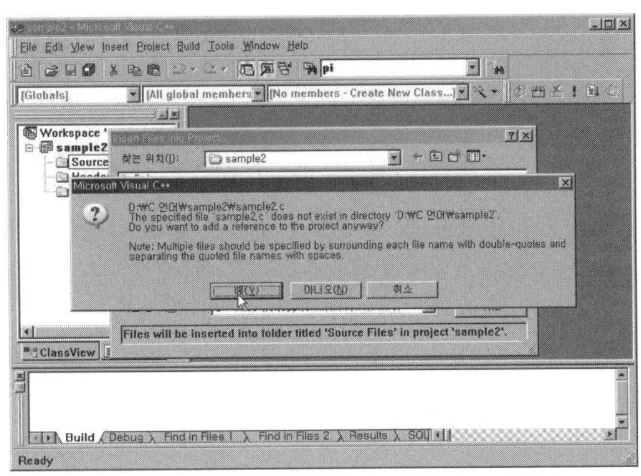

⑦ Source File에서 sample2.c를 클릭하면 파일을 생성한다는 대화상자가 나타나고, [예(Y)]를 누르면 파일을 작성할 수 있는 입력창을 볼 수 있다.

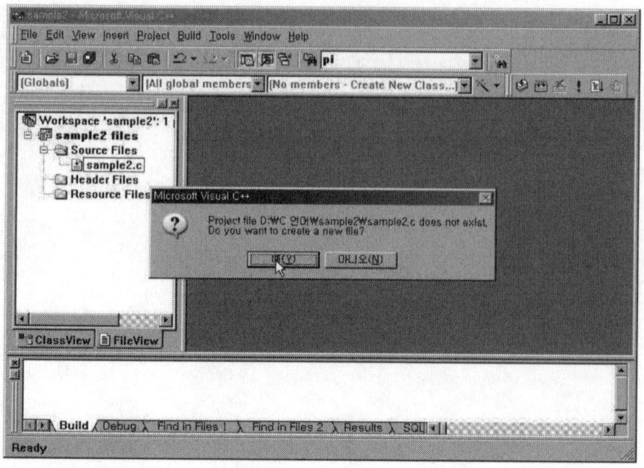

⑧ sample2.c 입력창에 소스를 입력한다.

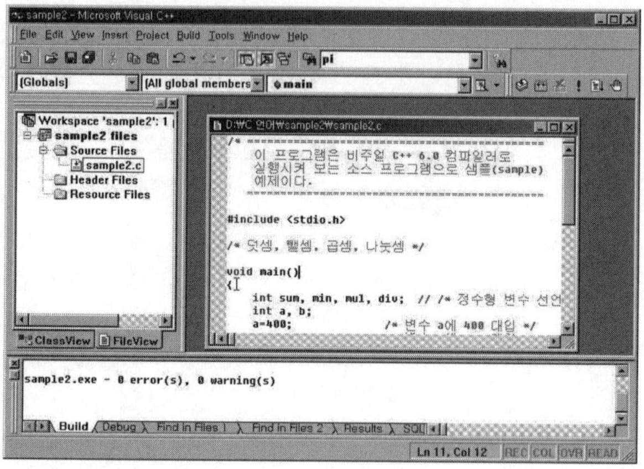

Sample2 소스

```
/* =====================================
  이 프로그램은 비주얼 C++ 6.0 컴파일러로
  실행시켜 보는 소스 프로그램으로 샘플(sample)
  예제이다.
=====================================*/
#include <stdio.h>
// 덧셈, 뺄셈, 곱셈, 나눗셈
void main()
{
        int sum, min, mul, div;  // /* 정수형 변수 선언 */
        int a, b;
        a=400;                   /* 변수 a에 400 대입 */
        b=200;                   /* 변수 b에 200 대입 */
        sum=a+b;
        min=a-b;
        mul=a*b;
        div=a/b;
        printf("\n\n");          // 2회 줄(lin2) 바꿈
        printf("------- (덧셈, 뺄셈, 곱셈, 나눗셈) ---------- \n\n");
        printf("\t a=400  b=200의 경우 \n");
        printf("------------------------------------------ \n\n");
        printf("\t a+b = %d \n", sum); // 텝(\t)은 일정한 간격을 둔다.
        printf("\t a-b = %d \n", min);
        printf("\t a*b = %d \n", mul);
        printf("\t a/b = %d \n", div);
        printf("------------------------------------------ \n\n");
}
```

실행결과

```
---------- (덧셈, 뺄셈, 곱셈, 나눗셈) ----------
         a=400   b=200의 경우
------------------------------------------
         a+b = 600
         a-b = 200
         a*b = 80000
         a/b = 2
```

⑨ [Build] 메뉴에서 [Execute sample2.exe Ctrl+F5]를 하면 자동으로 실행 파일을 먼저 생성하고 실행되는 것을 볼 수 있다.

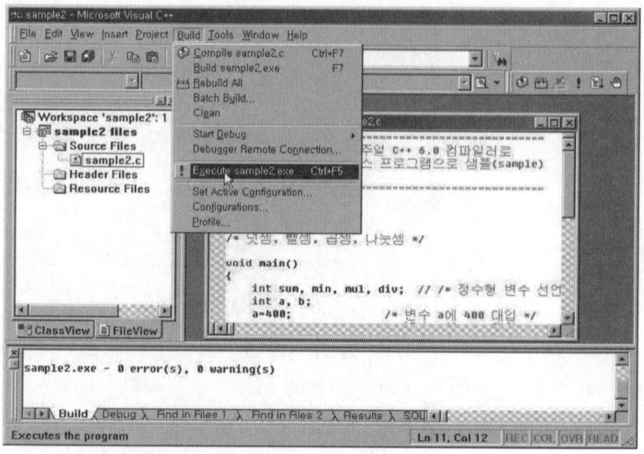

⑩ 실행파일 sample2.exe가 새로운 창에서 실행된 결과가 나타난다.

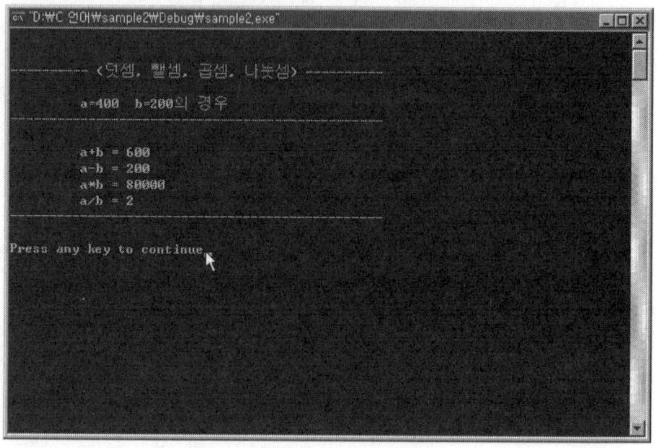

프로그램 2-1

```
#include <stdio.h>
 void main()
  {
  int a, b, c;                 // 정수형 변수 a, b, c를 선언
  a=20;                        // 변수값 20을 대입
  b=30;                        // 변수값 30을 대입
  c=a+b;                  // a값과 b값을 더해서 c변수에 대입
  printf(" %d + %d = %d \n",a,b,c);
  }
```

실행결과

```
20 + 30 = 50
```

해설

printf문 내의 문자열을 %d+%d=%d로 지정한 것은 변수값 a, b, c를 받기 형식 지정 문자이다. %d는 10진수를 받는 형식 지정 문자이다. 출력되는 형태는 다음과 같다.

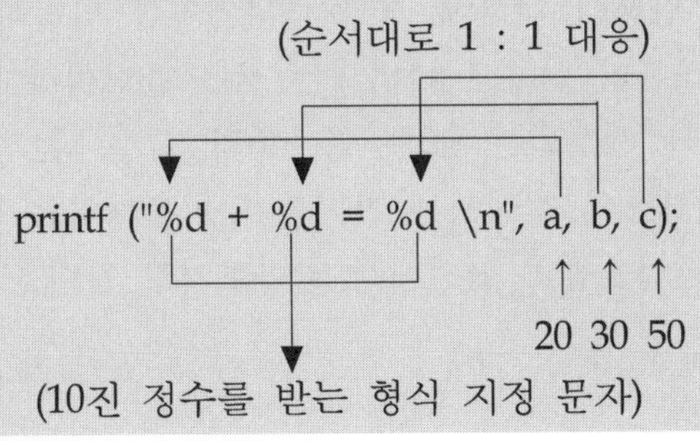

프로그램 2-2

```
#include <stdio.h>
void main()
{
float a, b, c;
a=12.56; b=25.479;
c=a*b;
printf("a=%f, b=%f, c=%f \n",a,b,c);
}
```

실행결과

```
a=12.560000, b=25.479000, c=320.016266
```

해설

변수 a, b, c를 자료형이 실수형인 float로 선언했다. 이때, 변수 a, b, c에 저장되는 값들은 소수점이 있는 실수가 저장된다.

2. 입·출력 함수

데이터를 컴퓨터 내부에 저장시키는 것을 입력이라 하고 내부에 저장된 내용을 컴퓨터 외부로 나타내는 것을 출력이라고 한다.

c 언어에서 사용되는 표준 입·출력 함수에는 printf 함수와 scanf 함수가 있는데, 이 절에서는 간단히 입·출력하는 방식만을 살펴보고 자세한 내용은 입·출력 단원에서 알아보기로 한다.

1. printf 함수

printf 함수의 기능은 데이터나 정보를 컴퓨터의 화면에 출력시키는 것으로써 형식은 다음과 같다.

형식

```
printf("형식 지정 문자열", 인수1, 인수2,……);
```

형식 지정 문자열

형식 지정 문자열(format control string)은 이중 인용 부호(" ")로 둘러싸인 문자열을 말한다. printf는 이 문자열 내부에서 나타내는 포맷 명세에 따라서 문자열 뒤에 나열한 인수들을 순서대로 대응시킨다.

프로그램 2-3

```
#include <stdio.h>
void main()
  {
  int a,b;
  a=100;  b=200;        // 변수 a, b에 10진수 100과 200을대입
  printf("This program is sample.\n");
  printf("값 a=%d, 값 b=%d \n",a,b);
  }
```

실행결과

```
This program is sample.
값 a=100, 값 b=200
```

해설

printf 함수내의 이중 인용 부호 (" ")안에 있는 문자열 "This program is sample." 이 화면에 출력되고, 또 다른 printf 함수문 내에 있는, 즉 printf

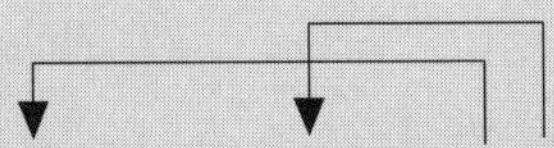

("값 a=%d, 값 b=%d \n", a, b);의 형식 지정 문자열에서 %d는 형식 지정 변환 문자로서 맨 오른쪽에 위치한 인수 a, b의 값을 순서적으로 받아들여 화면에 출력한다.

형식 지정 변환 문자

c 언어에서 사용하는 형식 지정 변환 문자는 인수값을 받아 출력하는 기능을 갖고 있으며, 인수값의 자료형에 따라 형식 지정 변환 문자도 각각 다르다. 표 2.1은 형식 지정 변환 문자의 종류를 나타내고 있다.

표 2.1 형식 지정 변환 문자의 종류

형식 지정 변환 문자	의 미	인수의 형
%d(또는 %i)	10진수로 출력	정수형
%o	8 진수로 출력	정수형
%x	소문자 a~f를 사용한 16진수 출력	정수형
%X	대문자 A~F를 사용한 16진수 출력	정수형
%u	부호없는 10진수로 출력	정수형
%c	한 문자로 출력	정수형(문자형)
%s	문자열로 출력	문자열형(포인터형)
%f	소수점이 있는 실수로 출력	부동 소수점형
%e	지수형으로 출력	부동 소수점형
%g	%e나 %f로 변환하기 쉬운 쪽을 택해 출력한다. 유효하지 않은 0는 출력되지 않는다.	부동 소수점형

프로그램 2-4

```
#include <stdio.h>
 void main()
 {
 int a;
 a=12345;

 printf("(1) value=%d \n",a);
 printf("(2) value=%3d \n",a);  // 데이터 값보다 출력폭을 작게 지정
 printf("(3) value=%8d \n",a);  // 데이터 값보다 출력폭을 크게 지정
 printf("(4) value=%08d \n",a);
 }
```

실행결과

```
(1) value=12345
(2) value=12345       ← 데이터 값보다 출력폭이 작게 지정되어 출력폭을 무시
(3) value=   12345    ← 출력폭 8자리를 확보하여 맨 오른쪽부터 채움
(4) value=00012345    ← 출력폭 8자리를 확보하여 맨 오른쪽부터 채우고 나머지
                        는 0으로 채움
```

해설

%d는 10진수 정수값을 나타내는 형식 지정 변환 문자로써 %와 d 사이에 있는 수치만큼의 출력 폭을 나타낸다. 이때 출력하고자 하는 데이터 값보다 출력폭을 작게 하면 출력폭을 무시하고, 본래 데이터 값대로 출력한다. 또 데이터 값보다 출력폭을 크게 지정하면 맨 오른쪽에 붙여서 출력하고, %08d와 같이 지정하면 맨 오른쪽에 붙여서 8자리를 확보하여 데이터 값을 출력하고, 앞쪽의 남는 자리에 0으로 채워 출력한다.

프로그램 2-5

```
#include <stdio.h>
 void main()
  {
  float x;
  x=136.578900;
  printf("(1) x=%f \n",x);
  printf("(2) x=%2.3f \n",x);    // 데이터보다 출력폭을 작게 지정
  printf("(3) x=%10.5f \n",x);   // 데이터보다 출력폭을 크게 지정
  printf("(4) x=%012.5f \n",x);
  }
```

실행결과

```
(1) x=136.578903
(2) x=136.579
(3) x=  136.57890
(4) x=000136.57890
```

해설

%f는 실수값의 입·출력시 사용하는 형식 지정 변환 문자이다. %와 f 사이에 있는 수치는 출력폭을 나타내며 출력폭의 형태에 따라 각각 출력된 모양이 다르다.

- %f는 소수 이하 6자리로 출력한다.(기종에 따라 차이 있음)
- %2.3f는 .3만큼 소수 이하 자리수를 출력한다.(소수 이하 넷째 자리에서 반올림한다.)
- %10.5f는 전체 10자리, 소수 이하를 5자리로 출력한다.
- %12.5f는 12자리에 출력, 앞의 남는 자리는 0으로 채워 출력한다.

프로그램 2-6

```
#include <stdio.h>
 void main()
 {
 char x,y,z;
 x='K', y='B', z='S';
 printf("(1) a=%c  \n",x);    // %c는 1문자만 출력 */
 printf("(2) b=%3c \n",y);  // %3c는 3자리를 확보하여 우측에 붙여 출력
 printf("(3) c=%-3c \n",z);  // %-3c는 3자리를 확보하여 좌측에 붙여 출력
 }
```

실행결과

```
(1) a=K
(2) b=   B
(3) c=S
```

해설

%c는 문자값을 입·출력할 때 사용하는 형식 지정 변환 문자이다. %와 c사이의 수치는 출력폭을 나타낸다.

- %c는 1개의 문자만을 출력한다.
- %3c는 3자리를 배정받아 오른쪽으로 붙여서 출력한다.
- %-3c는 3자리를 배정받아 맨 왼쪽으로 붙여서 출력한다.

프로그램 2-7

```
#include <stdio.h>
 void main()
 {
 char *a="COMPUTER";                  // 문자열 "COMPUTER" 선언
 char *b="SCIENCE";                   // 문자열 "SCIENCE" 선언
 printf("(1) a=%s,b=%s \n",a,b);
 printf("(2) a=%2s,b=%3s \n",a,b); // 문자열의 문자수보다
                                      //출력폭을 작게 지정
 printf("(3) a=%10s,b=%-10s \n",a,b); // 문자열의 문자수보다
                                      // 출력폭을 크게지정 *
 }
```

실행결과

```
(1) a=COMPUTER, b=SCIENCE
(2) a=COMPUTER, b=SCIENCE
(3) a=    COMPUTER, b=SCIENCE
```

해설

문자열(string)을 입·출력할 때 사용하는 형식 지정 변환 문자는 %s이다. %와 s 사이의 수치들은 출력폭을 나타내며 출력 기능은 다음과 같다.

- %s는 문자열(하나 이상의 문자)를 출력한다.
- %2s와 같이 출력폭을 작게 지정하면 출력폭을 무시하고 본래 길이만큼 출력한다.
- %10s는 10자리를 확보한 후 우측에 붙여 출력하고 %-10s는 10자리를 확보한 후 좌측에 붙여 출력한다.

프로그램 2-8

```
#include <stdio.h>
 void main()
  {
  int a;
  a=256;

  printf("10진수=%d \n",a);        // 10진수로 출력
  printf(" 8진수=%o \n",a);        // 8진수로 변환 출력
  printf("16진수=%x \n",a);        // 16진수로 변환 출력
  }
```

실행결과

```
10진수=256
 8진수=400
16진수=100
```

해설

%d는 10진수를 출력하는 형식 지정 변환 문자이고, %o는 8진수, %x는 16진수를 출력하는 형식 지정 변환 문자이다.

2. scanf 함수

scanf 함수는 키보드(keyboard)로 데이터를 직접 입력하는 기능을 갖는 함수로 다음과 같은 지정된 서식을 사용한다.

형식

```
scanf ("형식 지정 문자열",인수1,인수2,…);
```

프로그램 2-9

```
#include <stdio.h>
 void main()
  {
  int x,y,z;
  printf("input x and y ? ");
  scanf("%d%d", &x, &y);  // 키보드에서 x, y 값을 10진수로 입력
  z=x+y;
  printf("%d + %d = %d \n", x,y,z);
  }
```

실행결과

```
input x and y ? 20 30 ⏎          ← ⏎는 [Enter↵]키 표시임
20+30=50
```

해설

scanf 함수는 표준 입력 장치(keyboard)로부터 데이터를 읽어들이는데, 형식 지정 변환 문자에 맞는 데이터를 받아 들여야 한다.
(순서대로 1 : 1 대응)

scanf ("%d%d",&x,&y);

%d는 10진수를 표현하는 형식 지정 변환 문자이다. 키보드에서 값이 입력되면 지정된 형식으로 일치시켜 변수에 대입하게 된다. 여기에 사용된 변수는 포인터 변수이며 변수 앞에 & 기호가 붙어 있다. 이 &기호는 변수 x가 존재하는 장소의 번지(address)를 나타낸다. 즉 &x는 x의 번지를 나타내는 포인터 변수이다. 입력된 데이터는 x, y를 가리키는 번지에 저장된다.

프로그램 2-10

```
#include <stdio.h>
 void main()
  {
  int a;
  printf("input data: ");
  scanf("%3d",&a);       // 입력 데이터를 3자리 숫자까지만 받아들임
  printf("output data = %d \n" ,a);
  }
```

실행결과

```
input data: 1234567 Enter↵
output data = 123
```

해설

scanf 내의 %3d는 입력 데이터 1234567에서 앞에서부터 3자리만 확보하도록 하여 변수 a 번지에 123을 저장하게 한다.

프로그램 2-11

```
#include <stdio.h>
 void main()
  {
  int a;
  printf("input character: ");
  scanf("%c",&a);                    // 입력 데이터를 한 문자로 받아들임
  printf("output character = %c \n",a);
  }
```

실행결과

```
input character: Yes Enter↵
output character = Y
```

해설

%c는 한 문자를 지정하는 변환 문자로 입력된 데이터를 문자로 취급하여 받아들이고, 또 출력한다.

프로그램 2-12

```
#include <stdio.h>
 void main()
 {
  char a[10];                  // 문자열을 넣는 배열 변수 선언
  printf("input string : ");
  scanf("%s",a);               // 배열 변수 a에 키보드로부터 문자열을 입력한다.
  printf("output string = %s \n",a); // a에 저장된 문자열을 화면에 출력
 }
```

실행결과

```
input string : ABCD FG Enter↵
output string = ABCD
```

해설

%S는 문자열을 입·출력할 때 사용하는 변환 문자이다. 문자열을 입력시킬 때 문자열 사이에 공백(blank)을 입력하면 공백 앞에 있는 문자들만 문자열로 간주한다.

프로그램 2-13

```
#include <stdio.h>
void main()
 {
 float x,y;
 printf("real number input x,y ? ");
 scanf("%f %f",&x,&y);    // x번지, y번지에 실수값을 입력시킨다.
 printf("x=%f\n",x);
 printf("y=%f\n",y);
 printf("%f + %f = %f\n",x,y,x+y);
 }
```

실행결과

```
real number input x, y ? 25.78  128.67  Enter↵
x=25.780001
y=128.669998
25.780001 + 128.669998 = 154.44999
```

해설

%f는 실수값을 입·출력시키기 위한 변환 문자로 입력된 데이터를 실수형으로 변환하여 x번지, y번지에 각각 저장한다.

3. #include〈stdio.h〉

#include의 기능은 〈 〉내에서 지정하는 파일, 즉 stdio.h 파일을 찾아서 그 파일의 모든 내용을 현재 파일이 기술된 위치에 포함시켜 컴파일하라는 의미이다. 다시 말해서, 〈 〉내에서 지정하는 파일을 원시 프로그램 내로 가져온다는 뜻이다.

여기서, stdio.h는 C 컴파일시에 제공되는 표준 입·출력 헤더 파일(standard input-output header file)이다.

헤더 파일이란 C 프로그램 머리 부분에 있는 정보의 집합이라는 의미이다. #include 〈stdio.h〉는 보통 문두에 위치하며, getchar나 putchar 등의 함수는 〈stdio.h〉을 선언하지 않으면 사용할 수 없다.

프로그램 2-14

```
#include <stdio.h>
 void main()
 {
 int a;
 printf("input data: ");
 scanf("%d", &a);          // 표준 입력 장치인 키보드에서 데이터 입력
 printf("output data=%d\n",a); // 표준 출력 장치인 모니터의 화면에
                               // 출력
 }
```

실행결과

```
input data: 123 Enter↵
output data = 123
```

해설

#include <stdio.h>은 표준 입·출력 헤더 파일로서 입력 명령어 (scanf())와 출력 명령어 (printf())에 사용시 생략해도 괜찮다.

1. getchar()

형식

```
#include<stdio.h>
 변수=getchar();
```

getchar()함수는 버퍼(buffer)형 콘솔(console) 단일 문자 입력 함수로서 다음의 규칙에 따른다.

- 변수는 int(2바이트 정수)형이어야 한다.
- 한 문자를 키보드를 통해 입력받아 버퍼에 (ASCII)코드값으로 기억시킨다.
- 입력된 문자가 화면에 나타난다.(echo효과)
- Enter키를 누르면 버퍼에 저장된 문자가 변수에 입력된다.
- getchar()을 사용할 때는 반드시 #include〈stdio.h〉를 기술해야 한다.
- getc(stdin)와 같은 의미를 갖는다.

(*) getchar()의 입력은 int형 변수로 정의해야 하지만, char형 변수로도 정의할 수가 있다.

```
char a;
a=getchar();
```

프로그램 2-15

```
#include<stdio.h>
void main()
 {
 int c;
 printf("Input ? ");
 c=getchar();              // 키보드에서 1문자 입력
 printf(Output=%c\n",c);// C 변수에 저장된 값을 화면에 출력
 }
```

실행결과

```
input ? A [Enter↵]
output=A
```

해설

키보드로 입력한 문자 A가 버퍼에 아스키 코드값으로 저장되었다가 [Enter↵]키를 누르면 변수 C에 입력된다.

2. putchar()

putchar() 함수는 버퍼형 콘솔 단일 문자 출력 함수로서 다음의 규칙에 따른다.

형식

```
#include<stdio.h>
putchar(출력 인수);
```

- 출력 인수는 int형이어야 한다.(unsigned형을 사용할 수 없음)
- 한 개의 문자를 출력한다.(수치의 경우는 수치에 해당하는 ASCII 코드값은 문자 출력)
- putchar를 사용할 때는 반드시 #include를 정의해야 한다.
- 출력 인수는 하나의 문자 또는 숫자가 될 수 있다.

예

```
putchar('B');               ← 문자 B를 화면에 출력
putchar('\n');              ← 한 줄을 띄운다
putchar('\007');            ← "삑" 소리를 낸다
putchar('getchar()');       ← getchar()에서 1문자를 받아들여 화면 출력
```

프로그램 2-16

```
#include<stdio.h>
#include<ctype.h>    // 문자변환 헤더 파일
void main()
 {
 char c;
 while(1)          // 무한히 반복되는 반복문
 {
 c=getchar( );  // 키보드에서 문자 입력
 c=toupper(c);  // 입력 문자(소문자)를 대문자로 변환
 putchar(c);      // 반복될 때마다 한 문자씩 C 변수에 출력
 if(c==EOF)
  break;           // Ctrl+Z를 누른 후 Enter↵키를 치면 반복이 종료된다.
 }
 }
```

실행결과

```
pencil and notebook Enter↵
PENCIL AND NOTEBOOK^Z Enter↵
```

해설

c=getchar()는 1문자 입력 함수이며, 반복문(while) 내에서는 1문자씩 반복해서 입력시킬 수가 있다. 종료시킬 때는 키보드에서 Ctrl+Z 키를 눌러 -1값을 c=getchar()값으로 리턴한다. 이때, EOF(End Of File)는 기호 정수이며 실제값은 #include <stdio.h> 내에 -1의 값으로 정의되어 있기때문에 Ctrl+Z값과 같아져 while 문을 종료시킨다.

3. gets()와 puts()

gets()는 1행의 문자열을 입력하기 위한 함수이고, puts()는 1행의 문자열을 출력하는 함수이다.

gets(버퍼형 콘솔 문자열 입력)

형식

```
gets(변수);
```

- 키보드(keyboard)에서 문자열을 입력받아 지시한 변수에 기억시킨다.
- 문자열의 끝은 Enter↵키를 입력할 때까지 받아들인다.
- 공백 문자열도 입력이 가능하며 문자열을 기억하기 위한 기억 장소를 충분히 확보해야 한 다. 기억 장소를 확보하기 위해서는 배열 변수나 포인터 변수를 사용한다.

예

```
char st[10];      ← 문자열 기억 장소 준비
gets(st);         ← 문자열 입력
    또는
char *st;         ← 문자열 기억 장소 준비
gets(st);         ← 문자열 입력
```

puts(버퍼형 콘솔 문자열 출력)

형식

```
puts(출력 인수);
```

- 출력 인수가 가지고 있는 문자열을 화면에 출력한다.
- 문자열을 출력하고 자동적으로 행을 바꾼다.

예

```
puts(st);           ← 변수 st에 기억된 문자열을 출력하고 행을 바꾼다.
puts("seoul")       ← 문자열 seoul을 출력하고 행을 바꾼다.
printf("seoul");  ← seoul을 출력하고 행을 바꾸지 않는다.
```

프로그램 2-17

```
#include<stdio.h>
void main()
 {
 char str[80];    // 문자열을 기억할 장소를 배열로 선언
 gets(str);       // st변수에 1행의 문자열을 입력한다.
 puts(str);       // 입력된 문자열을 화면에 출력한다.
 }
```

실행결과

```
ABC DE FG [Enter↵]
ABC DE FG
```

해설

gets()는 키보드에서 문자열을 한 행 입력하는 함수이다. 문자열 기억 장소(배열 변수)보다 문자열이 큰 값을 입력시키면 오버플로우(overflow)가 발생한다.

프로그램 2-18

```
#include<stdio.h>
void main()
 {
 char st[70];
 while(gets(st)!=NULL);
 {                    // [Ctrl]+[Z]가 입력될 때가지 1행의 문자열을 입력한다.
 puts("");
 puts(st);            // 1행의 문자열 출력
 }
 }
```

실행결과

```
sun moon star^Z     ← [Ctrl]+[Z]키를 누른다.
sun moon star
```

해설

getchar()는 Ctrl+Z가 입력되면 EOF(-1) 값이 반환되지만, gets는 Ctrl+Z가 입력되어지면 NULL('\O')이 반환된다. NULL값은 #include <stdio.h> 내에 정의되어 있다.

4. 함수

함수란 어떤 특정한 작업을 수행하도록 만들어진 독립적인 프로그램을 말한다. 독립적인 프로그램은 다른 언어에서 사용되는 서브루틴(subroutine), 프로시듀어(procedure)와 비슷하다고 볼 수 있다. 함수를 사용하면 큰 프로그램 작성시에 단위의 프로그램으로 세분화하여 프로그래밍 할 수 있으므로 매우 편리하다.

프로그램 2-19

```
#include<stdio.h>
void sub1();        // 함수 선언(prototype)
void sub2();        //          〃
void sub3();        //          〃

void main()
{
 sub1();            // 각각 독립적인 프로그램으로 호출하는 함수명
 sub2();            //                      〃
 sub3();            //                      〃
 }
void sub1()         // 호출 받는 함수명 sub1()
  {
  printf("Visual C++ 6.0 \n");
  }
 void sub2()        // 호출 받는 함수명 sub2()
  {
printf("C-Language \n");
  }
```

```
 void sub3()  // 호출 받는 함수명 sub3()
{
printf("programming is fun. \n");
}
```

실행결과

```
Visual C++ 6.0
C-Language
programming is fun.
```

해설

main 프로그램 안에 호출 함수명을 두고, 호출할 때는 실행 순서에 따라 진행된다. 이때, 호출받는 쪽은 각각의 독립적인 프로그램으로 세분화되어 있다. main 프로그램에서 sub1()을 만나면 실행을 호출받는 함수명 sub1()으로 옮겨 실행을 하고, 다시 main 프로그램으로 되돌아온다. 또, sub2()를 만나면 호출받는 sub2()로 옮겨 실행을 하고 되돌아온다.

연습문제

(객관식)

1. 동일한 자료형의 변수가 여러 개인 경우 이들을 구분해 주는 구분자(separator)는?

① { } ② ( )
③ ; (semicolon) ④ ,(comma)

2. printf() 내에서 사용되는 문자열 출력의 형식 지정 변환 문자는?

① %c ② %s
③ %f ④ %u

3. 다음 printf()문의 사용 예이다. 맞게 표현된 것은?

① printf(this is a sample); ② printf("total=%d\n",a,b)
③ printf("C-program is good. \n"); ④ printf('a=%d, b=%d\n', a,b);

4. 부동 소수점형의 형식 지정 변환 문자가 아닌 것은?

① %x ② %f
③ %e ④ %g

5. 전체 자리수 12자리, 소수이하 자리 5자리를 확보하여 출력할 경우 앞의 남은 자리는 0으로 채워 출력하는 형식 지정 변환 문자는?

① %-012.5f ② %12.5f
③ %012.5d ④ %05.12d

6. 문자열 데이터 "computer data"를 출력시키고자 해서 형식 지정 변환 문자를 %8s로 지정했다고 하면 어떤 결과가 나타나는가?

① 주어진 문자열이 %8s를 무시하고 computer data를 출력한다.
② 8문자 computer만을 출력한다.
③ 오른쪽으로부터 ter data만을 출력한다.
④ 원하지 않는 엉뚱한 결과가 나타난다.

7. 다음 프로그램 서식 중 맞는 것은?

① scanf("%d", %a); ② scanf("a=%f", b);
③ scanf("%f"*d); ④ scanf("%d", &c);

연습문제

(객관식)

8. scanf("%d%d", &i&j); 문에서 키보드로 두 개의 정수형 데이터를 읽어들일 때, 데이터를 구분하는 것 중 아닌 것은?

① Space　② Shift
③ Tab　④ Enter

9. 문자열 입력 함수로 공백 문자열도 입력이 가능한 것은?

① scanf()　② putc()
③ gets()　④ putchar()

10. gets()와 puts()에 대한 설명이다. 잘못된 것은?

① gets() 함수는 키보드에서 입력된 문자열을 버퍼에 저장해 준다.
② 입력의 끝은 〈CR〉이고, 끝에 null이 부가되므로 버퍼의 크기는 "입력 최대 문자 수 +1"을 확보해야 한다.
③ puts() 함수는 null이 나타날 때까지 버퍼의 문자열을 화면에 출력한다.
④ puts() 함수는 공백 문자를 출력할 수 없지만, 형식(format) 입·출력의 %s는 문자열 속에 공백 문자를 포함할 수 있다.

연습문제 (주관식)

1. 다음의 프로그램에서 빈 칸에 알맞은 데이터형이나 형식 지정 변환 문자로 채우시오.

```
void main()
{
( ① ) a;
char   b;
float   c;
char  *d = "SCIENCE" ;
a = 1257;   b = 'A';
c = 125.45678;
printf("%d \n", b);
printf("( ② ) \n", b);
printf("( ③ ) \n", c);
printf("%s \n)", ( ④ ));
}
```

2. 변수 a와 b에 10과 20을 할당하여 합을 C변수에 저장하고, C변수의 값이 10+20+=30인 모양으로 출력되도록 프로그램을 작성하시오.

3. "Language"의 n을 왼쪽에서 10번째에 출력되도록 %c 변환 문자를 사용하여 프로그램을 작성하시오.

4. 10진 정수 256을 10진수, 8진수, 16진수로 출력하는 프로그램을 작성하시오.

5. 다음과 같이 출력되도록 프로그램을 작성하시오.

```
00000001
00000012
00000123
00001234
00012345
```

6. 문자열 "news paper"를 키보드에서 입력해 출력되도록 하는 프로그램을 작성하시오.

7. #include 〈stdio.h〉의 정의를 설명하시오.

제3장 기본 자료형

1. 데이터형

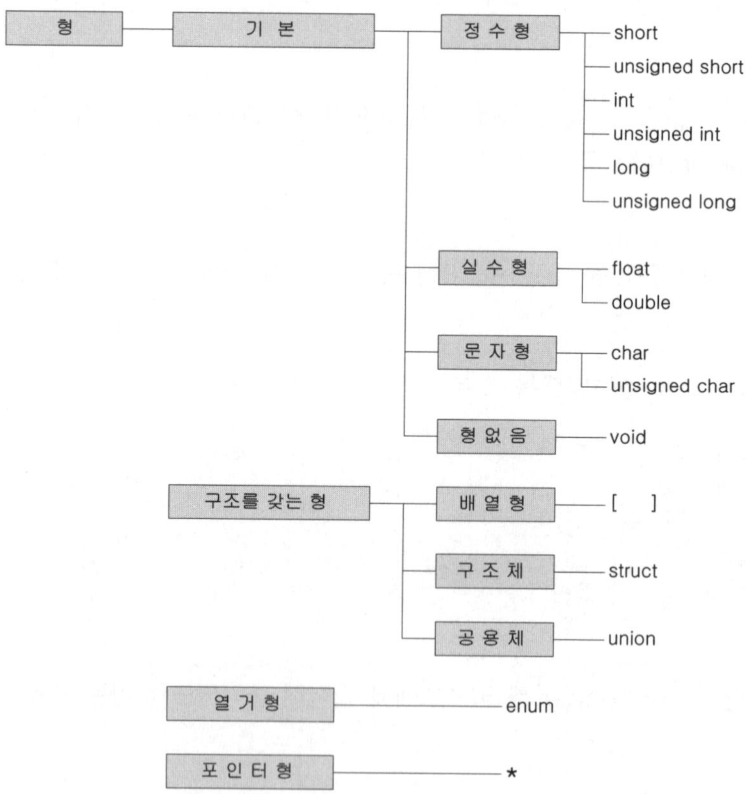

그림 3.1 데이터형의 분류

프로그램에서 데이터를 표현하기 위한 형태는 상수나 변수의 형태를 갖는다. 상수는 변하지 않는 일정한 값을 갖고 변수는 데이터를 기억해 두는 장소로서 기억된 값이 변할 수도 있다. 이것들은 모두 메모리의 특정한 번지에 위치한 일련의 바이트들로 구성되나, 구성되는 형태는 데이터의 형(type)에 따라 각각 다르다. 기본적인 데이터의 형은 정수형, 실수형, 문자형 등이 있는데, 이들을 다음과 같이 그림 3.1에 나타내었다.

c 언어 프로그램에서 사용되는 상수들의 형태는 데이터의 형에 따라 미리 정해져 있지만 변수들은 사용하기 전에 반드시 형의 선언을 하여야 하며 초기값을 부여할 수도 있다.

표 3.1 기본 데이터형의 종류

구 분	형(type)지정	영역크기	사용 수치 범위	부호	비 고
정수형 변수	int	2bytes	-32768~32767	유	정수값 표현
	unsigned int	2bytes	0~65535	무	
	short	2bytes	-32768~32767	유	
	unsigned short	2bytes	0~65535	무	
	long	4bytes	-2147483648~2147483647	유	
	unsigned long	4bytes	0~4294967295	무	
실수형 변수	float	4bytes	$\pm 3.4*10^{-38} \sim \pm 3.4*10^{38}$	유	실수값 표현
	double	8bytes	$\pm 3.4*10^{-306} \sim \pm 3.4*10^{306}$	유	
	long double	10bytes	$\pm 3.4*10^{-4932} \sim \pm 3.4*10^{4932}$	유	
문자형 변수	char	1bytes	-128~127	유	ASCII 코드 표현
	unsigned char	1bytes	0~255	무	
나열형	enum	2bytes	-32768~32767	유	정수값 표현

표 3.1은 기본 데이터형의 크기와 수치 범위를 나타냈다. 일반적으로 데이터의 크기가 작으면 작을 수록 작은 영역의 메모리를 차지하고 표현할 수 있는 범위가 작아진다. 또한, 데이터의 크기가 크면 클 수록 많은 영역의 메모리를 차지하여 액세스 속도가 떨어지나 표현할 수 있는 범위가 넓어진다.

2. 상수

상수란? 변하지 않는 수를 말하며 크게 숫자 상수와 문자 상수로 나눌 수 있다. 숫자 상수는 정수형 상수와 부동 소수점 상수로 구분되며 문자 상수는 문자와 문자열 상수로 구분할 수 있다.

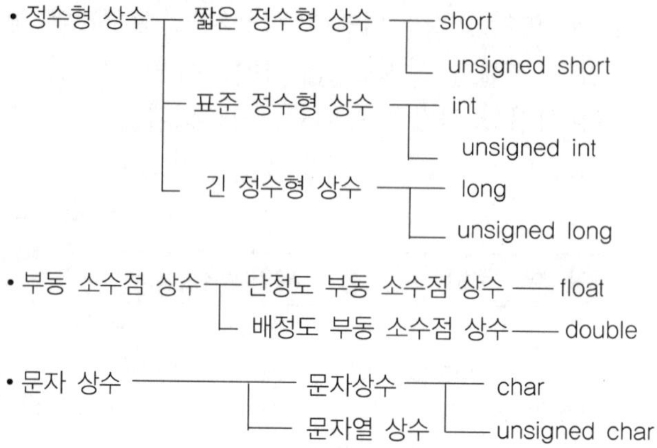

그림 3.2 상수의 분류

1. 정수형 상수

표준 정수형 상수

정수형 상수는 부호가 있는 수와 부호가 없는 수로 나눈다. 부호가 있는 수는 최상위 비트(MSB)를 부호 비트로 취급하며 부호 비트가 0일 때는 양수, 1일 때는 음수로 처리된다.

정수는 소수점을 포함하지 않는 수이며 숫자 사이에 콤마(,)를 포함해서는 안 된다. 정수형의 선언은 int로 하게 되는데 int로 선언된 메모리에 2byte(16bit) 또는 4byte(32bit)의 크기로 기억 장소가 확보된다. 일반적으로 8비트 또는 16비트의 컴퓨터에서는 2바이트의 기억장소가 확보되고, 32비트 이상의 컴퓨터에서는 32비트의 기억 장소가 확보된다.

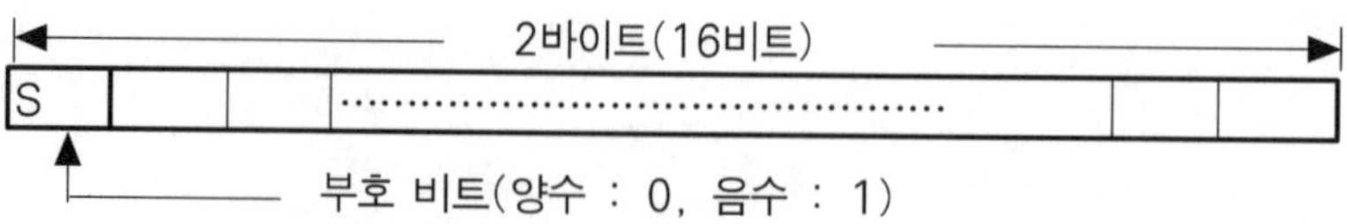

(a) int 형의 구조

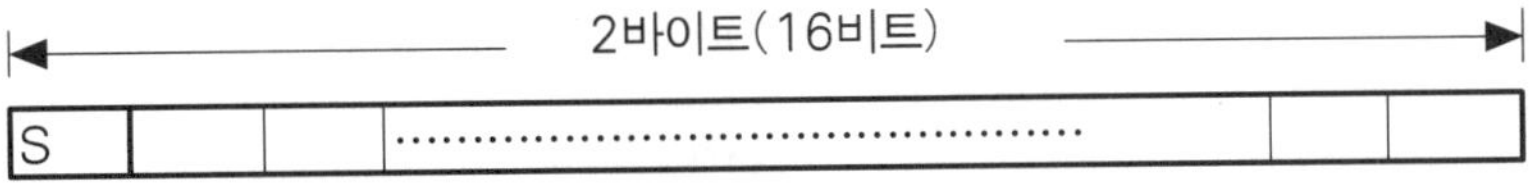

(b) unsigned int형의 구조

그림 3.3 int와 unsigned int 형의 구조

① 2바이트 처리계의 정수 표현 범위

- int로 선언시 : –32768 ~ 32767(–215~215–1)
- unsigned로 선언시 : 0~65535(0~216–1)

① 정수자료형(int)의 최대치, 최소치 에 대한 overflow를 구하는 프로그램으로 Project name에 sample3이라고 입력하고 〔OK〕 버튼을 클릭 한다.

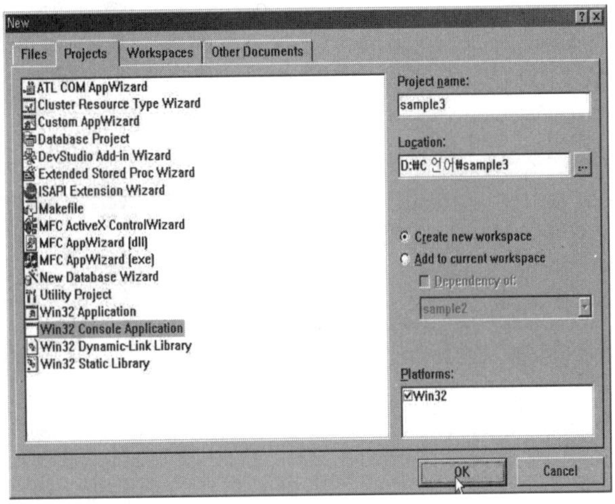

② Win32 Console Application - Step 1 of 1의 대화상자가 나타나는데 이들의 콘솔 어플리케이션의 형태 중 ◉ An empty project를 선택하고 〔Finish〕단추를 누른다.

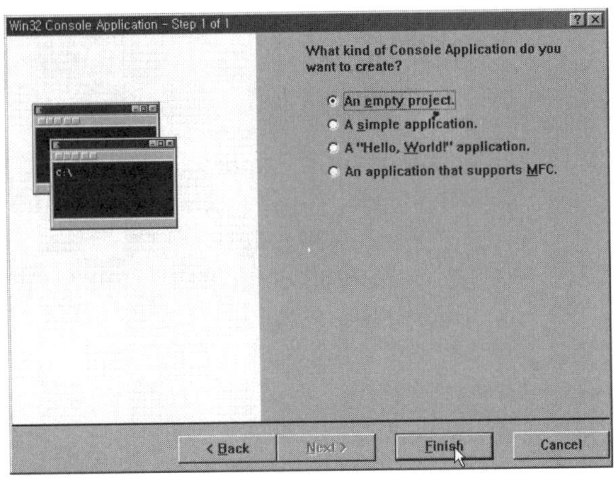

③ 새로 생성된 프로젝트 정보를 보여 주고 있으며, Project Directory 위치와 내용을 확인 후 〔OK〕를 선택한다.

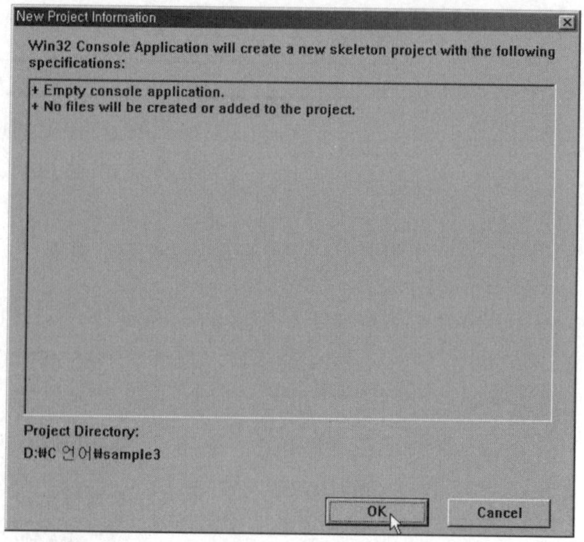

④ 〔FileView〕 탭에서 폴더모양의 〔Source Files〕에서 마우스 오른쪽버튼을 눌러 〔Add Files to Folder...〕를 선택하여 소스코드를 입력하기 위한 파일을 생성한다.

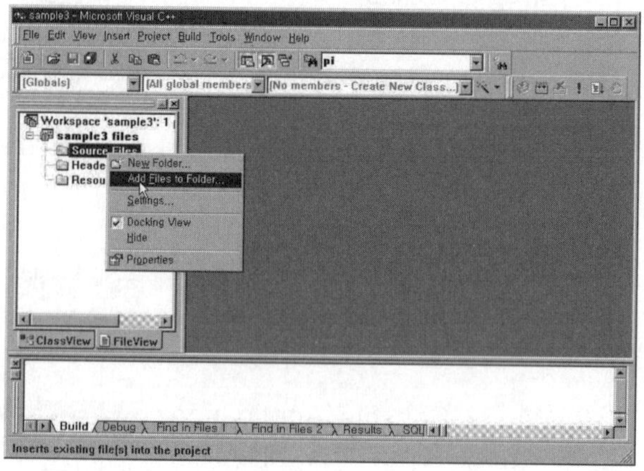

⑤ Insert Files into Project 대화상자가 나타난다. Insert Files into Project 대화상자에서 파일이름을 sample3.c 입력하고 〔OK〕버튼을 클릭 한다.

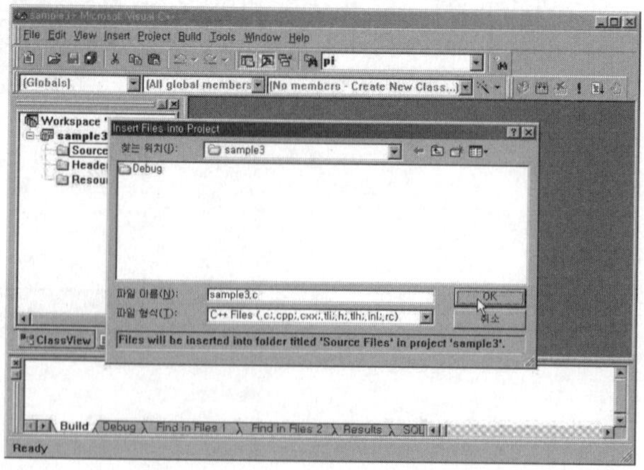

⑥ 소스파일 sample3.c 파일을 참조하겠냐는 대화상자가 나타나면 〔예(Y)〕를 누른다.

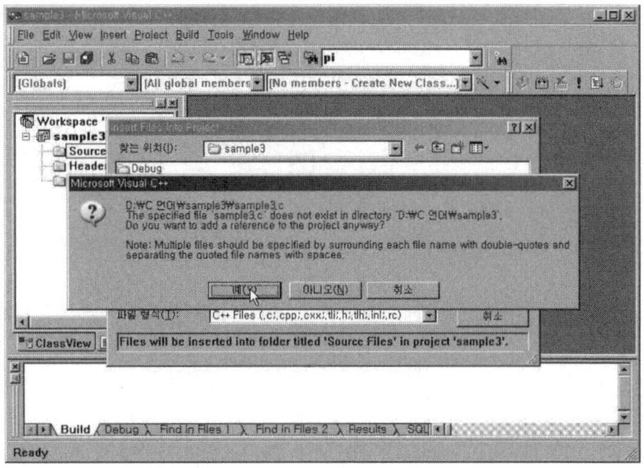

⑦ Source File에서 sample3.c를 클릭하면 파일을 생성한다는 대화상자가 나타나고, 〔예(Y)〕를 누르면 파일을 작성할 수 있는 입력창을 볼 수 있다.

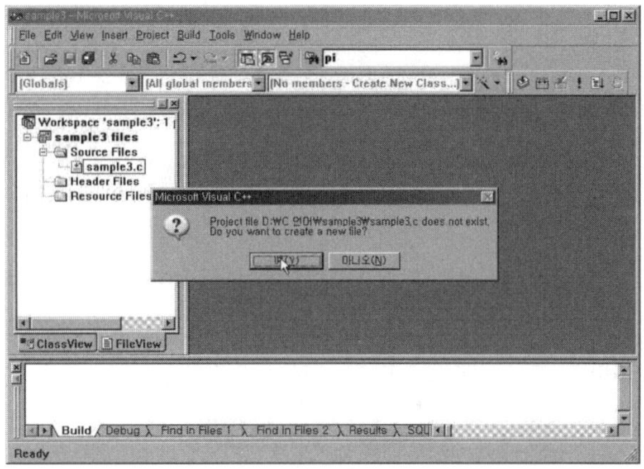

⑧ sample3.c 입력창에 소스를 입력한다.

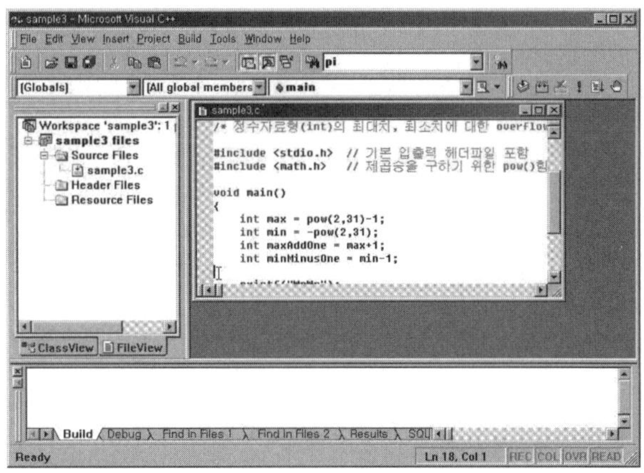

Sample2 소스

```
/* ======================================
  이 프로그램은 비주얼 C++ 6.0 컴파일러로
  실행시켜 보는 소스 프로그램으로 샘플(sample)
  예제이다.
  ====================================*/
// 정수자료형(int)의 최대치, 최소치에 대한 overflow
#include <stdio.h>  // 기본 입출력 헤더파일 포함
#include <math.h> // 제곱승을 구하기 위한 pow()함수의 이용을 위함
void main()
{
        int max = pow(2,31)-1;
        int min = -pow(2,31);
        int maxAddOne = max+1;
        int minMinusOne = min-1;
        printf("\n\n");
        printf("int의 최대치 = %d \n", max);
        printf("int의 최대치+1 = %d \n", maxAddOne);
        printf("int의 최소치 = %d \n", min);
        printf("int의 최소치-1 = %d \n", minMinusOne);
}
```

실행결과

```
int의 최대치 = 2147483647
int의 최대치+1 = -2147483648
int의 최소치 = -2147483647
int의 최소치-1 = -2147483647
```

⑨ 〔Build〕 메뉴에서 〔Execute sample3.exe Ctrl+F5〕를 하면 자동으로 실행 파일을 먼저 생성하고 실행되는 것을 볼 수 있다.

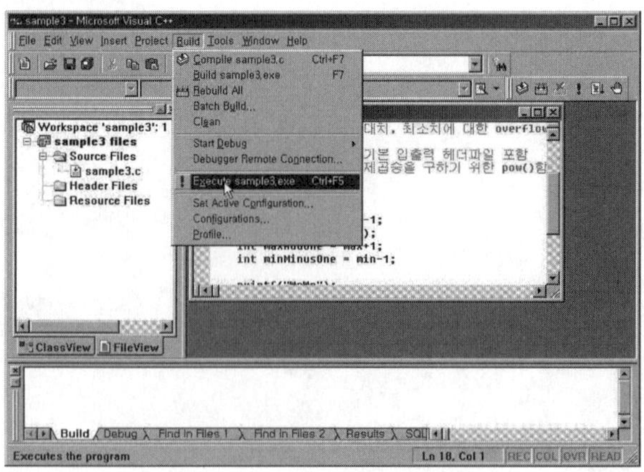

⑩ 실행파일 sample3.exe가 새로운 창에서 실행된 결과가 나타난다.

프로그램 3-1

```
// int의 크기가 2바이트인 경우
#include<stdio.h>
void main()
{
  int a,b,c;
  a=1275;
  b=32768;       // 32767을 초과하는 값을 대입했을 경우
  c=32769;          //                    "

  printf("a=%d \n",a);
  printf("b=%d \n",b);
  printf("c=%d \n",c);
  }
```

실행결과

```
a=1275
b=-32768 ┐ 엉뚱한 값이 출력
c=-32767 ┘
```

해설 int로 선언한 경우 수치의 최대치는 32767이다. 그런데, 이 값보다 큰 값을 대입하면 오버플로우(over flow)가 일어난다.

오버플로우(over flow)란?

컴퓨터 처리 과정에서 한 워드(word)가 표현할 수 있는 최대 수치보다 큰 수가 입력되면 데이터를 저장하기 위해 확보된 공간(2바이트 또는 4바이트)이 넘쳐 버려서 처리를 중지하게 되는 상태를 말한다. 이때 입력되는 수치가 최대 수치보다 큰 수이면 다음과 같이 표현 가능한 최소 수치부터 시작된다.

```
┌▶-32768 ···························································32767┐ over flow
└─────────────────────────────────────────────────────────────────────────┘
                                                              (1워드 : 16비트)
        (over flow가 발생하면 이 범위의 수치가 표현됨)

┌▶ -2147483648 ···············································214783647┐ over flow
└─────────────────────────────────────────────────────────────────────────┘
                                                              (1워드 : 32비트)
                          (표현되는 수치의 범위)
```

② 4바이트 처리계의 정수 표현 범위

- int로 선언시 : –2147483648～2147483647(–231부터 231–1까지)
- unsigned로 선언시 : 0～4294967295(0부터 232–1까지)

프로그램 3-2

```
/* int의 크기가 4바이트인 경우  */
#include<stdio.h>
void main()
{
long int a=2147483647L;

printf("a=%ld \n",a);
printf("a+1=%ld \n",a+1);      // 2147483647을 초과하는 값을
printf("a+2=%ld \n",a+2);      // 대입했을 경우
}
```

실행결과

```
a=2147483647
a+1=-2147483648 ┐ 예상치 못한 값이 출력
a+2=-2147483647 ┘
```

해설

int의 크기가 4바이트 (32비트)인 경우 최대 수치인 2147483647의 값을 초과해서 대입시키면 원하지 않은 엉뚱한 값이 나오므로 주의해야 한다.

unsigned int형

부호없는 정수, 자연수를 나타내며 int형의 부호(sign) 부분도 수치로 표현하므로 0에서 int형의 상한값의 2배, 즉 0~4294967295 사이의 값을 가지며, 선언은 unsigned int라 쓰고 변수를 기술한다. 입력과 출력은 %u를 사용하며 %d를 기술할 때에는 int형으로 출력하면 된다.

%c를 사용하면 그 값을 ASCII 코드로 사용하는 문자가 출력된다. unsigned int형에 음수를 저장하면 "4294967296+음수"가 저장된다. 이것은 부호 자리까지도 수치로 표현되기 때문이다.

프로그램 3-3

```
/* int의 크기가 4바이트인 경우  */
#include<stdio.h>
void main()
{
int a;
unsigned int b;          // 부호 없는 정수형 변수 선언
a=2147483648;            // 2147483647을 초과한 값을 대입
b=a;
printf("int a=%d \n",a);
printf("unsigned int b=%u \n",b);
}
```

실행결과

```
int a=-2147483648             ← 2147483647을 벗어난 overflow임
unsigned int b=2147483648     ← 4294967595보다 작은 수치임
```

해설

부호없는 정수형은 0~4294967595의 범위 내의 수치를 표현한다. 그 외의 수치는 오버플로우로 간주된다.

프로그램 3-4

```
#include<stdio.h>
 void main()
 {
 unsigned int a,b,c;     // 부호 없는 정수형 변수 선언
 a=65;
 b=66;
 c=67;
 printf("%c %c %c \n", a,b,c);
 }
```

실행결과

```
A B C
```

해설

ASCII 코드는 모두 양의 정수이므로 문자를 정수로 저장할 때는 일반적으로 unsigned int형을 사용한다. 또 unsigned int형 변수값을 %c로 출력하면 변수에 저장된 값을 ASCII 코드의 문자를 출력한다.

프로그램 3-5

```
#include<stdio.h>
 void main()
 {
 unsigned a,b,c;      // int가 생략된 부호없는 변수 선언

 a=10;
 b=20;
 c=a-b;
 printf("%d - %d = %d \n", a,b,c);
 printf("%u - %u = %u \n", a,b,c);
 }
```

실행결과

```
10 - 20 = -10
10 - 20 = 4294967286
```

해설

unsigned int형은 양의 정수만을 저장하므로 음수를 저장하면 부호 부분이 수치로 사용되므로 2^{31}인 2494967296만큼 더한 값이 된다. 즉 -10+2494967296= 4294967286이 된다.

짧은 정수형 상수

짧은 정수형 상수는 short나 unsigned short로 표현하는 상수이며 컴퓨터의 기종에 관계없이 모두 메모리에 2바이트(16비트)의 기억장소를 확보한다.

c 언어에서 short 선언하는 큰 이유 중의 하나는 기억장소를 효율적으로 사용하기 위한 것이다. int가 4바이트인 컴퓨터에서는 short는 int의 반(2바이트)이지만 int가 2바이트인 컴퓨터에서는 short와 int는 길이가 같다.

프로그램 3-6

```
#include<stdio.h>
void main()
{
short a;                    // 짧은 정수형 선언
unsigned short b;           // 부호없는 짧은 정수형 선언

a=32770;
b=32770;
printf("a = %d \n",a);
printf("b = %u \n",b);
}
```

실행결과

```
a=-32766
b=32770
```

해설

short로 선언된 변수값의 범위를 벗어나는 값 32770을 대입하면 음수로 바뀌어 기억되므로 -32766이 되었다. unsigned로 선언된 변수값은 %u로 출력해야 한다.

긴 정수형 상수

긴 정수형 상수는 long int 또는 unsigned long int로 표현하는 상수로서 int를 생략해서 쓸 수 있다. 긴 정수형 상수는 매우 큰 정수값을 표현하며 일반적으로 메모리에 4바이트(32비트)의 기억장소를 확보한다.

프로그램 3-7

```
#include<stdio.h>
 void main()
 {

 long int a;                 // 긴 정수형 변수 선언
 a=-19876531;                // a 변수에 초기값 -19876531를 대입

 printf("a = %ld \n",a);
 }              └// long int 변수값을 출력하기 위한 형식 지정 변환 문자
```

실행결과

```
a= -1987653
```

해설

a 변수의 초기값으로 -19876531을 주고 끝에 영문자 1을 붙인 것은 -32768보다 작기 때문이다. %ld는 long int의 값을 받아 출력하기 위한 형식 지정 변환문자이다.

프로그램 3-8

```
#include<stdio.h>
 void main()
 {
 unsigned long int a;
 a=4294967295lu;

 printf("a=%lu \n",a);
 }
```

실행결과

```
a=4294967295
```

해설

unsigned long int로 선언된 값을 출력할 때는 %lu라는 형식 지정 변환 문자를 사용해야 한다. a변수의 초기값으로 4294967295를 주고, 끝에 lu를 붙인 것은 이 숫자가 long int의 값보다 크기 때문이다.

진법상수

진법상수로 많이 사용되는 것은 10진수, 8진수, 16진수이다. 10진수를 16진수로 출력하려면 %d 대신 %x로, 8진수를 출력하려면 %o를 사용하면 자동으로 변환되므로 사용자가 직접 변환할 필요가 없다.

8진수를 표현하려면 수치 앞에 0(제로)를 붙이며, 16진수는 수치 앞에 0x를 붙여 표현한다.

예

10진 상수 : 256, 652, 32767 등
8진 상수 : 0167, 0723, 06777 등
16진 상수 : 0xABC, 0x7d, 0x84ff 등

프로그램 3-0

```
#include<stdio.h>
 void main()
 {
 int a,b,c;

 a=256;          // 10진 상수
 b=0723;         // 8진 상수
 c=0x2ff;        // 16진 상수

 printf("10진수=%d, 8진수=%o, 16진수=%x \n",a,a,a);
 printf("10진수=%d, 8진수=%o, 16진수=%x \n",b,b,b);
 printf("10진수=%d, 8진수=%o, 16진수=%x \n",c,c,c);
 }
```

실행결과

```
10진수=256, 8진수=400, 16진수=100
10진수=467, 8진수=723, 16진수=1d3
10진수=767, 8진수=1377, 16진수=2ff
```

해설

변수 a에 10진수 256을 대입해서 8진수, 16진수로 변환 출력하고, 변수 b에 8진수 0723을 대입해서 10진수, 16진수로 변환 출력한다.
또, 변수 c에 16진수 0x2ff을 대입해서 10진수, 8진수로 변환 출력한다.

각 진법의 상수 뒤에 영문자 l이 붙으면 long 형태의 정수형 상수로 취급된다.

표 3.2 long 형태의 진법 상수

10진 상수	8진 상수	16진 상수
354765l	0237l	0x3f87l
13579246l	0765437l	0xcb95dl

2. 부동 소수점 상수

부동 소수점 상수는 실수값을 나타내는 방법으로 4.652, 15.0, -8.765 또는 0.0005

5와 같이 정수 부분과 소수부분으로 표현되며, 또 지수 형태로 $7.89 * 10^5$, $12.5 * 10^{-3}$,

$0.52 * 10^{+2}$와 같이 표현할 수 있다.

일반적으로 c 언어에서 표기되는 부동 소수점 상수는 소수점과 같이 있는 숫자를 나열하고 그 뒤에 e 또는 E를 넣은 후에 부호가 있는 지수를 넣어 표현한다.

부동 소수점 상수의 표기법

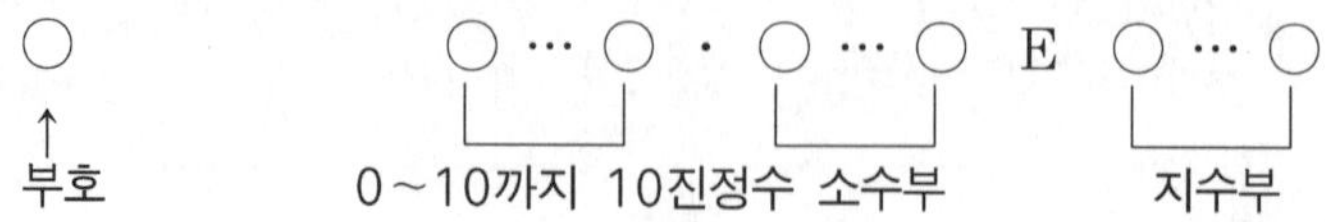

예

237.5 → 2.375E+2 -0.00025 → -0.25E-3
36.586 → 0.36586e+2 -0.72468 → -7.2468e-1

부동 소수점 상수를 나타내는 데는 자료형이 float와 double이 사용된다.

float는 부동 소수점 단정도(single precision type)를 나타내며, 보통 32비트이고 double은 부동 소수점 배정도(double precision type)를 나타내며, 보통 64비트이다. 다음은 float와 double의 구조를 나타내고 있다.

(a) float형의 구조

(a) double형의 구조

그림 3.4 float와 double형의 구조

표 3.3 실수형 상수의 비교

4바이트형(float)	8바이트형(double)	10바이트형(long double)
12.7F	12.7	12.7L
-127.3456F	-127.3456	-127.3456L
64.7E5F	64.7E5	64.7E5L
0.447536F	0.447536	0.447536L

프로그램 3-10

```
#include<stdio.h>
 void main()
 {
 float a,b,c;

 a=12.333;                    // 실수형 상수
 b=0.12333e2;                 //    "
 c=12333.0e-3;                //    "

 printf("a=%f \n",a);
 printf("b=%f \n",b);
 printf("c=%f \n",c);
 }
```

실행결과

```
a=12.333000
b=12.333000
c=12.333000
```

해설 실수형 상수값을 입·출력시 형식 지정 변환 문자는 %f이다. 변수명 a, b, c를 float로 선언시 그 길이가 4바이트가 되며, 여기서 가수 부분은 6자리가 된다.

프로그램 3-11

```
#include<stdio.h>
 void main()
 {

 float a,b,c;
 a=12.333;
 b=0.12333e2;
 c=12.00000012345;
 printf("a=%e \n",a);  // %e는 지수형의 형식 지정 문자임
 printf("b=%f \n",b);  // %f는 소수 이하 6자리까지만 출력되게 함
 printf("c=%f \n",c);
 }
```

실행결과

```
a=1.233300e+01
b=12.333000
c=12.000000
```

해설

a 변수값 출력은 형식 지정 변환 문자 %e에 의해 지수 형태로 출력되었고, b변수값 출력은 %f에 의해 지수 형태가 아닌 실수 형태로 출력되었다. 또, C변수값은 대입된 초기값에서 가수부(소수 이하)가 6자리 이상은 %f에 의해 잘려 나간 것이다.

프로그램 3-12

```
#include<stdio.h>
 void main()
 {

 float a;          // 단정도 부동 소수점형 변수 선언
 double b;         // 배정도 부동 소수점형 변수 선언
 a=123.456;
 b=123.456;
 printf("a=%f, b=%f \n" ,a,b);
 printf("a=%7.3f, b=%7.3f \n" ,a,b);
 }
```

실행결과

```
a=123.456001,   b=123.456000
a=123.456, b=123.456
```

해설

변수 a와 b에는 123.456의 근사값이 기억되어진다. 123.456이 실수형의 2진수로 변환되면서 소수부(가수부)에 유효숫자를 모두 포함할 수 없기 때문에 일어나는 현상이다. a는 float형이며, b는 double형이기 때문에 b에 기억된 값이 근사값에 더 가깝다. 출력할 때는 소수점 이하를 적게 나타낼수록 원래의 수에 가깝게 출력된다.

프로그램 3-13

```
#include<stdio.h>
 void main()
 {

 float a,b;

 a=0.00000245;
 b=0.0245;

 printf("a=%g \n",a); // %g는 %f나 %e 변환 중 출력이 간단한
 printf("b=%g \n",b); // 형태를 취한다.
 }
```

실행결과

```
a=2.45e-06
b=0.0245
```

해설

변수 a에 대입된 값 0.00000245 %f 형태로 변환하려면 소수 이하 6자리로 표현해야 하는데 간단하지가 않다. 그러나, %e인 지수 형태로 변환은 쉽게 할 수 있다. 또, 변수 b에 대입된 값 0.0245는 %f인 소수 이하 6자리로 충분히 쉽게 표현할 수 있지만, 지수 형태로 변환하는 것은 간단하지가 않다.

3. 문자상수

문자상수(character constant)는 한 개의 문자를 상수로 취급하여 단일 인용 부호 ' ' 사이에 끼워서 사용한다. 이때, 한 개의 문자는 1바이트(8비트)로 처리된다.

예를 들면, 'K'라고 표시하면 K가 문자상수가 된다. 이는 내부적으로 ASCII 코드에 대응하는 수치로 변환되어 기억되며 다음과 같이 나타낸다.

```
char X='B';    ← 문자상수로 ASCII 코드값 0x42를 기억한다.
char Y='T';    ← 문자상수로 ASCII 코드값 0x54를 기억한다.
```

또, 문자 상수를 표시하는 방법은 다음과 같다.

```
char X='A';
char Y= 0x41;
```

여기서, 'A'와 0x41은 같은 의미이다. 그리고 문자상수는 반드시 문자 하나만을 표시해야 하며, 컴퓨터는 문자상수를 자동적으로 내부에서 ASCII 코드값으로 변환한다.

다음은 또 다른 형태의 문자상수 표현이다.

```
'\x1b'  Esc    '\x41'       ← A 문자
'\007'  bell   '\xff'
'\x1f'  Del    '\xb5        ← 그래픽 문자
```

여기서, ASCII 코드값으로 표현하는 데 '0x'나 '\x'는 16진 코드값을 의미하고,'\0'는 8진 코드값을 의미한다. '\' 뒤에 직접 ASCII 코드(3자리의 8진수 혹은 3자리의 16진수)를 붙여 특수 문자 상수(escape 문자)를 만들어 낼 수 있다. 즉 '\x0a'는 '\n'과 같다.

프로그램 3-14

```
#include<stdio.h>
void main()
{

char a,b,c;

a='A' + 1;     // 'A'의 ASCII 코드값 65에 더하기 1
b='\007';      // '삑' 소리를 내는 8진수 ASCII 코드값
c='\x41';      // 문장 상수 A 값을 표현하는데 16진수 ASCII 코드값
printf("%c=%d \n",a,a);
printf("bell %c \n",b);
printf("%c \n",c);
}
```

실행결과

```
B=66
bell
A
```

해설

변수 a에는 'A'의 아스키 코드값 65에 더하기 1을 한 66의 값이 기억되어 있다. 이것을 %c로 출력시 B 문자가 출력되고, %d로 출력시는 10진 정수인 66이 출력된다. 또 '\007'은 '삑' 소리를 내는 아스키 코드값이다. 그리고, 변수 c에 기억된 아스키 코드값은 %c로 받아 출력시에 A 문자를 출력한다.

4. 문자열 상수

문자열 상수란? 단일 문자가 하나 이상 연결되어 있는 문자들을 말하며 인용 부호(" ")로 둘러싸서 정의한다. 문자열 마지막에는 널(null) 문자 ('\0')이 자동적으로 추가된다.

다음 문자 상수와 문자열 상수가 기억되는 형태를 비교한 것이다.

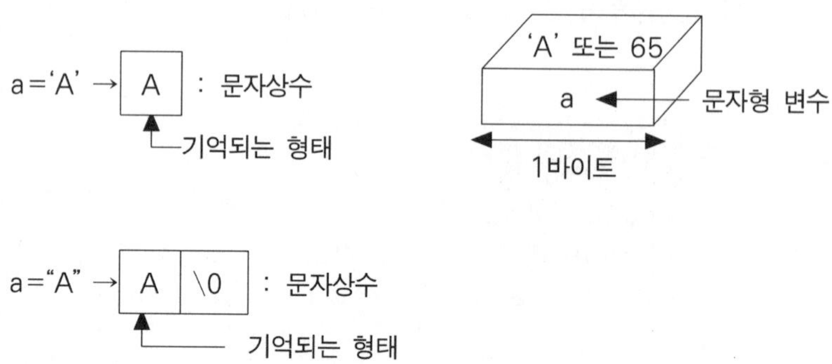

그럼, 좀더 자세히 문자열을 표현하는 방법을 알아보자. 문자열은 각각의 문자가 연속적으로 연결되어 있기 때문에 배열 변수에 기억되도록 한다. 즉 문자열 각각의 문자는 대응하는 배열 변수의 각 요소에 저장되고, 마지막에 역슬래시 제로('\0')가 자동적으로 부가된다. 널(null) 문자는 컴파일러가 문자열의 끝을 인식하기 위한 것이다. 다음은 문자열을 선언한 형식이다.

```
char a[ ]="string OK";
```

위에서 선언된 문자열의 내부 표현이 어떻게 되는가를 알아보기로 하자. a[ ]라는 문자열 변수명에 "string OK"라는 문자열을 기억시키면, a[0]에 s, a[1]에 t, a[2]에 r, a[3]에 i, a[4]에 n, a[5]에 g, a[6]에 공백, a[7]에 O, a[8]에 K, 마지막 a[9]에 널(null) 문자가 기억된다.

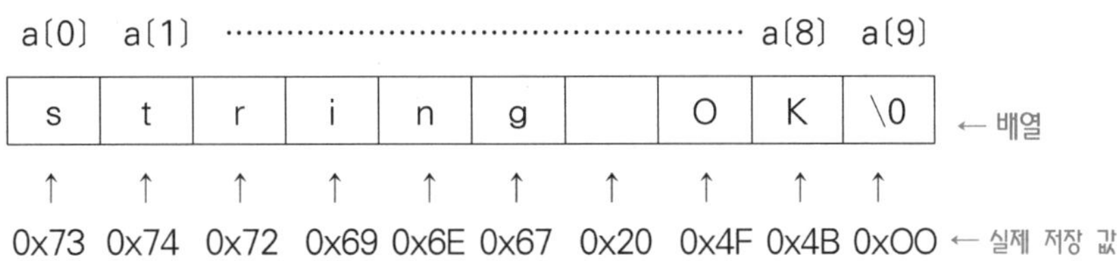

그림 3.5 문자열의 내부 표현

프로그램 3-15

```
#include<stdio.h>
 void main()
 {
 char student[]="Good morning sir!";
 char teacher[]="Good morning every one!";  // 문자열을 배열
  printf("%s \n",student);                 //변수에 저장
 printf("%s \n",teacher);
 }
```

실행결과

```
Good morning sir!
Good morning every one !
```

해설 student[ ]와 teacher[ ] 는 문자열을 저장하는 배열 변수이다. 또 출력 시에 사용된 %s는 문자열을 출력하기 위한 형식 지정 변환 문자이다.

3. 변수

1. 변수란?

변수란? 어떤 값을 저장하는 기억장소로서 컴퓨터 내부에서 프로그램이 실행중에 저장된 값을 변화시킬 수 있는 기호 표시이다. 즉 변수는 데이터를 넣어두는 그릇으로 비유해 볼 수 있으며 그 그릇 이름을 변수명이라고 한다. 예를 들면, a=30; 문장에서 a는 변수명이 된다. 변수명 a에 데이터 30을 기억시켜 둔 형태이다.

다음은 변수명을 정하는 규칙이다.

- 영문자(A~Z, a~z), 숫자(0~9) 및 밑줄(under-score)을 사용한다.
- 하나의 변수명 안에 공백(space)이 있어서는 안 된다.
- 첫 글자는 반드시 영문자이어야 하며 밑줄(_)도 그 영문자로 취급한다.
- 변수명의 길이는 컴퓨터 기종에 따라 다르다.
- 대문자와 소문자는 서로 다른 문자로 취급된다.
- 예약어(reserved word)는 사용할 수 없다.
- 일반적으로 변수명은 소문자로, 매크로명은 대문자로 사용한다.

예 1 올바른 변수명

A1 : 대문자와 수치로 변수명을 만들 수 있다.
toktal_one : 밑줄을 사용
a123 : 첫글자는 문자임
_Sum : 밑줄을 첫글자로 사용 가능
Kbs 등 : 대·소문자 사용 가능

예 2 잘못된 변수명

$Kim : 특수 문자 $를 사용할 수 없다.
data# : 특수 문자 #를 사용할 수 없다.
8th_Score : 첫글자는 수치를 사용할 수 없다.
peice flag : 공백이 들어 있다.
int : 예약어이다.

2. 변수의 선언

int형의 선언

int형으로 선언된 변수는 메모리에 2바이트(16비트)의 크기로 확보된다. 16비트의 메모리에서 표현될 수 있는 수치는 $-2^{15} \sim 2^{15}-1$(-32768~32767)까지이다.

unsigned가 붙은 int형 변수에는 0부터 65535까지의 정수를 표시할 수 있다.

형식

```
int 변수명1, 변수명2, … ;
unsigned int 변수명1, 변수명2, … ;
```

프로그램 3-16

```
#include<stdio.h>
 void main()
 {

 int a;                          // 변수 a를 정수형으로 선언
 a=125;                          // 변수 a에 125를 대입
 printf("a=%d \n", a);  // 변수 a값을 %d로 출력
 }
```

실행결과

```
a=125
```

해설 정수형 변수 a값을 출력시킬 때는 %d를 사용하며 int형의 메모리에 125가 기억되는 형태는 다음과 같다.

2바이트(16비트)

0	0	0	0	0	0	0	0	0	1	1	1	1	1	0	1

↑ 부호비트(0 : 양수, 1 : 음수)

프로그램 3-17

```
#include<stdio.h>
  void main()
  {
  unsigned int a;          // 부호없는 정수형 변수 선언
  a=4294967292;            // 변수 a에 4294967292를 대입

  printf("a=%d \n",a);     // 부호있는 10진 정수를 출력
  printf("a=%u \n",a);     // 부호없는 10진 정수를 출력
  }
```

실행결과

```
a= -4          ← 엉뚱한 결과 초래
a=4294967292
```

해설

unsigned int로 선언된 변수값은 반드시 %U를 사용하여 출력해야 한다.

만약, %d로 출력하게 되면 엉뚱한 결과를 초래할 수 있다.

다음은 unsigned int형의 메모리에 4294967292가 기억되는 형태를 알아본다.

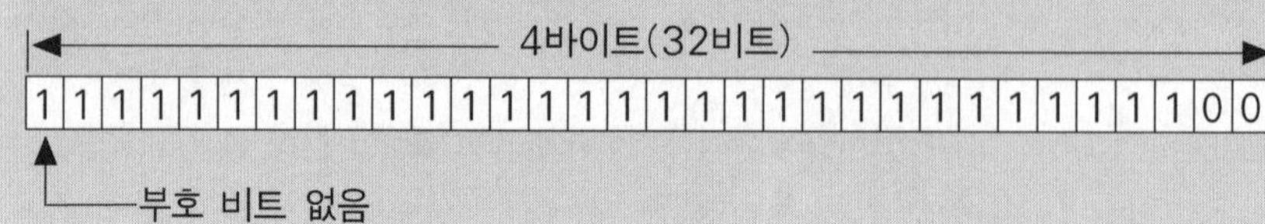

long형의 선언

long int형으로 선언된 변수는 메모리에 4바이트(32비트) 크기로 기억장소를 확보한다.

long int형으로 선언하면 변수값의 범위는 -2,147,483,648에서 +2,147,483,
647까지의 수치이다.

만약, unsigned long int형으로 선언된 변수값의 수치는 0~4,294967,295이다.

	4바이트(32비트)													비트
long int형	s	1	2	3	4	5	…	25	26	27	28	29	30	31

부호 비트(0 : 양수, 1 : 음수)

값의 범위: $-2^{31} \sim 2^{31}-1$(-2,147,483,648~+2,147,483,647)

형식

```
long int 변수명1, 변수명2, … ;
unsined long int 변수명1, 변수명2, … ;
```

만약, unsigned long int형으로 선언된 변수값의 수치 범위는 0~4,294,967,295이다.

예

```
long int a,b ;              ← 변수 a, b를 long형으로 선언
unsigned long int a,b ;     ← 변수 a, b를 부호없는 long형으로 선언
```

long int형으로 선언된 변수의 값을 출력할 때는 %d를 사용해서는 안되고, %ld를 사용해야 한다. 또, unsigned long int형으로 선언된 변수값을 출력할 때는 변환 기호 %ld 또는 %lu를 사용해야 한다.

short형의 선언

short형으로 선언된 변수는 int형과 동일하게 메모리의 크기를 2바이트(16비트)로 확보한다. unsigned short형으로 선언된 경우도 unsigned int와 동일한 크기의 정수를 표현할 수 있다.

형식

```
short int 변수명1, 변수명2,…;
unsigned short int 변수명1, 변수명2, …;
```

예

```
short a, b ;              ← 변수 a, b를 short형으로 선언
unsigned short x, y ;     ← 변수 x, y를 부호 없는 short형으로 선언
```

short형으로 선언된 변수값을 출력할 때는 %d를 사용하지만

unsigned short형으로 선언된 변수값을 출력할 때는 형식 지정 변환 문자 %u를 사용해야 한다.

실수형의 선언

실수값을 표현하기 위한 변수는 float와 double형으로 선언해야 한다.

float로 선언된 변수는 메모리에 4바이트(32비트)의 기억장소를 확보하고, double형은 8바이트(64비트)의 기억장소를 확보한다.

형식

```
float 변수명1, 변수명2, … ;
double 변수명1, 변수명2, … ;
```

예

```
float a ;               ← 변수 a를 float(단정도) 형으로 선언
double b ;              ← 변수 b를 double(배정도) 형으로 선언
a=3.14159 ;
b=3.14159265 ;
```

실수형으로 선언된 변수값을 출력할 때는 %f 또는 %e를 사용한다. %f는 10진수형으로 결과를 출력하며 %e는 지수형으로 출력한다.

char형의 선언

char형은 문자형의 변수를 선언하는 자료형으로 메모리에 1바이트(8비트)의 기억장소를 확보한다. 8비트로 나타낼 수 있는 정보의 개수는 256(2^8)이다.

그런데, 부호 비트를 둘 것인지 부호 비트 없이 사용할 것인지에 따라 문자형의 자료형은 두 가지로 나뉜다. 그것은 바로 char형과 unsigned char형이다.

형식

```
char 변수명1, 변수명2, … ;
unsigned char 변수명1, 변수명2, … ;
```

char형으로 선언된 변수에는 -128~+127까지의 정수값을 기억시킬 수 있으며, unsigned char형으로 선언된 변수에는 0~255까지의 정수를 표현할 수 있다.

표 3.4 문자형의 분류

문자형 선언자	수치 범위	용도
char	-128~+127	일반적인 영숫자만 다루거나 매크로 상수 EOF를 사용할 때 쓰임
unsigned char	0~255	그래픽 문자를 다룰 때, 기타 용도

프로그램 3-18

```
#include<stdio.h>
  void main()
  {

  char munja;                          // 문자 변수 munja를 선언
  munja='A';
  printf("문자=%c \n",munja);          // %c는 문자로 받아 출력
  printf("ASCII=%d \n",munja);         // %d는 ASCII 코드로 받아 출력
  }
```

실행결과

```
문자=A
ASCII=65
```

해설

char형으로 선언된 변수의 값을 출력시키기 위한 형식 지정 변환 문자는 %c이며, %d로 지정하면 ASCII 코드값을 10진수로 변환하여 출력한다.

4. 데이터형의 변환

1. 데이터형의 자동 변환

기본적인 데이터형들로 어우러진 수식에서 연산된 최후의 데이터형은 무엇일까? 예를들면, a+b라는 수식에서 a는 int형이고, b는 long형이라고 하면 연산된 최종 결과의 데이터형은 어떻게 될 것인가?

이와 같은 경우 C 프로그램의 문장에서는 데이터형들의 우선 순위에 따라 결정된다. 만약, 데이터형 char과 int형으로 된 수식이 있다면 char형이 자동적으로 int로 변환된다. 다시 말하면, 우선 순위가 낮은 형이 높은 형으로 자동적으로 변환된다.

데이터형을 낮은 형에서 높은 형으로 정리해 보면 다음과 같다.

```
char < short < int < long < unsigned < float < double
```

산술 연산자들에 대한 자동 변환 규칙을 알아보자.

① 모든 char형과 short형은 int형으로 변환되고, unsigned char형과 unsigned short형은 unsigned int형으로 변환된다.
② float형은 double형으로 변환된다.
③ 둘 중의 어느 한 오퍼랜드가 double이면 나머지도 double로 변환되며 결과도 double이다.
④ 데이터형에서 어느 한 오퍼랜드가 long형이면 나머지도 long형으로 변화되고 결과도 long형이다.
⑤ 데이터형의 변환은 대입문(assignment)에서도 일어나며 이때, 우측의 값이 좌측의 데이터형으로 변환된다.

프로그램 3-19

```
#include<stdio.h>
 void main()
 {
 char a='A';            // 'A'는 ASCII 코드값 65인 INT형으로 변환
 int b=20, c;
 c=a+b;                 // C=65+20
 printf("c=%d \n", c);
 }
```

실행결과

```
C=85
```

해설

a에 대입된 문자 A는 ASCII 코드값으로 65이므로 결과는 65+20=85가 된다.

프로그램 3-20

```
#include<stdio.h>
 void main()
 {
 float a=15.678;        // 실수형 상수 대입
 int b;
 b=a;
 printf("b=%d \n",b);   // 정수형 상수 출력
 }
```

실행결과

```
b=15
```

해설

float형으로 선언된 a가 int형으로 선언된 b에 대입되어 그 결과가 대입 연산자(=) 우측형으로 변환 결과를 보여 주고 있다. float형에 int형으로 변환되는 과정에서 float형의 값 소수 부분이 절단됨을 알 수 있다.

2. 데이터형의 강제 변환

앞에서 데이터형의 자동적 변환에 대해 살펴보았다. 그러나 의도적으로 데이터의 형변환을 할 수 있다. 즉 이미 지정된 데이터형을 강제적으로 바꾸고자 할 때 사용되는 연산자가 있는데 이것을 cast 연산자라고 한다.

형식

```
(데이터형) 수식;
```

예

```
int a, b;
a=(int)1.65+(int)1.78;  ← a의 값은 2
b=1.65+1.78;            ← b의 값은 3
```

앞의 예에서 a에는 1.65와 1.78을 각각 정수형으로 변환시킨 후 덧셈 결과 2가 저장되고, b에는 1.65+1.78을 덧셈한 3.43을 정수형으로 변환시켜 3이 저장된다. 그리고, cast 연산자에 대해서는 뒤에서 좀 더 자세히 설명하기로 한다.

프로그램 3-21

```
#include<stdio.h>
void main()
{
int i=50, j=30;          // 정수형 변수 선언과 상수값 대입
float k;                 // 실수형 변수 k 선언

k=(float)i+(float)j;
printf("k=%f \n",k);
}
```

실행결과

```
k=80.000000
```

해설

(float) i는 i=50의 값을 실수형으로 변환하니까 50,000000이 되고, (float) j는 j=30의 값을 실수형으로 변환하니까 30,000000이 된다. 또, 이 두 값을 덧셈해서 변수 k에 대입한다.

연습문제

(객관식)

1. 기본 데이터형의 종류에서 정수형 변수 선언이 잘못된 것은?

   ① long int i;　　② unsigned int j;
   ③ int a,b;　　④ double int c;

2. 2바이트 unsigned 정수형에서 사용되는 수치 범위는?

   ① -32768~32767　　② -32768~65535
   ③ 0~32767　　④ 0~65535

3. long형의 10진수 상수값은 어느 것인가?

   ① OxABC3L　　② 123456L
   ③ 0L35679　　④ 0L327674L

4. null character (\0)을 필요로 하는 상수는?

   ① 문자 상수　　② 문자열 상수
   ③ 정수형 상수　　④ 부동 소수점 상수

5. 다음 c 언어에서 사용하는 상수가 아닌 것은?

   ① '\007'　　② '\x1b'
   ③ 'AB'　　④ Ox42

6. 변수명을 지정하는 규칙들이다. 옳지 않은 것은?

   ① 예약어는 사용할 수 없다.
   ② 영문자나 밑줄(_)로 시작되며 영문자, 숫자, 밑줄을 복합적으로 사용한다.
   ③ 영문자 대문자와 소문자로 사용된 변수, 즉 SUM과 sum은 동일한 변수로 취급된다.
   ④ 변수는 보통 소문자로 사용하나 매크로명은 대문자로 사용하는 것이 관례이다.

7. 다음 16진 상수를 올바르게 표현한 것은?

   ① OABC　　② OL1fb
   ③ Ox78A　　④ XL362

8. char a;로 선언된 변수 a에 문자 Z자를 기억시키는 명령문으로 바르게 표현한 것은?

① a="Z";　　② a=Z;
③ a==Z;　　④ a='Z';

9. char m[ ] = "book";로 선언된 예에서 null character (\0)을 기억하는 변수는?

① m[3]　　② m[4]
③ m[5]　　④ m[0]

10. 데이터형 변환 우선 순위가 낮은 순위에서 높은 순위로 나열된 것 중 맞지 않은 것은?

① unsigned -> float -> double　　② int -> long -> double
③ char -> int -> unsigned　　④ float -> long -> double

연습문제 (주관식)

1. 다음 프로그램에서 공란을 채워 완성하시오

```
void main()
{
( ① ) a = 'B';
char ( ② ) = "BOOK";
char *str = "note";
printf("( ③ ) \n", a);
printf("( ④ ) \n", b);
printf("%s \n", ( ⑤ ));
}
```

2. 다음 보기와 같이 실행 결과가 출력되도록 괄호 안을 채우시오.

■ 보기 ■

```
253.345000
2.533450e+02
253.345
```

```
void main ()
{
float   a=253.345;
printf("( ① ) \n", a);
printf("( ② ) \n", a);
printf("( ③ ) \n", a);
}
```

3. 다음의 상수들은 어떠한 형의 상수들인가를 구별하시오.

① 645.388821　　② 0x25③ 5678L
④ 03564　　⑤ 0.1253e+02⑥ 253

4. 다음 변수 중 틀린 변수명을 찾아 틀린 이유를 말하시오.

① double　　② 7AB③ C$Mbc
④ _mbc　　⑤ -1234　　⑥ abcd
⑦ Kb　　⑧ a_b_c

5. 문자 상수(character constant)에 대해서 설명하시오.

6. 문자열 상수(string constant)에 대해서 설명하시오.

7. 데이터형의 강제 변환에 대해서 예를 들고 설명하시오.

제4장 기억 클래스

1. 기억 클래스란?
2. 자동 변수
3. 정적 변수
4. 레지스터 변수
5. 외부 변수
6. 기억장소 운영
연습문제

1. 기억 클래스란?

기억 클래스(storage class)란 기억 장소의 할당 영역을 규정하는 것으로써 컴퓨터의 내부에 데이터를 보존하는 장소를 CPU 레지스터와 메모리로 구분할 때 어떤 변수가 레지스터(register)와 메모리(memory) 중 어느 쪽에 기억될 수 있는 장소로는 레지스터와 메모리가 있는데, 어디에 기억되게 할 것인가를 결정해 주고, 기억 기간(storage time), 유효범위까지도 규정해 준다.

- 변수를 저장할 기억 장소를 결정한다.
- 변수의 생존 기간(life cycle)을 규정한다.
- 변수가 선언된 위치(함수의 내부나 외부)에 따라 통용 범위를 규정한다.

변수의 종류에는 수치나 문자를 나타내는 단순 변수, 배열을 나타내는 배열 변수, 기억장소(변수)의 번지(위치)를 기억하는 포인터 변수 등이 있는데, 이들을 기억 공간(memory)에 할당시키는 방법은 크게 두 가지로 나눈다. 하나는 정적 할당이고, 또 하나는 동적 할당이다. 그리고 변수의 기억 클래스에는 auto, static, register, extern의 네 가지가 있다.

정적 할당(static allocation)

변수를 프로그램의 실행에서부터 종료될 때까지 계속 기억 공간에 남아 있도록 고정시키는 것을 말한다.

동적 할당(dynamic allocation)

루틴(함수나 블록)이 실행될 때마다 필요한 기억 공간을 할당하고 루틴(routine)의 실행을 종료할 때에 그 변수 자체를 소멸시키는 것을 말한다.

표 4.1 기억 클래스의 종류

종 류	기억장소	생존기간	통 용 범 위
auto (자동 변수)	stack(스택)	일시적	변수가 선언된 블록 내에서만 사용
static (정적 변수)	일반적인 메모리	영구적	변수가 선언된 블록에서 실행되며 그 블록을 벗어나도 그 값은 그대로 보존
register (레지스터 변수)	CPU의 레지스터	일시적	변수가 선언된 블록 내에서만 사용
extern (외부 변수)	일반적인 메모리	영구적	변수가 외부 프로그램 모듈에서 선언된 후 모듈의 전역에서 사용 가능

지역변수와 전역변수

지역변수(local variable)는 함수나 블록안에서 선언된 변수를 말하며 함수나 블록안에서만 변수값이 유지되고 벗어나면 소멸된다.

그러나, 전역변수(global variable)는 함수 밖에서 선언하고 그 변수값이 한 개의 함수 또는 여러 개의 함수에 적용되도록 하며 함수를 벗어나도 변수값이 유지된다.

① 자동변수와 정적변수를 설명하기 위한 프로그램으로 Project name에 sample4이라고 입력하고 〔OK〕 버튼을 클릭 한다.

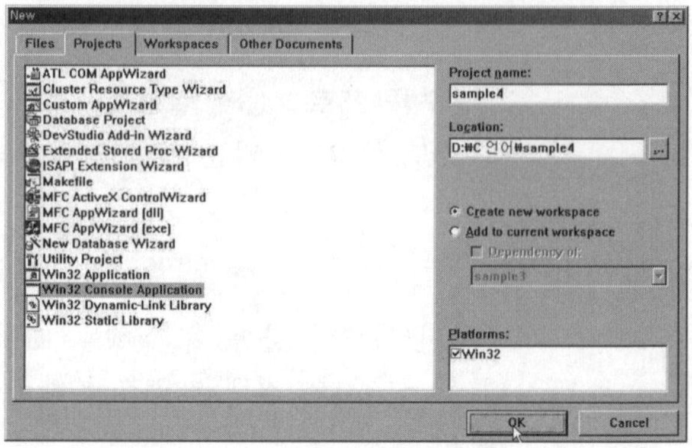

② Win32 Console Application -Step 1 of 1의 대화상자가 나타나는데 이들의 콘솔 어플리케이션의 형태 중 ◉ An empty project를 선택하고 〔Finish〕 단추를 누른다.

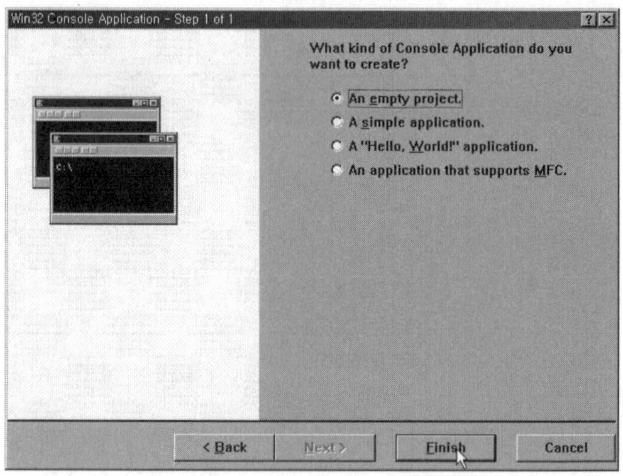

③ 새로 생성된 프로젝트 정보를 보여주고 있으며, Project Directory 위치와 내용을 확인 후 〔OK〕를 선택한다.

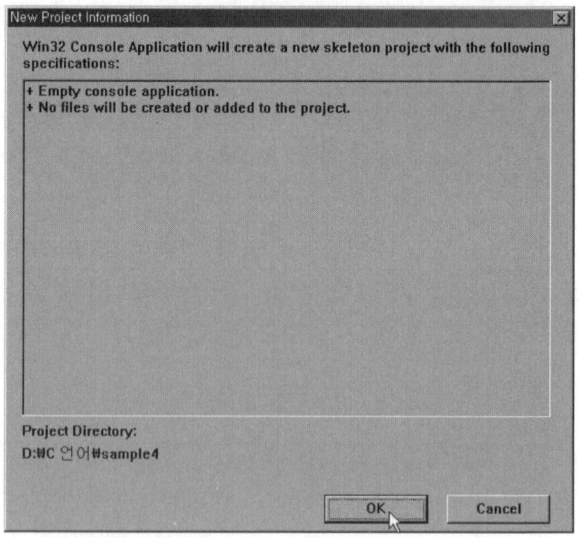

④ 〔FileView〕 탭에서 폴더모양의 〔Source Files〕에서 마우스 오른쪽버튼을 눌러 〔Add Files to Folder...〕를 선택하여 소스코드를 입력하기 위한 파일을 생성한다.

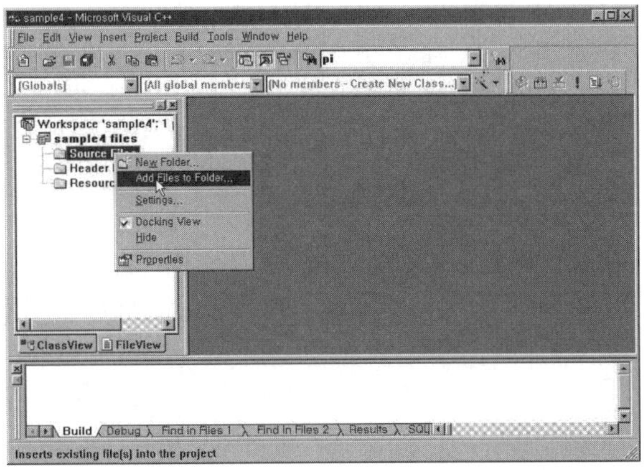

⑤ Insert Files into Project 대화상자가 나타난다. Insert Files into Project 대화상자에서 파일이름을 sample4.c 입력하고 〔OK〕버튼을 클릭 한다.

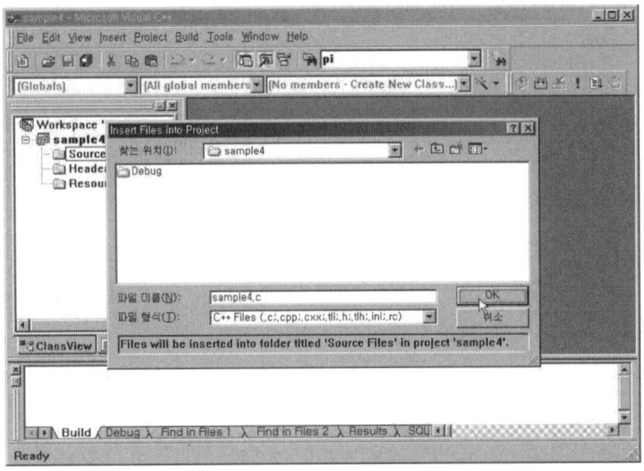

⑥ 소스파일 sample4.c 파일을 참조하겠냐는 대화상자가 나타나면 〔예(Y)〕를 누른다.

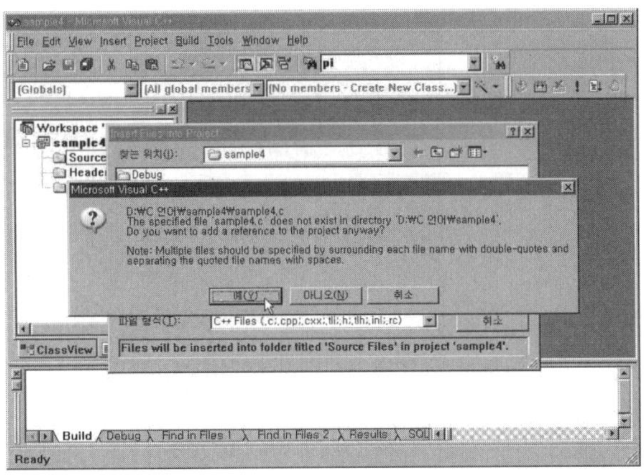

⑦ Source File에서 sample4.c를 클릭하면 파일을 생성한다는 대화상자가 나타나고, 〔예(Y)〕를 누르면 파일을 작성할 수 있는 입력창을 볼 수 있다.

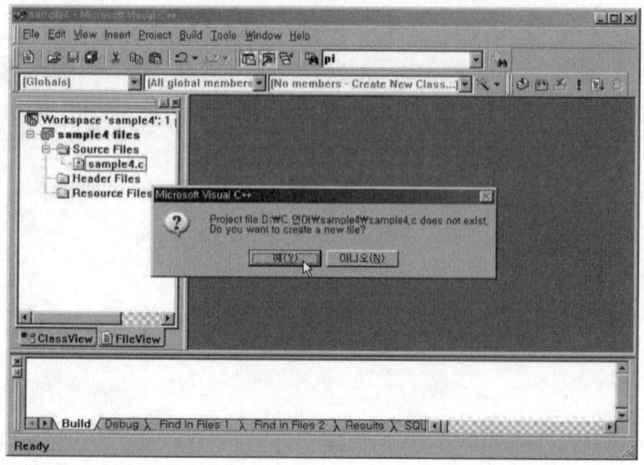

⑧ sample4.c 입력창에 소스를 입력한다.

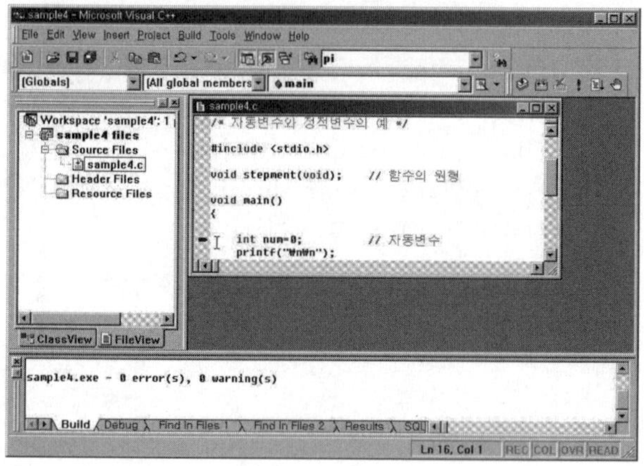

Sample4 소스

```
#include <stdio.h>
void stepment(void);t // 함수의 원형
void main()
{
        int num=0;        // 자동변수
        printf("\n\n");
        for(;num<6;num++)
        {
        stepment();       //6회 함수 호출
        }
}
```

```
void stepment(void)
{
        static int stindex=10;
        static int atindex=10;
        printf("정적변수 stindex=%2d \n", stindex++);
        printf("자동변수 atindex=%2d \n", stindex++);
}
```

실행결과

```
정적변수 stindex=10
자동변수 atindex=11
정적변수 stindex=12
자동변수 atindex=13
정적변수 stindex=14
자동변수 atindex=15
정적변수 stindex=16
자동변수 atindex=17
정적변수 stindex=18
자동변수 atindex=19
정적변수 stindex=20
자동변수 atindex=21
```

⑨ 〔Build〕 메뉴에서 〔Execute sample4. exe Ctrl+F5〕를 하면 자동으로 실행 파일을 먼저 생성하고 실행되는 것을 볼 수 있다.

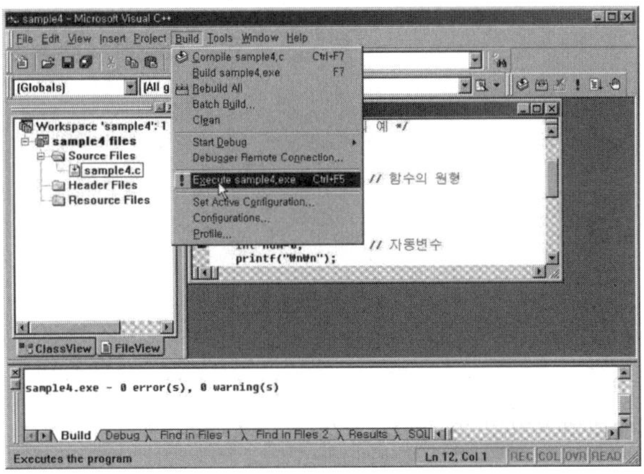

⑩ 실행파일 sample4.exe가 새로운 창에서 실행된 결과가 나타난다.

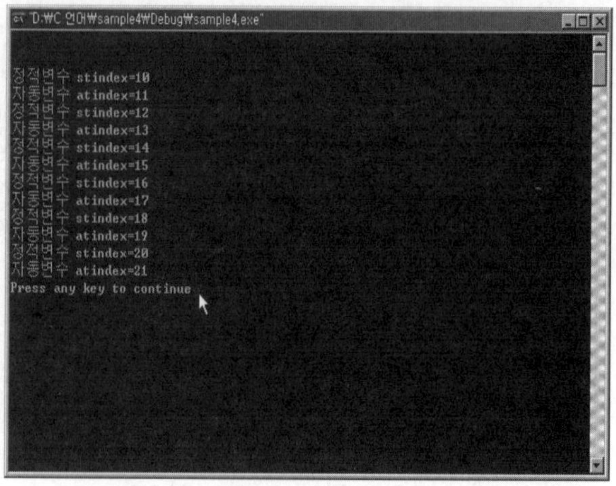

2. 자동 변수(automatic variable)

자동 변수란? 어떤 특정한 함수의 내부에서 선언되거나 또는 함수 내의 블록 내에서만 선언되는 변수로서 통용 범위가 그 함수 내부 또는 함수 내부의 블록 내에서만 한정되는 지역 변수(local variable)를 말한다.

자동 변수는 스택(stack) 영역에 기억되며 스택은 LIFO(last in first out) 형태로 용수철 통에 동전을 위에서부터 차곡차곡 쌓아 두었다가 꺼낼 때는 맨 마지막에 넣은 동전부터 차례대로 꺼내는 것과 같은 동작의 원리를 갖고 있다.

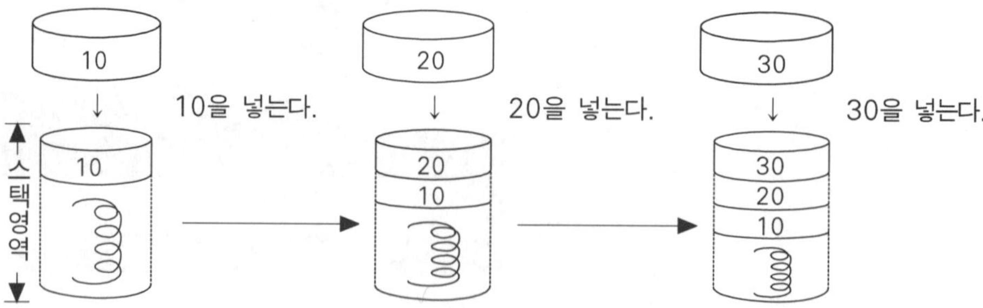

(a) 푸시(push) 동작

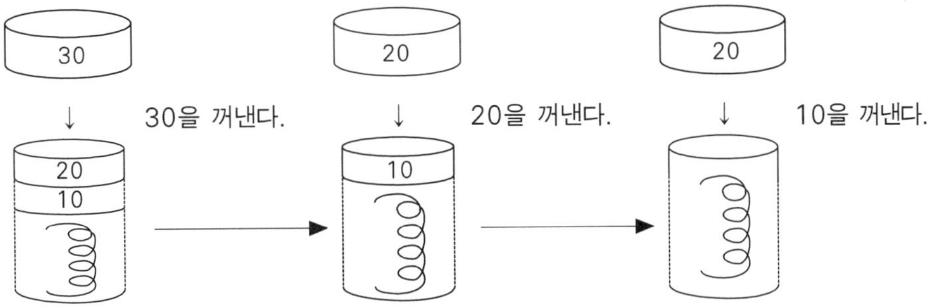

(b) 팝(pop) 동작

그림 4.1 스택의 원리

형식

(auto) 데이터형 변수1, 변수2, … ;
(auto) 데이터형 변수1=상수1, 변수2=상수2, … ;

- 자동 변수는 함수의 내부에서 선언하며 지역 변수라고 한다.
- 자동 변수는 실행이 끝나면 자동적으로 소멸된다.
- 자동 변수형 배열은 초기치를 지정할 수 없다.
- 자동변수에 초기값을 대입시키지 않을 경우 어떠한 값이 들어 있는지 모른다. 이때, 상태 를 garbage(쓰레기)라고 한다.
- auto를 생략해도 변수는 자동 변수로 선언하다.
- 자동 변수를 사용하면 메모리를 절약할 수 있다.

예 1

```
void main()
  {
   auto int a,b;            ← 자동 변수 선언
   auto float c=3.1415;  ← 초기치 대입
      char d,e;             ← auto를 생략해도 자동 변수가 선언됨
  }   :
```

블록({ })을 빠져 나오게 되면 자동 변수는 자연히 소멸된다.

예 2

```
void main()
          {
   auto int a[10];← 정수형 배열 a[0], a[1], …;b[9]를 선언
```

```
float b[5];      ← auto 생략된 실수형 배열 b[0], b[1], …, b[4]를 선언
         :
}
```

자동 변수의 배열 선언시 초기치는 사용할 수 없다.

프로그램 4-1

```
#include <stdio.h>
void sub();                 // 반환값 없는 함수선언
void main()
 {
 int a=10;                  // main() 함수 내부에서만 사용 가능
 printf("main-a=%d \n",a);
sub();
 printf("main-a=%d \n",a);// main() 함수에서 선언된 a값 출력
 }
void sub()
 {
 int a=20;                  // main() 함수 내의 a와는 별개의 변수임
 printf("sub-a=%d \n",a);
 }
```

실행결과

```
main-a=10
sub-a=20
main-a=10
```

해설

자동 변수는 선언된 함수나 블록이 실행될 동안에만 존재하고 선언된 함수나 블록의 실행이 끝나면 소멸되는 동적 변수이다. 따라서, 일시적인 기억 영역으로 사용되는 스택상에서 동적으로 활동한다. 위 프로그램에서 main함수의 변수 a는 main 함수에서만 존재하는 자동 변수이고, sub 함수의 변수 a는 sub 함수에서만 존재하는 자동 변수로서 실행될 때만 스택 영역에 일시적으로 기억된다.

프로그램 4-2

```
#include <stdio.h>
  void main()
  {
  int a=35;                    // 지역 변수는 블록 시작 { 부분에 우선적 선언
  if(a>10)
  {
  int a=30;                    // if문의 블록 내부에서만 통용
  printf("자동변수(1) a=%d \n",a);// if문 내부에서 선언된 a 변수임
  }
  printf("자동변수(2) a=%d \n",a);// if문 밖에서 선언된 a 변수임
  }
```

실행결과

```
자동변수(1) a=30
자동변수(2) a=35
```

해설

자동 변수의 선언은 블록의 시작({) 부분에 우선적으로 선언되어야 하며 첫 번째 printf문에서 출력되는 변수값은 if문 내부에서 선언된 a값임. 만일, if문 내부에서 선언된 것이 없으면 함수들 간의 지역 변수와는 달리 if문 밖의 a변수가 통용된다. 자동 변수는 해당 블록 내에서만 통용되는 지역변수이다.

프로그램 4-3

```
#include <stdio.h>
  void main()
  {
  auto int a;                  // 자동 변수 a선언
  auto int b;                  // 자동 변수 b선언
  printf("a=%d \n",a);
  printf("b=%d \n",b);
  }
```

실행결과

```
a=0 ─┐
     ├← 임의 값
b=0 ─┘
```

해설 자동 변수 a는 초기화시키지 않았기 때문에 임의의 값을 출력시켰음을 알 수 있다.

프로그램 4-4

```
#include <stdio.h>
 void main()
 {
 int a=10;
 int b=40;       // auto 생략한 자동 변수 a, b 선언
  {
 int a=20;
    {
  int a=30;
    printf("block(3) a=%d \n",a);          // ①
    printf("block(1) b=%d \n",b);
    }
  printf("block(2) a=%d \n",a);            // ②
   }
  printf("block(1) a=%d \n",a);            // ③
   }
```

실행결과

```
Block(3) a=30        ←①
Block(1) b=40
Block(2) a=20        ←②
Block(1) a=10        ←③
```

해설

자동 변수 a는 선언된 그 블록 ({ })의 시작에서 만들어지고 그 블록 끝에서 변수값이 소멸됨을 알 수 있다. 세 번째 블록에 선언된 변수 a값 30은 세 번째 블록을 벗어나면 자동적으로 소멸되고, 두 번째 블록에 선언된 변수 a값 20은 두 번째 블록을 벗어나면 소멸됨을 알 수 있다. 그러나, 첫 번째 블록에서 선언된 변수 b값 40은 맨 바깥에서 선언되었으므로 블록 어디에서나 존재하므로 세 번째 블록내에서 b값이 참조되어 출력되었다.

프로그램 4-5

```
#include <stdio.h>
  int sub();                              // 정수형 함수 선언
  void main()
  {
  int a, k;
  for(a=1; a<=5; a++)                     // 5회 반복처리를 위한 반복문
    { k=sub();                            // 호출함수
      printf("k=%-5d",k);                 // k값을 왼쪽부터 5칸 띄어 출력
    }
  }
int sub()                                 // 피호출함수
   {
   int c=0;
      c++;                                // c=c+1과 같은 의미
   return(c);                             // c값을 호출함수 sub()에 넘겨준다.
   }
```

실행결과

```
k=1    k=1    k=1    k=1    k=1
```

해설

피호출 함수 내의 c는 자동 변수로 함수를 벗어나면 c값이 소멸되므로 초기값이 항상 0이 되어 c값은 항상 1이다.

3. 정적 변수(static variable)

정적 변수는 프로그램의 실행이 끝날 때까지 메모리에 계속 존재하는 변수로써 내부 정적 변수와 외부 정적 변수가 있다.

내부 정적 변수(internal static variable)는 함수나 블록의 내부에서 선언되고, 함수나 블록내에서만 통용되는 변수를 말하고, 외부 정적 변수는 함수의 외부에서 선언되고, 통용 범위는 변수가 선언된 이후부터 그 프로그램의 끝까지 영향을 미친다.

형식

```
static 데이터형 변수1, 변수2, … ;
```

- static으로 선언하며 내부 정적 변수와 외부 정적 변수가 있다.
- 정적 변수는 비록 통용 범위가 한정되기는 하지만 프로그램이 종료될 때까지 계속해서 메모리에 존재한다.
- 정적 변수는 메모리에 상주하기 때문에 불필요한 정적 변수가 남아 있을 수 있다. 따라서, 상주시킬 변수만 정적 변수로 하는 것이 좋다.
- 자동 변수는 함수나 블록이 실행될 때마다 초기값이 부여되지만 정적 변수는 컴파일시에는 한 번 초기값이 부여된다.
- 만일, 초기값을 주지 않으면 char형은 '₩0', int형은 0, float형은 0.0과 같이 초기값이 자동으로 부여된다.
- 내부 정적 변수는 해당 영역에 대하여 지역적이지만 외부 정적 변수는 해당 파일에 대하여 전역적이다.

예 1

```
static int a=10, b=20;              ← 외부 정적 변수
   void main()
     {
    static float c, d, e;           ← 내부 정적 변수
     }
```

외부 정적 변수 선언은 main 함수 밖에서 하고 내부 정적 변수 선언은 main 함수 내부에서 한다.

예 2

```
static int a;
 void main()
  {
      .
      .
      .
    sub()
      .
      .
      .
  }
 sub()
  {
   static int b;
      .
      .
      .
   }
```

외부 정적 변수 a의 통용 범위

내부 정적 변수 b의 통용 범위

외부 정적 변수 a는 main() 함수와 sub() 함수에 모두 통용되는 변수이다. 그러므로 main() 함수와 sub() 함수간의 데이터 전달은 인수를 통하지 않고도 외부 정적 변수를 통하여 전달할 수 있다. 이러한 방법은 함수간의 독립성을 떨어뜨려 부작용의 원인이 되기 쉽다.

프로그램 4-6

```
#include <stdio.h>
  void main()
  {
  static int a=10;            // 내부 정적 변수 선언과 초기값 대입
  a=a+1;
  printf("(1) a=%d \n",a);
   {
   a= a+1;
   printf("(2) a=%d \n",a);
  }
  a=a+1;
  printf("(3) a=%d \n",a);
  }
```

실행결과

```
(1) a=11
(2) a=12
(3) a=13
```

해설

main() 함수 내에서 static으로 선언했으므로 함수 내에서 메모리를 고정적으로 확보하여 이용한다. 내부 정적 변수는 선언된 함수나 블록 내부에서만 통용된다.

프로그램 4-7

```
#include <stdio.h>
 int sub();                              // 정수형 함수 선언
 void main()
 {
 int a, k;
 for(a=1; a<=5; a++)                     // 5회 반복처리를 위한 반복문
   { k=sub();                            // 호출함수
     printf("k=%-5d",k);                 // k값을 왼쪽부터 5칸 띄어 출력
   }
 }
 int sub()                               // 피호출 함수
   {
   static int c;                         // 정적변수 c선언
     c++;                                // 변수 c에 1을 증가
     return(c);                          // c값을 호출함수 sub()에게 넘겨줌.
   }
```

실행결과

```
k=1    k=2    k=3    k=4    k=5
```

해설

호출함수 sub() 내의 c는 정적변수로 함수 블록을 벗어나도 c값이 그대로 유지되므로 k값은 1씩 누적되어 출력된다.

프로그램 4-8

```
#include <stdio.h>
 void sub();
 void main()
 {
 int c;
 printf(" static   var.   auto   var.   \n");
 printf(" ================\n");

 for(c=0;c<3;c=c+1)   // c가 0부터 2까지 1씩 증가하면서 sub( )를
                      // 3회 반복 처리
 sub( );          // 호출하는 함수명
 }
 void sub()       // 호출하는 함수명
 {
static int a=20; // 정적 변수 선언과 초기화
 auto  int b=20;          // 자동 변수 선언과 초기화

 printf("   a = %d       b = %d \n",a,b);
 a=a+1;
 b=b+1;
 }
```

실행결과

```
 static   var.   auto   var.
===========================
  a = 20      b = 20
  a = 21      b = 20
  a = 22      b = 20
```

해설

정적 변수 a는 컴파일시에 한번만 초기화되지만, 자동변수 b는 매번 실행될 때마다 초기화 한 값이 대입된다. 자동 변수에 기억된 값은 함수나 블록을 빠져 나가면 소멸된다.

프로그램 4-9

```
#include <stdio.h>
 void sub1();
 void sub2();
static int a=20;              // 외부 정적 변수 선언과 초기화
void sub1()                   // 호출되는 함수명 sub1()
 {
 a=a+1;
 printf("sub(1) a=%d \n",a);
 }
void sub2()                   // 호출되는 함수명 sub2()
 {
 a=a+2;
 printf("sub(2) a=%d \n",a);
 }
void main()                   // main() 함수명
 {
 a=a+1;
 printf("main() a=%d \n",a);
 sub1();
 sub2();
 }
```

실행결과

```
main()  a=21
sub(1)  a=22
sub(2)  a=24
```

해설

외부 정적 변수는 동일한 파일 내에서는 고정적이기 때문에 함수간의 데이터를 주고받는데 사용된다.

4. 레지스터 변수(register variable)

레지스터 변수(register variable)란 기억 장소를 CPU 내에 있는 일반 레지스터를 사용하여 연산의 고속을 추구하는 것으로 레지스터의 수가 CPU에 따라서 다르다. 레지스터 변수는 기억 장소를 CPU 내에 레지스터를 배당하는 것 이외에는 자동 변수(auto variable)와 동일한 성격을 가지므로 레지스터 변수 대신에 가능한 자동 변수를 사용하는 것이 바람직하다. 그리고, 레지스터 변수는 시스템마다 다르나 일반적으로 3개 정도까지 사용이 가능하다. 그런데, 이미 레지스터가 사용되고 있어서 레지스터를 변수 영역으로 사용할 수 없다면 자동변수로 취급된다.

형식

```
register 데이터형 변수1, 변수2, … ;
```

- 레지스터 변수의 데이터형은 int, char, short 및 포인터형만이 가능하다.
- 레지스터 변수값을 초기화하지 않으면 믿을 수 없는 값이 기억된다.
- 함수 내의 처음 3개의 int형 자동 변수만 자동적으로 레지스터 변수로 처리된다.
- 자동 변수와 함수의 매개 변수(인수의 변수)에만 사용한다.
- 레지스터 변수는 CPU의 register를 사용하므로 처리 속도가 일반 변수보다 빠르다.

예

```
register int r1, r2;     ← 정수형 레지스터 변수 지정
register char a, b;      ← 문자형 레지스터 변수 지정
register int  *a;        ← 포인터(pointer)로 정수형 레지스터 변수 지정 int는
                            생략이 가능하다.
```

프로그램 4-10

```
#include <stdio.h>
 void main()
 {
 register int a,b,c;        // 정수형 레지스터 변수 선언
 a=20;
 b=30;
 c=a+b;
printf("a=%d \n",a);
 printf("b=%d \n",b);
 printf("c=%d \n",c);
 }
```

실행결과

```
a=20
b=30
c=50
```

해설 정수형 변수 a,b,c는 레지스터 변수로 선언되었으며, 수치 상수값 20,30,50이 레지스터 변수에 기억된다.

프로그램 4-11

```
#include <stdio.h>
void main()
{

register a,b;              // int가 생략됨
for(a=1;a<=5;a++)          // a++는 a=a+1과 같음
 {                         // a가 1부터 5까지 반복
  for(b=1;b<=5;b++)// b++는 b=b+1과 같음
   {                       // b가 1부터 5까지 반복
   if(a==3)                // a가 3이면 printf( )문을 수행
   printf("%d * %d = %d \n", a,b,a*b);
   }
 }
}
```

실행결과

```
3 * 1 = 3
3 * 2 = 6
3 * 3 = 9
3 * 4 = 12
3 * 5 = 15
```

해설

데이터형이 int인 경우는 생략이 가능하다. 위의 프로그램에서 사용된 레지스터 변수 a, b는 반복 처리 loop문의 카운터(counter)로 이용되고 있다.

프로그램 4-12

```
#include <stdio.h>
 void main()
 {

 register int a=10;       // 정수형 레지스터 변수의 선언과 초기값 대입
   {
   register a=20;
     {
     register a=30;
       printf("a=%d \n",a);
     }
   printf("a=%d \n",a);
   }
 printf("a=%d \n",a);
 }
```

실행결과

```
a=30
a=20
a=10
```

해설

레지스터 변수는 자동 변수와 같이 함수 내부 또는 함수 내부의 블록 내에서만 한정되는 지역 변수(local variable)이다.

5. 외부 변수(external variable)

외부 변수는 함수 밖에서 정의한다. 외부 변수는 하나의 소스 파일(source file)을 넘어서 여러 개의 프로그램 단위로부터도 참조 가능하다. 그러므로 기억 클래스 중에서 가장 넓은 범위에 걸쳐 통용되는 변수이다. 외부 변수도 정적인 메모리 영역에 보존되기 때문에 변수값은 프로그램 종료시까지 유지된다.

형식

```
extern 데이터형 변수1, 변수2, … ;
```

- 외부 변수의 선언은 모든 함수의 밖에서 이루어져야 한다.
- 프로그램의 어느 곳에든 extern이 붙은 것은 동일 file 또는 다른 file에 정의된 그 외부 변수를 참조한다는 뜻이다.
- 외부 변수의 선언이 그 외부 변수를 사용하고자 하는 함수의 정의보다 앞서면 그 외부 변수를 extern으로 선언할 필요가 없다.
- 외부 변수의 초기화는 정의시에만 1회(즉 extern이 붙지 않은 곳) 가능하며 초기치를 명시하지 않으면 0이나 '₩0'(null 문자)로 초기화된다.

예 1

```
#include<stdio.h>
int a=10;          ← 외부 변수 정의
void main()
{
extern int a;      ← 외부 변수 선언(외부 변수 정의를 참조하는 기능으로 생략이 가능)
printf("a=%d\n", a);
 }
```

실행결과

```
a=10
```

외부 변수는 함수의 바깥쪽에서 정의한다. 그리고, extern을 붙이지 않는다. 동일 프로그램 또는 다른 file에서 참조하려는 extern을 붙여서 외부 변수 선언을 정의해 주어야 한다.

예 2

```
#include<stdio.h>
int a=10;                 ← 외부 변수 정의
void main()
{
int a=20;                 ← 자동 변수(auto variable)
printf("a=%d\n", a);
}
```

실행결과

```
a=20
```

외부 변수와 자동 변수가 동시에 정의되어 있을 경우 자동 변수가 우선이므로 a 값은 20이다.

프로그램 4-13

```
#include<stdio.h>
  int i=100;                // 외부 변수 정의
  void sub();
  void main()
  {
  extern int i;             // 외부 변수를 참조하는 기능
  printf("i=%d \n", i);
  {
int i=200;                           // 자동 변수 정의
printf("i=%d \n",i);
  }
  sub();
  printf("i=%d \n",i);
  }

  void sub()
  {
  extern int i;             // 외부 변수를 참조
    i=i+1;
  }
```

실행결과

```
i=100
i=200
i=101
```

해설 외부 변수 정의는 함수 밖에서 하고 이를 참조하기 위해서는 extern이 붙은 외부 변수 선언을 해 주어야 한다.

프로그램 4-14

```
#include<stdio.h>
  int a=100;                    // 앞에 정의
  void main()
  {
  printf("a+b=%d \n",a+b);
  }
 int b=200;                     // 뒤에 정의
```

실행결과

```
undefined symbol 'b'라는 에러메시지를 나타낸다.
```

해설 동일 file 내에서 참조되는 외부 변수는 앞에서 정의해 주어야 한다. 위 프로그램은 잘못된 것이다.

프로그램 4-15

```
#include<stdio.h>
  int x=150;
  int y=300;                              // 외부 변수 정의
  void main()
   {
   printf("x+y=%d \n",x+y);
   }      //          ↓↓
          //        외부 변수값 참조
```

실행결과

```
x+y=450
```

해설

main 함수 내에서 참조 기능을 갖는 extern int x와 extern int y가 생략된 경우이다.

프로그램 4-16

```
#include<stdio.h>
 int a=100;     // 앞에 정의
 void main()
 {
 extern a;      // 앞에서 정의한 값 참조
 extern b;      // 뒤에서 정의한 값 참조
 printf("a+b=%d \n",a+b);
 }
int b=200;      // 뒤에 정의
```

실행결과

```
a+b=300
```

해설

외부 변수를 main 함수 앞에서 정의하면 main 함수 내에서 참조를 위한 선언을 생략할 수 있지만 main 함수 뒤에서 정의하면 main 함수 내에서 참조를 위한 선언을 반드시 해주어야 한다.

프로그램 4-17

```
#include<stdio.h>
 void sub1();
 int x=30;       // x는 외부 변수로 main()함수와 sub()함수에 통용
 void main()
  {
  extern int y; // 외부 변수 y선언
  printf("x1=%d,  y1=%d \n",x,y);
  sub1();
  }

  int y=40;      // 전역변수 y는 sub()함수에만 통용
  void sub1()
   {
   printf("x2=%d,  y2=%d \n",x,y);
   }
```

실행결과

```
x1=30,   y1=40
x2=30,   y2=40
```

해설

sub1()에 선언된 y를 main()함수 안에서 통용시키고자 할 때에 외부 변수 extern을 선언한다.

프로그램 4-18

```
 // prog1.cpp로 저장할 것!
 #include<stdio.h>
 #include<conio.h>                    // 콘솔 입·출력 헤더 파일
 #include"a:\prog2.cpp"  // a드라이브에 저장된 prog2.cpp를 참조
 void sub();                          // 반환값 없는 함수선언
 int a=20, b=5;                       // 외부 변수 선언
 void main()
  {
```

```
  int sum;
 sum=a+b;
 printf("main결과 =%d\n",sum);

 sub();
 }
```

```
// prog2.cpp로 저장할 것 !
#include<stdio.h>

void sub()
 {
 extern a, b;              // extern에 의해 외부 변수값 참조
 int sum;
 sum=a+b;
 printf("sub 결과 =%d\n",sum);
 }
```

실행결과

```
main결과 =25
sub 결과 =25
```

해설

외부 변수는 한 개의 소스파일 뿐만 아니라 다른 파일에서도 참조가 가능하다. 또, 외부 변수의 초기화는 정의시 1회만 가능하다. 초기치를 지정하지 않으면 0이나 null('\0')으로 초기화된다.

6. 기억장소 운영

컴퓨터의 주기억장치는 각종 데이터나 프로그램 등을 저장하는 곳으로써 일반 메모리(memory)와 스택(stack)으로 구분되어 있다. 변수가 저장되는 기억공간은 일반적인 메모리에 확보되는지 아니면 스택에 확보되는지에 따라서 변수의 사용범위 및 생존 기간이 달라진다. 주기억장

치의 주소는 다음 그림과 같이 0주소에서 시작하여 순서대로 부여된다.

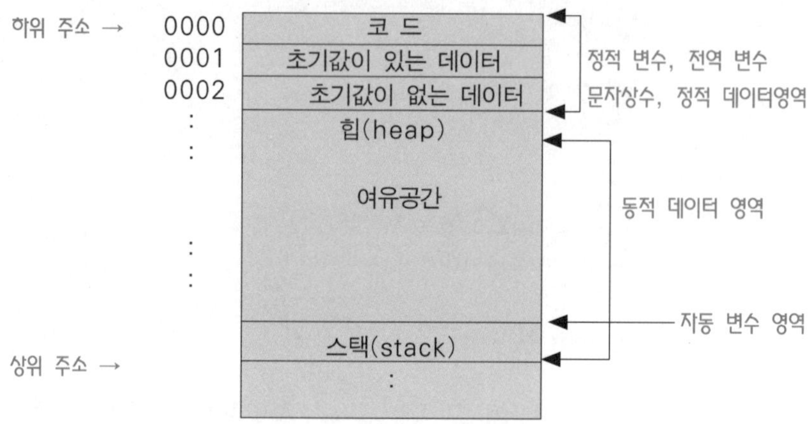

그림 4.2 메모리 영역

프로그램 4-19

```
#include<stdio.h>
#include<conio.h>            // 콘솔 입·출력 헤더 파일
 void main()
 {
  int  a, b, c;
  static i, j, k;

  printf("주소1: %u %u %u\n",&a, &b, &c);// &는 주소를 나타냄
  printf("주소2: %u %u %u\n",&i, &j, &k);
  }
```

실행결과

```
주소1: 1245052 1245048 1245044
주소2: 4339136 4339132 4339140
```

해설 자동 변수(auto)로 선언된 변수 a, b, c는 기억장소의 상위주소에 저장되고 정적 변수(static)로 선언된 변수 i, j, k는 기억장소의 하위주소에 저장된다.

연습문제 (객관식)

1. 기억 클래스(storage class)에 대한 설명이다. 아닌 것은?

   ① 변수가 저장된 기억 장소를 결정한다.
   ② 기억 장소에 변수의 교체를 규정한다.
   ③ 변수의 생존 기간(life cycle)을 규정한다.
   ④ 변수가 선언된 위치에 따라 통용 범위를 규정한다.

2. 기억 클래스의 종류에 해당되는 변수가 아닌 것은?

   ① 자동 변수 ② 정적 변수
   ③ 내부 변수 ④ 레지스터 변수

3. 스택(stack) 영역을 필요로 하는 변수는?

   ① auto 변수 ② static 변수
   ③ extern 변수 ④ internal 변수

4. 기억 영역에 LIFO(last in first out)형태로 데이터 입·출력이 가능한 변수는?

   ① static variable ② auto variable
   ③ extern variable ④ internal variable

5. 정적 변수(static variable) 선언문 중 맞는 것은?

   ① static int a=10; ② static a:10;
   ③ int static a=10; ④ int a:10 static;

6. 통용 범위가 한정되고 프로그램 실행이 종료될 때까지 계속해서 메모리에 존재하는 기억 클래스는?

   ① auto a; ② register b;
   ③ int c; ④ static int d;

7. 컴파일(compile)시에 단 한 번만 초기화 되는 것은?

   ① 외부 변수 ② 내부 변수
   ③ 정적 변수 ④ 자동 변수

8. 연산의 고속을 추구하는 것으로 CPU 내에 기억 장소를 사용하는 변수는?

① auto 변수
② static 변수
③ extern 변수
④ register 변수

9. 지역 변수(local variable)가 아닌 것은?

① auto int a;
② static int b;
③ extern int c;
④ register d;

10. 초기화하지 않으면 쓰레기 값(garbage collection)이 기억되는 변수는?

① 자동 변수
② 정적 변수
③ 외부 정적 변수
④ 외부 변수

연습문제

(주관식)

1. 다음은 기억 클래스에 해당하는 프로그램이다. 출력 결과를 보고 괄호 안에 auto나 static으로 채우시오.

```
void main()
{
int  k;
printf("static auto \n")
printft("-------- \n")
for( k=0;  k<3;  k++)
sub();
}
sub()
{
( ① ) int a = 1;
( ② ) int b = 1;
printf("a = %d  b = %d \n", a,b);
a++;     b++;
}
```

〔실행 결과〕

```
static     auto
------------------
a = 1    b = 1
a = 2    b = 1
a = 3    b = 1
```

2. 외부 정적 변수와 외부 변수의 차이점을 기술하시오.
3. 레지스터(register) 변수란 무엇인가?
4. 외부 정적 변수 x에 초기치 500을 할당하고 main() 내에서 자동 변수 x에 초기치를 300으로 한 다음, 함수 sub()를 호출하고, 그 내에서 x에 100을 더하여 출력한 후 main()으로 돌아가 x의 값을 화면에 출력하는 프로그램을 작성하시오.
5. 자동 변수에 대한 프로그램의 예를 들고 설명하시오.

제5장 연산자

1. 연산자의 종류

연산자(operator)란? 수학에서 사용되는 가감승제(+, -, ×, ÷) 등의 기호와 같이 C 프로그램 내에서 연산 동작을 행하는 기호들을 말한다. 즉 연산자는 연산 동작을 수행하도록 하는 기호이며, 이와 같이 연산 작용에 사용되는 데이터들을 오퍼랜드(operand)라고 한다. 연산자는 연산의 대상이 되는 오퍼랜드를 가지고 원하는 연산 동작을 수행한다.

다음은 c 언어에서 사용되는 연산자들의 종류를 나열한 것이다.

- 대입 연산자 : =
- 산술 연산자 : 덧셈(+), 빼셈(-), 곱셈(*), 나눗셈(/), 잉여 연산자(%)
- 관계 연산자 : 〉, =〉, 〈, 〈=, ==, !=
- 논리 연산자 : AND(&&), OR(||), NOT(!)
- 비트 단위 연산자 : 이동 연산자(〉〉,〈〈), 논리 연산자(&, |, ^, ~)
- 복합 산술 대입 연산자 : +=, -=, *=, /= 등
- 단항 연산자 : 빼셈(-), 증분(++), 감소(--)
- 콤마 연산자 : 콤마(,)
- 조건 연산자 : ? :
- 기타 연산자 : 데이터형 크기(sizeof), cast 연산자, 형변환 연산자

① 복합대입 연산자를 이용한 프로그램으로 Project name에 sample5 이라고 입력하고 〔OK〕 버튼을 클릭 한다.

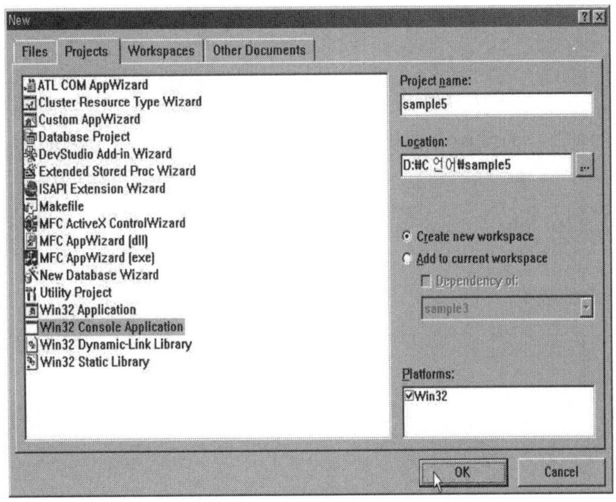

② Win32 Console Application - Step 1 of 1의 대화상자가 나타나는데 이들의 콘솔 어플리케이션의 형태 중 ◉ An empty project를 선택하고 〔Finish〕단추를 누른다.

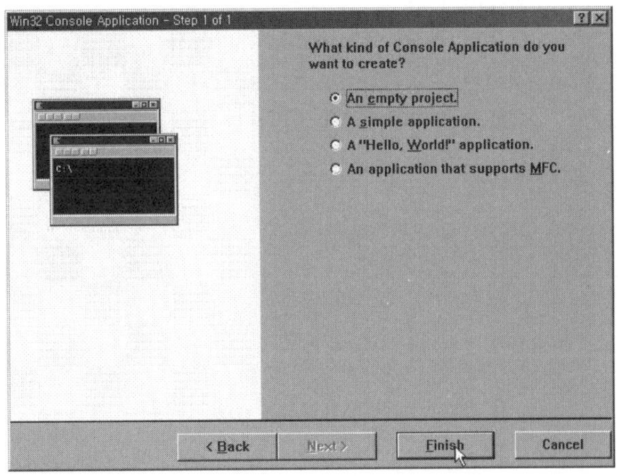

③ 새로 생성된 프로젝트 정보를 보여주고 있으며, Project Directory 위치와 내용을 확인 후 〔OK〕를 선택한다.

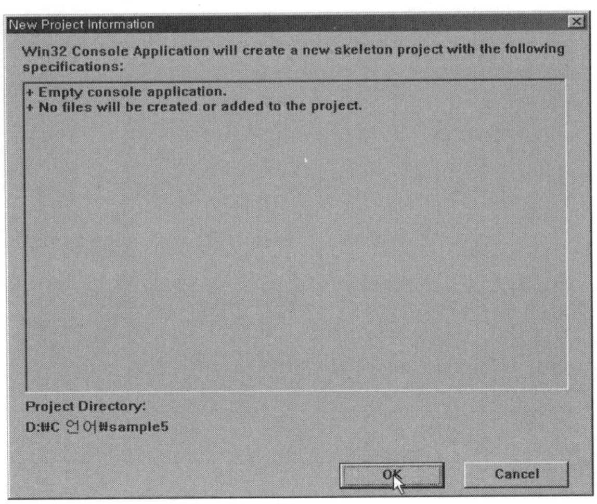

④ 〔FileView〕 탭에서 폴더모양의 〔Source Files〕에서 마우스 오른쪽버튼을 눌러 〔Add Files to Folder...〕를 선택하여 소스코드를 입력하기 위한 파일을 생성한다.

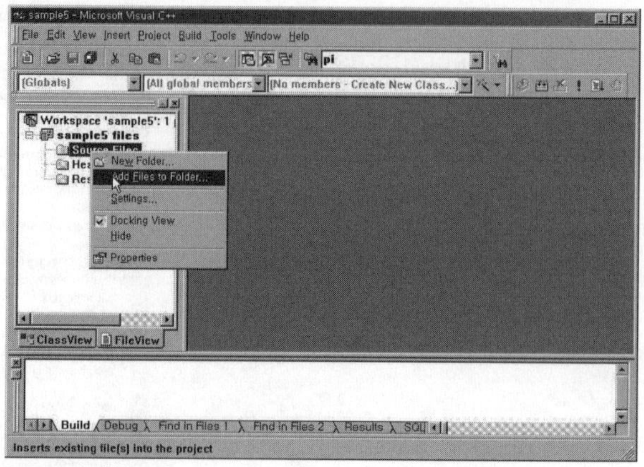

⑤ Insert Files into Project 대화상자가 나타난다. Insert Files into Project 대화상자에서 파일이름을 sample5.c 입력하고 〔OK〕버튼을 클릭 한다.

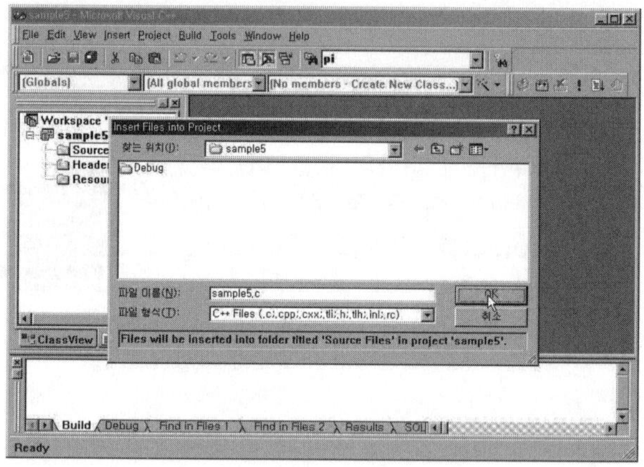

⑥ 소스파일 sample5.c 파일을 참조하겠냐는 대화상자가 나타나면 〔예(Y)〕를 누른다.

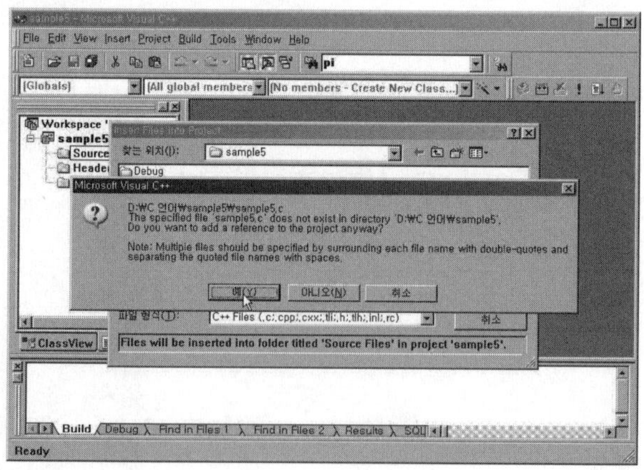

⑦ Source File에서 sample5.c를 클릭하면 파일을 생성한다는 대화상자가 나타나고, [예(Y)]를 누르면 파일을 작성할 수 있는 입력창을 볼 수 있다.

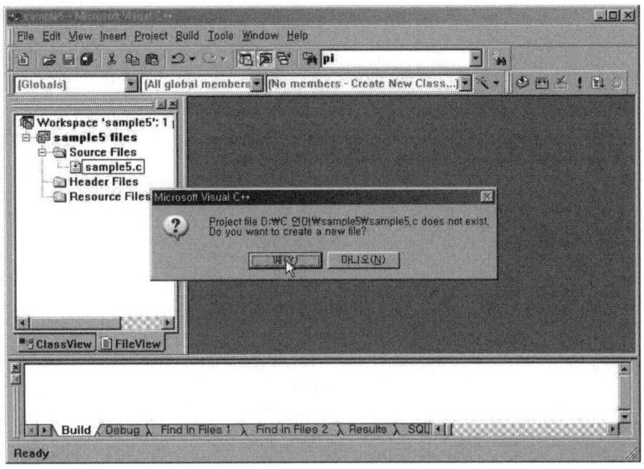

⑧ sample5.c 입력창에 소스를 입력한다.

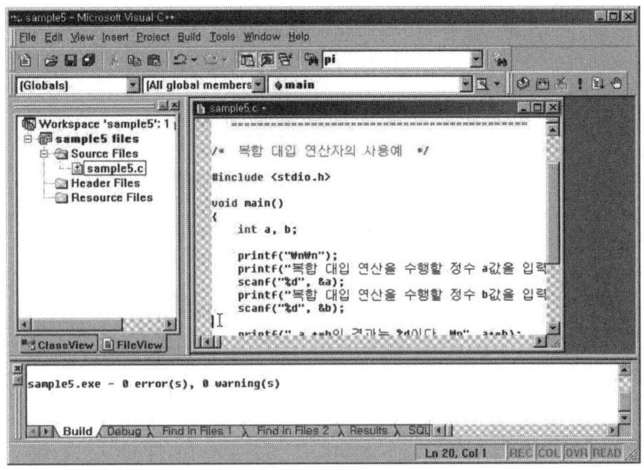

Sample5 소스

```
// 복합 대입 연산자의 사용예

 #include <stdio.h>

 void main()
 {
        int a, b;
        printf("\n\n");
        printf("복합 대입 연산을 수행할 정수 a값을 입력하시오 : ");
        scanf("%d", &a);
        printf("복합 대입 연산을 수행할 정수 b값을 입력하시오 : ");
```

```
        scanf("%d", &b);
        printf(" a +=b의 결과는 %d이다. \n", a+=b);
        printf(" a -=b의 결과는 %d이다. \n", a-=b);
        printf(" a *=b의 결과는 %d이다. \n", a*=b);
        printf(" a /=b의 결과는 %d이다. \n", a/=b);
        printf(" a %=b의 결과는 %d이다. \n", a%=b);
        printf(" a <<=b의 결과는 %d이다. \n", a<<=b);
        printf(" a >>=b의 결과는 %d이다. \n", a>>=b);
}
```

실행결과

```
복합 대입 연산을 수행할 정수 a값을 입력하시오 : 3 Enter↵ ← 키보드에서 a값 입력
복합 대입 연산을 수행할 정수 b값을 입력하시오 : 4 Enter↵ ← 키보드에서 b값 입력
a +=b의 결과는 7이다.
a -=b의 결과는 3이다.
a *=b의 결과는 12이다.
a /=b의 결과는 3이다.
a  =b의 결과는 3이다.
a <<=b의 결과는 48이다.
a >>=b의 결과는 3이다.
```

⑨ [Build] 메뉴에서 [Execute sample5.exe Ctrl+F5]를 하면 자동으로 실행 파일을 먼저 생성하고 실행되는 것을 볼 수 있다.

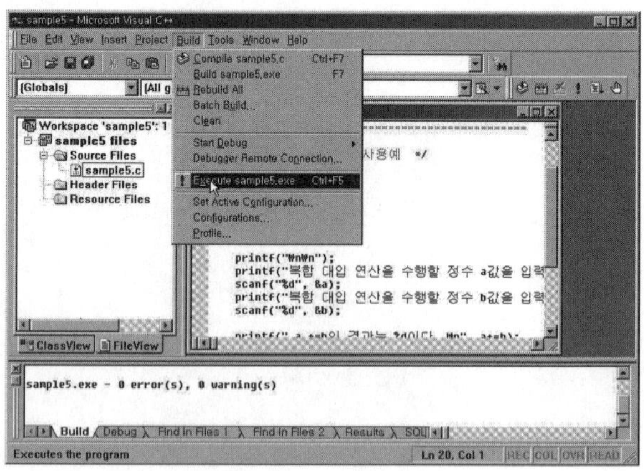

⑩ 실행파일 sample5.exe가 새로운 창에서 실행된 결과가 나타난다.

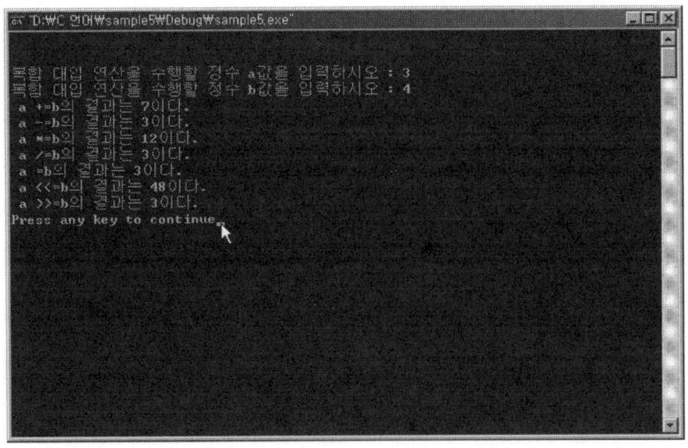

2. 대입 연산자(assignment operator)

대입 연산자는 우측에 있는 오퍼랜드의 결과를 좌측에 있는 변수의 데이터형에 맞추어 대입시킨다. 다중 대입의 경우에는 우측에서 좌측으로 차례로 대입이 진행되고, 복합 대입의 경우는 다음의 표 5.1과 같은 의미를 갖는다. 그리고, 대입 연산자의 종류와 형식은 다음과 같다.

복합 산술 대입 연산자	일반 연산자 표현
a+=b	a=a+b
a-=b	a=a-b
a*=b	a=a*b
a/=b	a=a/b
a%=b	a=a%b
a<<=b	a=a<<b
a>>=b	a=a>>b
a&=b	a=a&b
a|=b	a=a|b
a^=b	a=a^b

표 5.1 복합 산술 대입 연산자

1. 단순 대입 및 다중 대입 연산자

단순 대입 연산자는 = 기호 하나로 표시되며 우측의 값을 좌측의 변수에 대입한다는 의미를 갖고 있다. 예를 들면,

x=10;

는 변수 x에 10을 기억(대입)시킨다. 또 다중 대입 연산자는 여러 개의 단순 대입 연산자를 하나의 문장으로 나타낸 것을 말한다.

예

x = y = z = 10; ← 세 변수에 각각 10이 대입됨

프로그램 5-1

```
#include<stdio.h>
 void main()
 {
 int a,b,c;

 a=100;
 b=200;                          // =는 단순 대입 연산자
 c=300;
 printf("a=%d, b=%d, c=%d \n",a,b,c);
 }
```

실행결과

```
a=100, b=200, c=300
```

해설 단순 대입 연산자는 = 기호 하나로 구성되며 우측의 오퍼랜드(operand)를 좌측의 변수에 대입시키는 의미를 지니고 있다.

프로그램 5-2

```
#include<stdio.h>
void main()
{
int a,b,c;
a=b=c=500;              // 3개의 = 기호로 구성된 다중 대입 연산자
printf("a=%d, b=%d, c=%d \n",a,b,c);
}
```

실행결과

```
a=500, b=500, c=500
```

해설 여러 개의 단순 대입 연산자로 구성된 다중 대입 연산은 맨 우측의 값 500을 c변수에 대입시키고 또 c의 값을 b에 대입, b의 값을 a에 대입시킨다.

2. 복합 산술 대입 연산자

복합 산술 대입 연산자는 산술 연산자와 =연산자가 결합되어 이루어진 것으로 우측에서 산술 연산을 한 후에 좌측에 있는 변수에 대입시키는 기능을 갖고 있다.

복합 산술 대입 연산자는 +=, *=, -=, /=, %= 등이 있다.

예 1

```
x+=3;  ← x에 3을 더하고, x+3의 값을 x에 대입한다. 즉 x=x+3과 같다.
x-=5;  ← x에 5를 빼고, x-5의 값을 x에 대입한다. 즉 x=x-5와 같다.
x*=7;  ← x에 7을 곱하고, x*7의 값을 x에 대입한다. 즉 x=x*7과 같다.
x/=8;  ← x를 8로 나눈 후, x/8의 값을 x에 대입한다. 즉 x=x/8과 같다.
x%=9;  ← x를 9로 나눈 후, 나눈 나머지 값을 x에 대입한다. 즉 x=x%9와 같다.
```

예2

```
a<<=3   ← a값의 각 비트를 3비트 만큼 좌측으로 이동. a=a<<3와 같다.
a>>=5;  ← a값의 각 비트를 5비트 만큼 우측으로 이동. a=a>>5와 같다.
a&=b;   ← a와 b를 논리곱(AND) 하여 그 결과를 좌측에 대입. a=a&b와 같다.
```

a|=b;　← a와 b를 논리합(OR) 하여 그 결과를 좌측에 대입. a=a|b와 같다.
a^=b;　← a와 b를 배타적 논리합(XOR)하여 그 결과를 좌측에 대입. a=a^b와 같다.

프로그램 5-3

```
#include<stdio.h>
void main()
{
int a=1,b=2,c=3,d=4;            // a, b, c, d 변수에 초기값 대입
a+=b;
b-=c;
c*=d;
d/=a;
a%=c;
printf("a=%d \n",a);
printf("b=%d \n",b);
printf("c=%d \n",c);
printf("d=%d \n",d);
printf("a=%d \n",a);
}
```

실행결과

```
a=3
b=-1
c=12
d=1
a=3
```

해설

a+=b는 a+b를 계산하여 a에 대입하고, b-=c는 b-c를 계산하여 대입한다. 또, c*=d는 c*d를 계산하여 c에 대입하고, d/=a는 d/a를 계산하여 d에 대입한다. 그리고, a%=c는 나머지를 a에 대입한다.

3. 산술 연산자(arithmetic operator)

c 언어에서 사용하는 연산자 중에서 산술 연산자는 가장 많이 사용하는 연산자로서 2개의 연산 대상(데이터) 항을 가지는 이항 연산자(binary operator)와 하나의 연산 대상 항을 가지는 단항 연산자(unary operator)가 있다.

1. 이항 연산자

이항 연산자(binary operator)는 연산의 대상, 즉 오퍼랜드(operand) 2개 사이에서 사용되는 연산자를 말하며, 일반적인 산술 이항 연산자는 다음 표 5.2와 같다.

표 5.2 이항연산자

연산자	의 미	사용 예	설 명
+	덧셈	a=b+c;	b와 c를 더해서 a에 대입
-	뺄셈	a=b-c;	b에서 c를 뺀 결과를 a에 대입
*	곱셈	a=b*c;	b와 c를 곱한 결과를 a에 대입
/	나눗셈	a=b/c;	b를 c로 나눈 결과를 a에 대입
%	나머지 계산	a=b%c;	b를 c로 나눈 나머지 값을 a에 대입

여기서, % 연산자는 나머지를 구하는 연산자이며 두 개의 오퍼랜드는 반드시 정수형이어야 한다. 28/5의 결과는 5이지만, 28%5의 결과는 3이 된다.

프로그램 5-4

```
#include<stdio.h>
void main()
{

int a,b,x,y,z,v;               // 정수형 변수 선언
 a=7; b=3;
 x=a+b;                        // 이항 연산 수행
 y=a-b;                        //        "
 z=a*b;                        //        "
 v=a/b;                        //        "
 printf("a+b=%d \n",x);
printf("a-b=%d \n",y);
printf("a*b=%d \n",z);
printf("a/b=%d \n",v); // 정수형끼리의 나눗셈에서는 소수이하는 버림
}
```

실행결과

```
a+b=10
a-b=4
a*b=21
a/b=2
```

해설 a항과 b항 사이의 연산자 +, -, *, /는 이항 연산자로서 가, 감, 승, 제를 수행한다.

프로그램 5-5

```
#include<stdio.h>
 void main()
 {
 int a,b;

 a=7%3;
 b=-15%-2;          // %는 정수형 나눗셈에서 나머지를 구함
 printf("a=%d, b=%d \n",a,b);
 }
```

실행결과

```
a=1, b=-1
```

해설 정수형 변수 a에는 7을 3으로 나눈 나머지값 1이 대입되며, b에는 음수 -15를 -2로 나눈 나머지값인 -1이 대입된다.

2. 단항 연산자

단항 연산자(unary operator)란? 한 개의 데이터 값만 산술적으로 연산하는 연산자이다. 연산자와 오퍼랜드(데이터)의 결합은 오른쪽에서 왼쪽으로 결합한다.

단항 연산자의 종류로는 증가 연산자(increment operator)와 감소 연산자(decrement operator), - 부호 연산자가 있다.

표 5.3 단항 연산자의 종류

연산자	의 미	사용법	이항 연산자로 표시
++	증가(increment)	a++; 또는 ++a	a=a+1
--	감소(decrement)	a--; 또는 --a	a=a-1
-	부호 반전	a=-b;	

1증가 연산자

1증가 연산자는 ++ 기호로 표시하며 피연산자(operand)에 1을 더하는 기능을 가진다. ++연산자는 다음과 같이 두 가지 형태로 사용한다.

x=++a; ← 선행 연산(prefix)
→ a+1
x=a++; ← 후행 연산(postfix)
→ a+1

여기서, ++a와 a++의 차이점을 알아보자;

예 1

```
int a=10;
    b=++a;
```

a에 1을 더한 후 결과를 b에 대입한다. 따라서, b=11, a=11이 된다.

예 2

```
int a=10;
    b=a++;
```

b에 a의 값을 대입한 후 a에 1을 더한다. 따라서, b=10, a=11이 된다.

프로그램 5-6

```
#include<stdio.h>
void main()
{

int n=1, a=1;
int x,b;

x=++n;                    // n 값이 1증가한 후 x에 대입
b=a++;                    // a 값이 b에 대입된 후 a 값이 1 증가

printf("x = %d \n",x);
printf("n = %d \n",n);

printf("b = %d \n",b);
printf("a = %d \n",a);
}
```

실행결과

```
x = 2          ← 선행 연산의 결과
n = 2
b = 1          ← 후행 연산의 결과
a = 2
```

해설

x=++n;는 n=n+1을 한 후에 n값을 x에 대입하고 b=a++;는 b에 a값을 대입한 후에 a=a+1을 한다.

프로그램 5-7

```
#include<stdio.h>
void main()
{

int a,b,c,d;

a=b=c=10;                          // 다중 대입 연산
d=a+ b++;                          // b++는 후행 연산
printf("a=%d, b=%d, d=%d \n",a,b,d);

d=a+ ++c;                          // ++c는 선행 연산
printf("a=%d, c=%d, d=%d \n",a,c,d);
}
```

실행결과

```
a=10, b=11, d=20
a=10, c=11, d=21
```

해설

a=b=c=10;은 다중 대입 연산으로 a=10, b=10, c=10과 같다. 그리고 b++는 후행 연산, ++c는 선행 연산을 한다.

프로그램 5-8

```
#include<stdio.h>
void main()
{
int n=0;

while(++n<=10)                          // ++n는 n=n+1과 같은 의미
 {
 printf("n=%d \n",n);
 }
}
```

실행결과

```
n=1
n=2
n=3
n=4
n=5
n=6
n=7
n=8
n=9
n=10
```

해설 while문은 loop({ })를 반복 처리하는 문으로 n이 1씩 증가하면서 반복 처리되다가 n값이 10이 되면 반복 처리를 끝낸다.

1감소 연산자

1감소 연산자(decrement operator)는 --기호로 표시하며 피연산자인 변수값을 하나 감소시키는 기능을 가지며 -- 연산자 역시 선행 연산(prefix)과 후행 연산(postfix) 두 가지 형태를 가지고 있다.

```
x=--a;          ← 선행 연산(prefix)
  └▶ a-1

x=a--;          ← 후행 연산(postfix)
   └▶ a-1
```

여기서 --a와 a--의 차이점을 알아보면 다음과 같다.

예 1

```
int a=10;
    b=--a;
```

--a는 먼저 a값에서 1을 뺀다. 그리고, 그 값을 b에 대입시킨다. 따라서, a=9, b=9가 된다.

예 2

```
int a=10;
    b=a--;
```

먼저, b에 a값을 대입한 후 a값에서 1을 뺀다. 따라서, b=10, a=9가 된다.

1증감 연산자(++,--)는 변수에만 사용이 가능하다. 그러므로, 상수나 식에 이들을 사용할 수가 없다. 예를 들면, y=++(a+b)라 지정하면 이 프로그램은 컴파일(compile) 에러를 발생시킨다. 왜냐하면 a+b는 변수가 아닌 식이기 때문이다.

다음은 1 증감 연산자를 잘못 사용한 예이다.

```
a=(x-y)++;        ← 식에 1 증가 연산자를 지정하였다.
a=++5;
a=5--;            ← 상수에 1증감 연산자를 지정하였다.
```

프로그램 5-9

```
#include<stdio.h>
void main()
{
int n=3, a=3;
int x,b;

x=--n;                    // 먼저 n값이 1감소한 후에 x에 대입된다.
b=a--;                    // 먼저 a 값이 b에 대입된 후 a값이 1 감소된다.

printf("x=%d \n",x);
printf("n=%d \n",n);
printf("b=%d \n",b);
printf("a=%d \n",a);
}
```

실행결과

```
x=2    ← 선행 연산 --n의 결과
n=2
b=3    ← 후행 연산 a--의 결과
a=2
```

해설

--n는 선행 1감소 연산이므로 n=3에서 1 감소한다. 또, a--는 후행 1 감소 연산으로 b=a--에서 우선 a=3값이 b에 대입되고 그 후에 a=3이 1 감소된다.

프로그램 5-10

```
#include<stdio.h>
void main()
{
int a,b,c;

a=10;
printf("%d  ",a);

b=--a+5;          // --a는 10에서 1을 뺀값 9, b는 9+5가 된다.
c=7+a--;          // c는 7과 바로 위에서 a값 9를 더한 값이다.
                  // a--는 a값 9에서 1을 뺀값 8이다.
```

```
printf("%d  ",b);
printf("%d  ",c);
printf("%d  ",a);
}
```

실행결과

```
10  14  16  8
```

해설 b=--a+5는 먼저 a값 10에서 1을 뺀 다음 5를 더해서 b에 대입하고 c=7+a--는 7에다 a값 9를 더해서 c에 대입시키고, a값은 1감소되어 a=8이 된다.

단항 마이너스 연산자

단항 마이너스 연산자(unary minus operator)를 사용하면 그 오퍼랜드의 부호가 반대로 바꾸어져 산술 변환이 이루어진다. 오퍼랜드(operand)가 a라고 하면 -a가 된다.

형식

```
-operand
```

단항 마이너스 연산자는 이항 연산자인 -(뺄셈)와 구분되어야 하고, 오른쪽에서 왼쪽으로 결합한다. 단항 플러스 연산자는 사용하지 않는다.

예

```
y = 4 - 7            x = - 7 + 4 ;
    └─┘                  └┘    |
     ①                   ①     |
                         └─────┘
                            ②
```

x=-7+4;의 ' - '는 단항 마이너스 연산자이고, y=4-7; ' - ' 이항 뺄셈 연산자이다. 연산결과는 모두 -3이다.

프로그램 5-11

```
#include<stdio.h>
 void main()
 {
 int a=7,b;

 b=-a;           // 단항 마이너스 연산자
 printf("a=%d \n",a);
 printf("b=%d \n",b);
 }
```

실행결과

```
a=7
b=-7
```

해설

단항 마이너스 연산자 -은 연산 대상인 오퍼랜드의 부호를 바꾸는 연산자이다.

프로그램 5-12

```
 #include<stdio.h>
 void main()
 {

 int a=7;
 printf("%d, %d, %d \n",a,++a,a++);
 }
```

실행결과

```
9, 9, 7          ← 옳지 않은 결과 출력
```

해설

한 수식 중에서 한 번 이상 나타나는 변수에서 증감 연산자(++, --)를 사용해서는 안 된다. 왜냐하면 컴파일러 실행이 이루어지지 않기 때문이다.

4. 관계 연산자(relational operator)

관계 연산자는 두 개의 오퍼랜드를 비교하여 어느 쪽이 큰가 또는 작은가, 같은가의 대소 관계를 비교하는 연산자이다. 연산 결과는 참(1), 거짓(0)으로 나타나며 그 결과는 정수형태가 된다. 따라서, 조건 체크 관계에서 많이 사용된다. 그리고 관계 연산자는 문자 사이의 비교에도 사용되는 데 이때, 각 문자는 ASCII 코드값으로 바꾸어 비교된다.

표 5.4 관계 연산자

연산자	사용 예	설　　명
〉(보다 크다)	a=(b〉c);	b가 c보다 크면 a에 1이 기억되고, 그렇지 않으면 0이 기억된다.
〈(보다 작다)	a=(b〈c);	b가 c보다 작으면 a에 1이 기억되고, 그렇지 않으면 0이 기억된다.
==(같다)	a=(b==c);	b와 c가 같으면 a에 1이 기억되고, 그렇지 않으면 0이 기억된다.
〉=(크거나 같다)	a=(b〉=c);	b가 c보다 크거나 같으면 a에 1이 기억되고, 그렇지 않으면 0이 기억된다.
〈=(작거나 같다)	a=(b〈=c);	b가 c보다 작거나 같으면 a에 1이 기억되고, 그렇지 않으면 0이 기억된다.
!=(같지 않다)	a=(b!=c);	b와 c의 값이 같지 않으면 a에 1이 기억되고, 그렇지 않으면 0이 기억된다.

관계 연산자의 연산 우선 순위는 산술 연산자의 우선 순위보다 낮으며 왼쪽에서 오른쪽으로 진행되도록 우선 순위가 결정된다. 다음의 예 ①과 ②는 동일한 의미를 갖는다.

예

```
x!=y==z;        ①
(x!=y)==z;      ②
```

프로그램 5-13

```
#include<stdio.h>
void main()
{
int a,b,c,d;

b=c=5;                      // 관계 연산자 >를 사용
a=(b>c);
printf("a=%d \n",a);

d=(b==c);                   // 관계 연산자 ==를 사용
printf("d=%d \n",d);
}
```

실행결과

```
a=0
d=1
```

해설

a=(b>c)에서 5>5의 관계가 되므로 a에 0이 기억되고, d=(b==c)에서 5=5의 관계가 되므로 d에 1이 기억된다.

프로그램 5-14

```
#include<stdio.h>
void main()
{
int a,b,x,y;

a=5, b=7;
x=(a<b);                    // 관계 연산자 <를 사용
y=(a!=b);                   // 관계 연산자 !=를 사용
printf("x=%d \n",x);
printf("y=%d \n",y);
}
```

실행결과

```
x=1
y=1
```

해설

x=(a<b)에서 5<7은 만족되므로 x에 1이 기억되고, y=(a!=b)에서 5!=7은 5와 7은 '같지 않다.' 의미가 옳으므로 y에 1이 기억된다.

5. 논리 연산자(logical operator)

논리 연산자 AND, OR, NOT, NOR의 논리 연산을 수행하는 연산자로서 연산 결과가 참이면 1, 거짓이면 0이 된다. 논리 연산자에는 &&, ||, !, ^가 있다.

표 5.5 논리 연산자

연산자	의미	사용 예	설　　명
&&	AND	a=b&&c;	b와 c가 모두 참이면 a에 1이 기억되고, 그 외는 0이 기억된다.
||	OR	a=b||c;	b와 c가 모두 거짓이면 a에 0이 기억되고, 그 외는 1이 기억된다.
!	NOT	a=!b;	b가 참이면 a는 거짓(0)이 되고, b가 거짓이면 a는 참(1)이 된다.

표 5.6 논리 연산자의 의미

a	b	a&&b	a||b	!a
0	0	0	0	1
0	0이외의 값	0	1	1
0이외의 값	0	0	1	0
0이외의 값	0이외의 값	1	1	0

※ OR 연산자는 표시나 표시로 사용된다.

예 1

```
if(a〉=95) && (a〈=100)
printf("---〈AND〉---\n");
```

논리 연산자 &&는 논리곱(AND)을 위한 연산자로 연산자 좌측과 우측의 값이 모두 참일 때 결과가 참이 된다. 결과가 참이란 1을 의미하고, 결과가 거짓이란 0을 의미한다.

위 예에서 a가 100이라면 (100〉=95)&&(100〈=100)가 되어 && 좌측이 참이 되고, 우측도 참이 되어 최종 결과는 참이 된다. 따라서 printf문을 수행한다.

```
(100〉=95) && (100〈=100)
 └───┘    |    └──────┘
 (참)     AND    (참)    → 참 (1)이 된다
```

예 2

```
if((a〈0)||(a〉100))
printf("---〈OR〉---\n");
```

논리 연산자 ||는 논리합(OR)을 위한 연산자로 연산자 좌측과 우측의 값 중 어느 하나라도 참이라면 결과가 참이 된다. 만약, 위 예에서 a가 150이라면 (150〈0)||(150〉100)이 되는데, ||좌측은 거짓(0)이 되고, || 우측은 참(1)이 된다. 따라서 전체적으로는 참이 되어 printf문을 수행한다.

```
(150〈0  || (150〉100)
└────┘   |  └──────┘
(거짓)   OR   (참)   → 참 (1)이 된다
```

프로그램 5-15

```
#include<stdio.h>
void main()
{
int a=5, b=0;

printf("a&&b = %d \n",a&&b);// &&은 논리곱(AND) 연산자
printf("a || b = %d \n", a||b);// ||은 논리합(OR) 연산자
}
```

실행결과

```
a&&b = 0      ← 5(참) AND 0(거짓)은 0이다.
a || b = 1    ← 5(참) OR 0(거짓)은 1이다.
```

해설

&& 논리곱, ||(혹은 ‖)은 논리합(OR)을 나타낸다.

프로그램 5-16

```
#include<stdio.h>
void main()
{
int a=5, b=3;

printf("a&&b = %d \n",a&&b);// 5(참) && 5(참)은 참(1)이 된다.
printf("a || b = %d \n", a||b); // 5(참) || 3(참)은 참(1)이 된다.
}
```

실행결과

```
a&&b = 1
a || b = 1
```

해설

변수 a, b에서 대입한 값이 0이 아니면 참(1)이 되고, 대입한 값이 0이면 거짓(0)으로 취급되어 처리된다.

프로그램 5-17

```
#include<stdio.h>
 void main()
 {
 int a,b,c,d;

 a=0;
 b=12;
 c=!a;          // a의 부정, 즉 !0는 1이 된다.
 d=!b;          // b의 부정, 즉 !12는 0이 된다.

 printf("!0 = %d \n", c);
 printf("!12 = %d \n",d);
 }
```

실행결과

```
!0 = 1
!12 = 0
```

해설

논리 연산자 !는 논리 부정(NOT) 연산자로써 참(1)인 값은 거짓(0)으로, 거짓(0)인 값은 참(1)으로 바꾸어 준다.

6. 비트 처리 연산자(bitwise operator)

인간이 일상적으로 표현하는 대부분의 문자 또는 수를 컴퓨터 내부에서는 2진수의 체계(0 또는 1)로 바꾸어 연산한다. 어셈블리(assembly)언어에서만 볼 수 있었던 비트(bit) 조작은 c 언어에서 하드웨어와 관련된 각종 실행을 가능하게 한다.

또한, 비트 연산자를 사용할 시 연산되는 데이터 수는 반드시 정수형이어야 한다.

1. 이동 연산자(shift operator)

이동 연산자는 좌우로 비트(bit)를 이동(shift)시키는 데 필요하며, >>와 <<가 있다. 이 연사자의 사용은 정수형 자료만 가능하며, 우측으로 비트를 이동시킬 때에는 부호 취급에 주의해야 한다.

표 5.7 shift 연산자

연산자	의 미	사용 예	설 명
<<	비트를 좌로 이동	a=b<<2;	b의 값을 2비트 좌측으로 이동시킨 것을 a에 대입
>>	비트를 우로 이동	a=b>>2;	b의 값을 2비트 우측으로 이동시킨 것을 a에 대입

이동 연산은 산술적 이동과 논리적 이동이 있는데 산술적 이동은 좌측으로 1비트씩 이동하면 본래 값의 2배가 되고, 우측으로 1비트 이동하면 본래 값을 2로 나눈값이 된다.

우측으로 이동시킬 경우에 양수인 경우는 0이 채워지고, 음수인 경우에는 1이 채워진다. (부호 비트를 유지하여 내용을 채운다.) 그러나 논리적 이동은 부호없이 unsigned로 선언된 경우를 말하며 0으로 채운다.

<< 연산자

<< 연산자는 << 좌측의 각 비트를 우측의 수치만큼 모두 좌측으로 이동(shift)시킨다. 예를 들면, a값이 10이라고 가정해 보자.

예

```
int a,b;
a=10;
b=a<<2;
```

위 예에서 a값 10을 2진수로 표현하면 00001010이다. 이 2진수값의 각 비트를 2비트만큼 모두 좌측으로 이동시키며, 이때 이동 후 빈곳을 0으로 채운다.

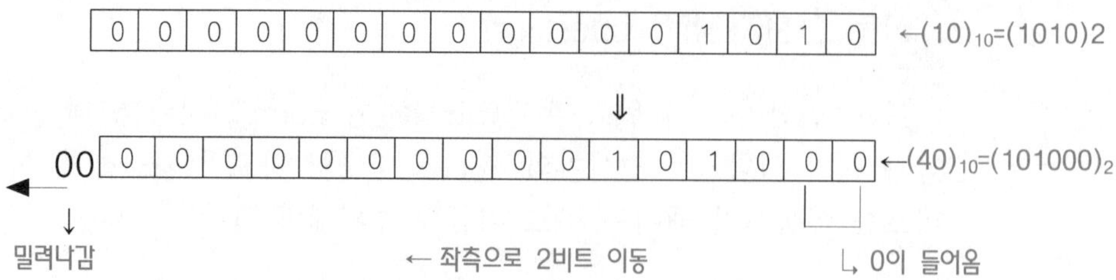

그림 5.1 10을 좌측으로 2비트 이동

프로그램 5-18

```
#include<stdio.h>
  void main()
  {
  int a,b,c;

  a=1;
  b=2;

  c=a<<b;                        // a값을 b 비트 만큼 좌측으로 이동

  printf("a<<b : %d \n",c);
  }
```

실행결과

```
a<<b : 4
```

해설

a<<b는 곧 1<<2 이므로 좌측의 1을 2비트 만큼 좌측으로 이동시키라는 의미이다.

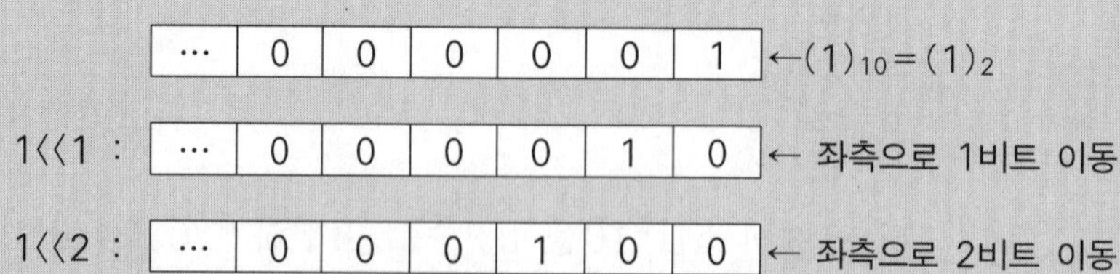

그림 5.2 k<<n는 k · 2n의 값이 된다.

프로그램 5-19

```
#include<stdio.h>
void main()
{
int a,b,c;

a=-1;
b=2;
c=a<<b;                    // 음수인 a 값을 b 비트만큼 좌측으로 이동

printf("a<<b : %d \n",c);
}
```

실행결과

```
a<<b : -4
```

해설

a값이 -1인 음수로 될 경우 기억되는 형태는 2의 보수 형태로 된다.

	······	1	1	1	1	1	1	← $(-1)_{10}$의 2의 보수값
-1<<1	······	1	1	1	1	1	0	← 좌측으로 1비트 이동
-1<<2	······	1	1	1	1	0	0	← 좌측으로 2비트 이동

그림 5.3 음수의 좌측 2비트 이동

>> 연산자

>> 연산자는 >> 좌측의 각 비트를 우측의 수치 비트 만큼 모두 우측으로 이동시킨다. 예를 들어, a값이 양수(부호 비트 0)인 30이라 가정해 보자.

예 1

```
int a,b;
a=30;
b=a>>2;
```

위 예에서 a값이 부호없는 수이면 이동 후 공백으로 되는 좌측 비트에는 0으로 채워지며 a값이 부호있는 수인 경우에는 a값의 부호 비트(0 : 양수, 1 : 음수)가 이동 후 빈 공백으로 채워진다.

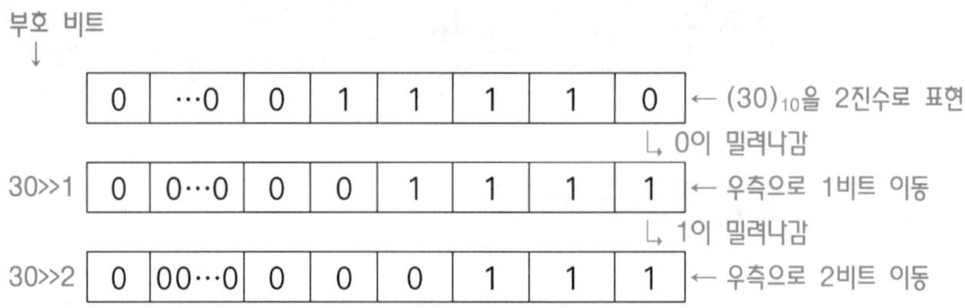

이동 후 좌측 공백은 부호 비트(0)으로 채운다.

그림 5.4 30을 우측으로 2비트 이동

프로그램 5-20

```
#include<stdio.h>
void main()
{
int a,b;

a=30;
b=a>>2;                                  // 30을 우측으로 2비트 이동
printf("30>>2 : %d \n",b);
}
```

실행결과

```
30>>2 : 7
```

다음의 예로서 a값이 음수의 부호를 가진 경우를 살펴보자. 만약, a값이 -7(부호 비트1)이라 가정해 보자.

예 2

```
int a, b;
a=-7;
b=a>>3;
```

위 예에서 a값이 음수인 경우 -7>>3는 -7을 3비트 만큼 우측으로 이동한 후 좌측의 빈 공백은 부호 비트(1)로 채운다. 음수가 기억되는 형태는 2의 보수 형태이다.

그림 5.5 -7의 우측 3비트 이동

프로그램 5-21

```
#include<stdio.h>
void main()
{
int a,b;

a=-7;
b=a>>3;                              // -7을 우측으로 3비트 이동
printf("-7>>3 : %d \n",b);
}
```

실행결과

```
-7>>3 :-1
```

예 3

```
unsigned a,b;
a=25;
b=a>>2;
```

위 예에서 부호없는 수이므로 우측으로 이동 후 빈 공백은 0으로 채운다.

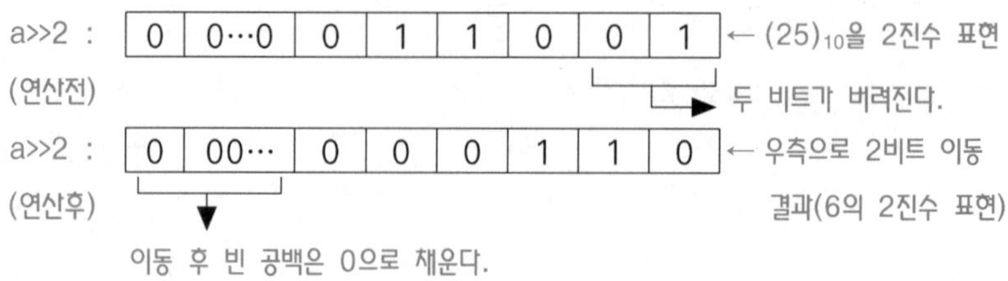

그림 5.6 부호없는 25의 우측 2비트 이동

프로그램 5-22

```
#include<stdio.h>
 void main()
 {
 unsigned a,b;              // 부호 없는 정수형 변수 선언

 a=25;
 b=a>>2;                    // 25를 오른쪽으로 2비트 이동
 printf("25>>2 → %d \n",b);
 }
```

실행결과

```
25>>2 → 6
```

2. 비트 논리 연산자(bitwise logical operator)

비트 논리 연산자는 비트와 비트 간의 논리적인 연산을 수행하는 연산자이며, 그 종류에는 &, |, ^, ~가 있다.

표 5.8 비트 논리 연산자

연산자	의 미	사용예	설 명
&	AND(비트 논리곱)	a=b&c;	변수 b와 c의 내용을 비트별 AND 연산한 결과 a에 대입
|	OR(비트 논리합)	a=b|c;	변수 b와 c의 내용을 비트별 OR 연산한 결과 a에 대입
^	XOR(배타적 비트 논리합)	a=b^c;	변수 b와 c의 내용을 비트별 XOR 연산한 결과 a에 대입
~	비트의 반전 (1의 보수)	a=~b;	변수 b의 내용을 비트별로 반전한 결과 a에 대입

표 5.9 비트 논리 연산의 예

a	b	a&b	a|b	a^b	~a	~b
0	0	0	0	0	1	1
0	1	0	1	1	1	0
1	0	0	1	1	0	1
1	1	1	1	0	0	0

프로그램 5-23

```
#include<stdio.h>
void main()
{
char a,b,c;
a='A';
b='B';
c=a&b;                                   // a와 b의 논리곱 연산
printf("a=%d, b=%d, c=%d \n",a,b,c); // ASCII 코드값 출력
printf("a=%c, b=%c, c=%c \n",a,b,c); // ASCII 문자 출력
}
```

실행결과

```
a=65, b=66, c=64
a=A, b=B, c=@
```

해설

'A'의 아스키 코드값이 65, 'B'의 값이 66이므로 이 두 수를 2진수로 변환시켜 서로 대응되는 비트들을 논리곱 연산을 한다.

```
     0 1 0 0 0 0 0 1  ← (65)10의 2진수 형태
  & )0 1 0 0 0 0 1 0  ← (66)10의 2진수 형태
     0 1 0 0 0 0 0 0  ← AND 연산 결과 (64)10
```

∴ $(64)_{10}$의 아스키 코드 문자는 @가 된다.

프로그램 5-24

```
#include<stdio.h>
void main()
{
char a,b,c;
a='A';
b='B';
c=a|b;                          // |는 a와 b의 논리합(OR) 연산
printf("a=%d, b=%d, c=%d \n",a,b,c);// ASCII 코드값 출력
printf("a=%c, b=%c, c=%c \n",a,b,c); // ASCII 문자 출력
}
```

실행결과

```
a=65, b=66, c=67
a=A, b=B, c=C
```

해설

'A','B'의 ASCII 코드값 65와 66을 2진수로 변환시켜 서로 대응되는 비트끼리 논리합(OR) 연산을 한다.

```
     0 1 0 0 0 0 0 1  ← (65)10의 2진수 형태
 OR)0 1 0 0 0 0 1 0  ← (66)10의 2진수 형태
     0 1 0 0 0 0 1 1  ← OR 연산 결과 (67)10
```

∴ $(67)_{10}$의 ASCII 코드 문자는 C가 된다.

프로그램 5-25

```
#include<stdio.h>
void main()
{
int a,b,c;

a=12;
b=15;
c=a^b;                    // ^는 a와 b의 배타적 논리합(XOR)연산
printf("a^b = %d \n",c);
}
```

실행결과

```
a^b = 3
```

해설

배타적 논리합(XOR) 연산은 대응되는 두 비트가 같으면 0이 되고 다르면 1이 된다.

```
     0 0 0 0 1 1 0 0   ← (12)10의 2진수 형태
  ^ )0 0 0 0 1 1 1 1   ← (15)10의 2진수 형태
  -------------------
     0 0 0 0 0 0 1 1   ← XOR 연산 결과 (3)10
```

프로그램 5-26

```
#include<stdio.h>
void main()
{

int a,b;
a=5;
b=~a;                     // ~5를 b에 대입
printf("~%d = %d \n",a,b);
}
```

프로그램 1-1

```
~5 = -6
```

해설

~연산자는 부정(NOT)을 나타내는 연산자이다.

5 : 00000101 ← $(5)_{10}$의 2진수

~5 : 11111010 ← $(5)_{10}$의 부정 (2의 보수 형태임)

↳ 부호 비트 1은 음수

음수는 2의 보수 형태로 저장되므로 -6이 된다.

7. 기타 연산자

이미 앞에서 설명한 연산자 이외에도 조건 연산자, 나열 연산자, sizeof 연산자, 캐스트(cast) 연산자, 주소 연산자, 포인터 연산자 등이 있다. 그 절에서는 이와 같은 연산자를 다루고자 한다.

1. 조건 연산자

조건 연산자(conditional operator)는 ? : 기호로 표시되며 3개의 항(피연산자)을 가지므로 3항식 연산자라고도 한다. 조건 연산자의 사용하는 형식은 다음과 같다.

형식

```
조건식 ? 연산식1 : 연산식2
```

위 형식의 의미는 먼저 조건식을 평가하여 참(true:1)이면 연산식 1을 계산하고 거짓(flase:0)이면 연산식 2를 계산하게 된다.

예 1

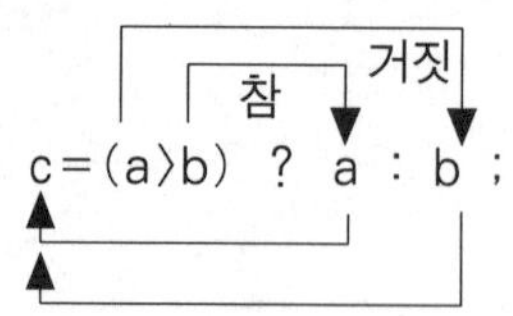

예에서 조건식 a가 b보다 크면, 즉 참이면 c=a를 실행하고, 그렇지 않으면, 즉 거짓이면 c=b를 실행한다.

예 2

```
b=(a>3) ? (a+1) : (a-1);
```

조건식 a가 3보다 크면(참이면), b=(a+1)를 실행하고, a가 3보다 크지 않거나 같으면(거짓이면), b=(a-1)을 실행한다.

프로그램 5-27

```
#include<stdio.h>
void main()
{
int a;

printf("number input(0-9)? ");
scanf("%d",&a);

printf("string = %s \n",(a < 5) ? "one"
                    :(a==5) ? "two" : "three");
}
```

실행결과

```
number input(0-9)? 3 Enter↵
string = one
number input(0-9)? 7 Enter↵
string = three
number input(0-9)? 5 Enter↵
string = two
```

해설

키보드에서 입력한 a값 3은 3<5의 조건이 참이므로 string=one을 출력하고, 입력한 a값이 7이면 7<5 조건은 거짓이 되고, 또 7==5 조건도 거짓이므로 string=three를 출력한다.

프로그램 5-28

```
#include<stdio.h>
void main()
{
int a,b,max;

printf("a 와 b값 입력?");
scanf("%d %d",&a,&b);          // a와 b의 값을 키보드에서 입력
a>b ? (max = a) : (max = b);          // 조건 연산 처리

printf("최대값     =  %d \n",max);
}
```

실행결과

```
a와 b값 입력? 30  50 Enter↵
최대값 = 50
```

해설

조건 연산식 a>b에서 입력한 수치에 따라 30>50은 조건에 맞지 않으므로 (거짓) max=50이 된다.

2. 나열 연산자

나열 연산자는 콤마(,)로 구성되므로 콤마 연산자(comma operator)라고도 부른다. 여러 연산식들 간의 우선 순위 실행은 좌측에서 우측으로 진행된다. 이와 같은 나열 연산자의 형식은 다음과 같다.

형식

연산식1, 연산식2, 연산식3 …

예

```
int a, b, c, d;
a=5;
b=a+1, c=b/2 d=c%2;
```

첫번째식 b=a+1의 결과는 6이 되고, c=b/2에서 c=3이 되고, 세 번째식 b=c%2에서 c가 3이므로 d=1이 된다.

프로그램 5-29

```
#include<stdio.h>
void main()
{
int a,b,c,d;

b=(a=5,a+1),c=b/2,d=c%2; // 연산식이 콤마로 구분되어 나열됨

printf("b=%d \n",b);
printf("c=%d \n",c);
printf("d=%d \n",d);
}
```

실행결과

```
b=6
c=3
d=1
```

해설 콤마 연산자로 변수들을 나열할 경우 초기치를 지정하려면 괄호로 묶어야 한다.

프로그램 5-30

```
#include<stdio.h>
void main()
{
int a,b,c;

c=(b=5,a=9,b*a);                // b=5, a=9를 c=b*a에 대입
printf("c=%d \n",c);
}
```

실행결과

```
c=45
```

해설

나열 연산자는 콤마로 나열하며 왼쪽에서부터 오른쪽으로 순차적 실행을 하므로 순차적 연산자라고 한다.

프로그램 5-31

```
#include<stdio.h>
  void main()
  {
  int a1,a2,a3,a4,a5,a6;

  a1=sizeof(char);
  a2=sizeof(int);
  a3=sizeof(short);
  a4=sizeof(long);
  a5=sizeof(float);
  a6=sizeof(double);
printf("char    = %d byte \n",a1);
  printf(" int    = %d byte \n",a2);
  printf("short   = %d byte \n",a3);
  printf("long    = %d byte \n",a4);
  printf("float   = %d byte \n",a5);
  printf("double= %d byte \n",a6);
  }
```

실행결과

```
char   = 1 byte
int    = 4 byte
short  = 2 byte
long   = 4 byte
float =  4 byte
double= 8 byte
```

해설

sizeof(데이터형)에 따른 메모리의 바이트(byte) 수를 구한다.

프로그램 5-32

```
#include<stdio.h>
void main()
{
char a;
int  b;

printf("size of a =%d byte \n",sizeof(a));        // 문자형 변수
printf("size of b =%d byte \n",sizeof(b));        // 정수형 변수
}
```

실행결과

```
size of a = 1 byte
size of b = 4 byte
```

해설

sizeof(변수)에 따른 메모리의 바이트 수를 구한다.

프로그램 5-33

```
#include<stdio.h>
void main()
{
                              // ↱ byte 수                ↱ 수식
printf("sizeof(256*3) = %d byte \n", sizeof(256*3));
printf("sizeof(3.14*1.56) = %d byte \n",sizeof(3.14*1.56));
}                                   // ↳ byte 수              ↳ 수식
```

실행결과

```
sizeof(256*3) = 4byte
sizeof(3.14*1.56) = 8byte
```

해설

sizeof(수식)에 따른 메모리의 바이트 수를 구한다.

프로그램 5-34

```
#include<stdio.h>
void main()
{
int a;
double b;
int c;

c=sizeof(a+b);          // 서로 다른 데이터형의 바이트 계산
printf("sizeof(a+b) = %d byte \n",c);
}
```

실행결과

```
sizeof(a+b) = 8byte
```

해설

sizeof(a+b)에서 a는 int형이므로 2byte(또는 4byte)가 될 것이고, b는 double형이므로 8byte가 된다. 따라서, a+b의 데이터 크기는 10byte나 12byte가 아니고 a, b 두 byte 중 큰쪽의 byte수를 갖는다.

3. cast 연산자

cast 연산자는 지정된 데이터형을 다른 데이터형으로 강제적으로 바꾸고자 할 때 사용되는 연산자로 형변환 연산자(cast operator)라고도 부른다.

형식

(데이터형) 오퍼랜드

예

```
(char) operand   ← 오퍼랜드를 문자형으로 변환
(int) operand    ← 오퍼랜드를 정수형으로 변환
(float) operand  ← 오퍼랜드를 부동 소수점으로 변환
```

프로그램 5-35

```
#include<stdio.h>
void main()
{
int a, b;

a=1.6+1.7;     // 3.3이 정수형 변수 a에 대입될 때 소수 이하가 잘림
b=(int)1.6+(int)1.7;   // 정수값만 발췌하여 덧셈 연산
printf("a=%d, b=%d \n",a,b);
}
```

실행결과

```
a=3, b=2
```

해설

형 변환의 종류에는 묵시적(implicit)형 변환과 명시적(explicit) 형변환이 있다. 위의 식에서 3.3이라는 실수형이 정수형 변수 a에 자동적으로 형변환이 이루어지는 것을 묵시적 형변환이라 하고, 사용자가 의도적으로 실수값 1.6과 1.7을 정수값으로 변환한 후 정수형 변수 b에 전달하는 것을 명시적 형변환이라고 한다.

프로그램 5-36

```
#include<stdio.h>
void main()
{
int a=20,b=3

printf("a/b=%5.2f \n",(float)a/(float)b); // 실수형으로 변환 연산
printf("a/b=%d \n",a/b);                   // 정수형 연산
}
```

실행결과

```
a/b=6.67
a/b=6
```

해설 (float)a/ (float)b의 실행은 a값, b값을 각각 실수로 변환한 다음 나눗셈 연산을 한다.

4. 주소 연산자와 포인터 연산자

주소 연산자(address operator : &)와 포인터 연산자(pointer operator : *)는 단항 연산자로 해당 변수의 주소를 나타내거나 데이터가 기억된 장소를 가리키는 역할을 하는 연산자이지 산술 연산자는 아니다. 주소 연산자(&)를 직접 참조 연산자, 포인터 연산자(*)를 간접 참조 연산자라고 하며 자세한 것은 뒷 장의 포인터를 참조하면 된다.

예

& 변수명 ← 메모리 내에 변수명이 기억된 위치의 주소를 나타냄
* 변수명 ← 포인터 변수명이 가리키는 주소 내의 데이터 값을 나타냄

프로그램 5-37

```
#include<stdio.h>
void main()
{
int a=10;

printf("a=%d \n",a);
printf("a의 주소=%d \n",&a);      // 메모리 내의 a 변수가 위치한
}                                 //주소를 나타냄
```

실행결과

```
a= 10
a의 주소 = 1245052
```

해설

&a는 메모리 내에서 a의 주소를 추출하는 직접 참조 연산자이다.

프로그램 5-38

```
#include<stdio.h>
void main()
{
int a,b,*p;

a=12;
p=&a;
b=*p;

printf("a=%d \n",a);    // 데이터 12 출력
printf("&a=%d \n",p); // 변수 a가 기억된 주소 출력
printf("*p=%d \n",b);  // 변수 a 내부에 기억된 데이터값 12 출력
}
```

실행결과

```
a=12
&a=1245052
*p=12
```

해설

포인터 변수 p는 a의 주소를 기억하게 되며, *p는 a의 주소 내부에 기억되어 있는 (변수 a값) 12를 나타낸다.

8. 연산자의 우선 순위

하나의 수식에 여러 개의 연산자가 사용될 경우 연산자의 우선 순위에 따라 연산이 실행된다. 따라서, 우선 순위가 높은 것을 먼저 실행 처리하고 우선순위가 같은 경우에는 결합규칙에 따라 실행된다. 결합규칙이란? 동일한 우선 순위의 연산자로 연결된 식을 평가해 가는 순서를 나타내는 것이다. c 언어에서 사용되는 일반적인 우선 순위 규칙은 다음과 같다.

- 괄호( ) 내의 내용이 가장 먼저 처리된다.
- 단항 연산자의 연산순위가 이항 연산자 보다 우위이다.
- 좌측에서 우측의 순서로 실행된다.
- 사칙 연산은 일반적인 수식의 법칙에 따른다.

표 5.10 연산자의 우선 순위

우선 순위	연산자	연산자 종류	결합 규칙
1	( ) [ ] · →		→
2	! ~ ++ --(데이터형) * & sizeof	단항 연산자	←
3	* / %	산술 연산자	→
4	+ -		
5	〈〈 〉〉	shift 연산자	→

6	〈 〈= 〉 〉=	관계 연산자	→
7	== !=		
8	&	비트 연산자	→
9	^		
10	|		
11	&&	논리 연산자	→
12	||		
13	? :	조건 연산자	←
14	= += -= *= /= %= |= ^= &= 〉〉= 〈〈=	복합 대입 연산자	←
15	,	콤마(나열) 연산자	→

→표시는 좌에서 우로 결합을 한다는 뜻이고 ←는 우에서 좌로 결합한다는 뜻이다. 2번 순위의 *와 &는 포인터명과 번지명에 사용되는 연산자이고, (데이터형)은 cast 연산자로 사용되는 형태이다.

예 1

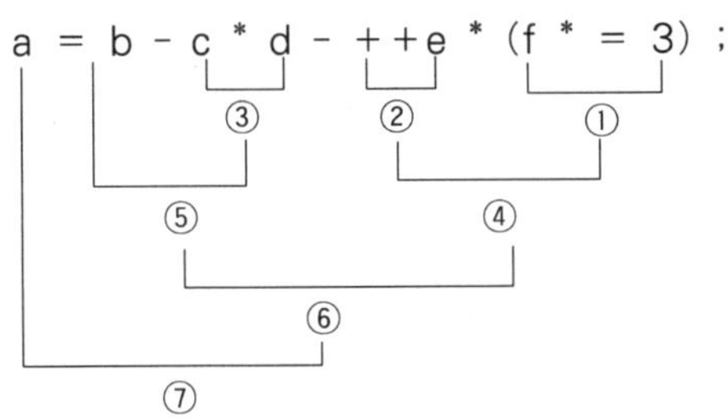

예 2

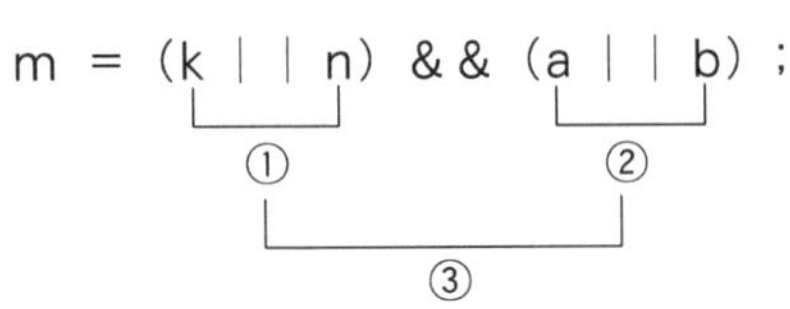

예 3

```
a = b = c = d = e = 5 ;
```

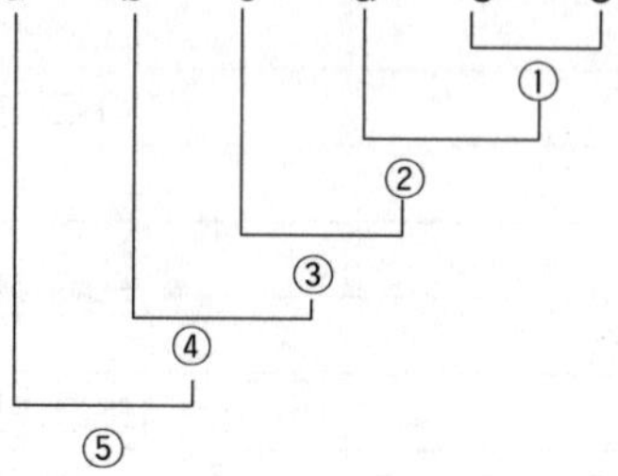

연습문제

(객관식)

1. 다음 중 관계 연산자가 아닌 것은?

① != ② <=
③ == ④ <<

2. 연산식들 중 잘못된 것은?

① a=-(-36) ② 25.0%3.0
③ 35.0*60 ④ 25/5

3. 증감 연산자 사용 형식 중 맞는 것은?

① x=(a-b)++ ② y=5+(a--)
③ Z=(++59) ④ P=--(45)

4. 다음 논리 연산자가 아닌 것은?

① && ② ||
③ != ④ !

5. 다음 두 개의 식을 나타낼 때 같은 것은?

```
식 : b=a*3;
     a=a+1;
```

① b=++a*3; ② b=a++*3;
③ b=a*3++(a+1); ④ b=a*3+(a++);

6. 초기값 a가 10일 때, a<<3의 연산 결과는?

① 16 ② 20
③ 32 ④ 40

7. 다음과 같은 명령문이 실행된 후에 변수 a에 저장되는 값은?

```
int      a,b;
b=10;
a=(b<3)?  15:20;
```

① 10 ② 15
③ 20 ④ 3

8. 다음의 명령문이 실행된 후의 a, b에 저장되는 값은?

```
a=10;
b=(a=20, ++a);
```

① 20,21 ② 21,21
③ 10,21 ④ 21,20

9. a=12; b=15;일 때 c=a^b;에서 c의 값은?

① 3 ② 4
③ 12 ④ 15

10. printf("%5.2f/n", (float)20/(float)3);으로 출력되는 값은?

① 6.67 ② 6.70
③ 2.00 ④ 6.76

연습문제 (주관식)

1. a=3, b=5일 때 다음 각 수식의 실행 결과를 나타내시오.

① a〈〈2
② a & b
③ a || b
④ a ^ b
⑤ ^a & b

2. 변수들이 다음과 같이 선언되어 있을 때 x에 기억되는 값은?

■ 보기 ■

```
int  a=3,   b=5,    c=0,  x;
```

① x=a〈b;
② x=a==3;
③ x=a&&c;
④ x=a&b && a|c;
⑤ x=5〉!a+a;
⑥ x=1〉!(a&c);
⑦ x=(int)5.8+(int)7.5;
⑧ x=a==3 && b!=0;

3. ++a 와 a++의 차이점을 설명하시오.

4. 다음 각 수식을 복합 대입 연산자로 바꾸시오.

① a=a+10
② a=a*(b+5)
③ a=a/(b-2)
④ a=a-(b*5)
⑤ a=a%6

5. 다음의 수식은 잘못된 것이다. 그 이유를 설명하시오.

① a=--(b+3);
② b=++7;
③ &(b-a);
④ 5.6 % 2.0;
⑤ &8;

6. 다음은 프로그램의 일부분이다. 이들 수식을 연산한 최종 결과는?

① int a=2, b=3, c=1;	a+=b+=c;
② int a=3, b=2, c=0;	a=a&&b||c;
③ int a=1, b=2;	c+=-a++ + ++b;

④ int a=5;	float b=2.57;
	double c;
	c=sizeof(a+b);

7. 다음 프로그램의 실행 결과는?

```
void main()
{
int   a;
a = 0XF *2180;
a+ = 0103;
printf("  %d", a);
}
```

8. 다음 프로그램의 실행 결과는?

```
void main()
{
unsigned char       a;
a = 0xfl;
printf("%x  \n", a);
a = a>>2;
printf(" right shift a = %x \n", a);
}
```

9. cast 연산자와 sizeof 연산자에 대하여 설명하시오.

10. 10진수 X=123을 4배한 값과 X를 좌측으로 2비트 이동한 값이 같은지를 프로그램을 작성하여 확인하시오.

제6장 제어구조

- 1. 선택 제어문
- 2. switch문자
- 3. 반복문
- 4. goto문
- 5. break문
- 6. continue문
- 7. 변수의 유효범위
- 연습문제

1. 선택 제어문

프로그래밍 언어의 제어 구조는 컴퓨터 시스템의 동작과 실행 순서를 제어한다. 일반적으로 프로그램을 실행하는 제어 구조는 다음과 같이 세 가지로 구분할 수 있다. 첫째, 프로그램을 위에서부터 아래로 차례차례 실행하는 순차적 실행, 둘째, 어떤 조건에 따라 조건에 맞으면 실행하고, 맞지 않으면 실행하지 않는 선택적 실행, 셋째, 일정한 부분을 반복하여 실행하는 반복적 실행이다.

이와 같이 순차(sequence), 선택(selection), 반복(interation)의 세 가지 제어 구조만으로 프로그램을 작성하는 프로그래밍 기법을 구조화 프로그래밍이라고 한다.

특히, 선택 제어문은 주어진 조건에 따라 실행할 문장을 선택하는 제어문으로 if문과 switch문으로 분류할 수 있다.

1. 단순 if문

단순 if문은 조건식을 평가하여 그 결과가 참(true)이면 문장을 실행하고, 그렇지 않으면 바로 다음 문장으로 제어가 넘어가는 것으로 그 형식은 다음과 같다.

형식 1

```
if(조건식)          또는          if(조건문)
  문장(statement);                  {
                                    문장;
                                    }
```

여기서, 조건식은 관계 연산자 또는 논리 연산자를 사용해서 표현하는 식으로 조건식 결과가 참이면 문장(statement)을 실행하고, 거짓이면 문장을 실행하지 않는다.

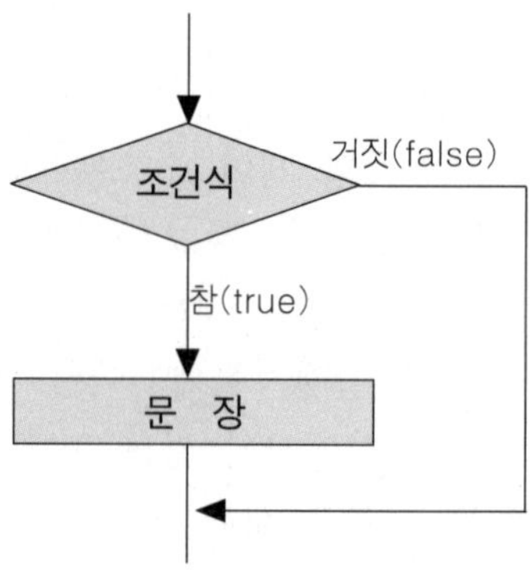

그림 6.1 단순 if문의 흐름도

예

```
int a, b, c;
if(a>b)
c=a+b;
```

if문의 조건식 a>b에서 a가 b보다 크면 참(1)이 되어 c=a+b;를 실행하고, 만약 a가 b보다 작거나 같으면 거짓(0)이 되어 c=a+b;를 실행하지 않는다.

또, 단순 if문에서 문장을 여러 개 실행하여야 할 경우가 있는데, 이

때는 여러 개의 문장을 블록({ })으로 묶어 주어야 한다. 만약, 묶어주지 않으면, 생각지 않은 결과를 초래할 수 있다.

형식 2

```
if(조건식)
 {
  문장1;
  문장2;
      ⋮
  문장n;
    }
```

위의 〈형식 2〉 내용을 흐름도로 나타내면 다음과 같다.

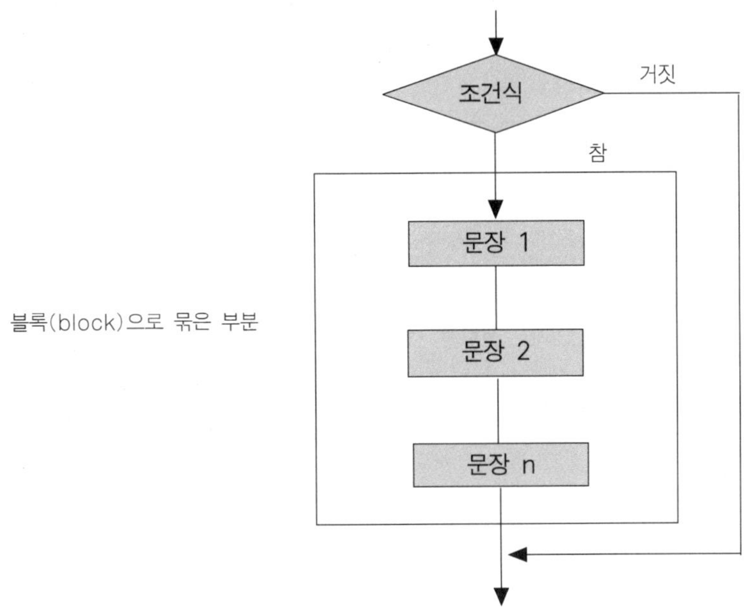

그림 6.2 실행할 문장이 여러 개인 경우

① goto문을 이용한 프로그램 예로 Project name에 sample6이라고 입력하고 〔OK〕 버튼을 클릭 한다.

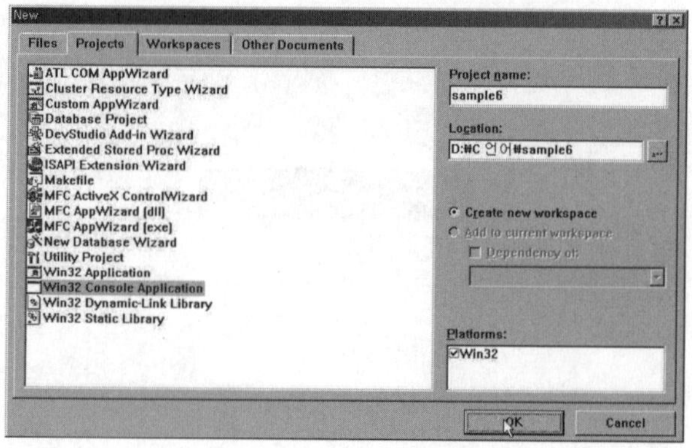

② Win32 Console Application - Step 1 of 1의 대화상자가 나타나는데 이들의 콘솔 어플리케이션의 형태 중 ◉ An empty project를 선택하고 〔Finish〕단추를 누른다.

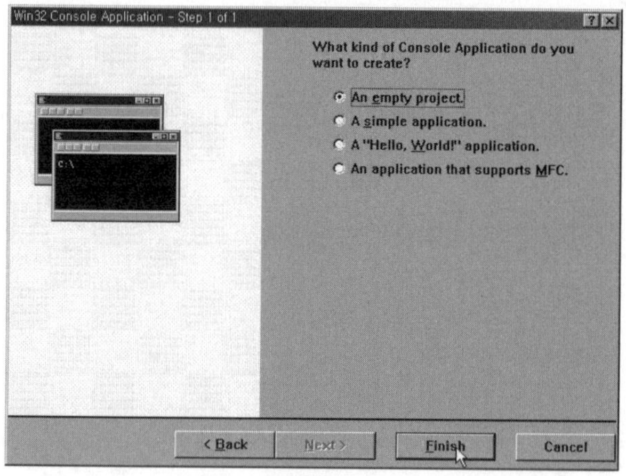

③ 새로 생성된 프로젝트 정보를 보여주고 있으며, Project Directory 위치와 내용을 확인 후 〔OK〕를 선택한다.

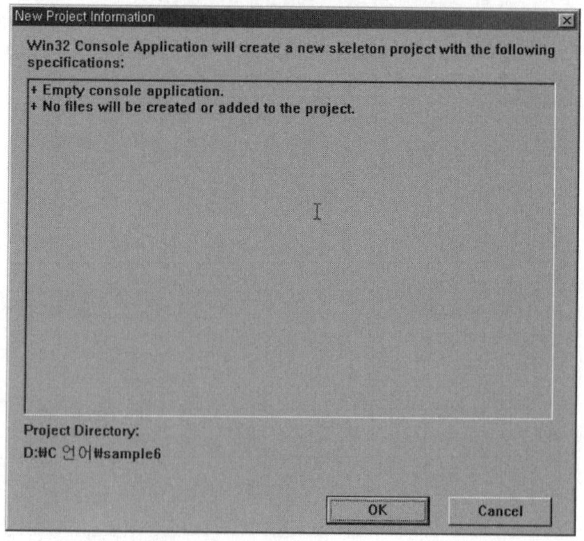

④ 〔FileView〕 탭에서 폴더모양의 〔Source Files〕에서 마우스 오른쪽버튼을 눌러 〔Add Files to Folder...〕를 선택하여 소스코드를 입력하기 위한 파일을 생성한다.

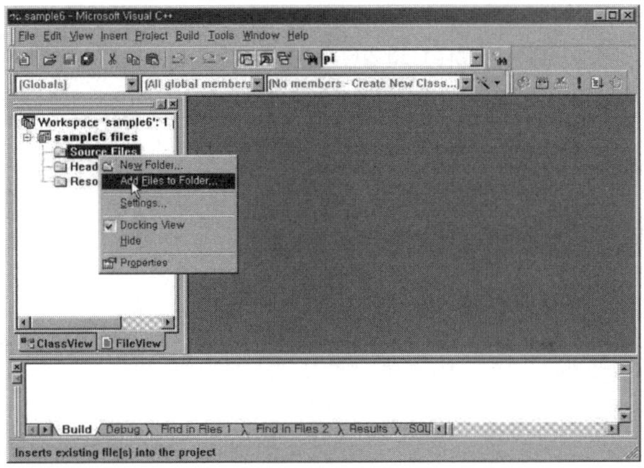

⑤ Insert Files into Project 대화상자가 나타난다. Insert Files into Project 대화상자에서 파일이름을 sample6.c 입력하고 〔OK〕버튼을 클릭 한다.

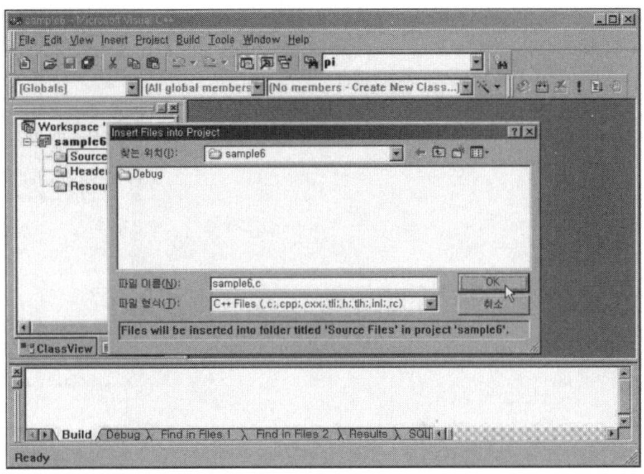

⑥ 소스파일 sample6.c 파일을 참조하겠냐는 대화상자가 나타나면 〔예(Y)〕를 누른다.

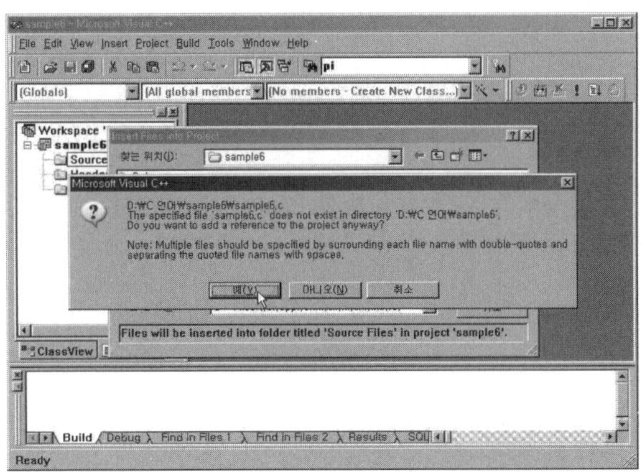

⑦ Source File에서 sample6.c를 클릭하면 파일을 생성한다는 대화상자가 나타나고, [예(Y)]를 누르면 파일을 작성할 수 있는 입력창을 볼 수 있다.

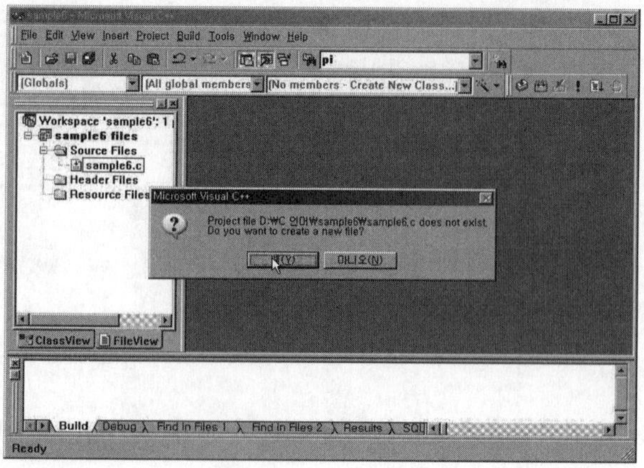

⑧ sample6.c 입력창에 소스를 입력한다.

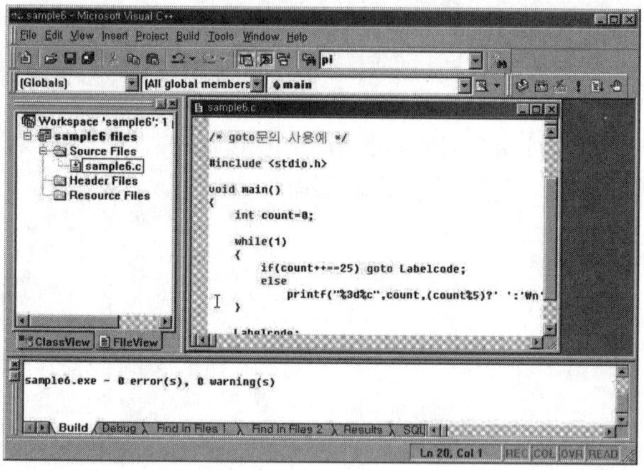

Sample6 소스

```
/* ====================================
  이 프로그램은 비주얼 C++ 6.0 컴파일러로
  실행시켜 보는 소스 프로그램으로 샘플(sample)
  예제이다.
  ====================================   */

// goto문의 사용예

#include <stdio.h>

void main()
{
        int count=0;

        while(1)
        {
                if(count++==25) goto Labelcode;
                else
                printf("%3d%c",count,(count%5)?' ':'\n');
        }

        Labelcode:
        printf("\n실행을 종료함! \n");
}
```

실행결과

```
  1   2   3   4   5
  6   7   8   9  10
 11  12  13  14  15
 16  17  18  19  20
 21  22  23  24  25
```

⑨ 〔Build〕 메뉴에서 〔Execute sample6.exe Ctrl+F5〕를 하면 자동으로 실행 파일을 먼저 생성하고 실행되는 것을 볼 수 있다.

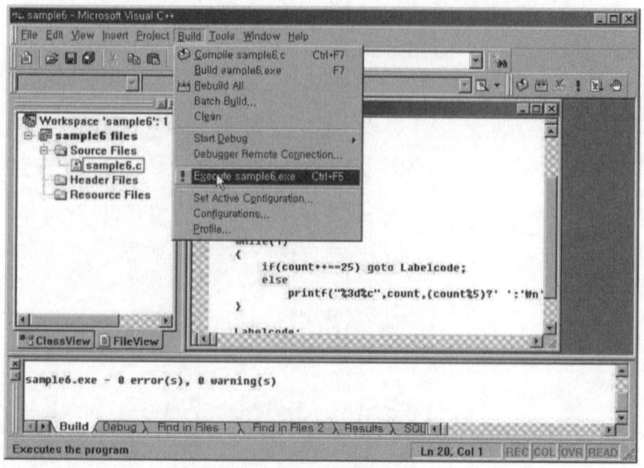

⑩ 실행파일 sample6.exe가 새로운 창에서 실행된 결과가 나타난다.

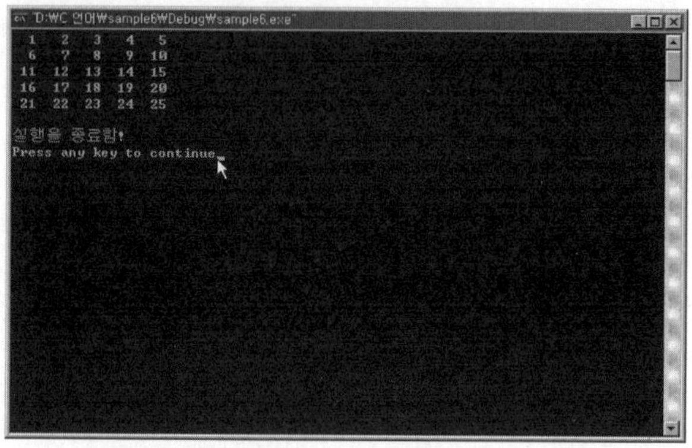

프로그램 6-1

```
#include <stdio.h>
void main()
 {
 int a;
 printf("number a= ");
 scanf("%d",&a);                    // 키보드에서 수치 입력
 if(a>100)                          // 단순 조건문
 printf("a값이 100보다 큰 경우이다.\n");
 }
```

실행결과

```
number a= 150 Enter↲
a 값이 100보다 큰 경우이다.
```

해설

키보드에서 입력한 수치 a값이 100보다 크면 참이(true) 되므로, 실제로 150을 입력시킨 결과 150>100이 되어, "a값이 100보다 큰 경우이다."를 출력한 것이다.

프로그램 6-2

```
#include <stdio.h>
void main()
{
int a=100;
if(a==15)                          // 100==15는 조건이 거짓
printf("if문을 실행한 경우임. \n");
printf("if문을 실행하지 않음. \n");
}
```

실행결과

```
if문을 실행하지 않음.
```

해설

if문에서 100은 15와 같지 않은데 100==15(100은 15와 같다.)고 했으므로 조건식의 값이 거짓(false)이 되어 두 번째에 있는 printf문을 실행한 것이다.

프로그램 6-3

```
#include <stdio.h>
void main()
 {
 int a,b,c,d,e;

 a=3;
 b=5;
 if(a != 0)        // 조건식에서 a값이 3이므로 3!=0 관계는 참이므로
 {                 // { }를 실행한다.
  c=a+b;
  d=a*b;
  e=a&b;           // 3&5는 3(참) and 5(참)으로서 e에 1(참)이 대입된다.

   printf("a+b=%d \n",c);
   printf("a*b=%d \n",d);
   printf("a&b=%d \n",e);
   }
  }
```

실행결과

```
a+b=8
a*b=15
a&b=1
```

해설

if문 내의 조건식에서 a값 3은 0과 실제로 같지 않고, "같지 않다" 표시 연산자 !=와 일치하므로 참이 되어 블록({ })으로 묶어 놓은 여러 개의 문장(statement)을 실행한 것이다.

프로그램 6-4

```
#include <stdio.h>
void main()
{
int a,b,max,min;

printf("input a,b ?");
scanf("%d %d",&a,&b);          // 키보드에서 두 정수 입력

min=a;
max=b;
if(a>b)                        // a가 b보다 크면 블록({ })을 실행한다.
 {
max=a;
min=b;
 }

printf("%d와 %d중 큰 수는 %d이고, 작은 수는 %d이다.",a,b,max,min);
}
```

실행결과

```
input a, b ? 15 45 [Enter↲]        ← 키보드에서 a, b값 입력
15와 45중 큰 수는 45이고, 작은 수는 15이다.
```

해설 조건식이 참(true)이고 실행할 문장의 수가 여러 개일 때 그 문장들을 { }로 둘러싼다.

2. if~else문

단순 if문은 조건식이 참일 때 실행할 문장만 선택하였으나 if~else문은 조건이 참일 때 실행할 문장과 거짓일 때 실행할 문장 2가지를 기술하며 그 형식은 다음과 같다.

형식

```
if(조건식)
   문장1;
else
   문장2;
```

여기서, 조건식은 관계식 또는 논리식으로, 조건식의 결과가 참이면 문장 1을 실행하고, 거짓이면 else 다음의 문장 2를 실행하게 된다. 따라서, if~else문을 양자 선택문이라고도 한다.

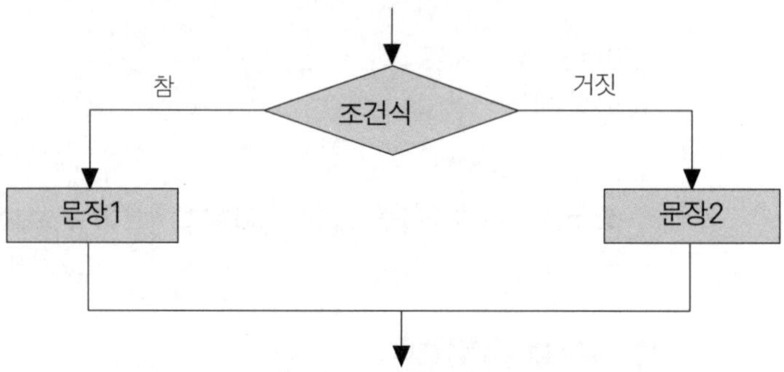

그림 6.3 if~else의 흐름도

예 1

```
if(a>b)
     max=a;
 else
     max=b;
```

if 내의 조건식에서 a가 b보다 크면 a를 max에 기억시키고, 그렇지 않으면 b를 max에 기억시킨다. 만약, if~else문을 조건 연산자(3항 연산자) 형식으로 표현하면 max=(a>b)?a:b와 같다.

또, if~else문에서 참일 때 여러 개의 문장을 실행해야 할 경우와 거짓일 때 여러 개의 문장을 실행해야 할 경우도 블록({ })으로 묶어 처리한다.

형식

```
if(조건식)
 {
   문장1;
   문장2;          block 1
     ⋮
   문장n;
 }
else
 {
   문장p;
   문장q;          block 2
     ⋮
   문장z;
 }
```

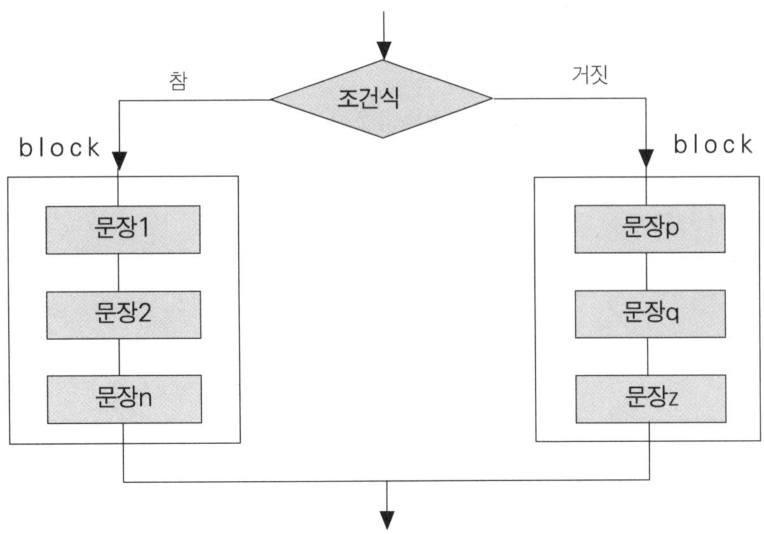

그림 6.4 실행 문장이 여러 개인 if~else문

예 2

```
if(a>b)
 {
  max=a;
  min=b;
 }
else
 {
  max=b;
  min=a;
  }
```

두 개의 수 a, b를 비교하여 큰 값은 max에, 작은 값은 min에 기억시키는 if문이다. 문장이 여러 개인 경우는 블록({ })으로 묶는다.

프로그램 6-5

```
#include <stdio.h>
 main()
  {
  int a;
  a=getchar();  // 키보드에서 1문자를 받아들이는 버퍼형 콘솔 입력 함수
  if(a=='n')
  printf("note book \n");
  else
  printf("pencil case \n");
  }
```

실행결과

```
n  Enter↵
note book
b  Enter↵
pencil case
```

해설

getchar() 함수는 단순히 외부(key board)로부터 1문자만 읽어들인다. 이때, 읽어들인 문자는 ASCII 코드값으로 나타낸다. 만약, "A"를 누르면 65가 a에 기억된다. ASCII 코드값은 정수값이며 정수형이다.
그리고, a 값이 "n"일 때 if문의 조건식은 참이므로 "note book"을 출력하고, a값이 "n"이외의 값일 때는 "pencil case"를 출력한다.

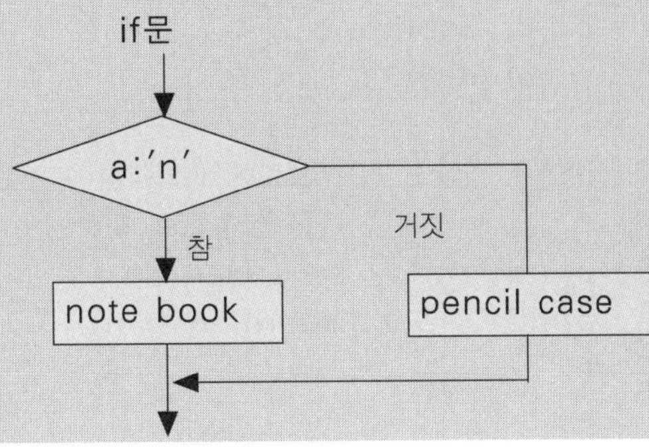

프로그램 6-6

```
#include <stdio.h>
void main()
 {
 int a;
 scanf("%d",&a);              // 입력된 a값을 2로 나누어 나머지가 0이면 짝수
 if(a%2==0)                   //그렇지 않으면 홀수
 printf("%d는 짝수 \n",a);
 else
 printf("%d는 홀수 \n",a);
 }
```

실행결과

```
15 Enter↵
15는 홀수
32 Enter↵
32는 짝수
```

해설

if~else문을 이용해서 양자 택일 홀수와 짝수를 구분해 주는 프로그램이다.

프로그램 6-7

```
#include <stdio.h>
 void main()
  {
   int a,b;

   printf("input a,b ?");
   scanf("%d %d",&a,&b);

   if(a==b)   // 키보드에서 입력한 수치 a, b값이 같으면 첫 번째 블록
   {          // ({ })을 실행하고, 다르면 else 다음의 블록을 실행한다.
   printf("===< American >=== \n");
   printf("  Good morning ! \n");
   }
   else
    {
    printf("---< Korean >--- \n");
    printf("Seoul world cup ! \n");
    }
 }
```

실행결과

```
input a, b ?5 5   Enter↵
  ===< American >===
  Good morning !

input a, b ?3 6   Enter↵
  ---< Korean >---
  Seoul world cup !
```

해설 조건에 따라 실행될 문장이 여러 개 일 때는 블록({ })으로 묶어준다. 조건식이 참이면 else 앞에 기술된 블록을 실행하고, 조건식이 거짓이면 else 이후에 기술된 블록을 실행하게 된다.

3. 다중 선택 if문

다중 선택 if문은 if~else문을 확장한 문(statement)이라고 볼 수 있는데 그 형식은 다음과 같다.

형식

```
if(조건식1)
 {
   문장 a1
   문장 a2        블록 1
     :
 }
else if(조건식2)
 {
   문장 b1
   문장 b2        블록 2
     :
 }
else
 {
   문장 c1
   문장 c2        블록 3
     :
 }
```

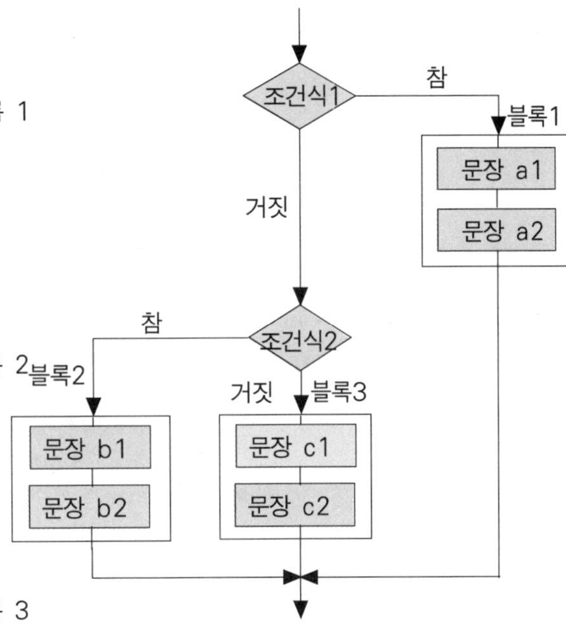

그림 6.5 다중 선택 if문의 흐름도

위의 형식은 조건식 1이 조건에 맞으면 블록 1을 실행하고, 조건에 맞지 않으면 조건식 2를 평가한다. 이때, 조건식 2가 조건에 맞으면 블록 2를 실행한다. 위의 조건식 1, 조건식 2가 모두 조건에 맞지 않으면 else 다음의 블록 3을 실행한다.

예

성적 등급을 결정하기 위한 다중 선택 if문

〈조건〉

성적	등급	성적	등급
90~100	A	60~69	D
80~89	B	0~59	F
70~79	C		

사용 예

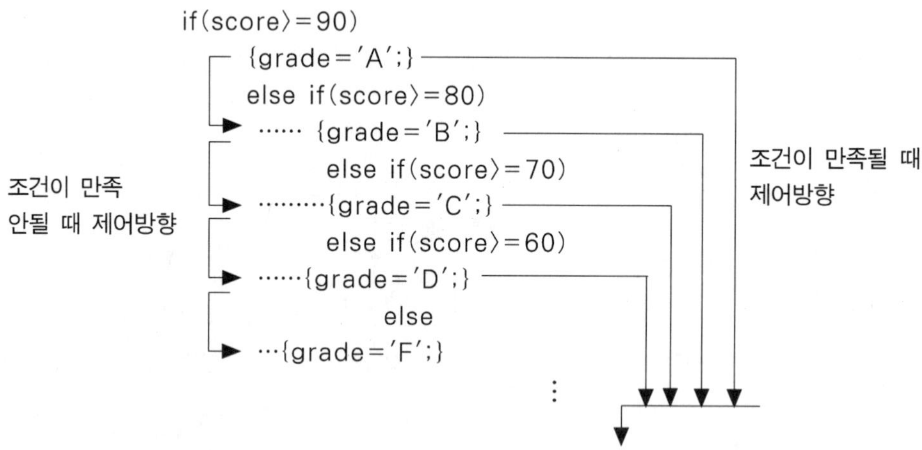

프로그램 6-8

```
#include <stdio.h>
 void main()
  {
  int score;                    // 성적 정수형 변수 선언
  char grade;                   // 등급 문자형 변수 선언

  printf("성적 입력: ");
  scanf("%d",&score);           // score 변수에 성적 입력
 if(score >= 90)
   { grade='A'; }
  else if(score >= 80)
     { grade='B'; }
```

```
    else if(score >= 70)
     { grade='C'; }
     else if(score >= 60)
     { grade='D'; }
     else
     { grade='F';}

printf("점수=%d -->%c학점 \n",score,grade);
}
```

실행결과

```
성적 입력: 100 [Enter↵]          ← 키보드에서 성적 입력
점수=100 -->A학점

성적 입력: 50 [Enter↵]
점수=50 -->F학점
```

해설

if문의 조건식(score>=90)을 만족하면 {grade='A';} 블록을 실행하고 조건식이 거짓이면 else if의 조건식(score>=80)이 참인지를 비교하여 참이면 {grade='B';} 블록을 실행한다. 조건식이 거짓이면 계속해서 else if의 조건을 비교하면서 참과 거짓에 따라 블록을 실행한다.

4. 중첩된 if문

if~else문을 여러 개 중첩해서 사용할 수 있다. 중첩된 if문의 형식은 다음과 같다.

형식

```
if(조건식1)
    if(조건식2)
        if(조건식3)
        {문장1;}
        else
        {문장2;}
    else
        {문장3;}
else
        {문장4;}
```

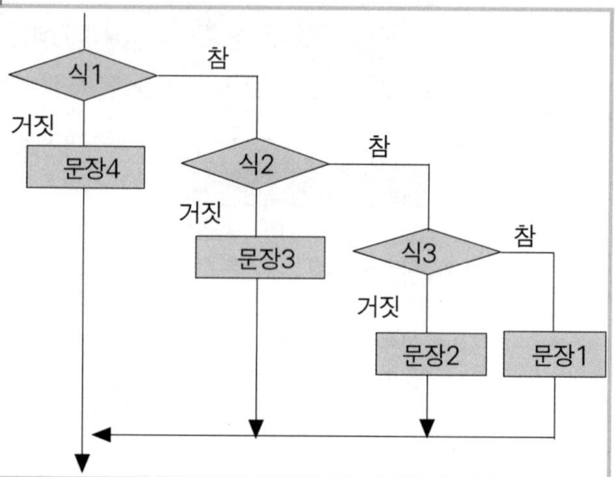

그림 6.6 중첩된 if문의 흐름도

조건식 1이 참이면 조건식 2를 비교하고, 조건식 2가 참이면 조건식 3을 비교하여 참인 경우, 즉 조건이 모두 참인 경우에 문장 1을 실행하며 조건식 3만 거짓인 경우에는 문장 2를 실행한다. 조건식 1이 참이고 조건식 2가 거짓인 경우에는 문장 3을 실행하고, 맨 처음의 조건식 1이 거짓이면 문장 4를 실행한다.

중첩된 if~else문을 사용할 때 특히 주의해야 할 부분이 있다.

if~else문이 중첩되었을 때 if 블록의 범위를 확실히 구분해야 할 필요가 있다. 이때, if와 else를 정확히 대응시키기 위해서는 필요시 괄호 { }를 사용해야 한다.

예 1

```
if(조건식1)
        if(조건식2) ──┐
          문장1;      │  if(조건식2)의 블록 범위가 된다.
        else          │
          문장2;  ────┘
```

if가 중첩될 경우에는 else에 가장 가깝게 있는 if와 짝이 된다.

예 2

```
if(조건식1)        ┐
 {                 │
 if(조건식2)       │
    문장1;         │  if(조건식1)의 블록 범위가 된다.
    }              │
    else           │
    문장2;         ┘
```

보다 명확하게 if~else 블록을 구성하기 위해서 { }를 사용한다.

프로그램 6-9

```
#include <stdio.h>
void main()
 {
 int c;
   c=getchar(); // 키보드에서 1문자를 받아들이는 버퍼형 콘솔 함수
  if(c>='a')
    {
    if(c<='z')
       printf("OK, Good ! \n");
     else
       printf("no, bad ! \n");
    }
     else
       printf("no, bad ! \n");
 }
```

```
a  Enter↵
OK, Good !

s  Enter↵
OK, Good !

3  Enter↵
no, bad !

#  Enter↵
no, bad !
```

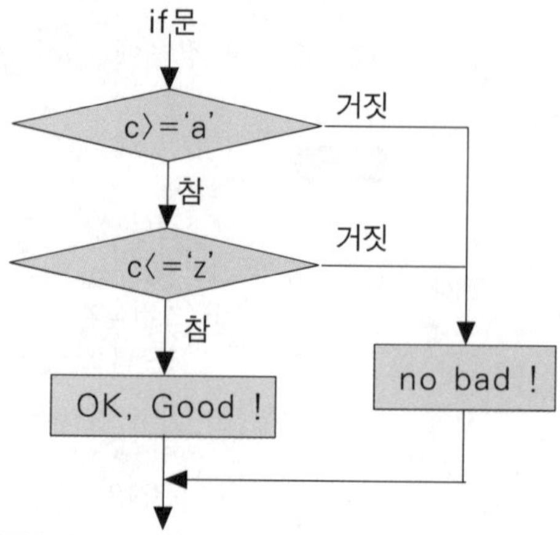

해설 키보드에서 입력한 문자 a의 ASCII 코드값 97과 첫 번째 if문 내의 'a'의 아스키 코드값이 같으므로 참이 되어 블록 안의 첫 번째 if문으로 가서 또 비교한다.
여기서도, 아스키 코드값 97은 'Z'의 아스키 코드값 122보다 작다. 라는 조건이 참이 되어 OK, Good!을 출력한다.

프로그램 6-10

```
#include <stdio.h>
void main()
{
int temp;
printf("input temperature:");
scanf("%d",&temp);                    // 키보드에서 온도 입력
if(temp<80) // 입력된 temp값이 80보다 작으면 다음 if문과 비교하고
                // 80보다 크거나 같으면 "Hot day!"를 출력한다.
  if(temp>60)
     printf("Good day !\n");
  else
     printf("Chilly day !\n");
else
     printf("Hot day ! \n");
}
```

```
input temperature:30      Enter↵
 Chilly day!
input temperature:;70     Enter↵
 Good day !
input temperature:100     Enter↵
 Hot day !
```

해설

if가 중첩될 경우이므로 else에 가장 가깝게 있는 if와 짝을 지어 블록(block)을 이룬다.

2. switch문

조건부 연산자와 if~else문은 2개의 조건 중 하나를 선택하도록 하며, 셋 이상을 선택할 때는 else if 구조를 이용할 수 있다. 그러나 좀 더 간편한 분기 결정은 switch문을 이용하는 것이 좋다. switch문은 다중 비교의 특별한 경우로서 나타낸 수식이 여러 레이블에 일치하는지를 체크하고 그에 따른 쪽으로 분기(branch)시킨다.

형식 1

```
switch(정수형)
{
    case 레이블1:문장1;
    case 레이블2:문장2;
    case 레이블3:문장3;
     ⋮          ⋮
    case 레이블n:문자n;
   default:문장 n+1;                ← 생략 가능
   }
```

정수식을 계산하여 그 결과가 case의 레이블(label)과 같은 것이 있

다면 해당 case에 있는 문장부터 아래의 문장을 순차적으로 실행한다. 만약, 일치하는 레이블이 없다면 default에 있는 문장을 실행하며, 이때 default가 생략되어 있다면 아무 것도 실행하지 않는다. 여기서, 레이블은 정수, 정수식 또는 문자 상수로 표현되어야 한다.

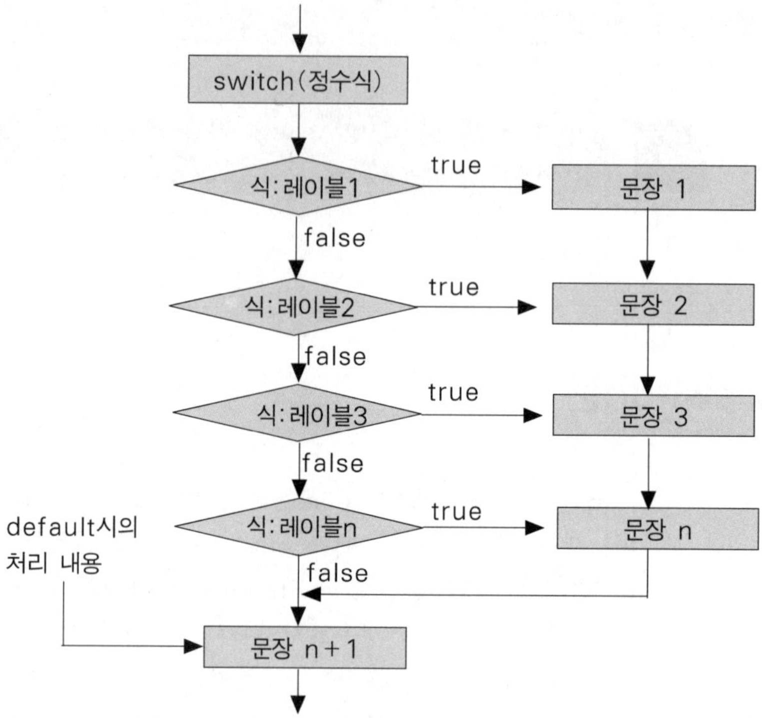

그림 6.7 switch~case문의 구조

앞의 〈형식 1〉에서는 정수식과 레이블 값이 일치할 때 그 레이블 값과 일치하는 문장이하 모두를 실행한다. 만약, 여러 개의 case 레이블 중에서 한 개만 선택하여, 한 개의 실행 단위만 처리할 경우에는 다음과 같은 〈형식 2〉를 이용하여야 한다.

형식 2

```
switch(정수식)
{
 case 레이블1: 문장1;
               beak;     ← break문을 만나면 switch{ }문을 벗어난다.
 case 레이블2: 문장2;
               break;
    ⋮
 case 레이블n: 문장n;
               break;
 default: 문장n+1;
}
```

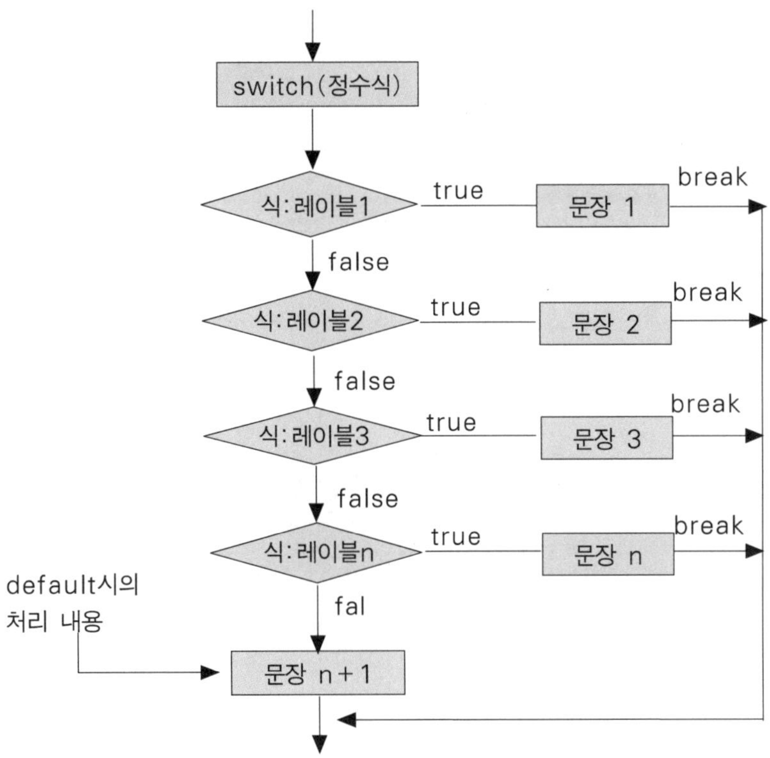

그림 6.8 switch~case~break문의 구조

〈형식 2〉는 각각의 case 레이블 실행 단위마다 break문을 사용했다. break문을 만나면 switch~case문을 안전히 벗어나게 하는 효과를 가지게 한다.

프로그램 6-11

```
#include <stdio.h>
void main()
 {
 int a;
 printf("switch input(0-9):");
 scanf("%d",&a);            // 키보드에서 정수값 입력
 switch(a)                  // 입력된 a값과 case 우측 수치와 비교
  {
  case 1: printf("---< one >--- \n");
  case 2: printf("---< two >--- \n");
  case 3: printf("---< three >--- \n");
  case 4: printf("---< four >--- \n");
  case 5: printf("---< five >--- \n");
  default: printf("---< six >--- \n");
  }
 }
```

실행결과

```
switch input(0-9):3    Enter↵    ← 키보드에서 3을 입력
 ---< three >---
 ---< four >---
 ---< five >---
 ---< six >---
```

해설

키보드에서 입력한 수치와 case 뒤에 나열된 수치와 비교해서 같을 경우, 바로 그 문장 이하를 실행한다. 즉 a값을 키보드에서 3을 입력하니까 case 3 문장부터 아래로 끝까지 실행한다.

프로그램 6-12

```
#include <stdio.h>
 void main()
 {
 int c;
 c=getchar();     // 키보드에서 1문자를 받아들이는 버퍼형 콘솔 함수
 switch(c)
  {
  case 'a': printf("---< spring >--- \n");
            break;
  case 'b': printf("---< summer >--- \n");
            break;
  case 'c': printf("---< autumn >--- \n");
            break;
  default : printf("---< winter >--- \n");
           break;
  }
 }
```

실행결과

```
a    Enter↲
---< spring >---
d    Enter↲
---< winter >---
c    Enter↲
---< autumn >---
```

해설 case문에서 break문이 없으면 switch문에서 분기된 case문 이하 모든 case문을 실행한다. break문이 있으면 지정된 case문만 실행하고 switch~case문을 벗어난다.

3. 반복문

반복문은 지정된 범위를 어떠한 조건이 만족하는 동안 계속 실행하는 문장을 의미하며, 반복문에는 for문, while문, do~while문 등이 있다.

1. for문

for문은 조건식의 값이 참(true)인 동안 for 루프(loof)를 계속해서 반복 실행한다. 루프란 컴퓨터 시스템이 특정한 조건을 만날 때까지 명령의 집합(프로그램)을 반복하여 실행하도록 하는 범위를 말한다.

형식

```
for(초기값;조건식;증감식)
    {
        문장 1;
        문장 2;
          ⋮
        문장 n;
    }
```

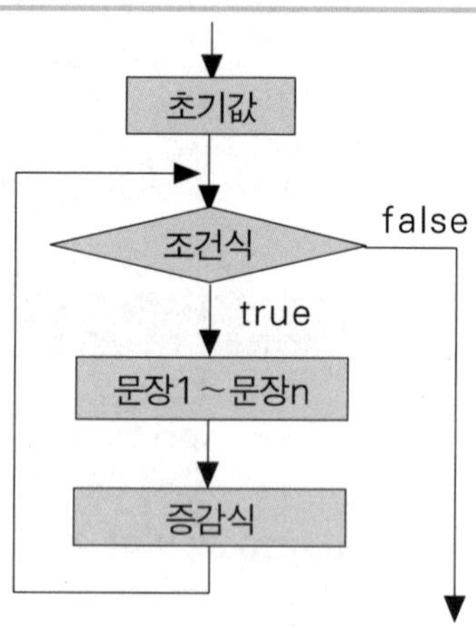

for문을 실행시키면 맨 먼저 초기값이 실행된다. 그 다음 초기값으로 조건식과 비교 평가하여 결과가 참이면 문장 1부터 문장 n까지 실행한다.

그 후, 이어서 증감식이 평가되고, 평가된 증감식으로 조건식과 또 비교 평가하여 참이면 for 루프({ })를 계속해서 반복실행한다.

그리고, for 루프를 제어하기 위해서는 초기값, 조건식, 증감식의 사용 방법을 알아야 한다.

- 초기값은 변수의 초기값을 설정하는 것으로서 맨 처음 한 번만 실행하며 초기값을 1개 이상 둘 수 있고, 2개 이상 둘 경우는 콤마로 분리한다.
- 조건식은 for 루프의 반복 처리를 위한 기준으로 조건식을 평가하여 참이면

for 루프를 반복 실행한다.

- 증감식은 조건식을 평가하기 위해 새로운 상태로 만드는 부분으로 두 개 이상일 때는 콤마(,)로 분리한다.

for문의 특징

① 증감식은 increment(++), decrement(--)할 수 있고 증가, 감소할 수 있다.
- for(i=1; i<=5; i++)
- for(i=10; i>0; i--)

② 증감식은 숫자와 문자 등을 increment, decrement할 수 있다.
- for(c='a'; c<='z'; c++)
- for(a=0; a<-20 ;a--)

③ 초기값, 조건식, 증감식을 생략할 수 있다.
- for(; ;)　← 무한 루프가 되며, while문의 while(1)과 같다.

④ 초기값은 변수를 초기화하지 않을 수도 있다.
- for(printf("c-language₩n");i<5;)

⑤ 초기값과 증감식 부분에 콤마(,) 연산자를 1개 이상 쓸 수 있다.
- for(i=0, j=1; i+j<=5; i++, j++)

⑥ 조건식이 맞지 않으면 한 번도 실행하지 않는다.
- for(n=15; n<0; n++)

⑦ 매개 변수는 루프(loop) 내에서 변할 수 있다.
- for(n=1; n<500; n+=a)　← a값 변경 가능

프로그램 6-13

```
#include <stdio.h>
void main()
 {
 int i,sum;

 sum=0;
 for(i=2; i<=10; i+=2)            // i가 2부터 10까지 2씩 증가
 sum+=i;                          //  2, 4, 6, 8, 10을 누계

 printf("2+4+....+10 = %d\n",sum);
 }
```

실행결과

```
2+4+…+10 = 30
```

해설

초기값 2부터 조건식의 최대값 10까지 증분값 2씩 증가하면서 누계 변수 sum의 값을 누계한다.

프로그램 6-14

```
#include <stdio.h>
void main()
 {
char a;
for(a='A'; a<='Z'; a++)      // 문자로 비교하면서 반복 처리
printf("%c ",a); // ASCII 코드값의 수치를 %c에 의해 문자로 출력
}
```

실행결과

```
A B C D E F G H I J K L M N O P Q R S T U V W X Y Z
```

해설

A 문자는 실행 과정에서 ASCII 코드로 65에 해당된다. a++는 a=a+1과 같은 의미를 갖기 때문에 반복할 때마다 1씩 증가한다. 즉, A는 65, B는 66,…,Z는 90까지 반복 처리하면서 %c에 의해 다시 문자로 바꾸어 출력한다.

프로그램 6-15

```
#include <stdio.h>
void main()
 {
 int a;
 for(a=10; a>0; a--) // a=a-1을 의미하며 한 번 반복할 때마다 -1씩
                     //감소한다.
 printf("%d, ",a);
 printf("\n");
 }
```

실행결과

```
10, 9, 8, 7, 6, 5, 4, 3, 2, 1,
```

해설

for문은 반복처리 하는 문(statement)으로 초기치 10에서 최종치 1까지 1씩 감소하면서 반복 처리된다. a--는 a=a-1과 같다.

프로그램 6-16

```
#include <stdio.h>
void main()
 {
 int i,j,k;
 for(i=0,j=1; i+j<=10; ++i,++j) // 초기값과 증분값이 2개인 경우
     {
     k=i+j;
     printf("i=%d,j=%d,i+j=%d \n",i,j,k);
     }
}
```

실행결과

```
i=0, j=1, i+j=1
i=1, j=2, i+j=3
i=2, j=3, i+j=5
i=3, j=4, i+j=7
i=4, j=5, i+j=9
```

해설

초기값 i=0, j=1부터 각각 1씩 증가하면서 i+j의 값이 10보다 작거나 같을 때까지 루프 ({ })를 반복한다.

프로그램 6-17

```
#include <stdio.h>
void main()
{
int a,b;

for(a=0; a<5; a++)
   {
   for(b=0; b<a; b++)
   printf("#");
   printf(" C-Language \n");
   }
}
```

실행결과

```
C-Language
# C-Language
## C-Language
### C-Language
#### C-Language
```

해설

중첩된 for문으로 첫 번째 for문에서 a가 0일 때, b가 0에서 4까지 반복하면서 "#"을 출력하고, 그 다음 "C-Language"를 출력한다. a가 1일 때 또 b가 0~4까지 반복하면서 "#"을 출력하고 그 후 "C-Languae"를 출력한다. 이렇게 a값이 1씩 증가하면서 4까지 반복한다.

프로그램 6-18

```
#include <stdio.h>
 void main()
  {
 int a,b;

 for(a=1; a<=9; a++)
    {
    for(b=1; b<=9; b++)
    printf("%3d",a*b);
    printf("\n");
    }
 }
```

실행결과

```
  1  2  3  4  5  6  7  8  9
  2  4  6  8 10 12 14 16 18
  3  6  9 12 15 18 21 24 27
  4  8 12 16 20 24 28 32 36
  5 10 15 20 25 30 35 40 45
  6 12 18 24 30 36 42 48 54
  7 14 21 28 35 42 49 56 63
  8 16 24 32 40 48 56 64 72
  9 18 27 36 45 54 63 72 81
```

해설

구구단을 출력하는 프로그램을 중첩된 for문을 사용했다. 반복 처리되는 과정은 첫 번째 for문에서 a가 1이 실행되는 동안 두 번째 for문에서는 b가 1부터 9까지 실행한다. 또, 첫 번째 for문에서 a가 2 실행되는 동안 두 번째 for문에서는 역시, b가 1부터 9까지 실행한다. 이와 같이 a가 1부터 9까지 실행되는 동안에 b도 계속 1부터 9까지 반복 실행한다.

프로그램 6-19

```
#include <stdio.h>
 void main(void)
  {
 int i,j;

  for(i=2; i<=3; i++)
   {
   printf("\n%d구구단:\n",i); // 줄 바꾼 후, 각 구구단을 출력, 또 줄 바꿈

   for(j=1; j<=9; j++)
    {
    if((j%3)==0)                    // j가 3의 배수일 때 줄을 바꿈
      printf("%d*%d=%d\n",i,j,i*j);
    else
      printf("%d*%d=%d\t",i,j,i*j);
    }
  }
 }
```

실행결과

```
2구구단:
2*1=2          2*2=4          2*3=6
2*4=8          2*5=10         2*6=12
2*7=14         2*8=16         2*9=18

3구구단:
3*1=3          3*2=6          3*3=9
3*4=12         3*5=15         3*6=18
3*7=21         3*8=24         3*9=27
```

해설

2구구단에서 3구구단까지 한 줄에 3개씩 구구단을 출력하는 프로그램으로써 이 중 for문을 사용한 것이다. \t은 일정한 tab을 유지하는 효과를 나타낸다.

2. while문

while문은 조건식을 평가하여 그 조건이 참(true)인 동안 루프(loop) 내의 문장을 반복하여 실행하며 만약, 조건식이 거짓이면 루프 밖으로 실행을 옮긴다. while문은 for문과 마찬가지로 루프의 맨 처음에 조건을 검사한다.

형식

```
while(조건식)
  {
   문장 1;
   문장 2;
     ⋮
   문장 n;
  }
```

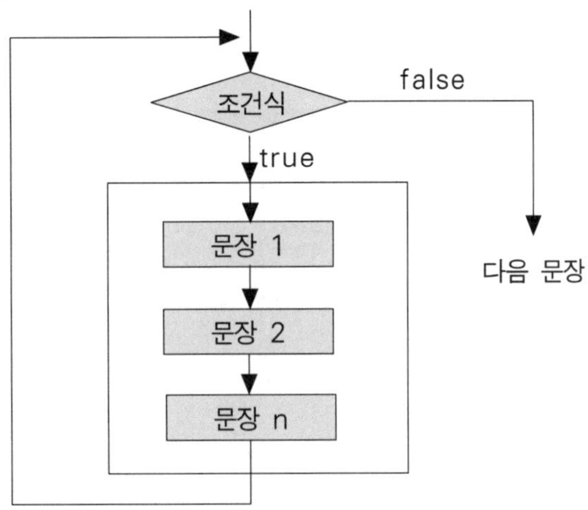

위 형식은 while( ) 내의 조건식이 참(true)이면 계속하여 루프({ }) 내에 있는 문장 1, 문장 2, …, 문장 n을 반복 처리하다가 조건식이 거짓(false)이 되면 반복 실행을 끝내고 다음의 문장으로 실행을 옮긴다. while( )문 다음에 문장이 하나인 경우는 괄호를({ })생략할 수 있다.

프로그램 6-20

```
#include <stdio.h>
void main()
 {
 char i='A';

 while(i<'Z')       // i의 값이 'Z'보다 작으면 참(true)
 printf("%c",i++); // i++는 후행 연산으로 i값을 표시한 후, i값을 1만큼 증가
 }
```

실행결과

```
ABCDEFGHIJKLMNOPQRSTUVWXY
```

해설

i의 초기값 'A'는 ASCII 코드값으로 65이고, 'Z'는 90이므로 65<90은 조건식이 참이 되어, printf문을 실행한다. 이때, 65를 %c로 받아 출력하니까 A가 출력되었고, i++의 관계로 65에서 1증가하면 66이 된다. 또, 66<90이 참이 되어 printf문을 반복 실행한다.

프로그램 6-21

```
#include <stdio.h>
 void main()
 {
 int a=0,sum=0;

 while(a<100)
  {
  a+=1;                // a=a+1과 같은 의미
  sum+=a;              // sum=sum+a와 같은 의미
  }
  printf("1+2+3+...+100 = %6d \n",sum);
  }
```

실행결과

```
1+2+3+. . .+100 = 5050
```

해설

1부터 100까지 카운트하면서 합을 구하는 프로그램으로 while( )문의 조건식 a<100이 만족(참)이 될 때만 { }를 반복 실행한다.

프로그램 6-22

```
#include <stdio.h>
void main()
 {

int a=0;
 while(1)       // while(1)은 참(1)이므로 블록({ })을 무한히 반복 처리한다.
   {
    ++a;
    printf("SEOUL KOREA \n");
    if(a>=7) break;    // a=7이면 루프{ }를 벗어난다.
   }
  }
```

실행결과

```
SEOUL KOREA
SEOUL KOREA
SEOUL KOREA
SEOUL KOREA
SEOUL KOREA
SEOUL KOREA
SEOUL KOREA
```

해설

while(1)은 괄호 안이 1(참)이므로 무한히 루프({ })를 반복시킨다. for문에서 for(;;)와 같다. break는 루프를 벗어나게 한다.

프로그램 6-23

```
#include <stdio.h>
void main()
 {
 int a,b;

 a=3, b=5;
 while(a>b)                    // 3>5는 조건이 거짓(false)임
  printf("===< one >=== \n");
  printf("===< two >=== \n");
}
```

실행결과

```
===〈 two 〉===
```

해설

while문의 조건식이 처음부터 거짓이 될 때에는 while 루프를 한 번도 실행하지 않는다.

프로그램 6-24

```
#include <stdio.h>
void main()
 {
 int a,sum,n;

 sum=0,n=0;

 while(scanf("%d",&a)!=EOF)
  {
  sum+=a;                    // sum=sum+a
  n+=1;                      // n=n+1
  printf("n = %d, sum = %d \n\n",n,sum);
  }
 }
```

실행결과

```
  1    Enter↵
  n = 1, sum = 1
  2    Enter↵
  n = 2, sum = 3
  3    Enter↵
  n = 3, sum = 6
  4    Enter↵
  n = 4, sum = 10
  5    Enter↵
  n = 5, sum = 15
  6    Enter↵
  n = 6, sum = 21
  ^Z   Enter↵
```

해설

scanf() 함수나 getchar() 등의 함수에서 ^Z(Ctrl+Z)를 키보드에서 누르면 -1이 입력된다. 그리고, EOF(End Of File)은 이미 표준 입·출력 헤더 파일(stdio.h)에서 -1로 정의되어 있다.

프로그램 6-25

```
#include <stdio.h>
void main()
{
int a=0,b=0;
while(a<=5)          // a값이 0에서 5까지 반복 수행
  {
  a++;
  while(b<a)
    {
    b++;
    putchar('#');            // 버퍼에 출력
    }
  putchar('\n');
   b=0;
  }
}
```

실행결과

```
#
##
###
####
#####
######
```

해설

다중 while문으로 for문처럼 조건을 주어 다중처리가 가능하다.

프로그램 6-26

```
#include <stdio.h>
void main()
 {
int a,b;
a=0,b=0;

while(a<5)            // line(행) 수를 반복 처리
  {
 while(b<12)          // column(열) 수를 반복 처리
   {
   printf("@");
   b++;
   }
 printf("\n");
 b=0;a++;  // 두 번째 while문에서 @을 12개 출력시키기 위해
    }           //   다시 b를 0으로 두어야 한다.
}
```

실행결과

```
@@@@@@@@@@@@
@@@@@@@@@@@@
@@@@@@@@@@@@
@@@@@@@@@@@@
@@@@@@@@@@@@
```

해설 초기값 a가 0일 때 첫 번째 while문에서 0<5 관계는 참이므로 두 번째 while문으로 실행을 옮긴다. 여기서도, b값이 0이므로 0<12 관계는 참이 되어 b값이 1씩 증가하면서 1회 @를 출력한다.
그 다음 12<12 관계는 거짓이 되므로 두 번째 while문의 루프({ })를 벗어난다. 다시, b=0, a는 1증가 상태로 맨 첫 번째 while문으로 올라가 1<5 관계가 참이 되어 두 번째 while문 루프를 반복 처리한다. 같은 방법으로 계속 반복 처리되다가, 첫 번째 while문의 조건식이 5<5 관계가 되면 모든 실행이 끝난다.

3. do~while문

이 문은 while문과 매우 비슷하지만 조건식의 검사 시기가 다르다. while문은 조건식을 검사하고 난 후에 문장을 실행하고, do~while문은 while문과 반대로 문장을 실행한 후에 조건식을 검사하여 반복 실행할 것인가를 결정한다. 따라서, do~while문은 최소한 한 번은 루프를 실행하고 조건식이 참이면 다시 루프를 실행한다.

형식

```
do
  {
  문장 1;
  문장 2;
     ⋮
  문장 n;
  }
while(조건식);
```

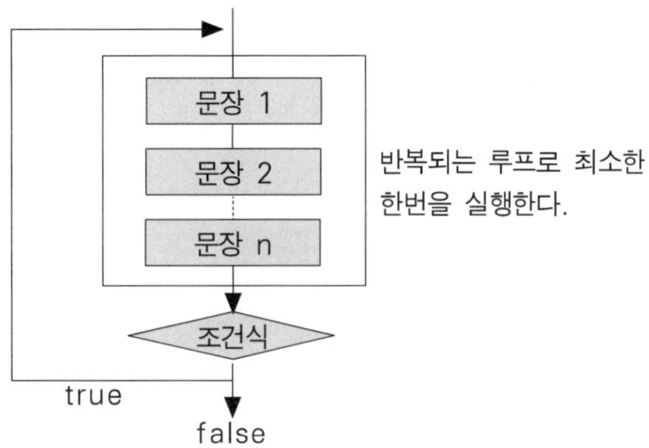

do~while문은 반복 처리되는 문장이 한 개인 경우는 괄호({ })로 묶지 않아도 되지만 만약, 반복되는 문장이 복수 개일 경우에는 반드시 { }로 묶어 주어야 한다.

프로그램 6-27

```
#include <stdio.h>
 void main()
{
int n=1,sum=0;

do
 {
 sum+=n;          // sum=sum+n과 같음
 n++;             // n=n+1과 같음
 }
```

```
 while(n<=100);            // 반드시 세미콜론(;)을 붙여야 한다.
 printf("sum=%d \n",sum);
}
```

실행결과

```
sum=5050
```

해설 1부터 100까지의 수를 합하는 프로그램이다. 실행 과정은 우선 do{ } 내의 문장을 실행한 후 그 다음 조건식을 검사하여 참(true)이면 do{ } 내의 문장을 반복 실행하고 거짓(false)이면 printf문을 실행한다.

프로그램 6-28

```
#include <stdio.h>
void main()
 {
 int a=0;
 do
  {
  ++a;             // a=a+1
 if((a%2)!=0)  // 나머지가 1인 경우에만 참이 되어 printf문을 실행
   printf("%d ",a);
  }  while(a<21);
 }
```

실행결과

```
1 3 5 7 9 11 13 15 17 19 21
```

해설 이 프로그램은 홀수를 구하는 프로그램이다. while문 내의 조건식이 21보다 작은 경우가 참이 되어 do{ } 내를 반복 처리한다.

4. GOTO문

goto문은 프로그램의 실행을 무조건 분기할 때 사용하는 명령문으로 강제적 이동의 제어문이다. goto문의 형식은 다음과 같다.

형식

```
문장 1;
label : 문장 2;
   ⋮
goto label;
```

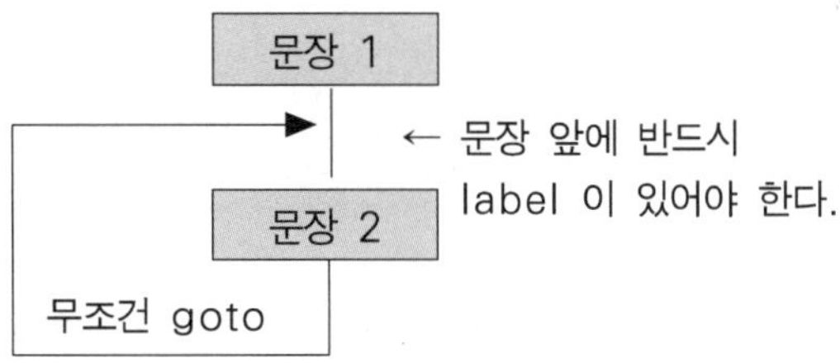

goto문은 해당 label이 붙어 있는 문장으로 무조건 제어를 이동시킨다. 즉 레이블은 goto문에 의해 제어가 옮겨갈 위치를 나타내 주는 것으로, 레이블 명칭은 변수명을 정하는 규칙에 따르면 된다. 그리고, goto문은 동일 함수 내에서만 효력이 있다.

일반적으로, 한 개의 루프(loop)를 빠져 나오는 제어문일 경우 break를 적절히 사용하면 좋지만 만약, 루프가 두 개 이상 겹쳐서 실행하고 있을 때, 즉 다중 루프 상태일 때 루프를 빠져 나오기 편리한 명령문이 goto문이다.

abel 사용의 바른 예

- sample : a=b+2; ← (밑줄) 사용 가능
- sum_123 : c=c+1; ← 다중 레이블 사용 가능

label 사용의 틀린 예

- x : x++; ← 레이블명 x와 변수명 x가 같으면 안됨
- 135 : c=a+b; ← 수치만으로 레이블 사용은 불가
- x+y : printf("ok₩n); ← x+y는 레이블 사용 불가

프로그램 6-29

```
#include <stdio.h>
void main()
 {
 for(;;)                 // for(;;)는 무한히 반복 처리하는 반복문
  {
  if(getchar()=='#')
    goto last;           // 실행을 last가 있는 곳으로 옮긴다.
  }

  last: printf("Thank you ! \n");
 }
```

실행결과

```
1234abcd#efg Enter↵
Thank you!
```

해설

while(1)문은 무한 루프이므로 키보드로부터 문자를 무한히 받아들이지만, #이 입력되면 goto문에 의해 루프를 벗어난다.

프로그램 6-30

```
#include <stdio.h>
void main()
 {
 int a;

 for(a=1; a<=15; a++) // 1부터 15까지 1씩 증가하면서 { }를 반복 실행
  {
  if(a==6)
  goto next;  // 반복되는 동안에 a가 6이 되면 next 레이블로 실행을 옮긴다.
  }
next: printf("---<take off>--- \n");
  printf("end number=%d \n",a);
 }
```

실행결과

```
---〈take off〉---
end number=6
```

해설

for()루프문을 a가 1에서 15까지 1씩 증가하면서 실행되는 동안에 a 값이 6이 되면 for()루프를 벗어나 레이블 next로 실행을 옮긴다.

5. break문

반복문에서 사용되는 for 루프, do~while 루프 및 switch~case문 내의 루프 실행 도중 루프 밖으로 빠져 나오고자 할 때 사용되는 제어문을 break문이라고 한다. 루프 내에서 break문을 실행하게 되면 그 break문이 포함되어 있는 루프만 빠져 나오게 된다. 그러므로, 여러 개 중첩된 루프를 벗어나려면 중첩된 루프 수만큼 break가 필요하다.

형식

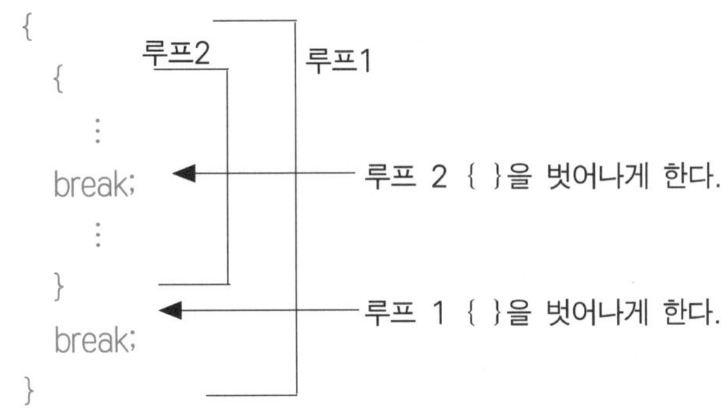

프로그램 6-31

```
#include <stdio.h>
void main()
 {
 int i;

for(i=0; i<=10; i++)
 {
 if(i==5)
 break;              // 블록 ({ })을 벗어나게 함.
   else
  printf("%d ",i);
 }
}
```

실행결과

```
0 1 2 3 4
```

해설 for문의 루프({ })가 초기치 0에서부터 1씩 증가되면서 반복 처리되는 동안 I 값이 5일 때 if문의 조건식이 5==5가 되어 참이므로 break문을 만나 for 문의 루프를 벗어난다.

프로그램 6-32

```
#include <stdio.h>
void main()
 {
 int i=0,sum=0;

 while(1)
   {
    ++i;
    sum+=i;
    if(i==100)              // i 변수값이 100이 되면 { }을 벗어난다.
      break;
   }
     printf("1+2+3+...+100=%5d \n",sum);
 }
```

실행결과

```
1+2+3+...+100= 5050
```

해설

조건문 while(1)은 항상 참(true)의 값이므로 무조건 실행을 계속한다. 따라서, 루프 내에서 변수 I의 값이 100이 되었을 때 break문으로 루프를 벗어나서 printf문을 실행한 것이다.

프로그램 6-33

```
#include <stdio.h>
void main()
 {
 int x, y=1;

loop :                                   // label 이름
     printf("숫자(1~6)? ");
     scanf("%d", &x);                    // 1에서 6까지 숫자 중 하나만 입력
     switch(x)
        {
        case 1 : case 3 : case 5 :            // 홀수만을 받아들임
         printf("%d --> 홀수 \n", x);
         break;
        case 2 : case 4 : case 6 :            // 짝수만을 받아들임
         printf("%d --> 짝수 \n", x);
         break;                               // 루프를 벗어남
        }
        x++;
      if(x<=6) goto loop;                     // label 이름으로 간다.
    }
```

실행결과

```
숫자(1~6)? 1 Enter↵
1-->홀수
숫자(1~6)? 2 Enter↵
2-->짝수
숫자(1~6)? 3 Enter↵
 3-->홀수
```

```
숫자(1~6)? 4 Enter↵
 4-->짝수
숫자(1~6)? 5 Enter↵
 5-->홀수
숫자(1~6)? 6 Enter↵
 6-->짝수
```

해설 goto문을 이용하여 반복처리하는 프로그램으로 홀수와 짝수를 구할 수 있도록 switch() ~case~break문을 이용하였다.

6. continue문

continue문은 for문, while문, do~while문과 같은 반복문 내에서 사용할 수 있지만, switch문과는 같이 사용할 수 없다. break문과 같이 continue문도 프로그램의 흐름을 바꾸는 역할을 한다. 그러나, 루프를 실행하는 도중에 continue를 만나면, continue 이후의 문장을 실행하지 않고 스킵(skip)하여 루프의 끝으로 제어를 옮긴다.

형식

```
 ┌─▶ 반복문(조건식)
 │      {
 │      문장 1;
 │      문장 2;
 │        ⋮
 │      continue; ──┐
 │        ⋮         │   ← continue문 이후의 문장을 건너뜀
 │      문장 n;      │
 └────── }◀─────────┘
```

프로그램 6-34

```
#include <stdio.h>
void main()
 {

  int i;

  for(i=1; i<=10; i++)
   {
   if(i==5)
    continue;     // i가 5이면 Continue문을 만나 for문을 벗어난다.
   else
    printf("i=%d \n",i);
   }
 }
```

실행결과

```
i=1
i=2
i=3
i=4
      ← 5를 출력하지 않는다.
i=6
i=7
i=8
i=9
i=10
```

해설

for 루프 내에서 if(i==5)의 i가 5와 같을 때, 즉 조건이 참일 때 for 루프 내의 continue; 다음 문장이 실행되지 않고 for 루프의 선두, 즉 처음으로 되돌아가 루프문을 되풀이한다.

프로그램 6-35

```
#include <stdio.h>
void main()
 {
 int a, b;

 for(a=2; a<=50; a+=2)          // a는 2의 배수
  for(b=3; b<=50; b+=3)         // b는 3의 배수
   {
   if(a!=b) continue;    // a와 b가 같지 않으면 아래 출력문을 수행하지
                         // 않고 건너 뛴다.
    printf("a=b -->%d\n",a);
   }
 }
```

실행결과

```
a=b -->6
a=b -->12
a=b -->18
a=b -->24
a=b -->30
a=b -->36
a=b -->42
a=b -->48
```

해설

1부터 50까지 숫자 중에서 2와 3의 공배수를 모두 구하는 프로그램이다.

7. 변수의 유효 범위

변수의 사용 범위는 선언되는 위치에 의해서 전역 변수(global variable)와 지역 변수(local variable)의 두 가지로 분류된다. 다음은 지역변수와 전역변수에 따라 구분되는 기억 클래스(storage class)이다.

표 6.1 지역 변수와 전역 변수

분류	선언 위치	기억 클래스	설 명
지역변수	특정의 단위 내 선언	auto, static register	선언된 실행단위 내에서만 사용
전역변수	함수 밖에서 선언	static, extern	모든 실행 단위에서 사용

1. 지역변수(local variable)

지역변수는 일정한 범위 내에서만 유효한 변수를 말한다. 이때, 일정한 범위란 블록(block) 내부나 함수 내부를 의미한다.

프로그램 6-36

```
#include <stdio.h>
void main()
 {
 char a;            // 지역 변수(auto)

 a='A';
   {
   char a;          // 지역 변수는 블록({ }) 내에서만 유효
   a='B';
   printf("block(1) = %c \n",a);
    }
 printf("block(2) = %c \n",a);
 }
```

실행결과

```
block(1) = B
block(2) = A
```

해설 auto 변수는 스택(stack)에 일시적으로 기억되기 때문에 선언된 블록 범위를 벗어나면 그 값을 잃어버린다.

프로그램 6-37

```
#include <stdio.h>
 void main()
  {
  auto int a;                // 지역변수(auto) 선언

  for(a=1; a<=3; ++a)
    {
    static int a=1;          // 지역변수(static) 선언
    printf("block(2) = %d \n",a++);
    }
  printf("block(1) = %d \n",a);
  }
```

실행결과

```
block(2) = 1
block(2) = 2
block(2) = 3
block(1) = 4
```

해설 정적변수(static variable)로 선언된 변수는 컴파일시에만 초기화된다.

2. 전역변수(global variable)

전역변수는 프로그램의 모든 블록 단위에서 유효한 변수이며 함수 밖에서 선언된다. 일반적으로, main() 함수 밖에서 선언하며, 초기화되지 않은 경우는 0으로 자동 초기화된다. 프로그램 실행 동안 영구히 기억장소를 갖는다.

프로그램 6-38

```
#include <stdio.h>
static int a;                    // 전역변수 선언
void main()
 {
   a=3;                          // 전역변수 a에 3을 대입
   {
   int a;                        // 지역변수 선언
     for(a=0; a<2; a++)
       printf("block(2) = %d \n",a);
   }
   a++;                          // 전역변수값 증가
   printf("block(1) = %d \n",a);
 }
```

실행결과

```
block(2) = 0
block(2) = 1
block(1) = 4
```

해설 전역변수와 지역변수가 이름이 같은 경우에는 지역변수가 우선한다.

연습문제

(객관식)

1. 다음과 같은 명령문이 실행된 후에 변수 a에 저장되는 값은?

```
int       a, b=0;
if(!b)    a=100;
else      a=50;
```

① a=100　　② a=50
③ a=0　　④ a=1

2. 다음과 같은 프로그램이 실행된 다음에 변수 b에 저장되는 값은?

```
int   b,  c=1;
c+=3;
switch (c)  {
case 1:b=50;
case 2:b=60;
case 3:b=70;
case 4:b=80;
default:b=95;  }
```

① 60　　② 70
③ 80　　④ 95

3. 무한 for 루프(loop)문이 아닌 것은?

① for(i=5; 3; i++)　　② for(i=10; ;i--)
③ for(; ;)　　④ for(i=1; i<10; i++)

4. 다음의 조건 명령문을 조건 연산자(3항 연산자) 형식으로 표현하면?

```
if (a>b) max=a;
else max=b;
```

① max=(a>b)!b:a　　② max=(a>b)?a:b
③ max=(a<b)!a:b　　④ max=(a>b):a?b

5. 다중 비교하는 경우 조건식의 값이 여러 레이블에 일치하는지를 체크하고, 일치하는 쪽으로 분기(branch)하는 문은?

① if~else문 ② switch문
③ for문 ④ do~while문

6. 초기값, 최종값, 증감식을 동시에 둘 수 있는 반복문은?

① for문 ② while문
③ do~while문 ④ break문

7. goto문의 레이블(label) 사용으로 바른 것은?

① x:x++; ② 120:c=a+b;
③ sample:a=b+2; ④ x+y:y++;

8. continue문을 사용할 수 없는 것은?

① switch문 ② for문
③ while문 ④ do~while문

9. 다음과 같은 while문이 수행될 때, while문의 루프 문장들은 몇 회 반복 수행되는가?

```
sum=0;
i=1;
while(sum<10)
 { sum+=i;
       i+=1;}
```

① 3회 ② 4회
③ 5회 ④ 10회

10. do~while 반복문의 프로그램이다. 실행된 후에 변수 a에 저장되는 값은?

```
int  a=7, b=8;
do {
    a+=5;
    ++b;
    } while(b>10);
```

① 7 ② 8
③ 12 ④ 9

11. 다음의 반복문 내에 break문을 사용한 경우의 명령문이다. 실행 후에 변수 sum에 저장되는 값은?

```
a=0, sum=0;
while (1)
{
a++;
if (k>5) break;
sum+=k;
}
```

① 무한히 반복 ② 10
③ 12 ④ 15

12. for문 내에 continue문이 들어있는 경우의 명령문이다. 실행 후에 변수 a에 저장되는 값은?

```
int   a,b;
for(a=b=0; b<10; ++b)
{
if(b%2==0)
continue;
a+=b;
}
```

① 15 ② 25
③ 35 ④ 45

연습문제 (주관식)

1. 다음 문장의 빈곳에 알맞은 답을 보기에서 골라 채우시오.

■ 보기 ■

a. 강제적	b. switch-case	c. 레이블
d. while	e. for	f. 식별자

1) continue문은 (①), do~while, (②)의 반복 처리를 제어하는 문이다.
2) break문은 for, while, do~while의 반복문을 (③)로 중단하고 싶을 때 (④)에서 선택한 문만을 실행한 후 바로 제어문의 다음 문으로 제어를 이동시킨다.
3) goto문은 지정된 (⑤)에로 무조건 분기하는 제어문이다.

2. for문을 사용하여 1부터 100까지 홀수의 합과 짝수의 합을 구하는 프로그램을 작성하시오.

3. do~while문을 사용하여 1+2=3, 3+3=6, 6+4=10....처럼 1부터 20까지 수를 계속하여 더하면서 그 때마다 합의 결과를 출력하는 프로그램을 작성하시오.

4. 정수 1부터 100까지의 수로서 소수의 총합을 구하시오.

5. while문을 사용하여 10진수를 입력하면 그것을 ASCII값으로 하는 문자 출력을 하도록 프로그램을 작성하시오.(단, 999를 입력할 때 실행이 종료되도록)

6. 다음 for문의 예를 while문과 do~while문으로 변환하시오.

```
int   i,  sum=0;
for(i=1; i<=100; i++)
sum+=i;
```

7. 다음과 같이 출력하는 프로그램을 for문을 이중으로 사용하여 프로그램을 작성하시오.

```
1
12
123
 ...
1234…10
```

제7장 배열(Array)

1. 배열의 개념과 선언

지금까지 프로그램에서 사용한 변수는 하나의 변수에 하나의 값만을 기억시킬 수 있는 단순 변수(simple variable) 또는 첨자 없는 변수만을 사용하여 왔다. 그러나 프로그램 내에서 기억해야 할 데이터가 많을 경우 각각 별도의 변수를 사용한다면 매우 불편할 것이다.

만약, 100개의 데이터가 프로그램 실행시에 필요하다고 할 때, 이 100개의 데이터를 기억장소에 각각 기억하기 위한 변수로서 a0, a1, a2, …, a99까지의 단순 변수 100개를 사용해야만 하는 어려움을 겪을 것이다. 따라서, 이를 해결하기 위한 방법으로 배열을 사용하면 매우 편리하다.

형식

```
int a0, a1, a2, …, a99;  ← 단순변수로 선언한 경우
int a[100];              ← 배열로 변수를 선언한 경우
```

배열(array)이란 하나의 대표 변수명에 여러 개의 동일한 형을 갖는 데이터를 기억하기 위한 자료 구조이다.

배열을 사용하는 경우에 일반 변수와 마찬가지로 사용하기 전에 미리 선언되어야 하며 선언 형식은 다음과 같다.

형식

```
기억 클래스 데이터형 배열명 〔정수〕 〔정수〕 …;
                          ↓        ↓
                         배열    요소의 수
```

예 1

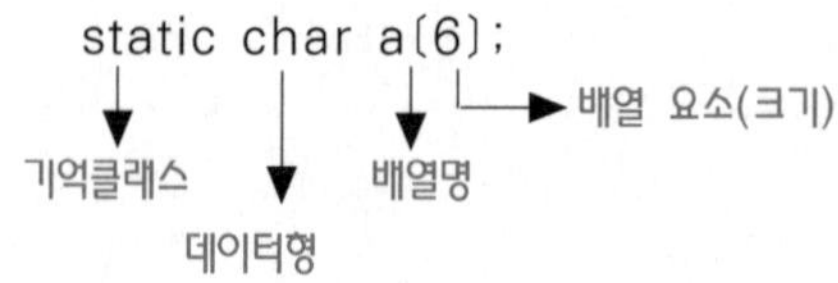

그림 7.1 단순 변수와 배열 변수 선언의 비교

기억 클래스는 auto인 경우 생략이 가능하며 배열명을 정하는 규칙은 단순 변수명과 같다. 배열 요소의 수는 반드시 정수형 상수 또는 상수식이어야 한다.

〔 〕가 하나인 경우는 1차원 배열, 2개인 경우 2차원 배열…등이라 부르며 2차원 이상의 배열을 다차원 배열(multi-dimensional array)이라고 한다.

1. 1차원 배열

1차원 배열을 선형 배열, 리스트(list) 또는 벡터(vector)라고 부르기도 하며 그 선언하는 예는 다음과 같다.

예 2

```
점자(배열 요소)
      ↓
  int k[6];
```

① 문자열 입출력함수 프로그램 예로 Project name에 sample7이라고 입력하고 〔OK〕 버튼을 클릭한다.

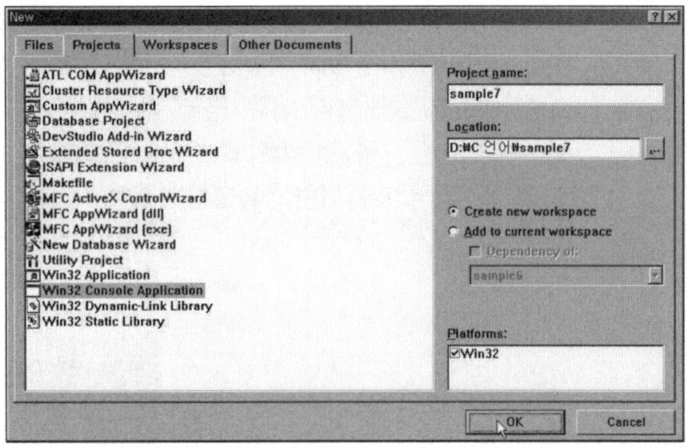

② Win32 Console Application -Step 1 of 1의 대화상자가 나타나는데 이들의 콘솔 어플리케이션의 형태 중 ◉ An empty project를 선택하고 〔Finish〕단추를 누른다.

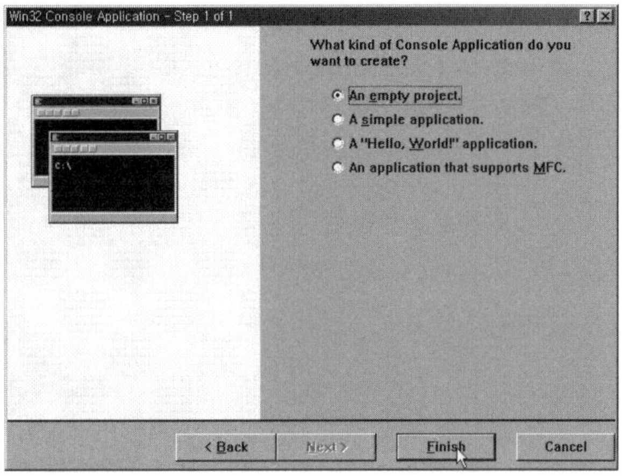

③ 새로 생성된 프로젝트 정보를 보여주고 있으며, Project Directory 위치와 내용을 확인 후 〔OK〕를 선택한다.

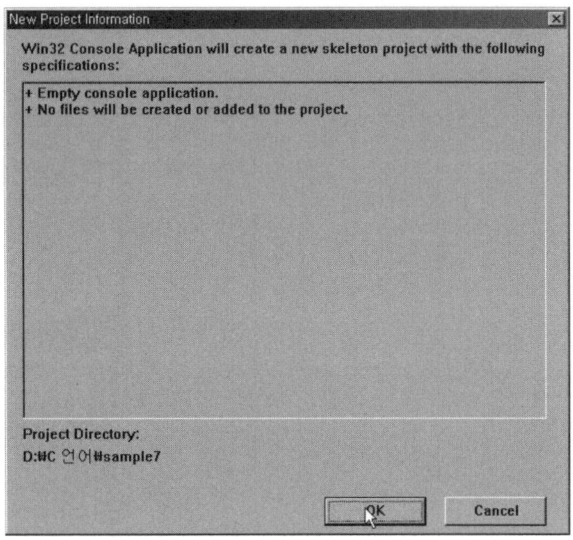

④ 〔FileView〕 탭에서 폴더모양의 〔Source Files〕에서 마우스 오른쪽버튼을 눌러 〔Add Files to Folder...〕를 선택하여 소스코드를 입력하기 위한 파일을 생성한다.

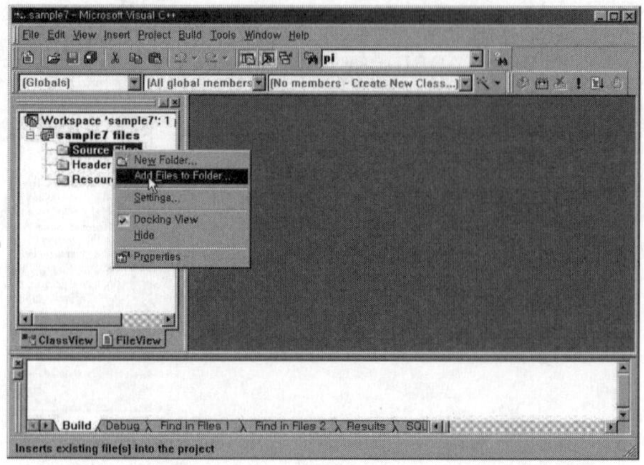

⑤ Insert Files into Project 대화상자가 나타난다. Insert Files into Project 대화상자에서 파일 이름을 sample7.c 입력하고 〔OK〕버튼을 클릭 한다.

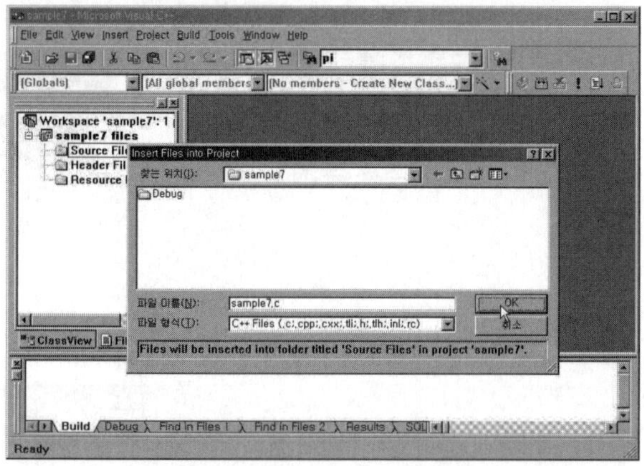

⑧ sample7.c 입력창에 소스를 입력한다.

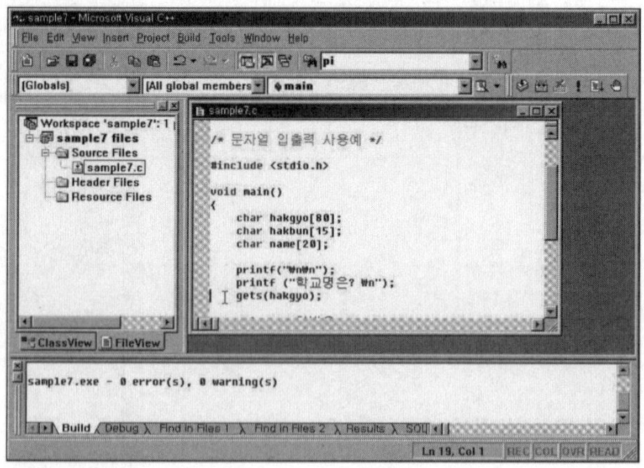

Sample7 소스

```
/* ====================================
  이 프로그램은 비주얼 C++ 6.0 컴파일러로
  실행시켜 보는 소스 프로그램으로 샘플(sample)
  예제이다.
  ====================================  */
// 문자열 입출력 사용예
#include <stdio.h>
void main()
{
        char hakgyo[80];
        char hakbun[15];
        char name[20];
        printf("\n\n");
        printf ("학교명은? \n");
        gets(hakgyo);
        printf ("학번은? \n");
        gets(hakbun);
        printf ("이름은? \n");
        scanf("%s",name);
        printf("\n\n");
        puts(hakgyo);
        puts(hakbun);
        printf("%s\n",name);
}
```

실행결과

```
학교명은?
조선이공대학 Enter↵
학번은?
20525002 Enter↵
이름은?
김하나 Enter↵

조선이공대학
20525002
김하나
```

⑨ 〔Build〕 메뉴에서 〔Execute sample7.exe Ctrl+F5〕를 하면 자동으로 실행 파일을 먼저 생성하고 실행되는 것을 볼 수 있다.

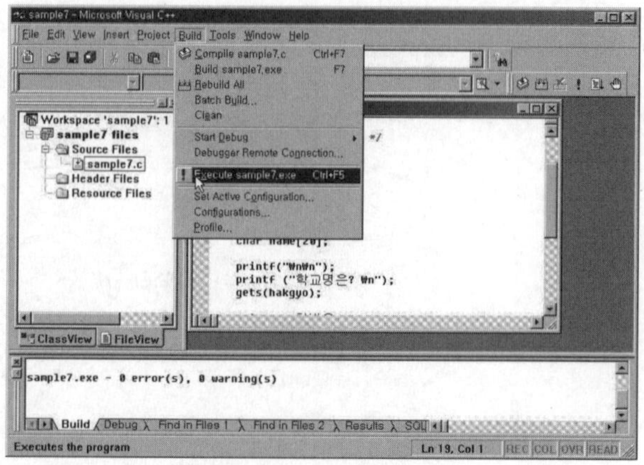

⑩ 실행파일 sample7.exe가 새로운 창에서 실행된 결과가 나타난다.

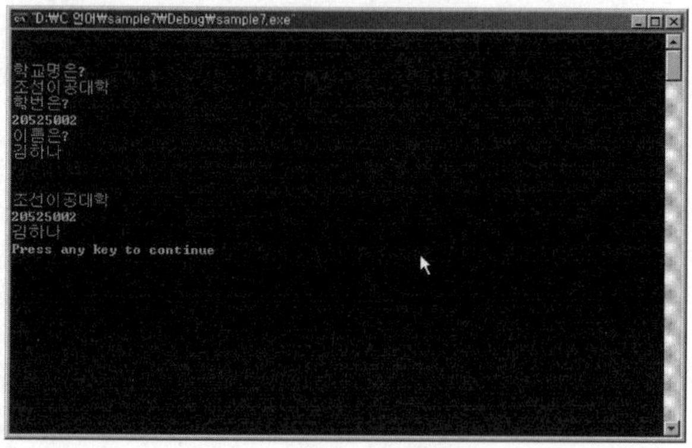

프로그램 7-1

```
#include<stdio.h>
void main()
 {
 int a;
 int k[5];          // 5개의 정수 배열 선언

 k[0]=10;
 k[1]=20;
 k[2]=30;           // 5개의 배열 원소에 각각 초기값 대입
 k[3]=40;
 k[4]=50;
 for(a=0; a<5; a++)
 printf("k[%d]=%d \n",a,k[a]);
 }
```

실행결과

```
k[0]=10
k[1]=20
k[2]=30
k[3]=40
k[4]=50
```

해설

int k[5];에 의해 k[0], k[1], k[2], k[3], k[4]인 5개의 기억 장소가 확보되며 이것은 정수값을 기억할 수 있는 기억 장소가 2 바이트씩 연속적으로 확보된 것이다.

k[0]	k[1]	k[2]	k[3]	k[4]	
10	20	30	40	50	: 5개의 배열 원소에 정수형
2byte	2byte	2byte	2byte	2byte	데이터가 기억되는 형태

프로그램 7-2

```
#include<stdio.h>
void main()
 {
 char a[9],c;                    // 1차원 문자 배열 선언
 int i;
 c='A';

for(i=0; i<=8;i++)               // 9회 반복 처리
 {
 a[i]=c;
 c++;
 }
for(i=0; i<=8; i++)
 printf("%c \n",a[i]);           // 문자 c의 데이터를 a(i)에 기억시킨다.
 printf("%s",a);                 // 1씩 증가시켜 문자를 변환시킨다.
 }
```

실행결과

```
A
B
C
D
E
F
G
H
I
ABCDEFGHI
```

해설

1차원 배열의 배열 원소에 하나 하나의 문자를 읽어들여 출력한 결과와 문자열로 출력한 결과이다. 문자열에 대한 배열은 2차원으로 사용하거나 포인터를 이용하는 것이 좋다.

프로그램 7-3

```
#include<stdio.h>
#include<conio.h>          // 콘솔(console) 입·출력 헤더 파일
void main()
 {
 int a[5],b[5],sum=0,i;  // 1차원 배열 선언
 clrscr();                // 화면 삭제
 for(i=0; i<=4; i++)
  {
  scanf("%d",&a[i]);
   sum+=a[i];             // 데이터 누계
  }
   for(i=4; i>=0; i--)
  {

  b[i]=a[-(i-4)];
printf("b[%d]=%d \n",i,b[i]);
  }
  printf("총 합계 = %d", sum);
  }
```

실행결과

```
125 [Enter↵]
307 [Enter↵]
100 [Enter↵]
025 [Enter↵]
340 [Enter↵]
b[4]=125
b[3]=307
b[2]=100
b[1]=25
b[0]=340
총 합계 = 897
```

해설

배열 a[5]에 정수 데이터를 입력받아 그 합을 구하고 배열 b[5]에 정수 데이터를 역으로 옮기는 프로그램이다.

a[0]	a[1]	a[2]	a[3]	a[4]
125	307	100	025	340

340	025	100	307	125
b[0]	b[1]	b[2]	b[3]	b[4]

2. 배열의 초기화

배열의 초기화는 기억 클래스에 따라 지정되며, 자동 배열변수는 초기화할 수 없고 static 배열변수나 extern 배열변수만 초기화가 가능하다. 그러므로, 자동 배열변수에 초기값을 부여하기 위해서는 각 배열요소에 값을 치환할 수밖에 없다. 그러나, Turbo-C에서는 자동 배열변수에 대해서도 배열을 선언할 때 초기화할 수 있도록 되어 있다.

예 1

```
static int a[6]={10, 20, 30, 40, 50};
       ↓
     정수형
```

배열변수 선언시 { }내에 초기값을 기재하면 자동적으로 0번 요소부터 차례대로 초기화 된다. 초기화 선언시 반드시 "static"이란 기억 클래스가 기술되어야 한다.

a[0]	a[1]	a[2]	a[3]	a[4]	a[5]
10	20	30	40	50	0

←2byte→

예 2

```
static char b[ ]={'a', 'b', 'c', 'd', 'e'};
```

↓ 문자형

또는 static char b[ ]="abcde";

b[0]	b[1]	b[2]	b[3]	b[4]	b[5]
a	b	c	d	e	\0

←1byte→ 자동추가

문자 배열을 선언하여 그 각각의 요소 초기값으로 'a', 'b', 'c', 'd', 'e'을 대입한다.

예 3

```
static float c[4]={12.5, 20.3, 50.6, 35.5};
```

→ 실수형

c[0]	c[0]	c[0]]	c[0]
12.5	20.3	50.6	35.5

← 4byte →

배열의 모든 요소에 초기값을 줄 필요는 없다. 배열의 첫 번째 요소에서 시작하여 필요한 것까지만 초기화하면 나머지는 0의 값을 갖게 된다. 반대로 초기값이 배열 요소의 수보다 많으면 에러(error)를 발생한다.

예 4

```
static int k[ ]={10, 30, 60, 70, 90};
```
└▶ 첨자(요소) 생략

배열의 초기화시 〔 〕 안에 첨자수를 지정하지 않고 빈 괄호를 사용하면 C 컴파일러는 괄호({ }) 내의 데이터 수를 계산하여 그 수 만큼의 배열 원소를 자동으로 만들어준다.

k[0]	k[1]	k[2]	k[3]	k[4]
10	30	60	70	90

예 5

```
static int m[9]={10, 20, 30, 40, 50, 60, 70, 80, 90};
```

초기화를 한 줄(line)에 모두 정의하지 못할 경우에는 〔예 5〕와 같이 2줄 이상 여러 줄에 나열하여 사용할 수도 있다.

프로그램 7-4

```
#include<stdio.h>
void main()
 {
 int a[6]={10,20,30,40,50,60};  // 배열의 초기화
 int i=0, sum=0;

 for(i=0; i<6; i++)
  sum+=a[i];                    // 초기값을 누계
  printf("sum=%d \n",sum);
 }
```

실행결과

```
sum=210
```

해설

위 프로그램의 int a[6]은 기억 클래스가 자동(auto) 배열이기 때문에 UNIX-C에서는 초기화할 수 없으나 터보 C에서는 초기화가 가능하다.

프로그램 7-5

```
#include<stdio.h>
void main()
 {
int i;     // ↙ 원소의 수 5개
static int m[5]={100,200,300};    // 정적 배열의 초기화

for(i=0; i<5; i++)
printf("m[%d]==>%d \n",i,m[i]);
}
```

실행결과

```
m[0]==>100
m[1]==>200
m[2]==>300
m[3]==>0        ← 초기치를 주지 않았으므로 0이 됨.
m[4]==>0
```

해설

static int m[5]는 기억 클래스를 static으로 선언하였기 때문에 초기화할 수 없다. 그리고, 지정한 배열 원소의 수가 초기치보다 많으면 나머지는 0으로 초기화한다.

프로그램 7-6

```
#include<stdio.h>
int data[]={1,2,3,4,5,6, // extern이 생략된 외부 배열 변수 선언
            7,8,9,10};   // 초기화를 1줄(line) 이상으로 나열할 수 있다.
void main()
 {
 int a,sum=0;

 for(a=0; a<10; ++a)
   if(data[a]%2 == 0) // 초기화된 값 중 짝수만을 선택하는 제어문
     sum+=data[a];

 printf("2+4+...+8+10=%d \n",sum);
 }
```

실행결과

```
2+4+…+8+10=30
```

해설

외부 배열 변수 data[ ]에서 첨자수를 지정하지 않으므로 괄호 { } 내에 지정한 초기치들 중 짝수의 합을 구하는 프로그램이다. 이때, 괄호 { } 내의 데이터 수 만큼 자동으로 배열 원소를 만든다.

프로그램 7-7

```
#include<stdio.h>
int k[4];                // 외부 배열 extern이 생략된 선언
static int m[4];         // 정적 배열 static으로 선언

void main()
 {
 printf("k[2] --> %d \n",k[2]);
 printf("m[2] --> %d \n",m[2]);
 }
```

실행결과

```
k[2] --> 0
m[2] --> 0
```

해설

초기화를 시키지 않았을 때 외부 배열과 정적 배열의 값을 0으로 자동 초기화한다.

프로그램 7-8

```
#include<stdio.h>
void main()
  {
  register c;                  // 레지스터 배열 선언
  int d[4];                    // auto가 생략된 자동 배열 선언

  printf("c ==> %d \n",c);
  printf("d[3] ==> %d \n",d[3]);
  }
```

실행결과

```
c --> -858993460      ┐
d[3] -->-858993460    ┘ 엉뚱한 garbage값
```

해설

만약, 초기화를 시키지 않았을 경우, 자동(auto) 배열과 레지스터(register) 배열은 기억 장소에 이미 존재되어 사용된 전혀 불필요한 의미없는 값, 즉 쓰레기(garbage)가 저장된다.

3. 배열에 데이터 입력

키보드(keyboard)를 이용하여 배열변수에 데이터를 입력하는 방법에 대해 알아보기로 한다.

배열의 각각 원소에 데이터를 키보드에서 입력할 경우 반복문인

while문, for문 등을 사용할 수가 있는데 그 예를 살펴보기로 하자.

예 1

```
i=0;                      ┌──▶ 각각의 배열 원소에 &(주소 표시)를 붙인다.
while(scanf("%d", &a[i])!=EOF)
++i;                               └──▶ end of file로서 -1의 값을 나타낸다.
```

while 반복문 내의 입력문인 scanf에 배열변수 a[i]의 데이터 값을 키보드에서 입력해보자.

```
10  Enter↵   ← 키보드에서 10을 치고 Enter↵키를 친다.
30  Enter↵
60  Enter↵
50  Enter↵
^Z  Enter↵   ← Ctrl+Z (데이터 입력의 끝을 표시)는 EOF(-1)과 같은 의미
```

이때, 배열 원소에 기억되는 형태는 다음과 같다.

a[0]	a[1]	a[2]	a[3]
10	30	60	50

예 2

```
i=0;
while(scanf("%d", &m)!=EOF)
  {
a[i]=m;  ┐← a(i++)=m과 동일
++i;     ┘
  }
```

예 3

```
for(i=0; i<=5; i++)
scanf("%d", &a[i]);
```

프로그램 7-9

```
#include <stdio.h>
void main()
  {
  int k,i,a[10];  // auto 배열변수는 터보 C에서 사용 가능

  printf("data input ! \n");
  i=1;

  while(scanf("%d", &a[i])!=EOF) // 키보드에서 배열원소에
  i++;                              //수치데이터 입력

  for(k=1; k<i; k++)
  printf("a[%d] = %d \n",k,a[k]);
  }
```

실행결과

```
data input !
16    Enter↵
26    Enter↵
36    Enter↵
^Z          ← 입력의 끝(Ctrl+Z키를 누름)
a[1] = 16
a[2] = 26
a[3] = 36
```

해설

배열에 데이터를 입력할 경우 배열 변수 앞에 반드시 &기호를 붙인다. EOF는 -1값을 가지며 키보드에서 Ctrl+Z와 같다.

프로그램 7-10

```
#include <stdio.h>
void main()
 {
 int n[5];                                  // 정수형 배열로 선언
 int i,max=0;

 for(i=0; i<5; i++)
  {
  printf("숫자 %d....",i+1);           // 숫자 5개를 입력받아 배열 요소
  scanf("%d",&n[i]);                   // n[0], n[1], …, n[4]에 대입
  }

 for(i=0; i<5; i++)
  if(n[i]>max)    // n[i]의 값이 max보다 크면 n[i]를 max로 한다.
   max=n[i];

  printf("\n 최대값 ==> %d \n", max);
 }
}
```

```
숫자 1 . . . . 60   Enter↵
숫자 2 . . . . 90   Enter↵
숫자 3 . . . . 70   Enter↵
숫자 4 . . . . 55   Enter↵
숫자 5 . . . . 40   Enter↵

최대값 ==>90
```

해설

수치 5개를 입력받아 입력된 수치 중 가장 큰 값을 출력해 내는 프로그램이다.

프로그램 7-11

```
#include <stdio.h>
 void main()
  {            // 마지막 변수값으로 NULL(\0)이 저장되므로 8문자+1
 char str[8];                  // 문자열이 저장되는 배열 선언
 scanf("%8s",str);             // 8문자까지만 받아들임
 printf("%s \n", str);         // 문자열로 출력
  }
```

실행결과

```
ABCDEFGHIJK Enter↵
ABCDEFGH

Gil Dong Enter↵    ← 8문자 입력(공백 문자 포함)
Gil
kim Enter↵         ← 3문자 입력
kim
```

해설 입력은 8문자 이하 Enter↵일 때 8문자 또는 그 이하로 입력된 문자가 입력되고, 9문자 이상일 때는 최초로 8문자만 입력된다. space(공백)는 Enter↵로 취급된다.

프로그램 7-12

```
 #include<stdio.h>           // 표준 입·출력 헤더 파일
 #include<conio.h>           // 콘솔 입·출력 헤더 파일
 void main()
 {
 int a[3];                   // 배열 선언
 int i;

system("cls");               // 화면 지우기
for(i=0; i<3; i++)
  scanf("%d", &a[i]);        // 키보드에서 점수 입력
for(i=2; i>=0; i--)
  printf("\n a[%d]=%d \n",i,a[i]);
}
```

실행결과

```
100 Enter↲
120 Enter↲
150 Enter↲

a[2]=150

a[1]=120

a[0]=100
```

해설

어떤 점수를 키보드로 입력한 뒤 마지막에 입력한 점수로부터 역순으로 출력하는 프로그램이다.

2. 다차원 배열

다차원 배열이란? 2차원 이상의 배열을 말하는데, 첨자의 수에 따라 결정된다. 예를 들면 첨자가 둘 이상인 배열을 의미한다.

예 1

```
int a[100];                ← 1차원 배열
char b[3] [4];             ← 2차원 배열
float c[2] [3] [4];        ← 3차원 배열
```

이론적으로는 무한 차원까지 가능하지만 일반적으로 시스템에 따라 지원하는 차원이 한계가 있으며, c 언어에서는 보통 3차원까지만 다루고 있다.

1. 2차원 배열

2차원 배열은 첨자가 2개인 배열로 행렬과 같은 구조를 갖고 있다. 그럼, 2차원 배열이 어떠한 형태로 기억 장소에 저장되는가를 살펴보자. 예를 들어 다음의 경우를 보자.

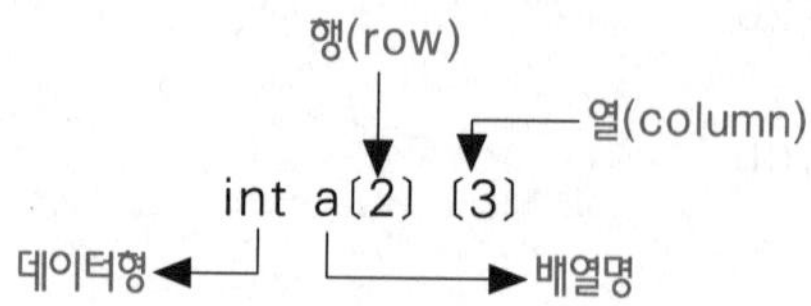

이와 같이 행(row)으로 2개, 열(column)로 3개를 지정하면 6개(2*3)의 배열 원소가 만들어진다.

	0열	1열	2열
0행	a〔0〕〔0〕	a〔0〕〔1〕	a〔0〕〔2〕
1행	a〔1〕〔0〕	a〔1〕〔1〕	a〔1〕〔2〕

그러나, 2차원 배열의 기억 장소에 배열되는 순서는 행을 기준으로 하기 때문에 실제로는 a〔0〕〔0〕, a〔0〕〔1〕, a〔0〕〔2〕, a〔1〕〔0〕, a〔1〕〔1〕, a〔1〕〔2〕 순으로 저장된다.

프로그램 7-13

```
#include <stdio.h>
void main()
 {
 static int data[2][3];     // 2행 3열의 2차원 배열 선언
 int i,j,sum;

 data[0][0]=15;             // 2행 3열의 배열 변수 초기화
  data[0][1]=25;            //              "
 data[0][2]=35;             //              "
 data[1][0]=10;             //              "
 data[1][1]=20;             //              "
 data[1][2]=30;             //              "
 sum=0;
 for(i=0; i<2; I++)         // 행의 루프(loop)
  for(j=0; j<3; j++)        // 열의 루프(loop)
   sum=sum+data[i][j];

  printf("\n 데이터의 총합 = %d \n",sum);
  }
```

실행결과

```
데이터의 총합=135
```

해설

2행 3열의 2차원 배열 원소에 대입된 수치를 총 합산하는 프로그램이다. 각각의 배열 원소에 기억된 값을 sum 변수에 누계하여 총 합산한 결과를 출력한다.

프로그램 7-14

```
#include <stdio.h>
void main()
{
static int a[5][5];                    // 5행 5열의 2차원 배열 선언
int i,j,k;
k=0;

for(i=0; i<5; I++)                     // 행을 만드는 반복문
 {
 for(j=0; j<5; j++)                    // 열을 만드는 반복문
  {
  k=k+1;
  a[i][j]=k;                           // 배열의 각각 원소의 k값 대입
  }
 }
for(i=0; i<5; i++)
 {
 printf("%d 행",i);
 for(j=0; j<5; j++)
 printf("%5d ",a[i][j]);
 printf("\n");
 }
}
```

실행결과

```
0행   1   2   3   4   5
1행   6   7   8   9  10
2행  11  12  13  14  15
3행  16  17  18  19  20
4행  21  22  23  24  25
```

해설 5행 5열의 각각의 배열 원소에 2중 for문으로 반복 처리하는 과정을 통해서 k의 값이 대입된다.

예 2

```
• static int a[3][4]={0, 1, 2, 5, 4, 3, 2, 1, 4, 2, 1, 3};
• static int a[3][4]={{0, 1, 2, 5}, {4, 3, 2, 1}, {4, 2, 1, 3}};
• static int a[3][4]={{0, 1, 2, 5},
                      {4, 3, 2, 1},
                      {4, 2, 1, 3}};
• static int a[3][4]={
                      {0, 1, 2, 5},
                      {4, 3, 2, 1},
                      {4, 2, 1, 3}
            첨자수 생략  };
                   ↑   ┌→ 반드시 지정
• static int a[ ][4]={
                      {0, 1, 2, 5},
                      {4, 3, 2, 1},
                      {4, 2, 1, 3}
                      };
```

위의 2차원 배열의 초기화는 모두 같은 의미를 지니고 있으며 표현 방법만 다를 뿐이다. 특히, 맨 마지막의 예에서는 행의 첨자는 생략할 수 있으나 열에 대한 첨자는 생략할 수 없다.

프로그램 7-15

```
#include <stdio.h>
void main()
{
 int i,j;
 static int a[2][3]={10, 15, 20, 25, 30, 35};
                   //    0행         1행
 for(i=0; i<2; i++)          // 행을 실행하기 위한 루프
 for(j=0; j<3; j++)          // 열을 실행하기 위한 루프
  printf("a[%d][%d]=%d \n",i,j,a[i][j]);
}
```

실행결과

```
a[0][0]=10
a[0][1]=15
a[0][2]=20
a[1][0]=25
a[1][1]=30
a[1][2]=35
```

해설

2행 3열의 배열변수에 기억된 값은 다음과 같으며 일반적으로 2차원 배열은 for문을 2개 사용한다.

	a[0][0]	a[0][1]	a[0][2]
0행 →	10	15	20
	a[1][0]	a[1][1]	a[1][2]
1행 →	25	30	35
	↑ 0열	↑ 1열	↑ 2열

프로그램 7-16

```
#include <stdio.h>
void main()
 {
 int i,j,s;            ← 정수형 변수 선언

 static score[][3]={
                    {95,60,88},    // 5행 3열의 배열 변수에 5명의
                    {85,75,90},    // 학생 3과목의 점수를 초기화
                    {80,92,78},
                    {96,86,98},
                    {75,53,93}
                     };
printf("============================== \n");
 printf("      kor   eng    mat    total      \n");
 printf("------------------------------------------------ \n");
for(i=0; i<5; i++)               // 행을 실행하기 위한 루프
 {
 s=0;
```

```
 for(j=0; j<3; j++)                    // 열을 실행하기 위한 루프
  {
  printf("%6d",score[i][j]);          // 3과목의 점수 출력
  s=s+score[i][j];                    // 점수의 누계(행의 값을 더함)
  }
printf("      %2d \n",s);
printf("--------------------------------------------------------\n");
 }
}
```

실행결과

```
=================
 kor   eng   mat  total
-----------------------------
 95     60    88    243
-----------------------------
 85     75    90    250
-----------------------------
 80     92    78    250
-----------------------------
 96     86    98    280
-----------------------------
 75     53    93    221
-----------------------------
```

해설

2차원 배열을 사용하여 5명의 학생에 대한 3과목의 점수 국어, 영어, 수학을 초기화하여 각 학생의 점수 총합을 구하는 프로그램이다.
2차원 배열의 원소에 기억되는 형태는 다음과 같다.

열 →, 행 ↓

95	60	88	← score[0][0], score[0][1], score[0][2]
85	75	90	← score[1][0], score[1][1], score[1][2]
80	92	78	⋮ ⋮ ⋮
96	86	98	⋮ ⋮ ⋮
75	53	93	← score[4][0], score[4][1], score[4][2]

(5행 3열의 각 배열 원소에 데이터를 기억)

2. 3차원 배열

3차원 배열은 2차원 배열이 2개 이상 포함된 배열로서 3개의 첨자를 가지며 선언 형식의 순서는 기억 클래스, 자료형, 배열명을 기술하고 페이지, 행, 열을 [ ]로 묶어서 표현한다.

예

```
              페이지 행
                 ↓   ↓   ┌──▶ 열
static int a[2][3][3];
```

위와 같이 선언하는 경우에는 정수를 기억시킬 수 있는 18(2*3*3)개의 배열 요소로 구성된 기억 장소가 확보된다.

a[0][0][0]	a[0][0][1]	a[0][0][2]
a[0][1][0]	a[0][1][1]	a[0][1][2]
a[0][2][0]	a[0][2][1]	a[0][2][2]

(0 페이지의 배열 요소)

a[1][0][0]	a[1][0][1]	a[1][0][2]
a[1][1][0]	a[1][1][1]	a[1][1][2]
a[1][2][0]	a[1][2][1]	a[1][2][2]

(1 페이지의 배열 요소)

프로그램 7-17

```
#include <stdio.h>
void main()
 {
 int i,j,k;
 static int a[3][3][3]={{1,2,3,4,5,6,7,8,9},
                {11,12,13,14,15,16,17,18,19},    ← 3차원 배열의 초기화
                {21,22,23,24,25,26,27,28,29}};
 for(i=0; i<3; i++)                              ← 페이지 실행의 루프
      {
      for(j=0; j<3; j++)                         ← god 실행의 루프
        {
        for(k=0; k<3; k++)                       ← 열 실행의 루프
        printf("  a[%d][%d][%d]=%2d",i,j,k,a[i][j][k]);
        printf("\n");
        }
       printf("\n");
        }
      }
```

실행결과

```
a[0] [0] [0]=1    a[0] [0] [1]=2    a[0] [0] [2]=3
a[0] [1] [0]=4    a[0] [1] [1]=5    a[0] [1] [2]=6
a[0] [2] [0]=7    a[0] [2] [1]=8    a[0] [2] [2]=9

a[1] [0] [0]=11   a[1] [0] [1]=12   a[1] [0] [2]=13
a[1] [1] [0]=14   a[1] [1] [1]=15   a[1] [1] [2]=16
a[1] [2] [0]=17   a[1] [2] [1]=18   a[1] [2] [2]=19

a[2] [0] [0]=21   a[2] [0] [1]=22   a[2] [0] [2]=23
a[2] [1] [0]=24   a[2] [1] [1]=25   a[2] [1] [2]=26
a[2] [2] [0]=27   a[2] [2] [1]=28   a[2] [2] [2]=29
```

해설 3 페이지 3행 3열의 3차원 배열을 선언하고 초기값을 기억시킨 뒤 각 배열 요소에 기억된 초기값을 다시 꺼내어 출력하는 프로그램이다. 배열 요소는 27(3*3*3)개이다.

3. 문자 배열과 문자열 배열

1. 문자 배열

문자 배열은 원소의 형이 문자형인 배열을 의미하여 각 원소는 하나의 문자 상수(character constant)를 갖는다. 또한 문자 배열 원소에는 해당되는 문자 상수의 ASCII 코드가 들어간다. 문자 배열이 문자열(charatcer string)의 배열로 인식되기 위해서는 마지막의 원소가 NULL 문자('\0')이어야 한다.

그리고, 문자 배열도 역시 무한 차수로 확장될 수 있으나 일반적으로 2차원 배열까지만 사용된다.

예 1

```
char str[6]={'s', 'a', 'm', 'p', 'l', 'e'};
```

문자 배열의 원소는 str[0], str[1], str[2], str[3], str[4], str[5]이며 이들은 순서대로 하나의 문자만을 가진다. 즉,

```
str[0]='s'        str[3]='p'
str[1]='a'        str[4]='l'
str[2]='m'        str[5]='e'
```

이 된다.

예 2

```
char a[2][4]={'n', 'o', 't', 'e', 'p', 'e', 'n', ' '};
char a[ ][4]={'n', 'o', 't', 'e', 'p', 'e', 'n', ' '};
```

행에 해당되는 첨자는 생략해도 되지만, 두 번째 열에 해당되는 첨자는 반드시 기술되어야 한다.

a〔0〕〔0〕	a〔0〕〔1〕	a〔0〕〔2〕	a〔0〕〔3〕
n	o	t	e
a〔1〕〔0〕	a〔1〕〔1〕	a〔1〕〔2〕	a〔1〕〔3〕
p	e	n	

scanf문이나 printf문, 화면에 디스플레이 하는 putchar를 이용하여 문자 배열 원소의 값을 입출력할 때에는 %c를 사용한다.

프로그램 7-18

```
#include <stdio.h>
void main()
  {
  int m=0;
  char str[4];              // 1차원 문자 배열 선언
  str[0]='K';               // 배열 원소에 문자 상수 대입
  str[1]='O';               //           "
  str[2]='R';               //           "
  str[3]='E';               //           "
  str[4]='A';               //           "
  str[4]='\0';              // 마지막에 NULL문자 입력

 while(m<5)
  {
  putchar(str[m]);          // 화면에 배열 원소의 값 출력
  m++;
  }
   putchar('\n');
  }
```

실행결과

```
KOREA
```

해설

문자 배열은 반드시 char로 선언해야 한다. 위 프로그램에서 각각의 배열 원소에 문자 상수값을 대입시킨 다음, 반복문(while문)을 이용해서 화면에 출력한 프로그램이다.

프로그램 7-19

```
#include <stdio.h>
static char str[]={'C', '-', 'L', 'a', 'n', 'g', 'u', 'a', 'g', 'e'};

void main()
 {
printf("%c%c%c%c%c%c%c%c%c%c \n",str[0],str[1],str[2],
        str[3],str[4],str[5],str[6],str[7],str[8],str[8],str[9]);
}
```

실행결과

```
C-Language
```

해설

1차원 문자 배열 원소에 초기화된 값을 각각의 %c로 받아 출력하는 프로그램이다. 문자 배열 str[ ]에서 첨자(요소)가 생략되면 C 컴파일러가 자동적으로 초기값의 개수 만큼 배열 변수를 만들어준다.

프로그램 7-20

```
#include <stdio.h>
 void main()
  {
  int i,j;
  static char a[2][5]={{'S,','E','O','U','L'},        // 2차원 문자
 {'B','U','S','A','N'}};                              //배열의 초기화

  for(i=0; i<1; ++i)
   {
   for(j=0; j<=4; ++j)
   printf("\n a[%d][%d]=%c",i,j,a[i][j]);
   }
  }
```

실행결과

```
a[0][0]=S
a[0][1]=E
a[0][2]=O
a[0][3]=U
a[0][4]=L
a[1][0]=B
a[1][1]=U
a[1][2]=S
a[1][3]=A
a[1][4]=N
```

해설

2차원 배열도 선언과 함께 초기값을 부여하는 경우에는 기억 클래스를 static 또는 extern으로 선언해야 한다.

2. 문자열 배열

문자열(character string)이란? 문자들의 집합으로 문자 배열을 이용하여 문자열을 표현할 수 있다. 문자열은 맨 끝에 null 문자('\o')가 들어가는 데, 문자 배열이 문자열로 인식되려면, 역시 배열의 마지막 원소가 null 문자이어야 한다.

예 1

```
static char str[ ]={'h', 'a', 'p', 'p', 'y', '\o'};     ← 문자 배열
static char str[6]="happy";                              ← 문자열 배열
```

첫 번째는 문자 배열 초기화 선언이고, 두 번째는 문자열 배열의 초기화 선언이다. 이들 두 가지 선언은 같은 의미를 지닌다. 문자열 배열 선언의 초기값 "happy"는 마지막 배열 원소에 자동적으로 null('\o') 문자가 들어가기 때문이다. 이들의 기억 형태는 다음과 같다.

str[0]	str[1]	str[2]	str[3]	str[4]	str[5]
h	a	p	p	y	\o

그러나, 아래와 같이 선언하면, 즉

```
static char str[ ]={'h', 'a', 'p', 'p', 'y'};
```

이면 문자 배열로서 5개의 배열 원소를 가지며, 배열 원소에 기억되는 마지막 문자가 null('\o')이 아니기 때문에 문자열(string)이 될 수 없다.

예 2

```
static char a[ ][9]={"PENCIL", "BOOK", "KNIFE", "COMPUTER"};
```

여러 개의 문자열을 저장하는 2차원 문자 배열이며 각 문자열이 기억되는 형태는 다음과 같다.

a[0]	P	E	N	C	I	L	\0		
a[1]	B	O	O	K	\0				
a[2]	K	N	I	F	E	\0			
a[3]	C	O	M	P	U	T	E	R	\0

이 경우, 문자 배열 a[ ]는 문자를 요소로 갖는 2차원 배열과 문자열을 요소로 갖는 1차원 배열 모두를 사용할 수 있다. a[2][0]과 같이 첨자를 2개 사용하면 'K'라는 문자를 나타내고 입·출력시에 %로 지정하며, a[3]과 같이 첨자 하나를 사용하면 "COMPUTER"라는 문자열을 나타내며 입·출력시에 %s로 지정한다.

프로그램 7-21

```
#include <stdio.h>
void main()
 {
 char a[6];                              // 자동 배열변수 선언
 static char b[]={'S','E','O','U','L','\0'};// 문자 배열의 초기화
 int i;
 a[0]='K',a[1]='O',a[2]='R'; // 배열원소에 문자상수 대입
 a[3]='E',a[4]='A',a[5]='\0';
 for(i=0; i<6; I++)
printf("a[%d]=%c \n",i,a[i]);       // 각각의 문자 상수 출력
    printf("문자열(1)=%s \n",a); // a[6]을 사용하지 않고, 배열명 a를 사용한다.
   printf("문자열(2)=%s \n",b); // b[ ]를 사용하지 않고, 배열명 b를 사용한다.
 }
```

실행결과

```
a[0]=K
a[1]=O
a[2]=R
a[3]=E
a[4]=A
a[5]=                  ← null 문자 출력은 공백으로 나타낸다.
문자열(1)=KOREA
문자열(2)=SEOUL
```

해설

문자 상수값을 각각 배열 원소에 기억시킨 다음 %c로 받아 출력하는 형태와 문자열로 표현할 수 있도록 %s로 받아 출력하는 형태를 보여준 프로그램이다.

프로그램 7-22

```
char a[]="PAPER";      // 문자 배열의 초기화
#include <stdio.h>
void main()
 {
          //      ┌ 배열명 a
 printf("a[]=%s \n",a);

 printf("%c%c%c%c%c \n",a[0],a[1],
        a[2],a[3],a[4]);
}
```

실행결과

```
a[ ]=PAPER
PAPER
    └──▶ null 문자의 위치
```

해설 문자열 배열에 문자열이 기억되는 형태는 a[0]='P', a[1]='A', a[2]='P', a[3]='E', a[4]='R', a[5]='\0' 이다.

프로그램 7-23

```
#include <stdio.h>
#include <ctype.h>      // 문자평가 함수 헤더 파일

void main()
 {
char str[80];           // 문자열 배열 선언
int i;
printf("문자열 대문자 입력 ? ");
gets(str);              // 키보드에서 문자열 입력
for(i=0; str[i]; i++)
printf("%c",tolower(str[i]));// tolower() 함수는 대문자를 소문자로 변환
}
```

실행결과

```
문자열 대문자 입력? C PROGRAM IS FUN. Enter↵
c program is fun
```

해설

배열을 이용한 문자열 입력으로 대문자를 소문자로 바꿔주는 함수 tolower( )에 따라 출력된 프로그램이다.

프로그램 7-24

```
#include <stdio.h>
static char a[][11]={"PACKAGE","WEB-DESIGN","VISUAL-C"};
main()
{
int i;

for(i=0; i<3; ++i)        // 문자열의 문자수가 3개이므로 3회 반복
printf("%s \n",a[i]);
}
```

실행결과

```
PACKAGE
WEB-DESIGN
VISUAL-C
```

해설

세 개의 문자열을 배열에 저장한다. 문자열의 최대 길이가 "WEB-DESIGN"의 10개이고 null 문자가 있으므로 char a[ ][11]으로 선언하였다.

3. 배열의 정렬

배열에서 정렬을 하는 것은 데이터의 관리 차원에서 기본이 되는 것이다. 데이터를 순서적으로 다시 배열하는 것은 배열의 순서에 따라 오름차순(ascending sort)과 내림차순(descending sort)의 두 가지 방

법이 있다. 오름차순이라는 것은 수치 자료인 경우는 작은 수부터 큰 수로, 문자인 경우는 ㄱ, ㄴ, ㄷ, ㄹ, ..., 영문자인 경우는 알파벳 순으로 정렬하는 것을 말하고, 내림차순이라는 것은 오름차순의 역순을 말한다.

프로그램 7-25

```
#include <stdio.h>
void main()
 {
 int ct[5]={ 95, 55, 85, 35, 75 };        // 배열의 초기값 선언
 int a, b, tp;

 printf("sort 전 : ");
 for(a=0; a<5; a++)  // 반복문에 의해 ct[0], ct[1], ct[2], ct[3],
   printf("%d ",ct[a]); // ct[4]의 배열이 표현되고 데이터값이 출력된다.

  for(a=0; a<=3; a++)
   {
   for(b=a+1; b<=4; b++)
    {
    if(ct[a]<ct[b])          // ct[a]값이 ct[b]값 보다 적으면 값을 교환한다.
     {
     tp=ct[a];
     ct[a]=ct[b];
     ct[b]=tp;
     }
    }
   }
   printf("\n");
   printf("sort 후 : ");
   for(a=0; a<5; a++)              // 정렬된 데이터를 출력한다.
   printf("%d ",ct[a]);
   }
```

실행결과

```
sort 전 : 95 55 85 35 75
sort 후 : 95 85 75 55 35
```

해설

이 프로그램은 내림차순의 정렬을 위한 것으로서 교환 정렬에 의해 추출되는 결과이다.
두 개의 수를 교환하기 위해서는 한 개의 매개변수(tp)가 추가로 필요하며 처리 방식으로는 다음과 같다.

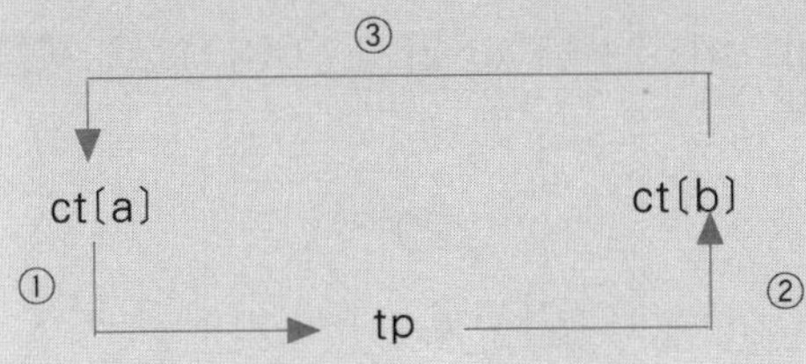

연습문제

(객관식)

1. 배열 선언이 int K〔6〕;으로 선언되어 있다면 맨 끝의 배열 원소는?

① K〔3〕 ② K〔4〕
③ K〔5〕 ④ K〔6〕

2. 정적 배열의 초기화를 static int m〔5〕={100,200,300};으로 했을 때 배열의 원소 m〔3〕의 값은?

① 100 ② 200
③ 300 ④ 0

3. 배열의 초기화 선언이 char a〔 〕="SCIENCE";와 같을 때 배열 원소 a〔7〕에 저장되는 값은?

① 'N' ② 'C'
③ 'E' ④ '\O'

4. static int K〔 〕={10,20,30,40,50};으로 초기화 선언이 될 때 배열 원소의 수는?

① 50 ② 4
③ 5 ④ 6

5. 다음 명령문이 바르게 표현된 것은?

① int a〔5〕;
scanf("%d", &a〔5〕);

② int a〔5〕
scanf("%f", &a〔5〕);

③ int a〔5〕;
scanf("%d", a);

④ int a〔5〕
scanf("%e", a〔 〕);

6. static char b=〔 〕={'a','b','c','d','e'};로 선언된 명령문에서 배열 원소에 초기화 된 값 중 맞는 것은?

① b〔1〕='a' ② b〔3〕='c'
③ b〔4〕='e' ④ b〔5〕='e'

7. 다음 명령문의 표현 중 올바르게 나타낸 것은?

① char str[9];
scanf("%c", str[9]);

② chr str[9];
scanf("%s", str);

③ char str[9];
scanf("%s", &str);

④ char str[9];
scanf("%c", &str[ ]);

8. static int a[2][3]={10,15,20,25,30,35};으로 초기화 선언된 경우 a[1][1]의 값은?

① 20
② 25
③ 30
④ 35

9. 선언된 배열의 마지막 원소에 null('\o') 문자를 필요로 하는 배열은?

① static int str[3];
② static char str[3];
③ static float str[3];
④ static char str;

10. 다음은 2차원 배열의 초기화된 형태이다. 배열 원소에 대입된 값이 틀린 것은?

```
int        a[4][3]={{15},
```

① a[0][0]==15
② a[1][1]==35
③ a[2][1]==55
④ a[4][3]==85

연습문제

(주관식)

1. 정수형 배열 a〔 〕의 각 원소에 초기치 6,3,4,6,4,3,5,9,8,8,7을 기억시킨 후 그 합을 구하는 프로그램을 작성하시오.

2. 다음의 문자열을 1차원 배열과 2차원 배열을 사용하여 배열을 각 원소에 저장한 후 이들을 출력하는 프로그램을 작성하시오.

■ 보기 ■

(COMPUTER LANGUAGE)

3. 다음과 같이 선언된 배열의 원소값은?

① static int a〔7〕 = {1,2,3,4,5,6,};
② static int a〔2〕〔3〕 = {1,2,3,4,5,6};

a〔5〕=( ), a〔0,2〕=( ), a〔1,0〕=( )

4. 정수형 자료 34,20,75,24,70,50,19,88,25,65를 배열 형태로 정의하고 assending sort하여 출력하는 프로그램을 작성하시오.

5. 영문자 문자열 "spring", "summer", "autumn", "winter"를 1차원 배열과 2차원 배열을 사용하여 출력하는 프로그램을 작성하시오.

제8장 함수

1. 함수의 개념

하나의 긴 프로그램 속에 반복되어 기술되는 부분이 있다면, 결코 좋지 않은 프로그램 작성 방법이다. 이런 경우에는 반복 처리의 내용을 서브루틴(subroutine)으로 만들어 놓고 여러 회 반복적으로 호출하여 사용할 수 있다.

이와 같이 함수란 서브루틴과 비슷한 개념을 가지고 있으며, 직접적으로 문제를 해결하는 명령문이 포함된 독립 프로그램이다. 이러한 함수는 이미 만들어진 함수와 만들어 쓰는 함수가 있다. 즉 printf()나 scanf() 등과 같이 c 언어 시스템이 제공하는 라이브러리 함수(library function)와 사용자가 용도와 목적에 맞도록 만들어 쓰는 사용자 정의 함수(user defined function)가 그것이다. 여기서, 라이브러리 함수를 시스템 정의 함수(또는 표준 함수)라고 부른다. 그리고 프로그램 작성시에 함수를 이용하면 다음과 같은 이점이 있다.

- 프로그램 내에서 반복 실행해야 할 내용을 함수로 만들어 필요할 때마다 호출하여 사용하면 편리하다.
- 함수를 만들어 사용하면 프로그램이 모듈화(세분화된 명령문)되므로 읽기 쉽고 수정 및 편집이 용이하다.
- 알아보기 쉽고 서술적인 함수명을 사용하면 프로그램의 기능과 구조를 한 눈

에 볼 수 있다.

- 일반적이고 폭 넓은 함수들을 작성하면 다른 프로그램에서도 재 이용할 수 있다.

한편, c 언어 프로그램은 함수(function)의 집합으로 구성되며, 함수들 하나 하나가 프로그램의 단위 요소가 된다. 따라서, 하나 하나의 함수는 각각의 실행 단위로 취급된다. 또한 함수는 일종의 블랙박스(black box)와 같은 개념으로 통용된다. 블랙 박스 안에 무엇이 들어 있는지 모르는 것처럼 함수 내부의 처리과정을 알 필요가 없다. 단지 함수에 어떤 내용을 입력하면 처리된 결과만을 볼 수 있도록 되어 있다.

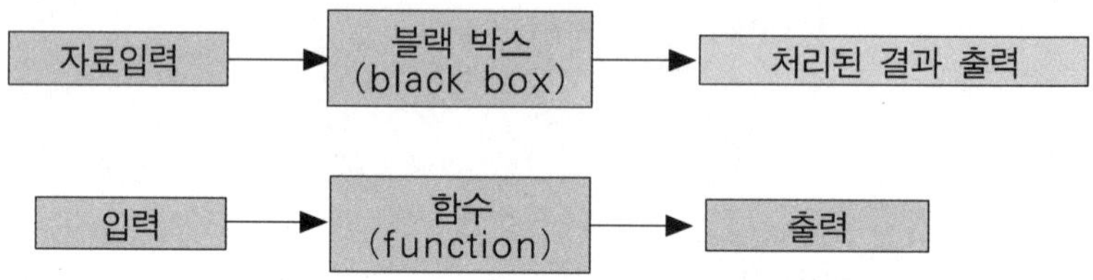

그림 8.1 함수의 개념

2. 함수의 정의

함수의 정의는 머리(header) 부분과 몸체(body) 부분으로 되어 있으며 몸체 부분은 블록이나 복합문이 된다. 다음은 이러한 원시 프로그램에서 사용자 정의 함수의 기본 형식을 나타내고 있다.

```
① ┌ 〔기억 클래스〕〔함수의 자료형〕 함수명(〔가인수,…, 가인수 〕)
  └ 〔가인수 선언;〕                                    ↓ ; 이 붙지 않는다.
       {
       〔함수 또는 내부 변수 선언;〕
         〔실행 문장들;〕
②        ------------
          ------------
          〔return〕
       }
```

※ ①은 머리 부분 ②는 몸체 부분

기억 클래스(storage class)

함수에서 지정하는 기억 클래스는 static과 extern이며, 이에 관한 자세한 내용은 이미 제4장에서 설명하였다. 이는 대부분 생략된 형태로 사용한다.

함수의 자료형

변수명 앞에 반드시 자료형을 기술하도록 되어 있는데 함수에서도 함수명 앞에 자료형을 기술한다. 함수에서는 함수의 결과값(return값)에 대한 자료형을 기술한다.

예 1

```
            ┌── 인수가 없는 경우
int str()            ← int는 생략 가능
float add()          ← add() 함수의 결과값이 실수형
void sam()           ← 호출하는 함수에게 아무값도 되돌려 주지 않는 형
  ↑    └──────────→ 함수명
자료형
```

함수명

함수의 명칭을 나타내는 것으로서 프로그램에서 함수를 사용할 때는 이 함수명으로 호출하게 된다. 즉 호출되는 함수(피호출 함수)의 이름이다.

가인수

호출하는 함수에서 실인수를 사용하여 호출당하는 함수에게 어떤 값을 넘겨줄 경우 그 실인수 값을 받아 저장해야 한다. 이때, 가인수들은 실인수에 대응해서 전달된 값을 받아들이는 변수명을 기술해야 한다. 이 변수명을 호출당하는 함수에서는 가인수 명이라고 한다.

예 2

```
  void main()
{
:
        a=10, b=20;
        c=add(a, b);      ← 호출하는 함수 add() 내의 a, b는 실인수
:                 a, b값 전달
        }
  int add(x, y)           ← 호출 당하는 함수 add() 내의 x, y는 가인수
        int x, y;         ← 가인수 선언
        {
          :
             }
```

인수값을 전달하지 않을 경우 함수명의 괄호 안에 아무 것도 쓰지 않으나 괄호는 생략할 수 없다. 실인수와 가인수의 관계는 순서, 개수, 형이 일치하여야 하며 인수명은 같거나 달라도 괜찮다. 왜냐하면 서로 독립적인 프로그램으로서 각각 다른 변수로 취급되기 때문이다.

가인수 선언

피호출 함수가 실인수의 값을 전달받을 때 사용하는 인수를 가인수(formal argument)라고 하는데 이는 함수명과 블록({ }) 사이에서 선언되어야 하며, 이때 가인수의 수와 데이터형은 실인수의 수와 데이터형과 같아야 하지만 인수명은 같거나 달라도 관계없다.

예 3

```
int add(x, y)            ← 피호출 함수
int x,y;                 ← 가인수 선언
 또는
int add(int x, int y)    ← 피호출 함수와 가인수를 동시 선언(int x, y)
                           으로는 사용 불가)
```

함수 또는 내부 변수 선언

피호출 함수에서 또 다른 함수를 호출할 경우 그 함수에 대한 사용을 명시하며, 내부 변수란 선언된 함수에서 필요에 따라 선언된 변수로서

해당 함수의 실행이 끝나면 기억 장소에서 저절로 사라지는 동적 변수를 의미한다.

return

피호출 함수 프로그램 내에서 처리된 결과를 호출 함수로 되돌려 주는데, 이때 이 결과값을 되돌려 주는 문으로 return을 사용한다.

① 함수호출 프로그램 예로 Project name에 sample8이라고 입력하고 〔OK〕 버튼을 클릭 한다.

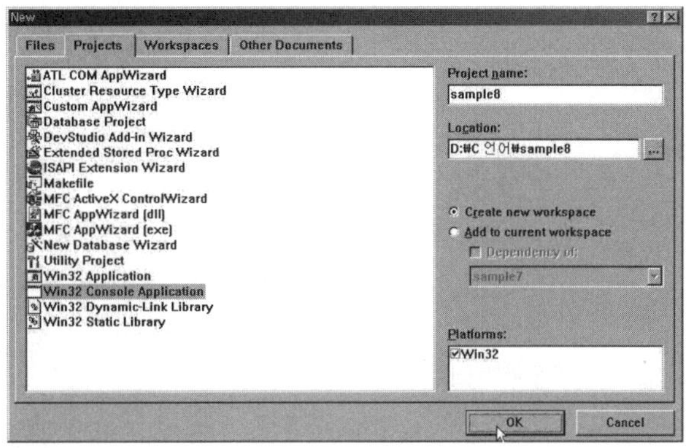

② Win32 Console Application -Step 1 of 1의 대화상자가 나타나는데 이들의 콘솔 어플리케이션의 형태 중 ◉ An empty project를 선택하고 〔Finish〕단추를 누른다.

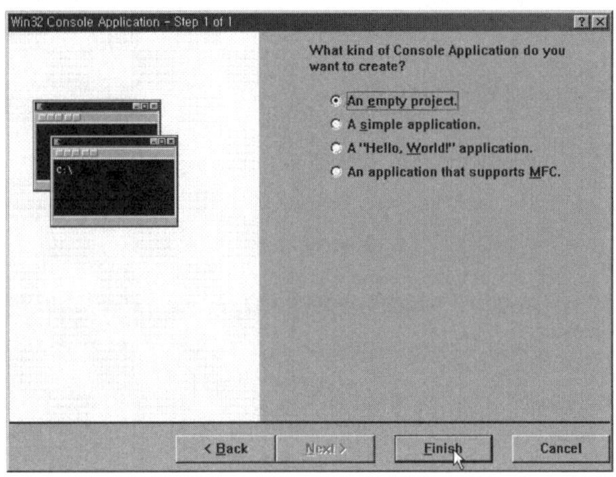

③ 새로 생성된 프로젝트 정보를 보여주고 있으며, Project Directory 위치와 내용을 확인 후 〔OK〕를 선택한다.

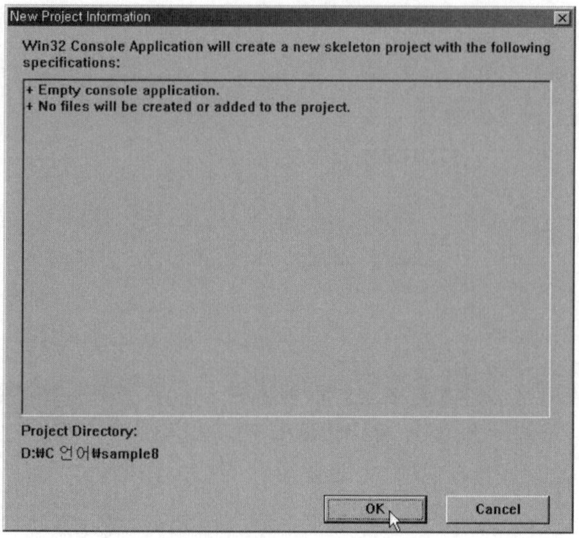

④ 〔FileView〕 탭에서 폴더모양의 〔Source Files〕에서 마우스 오른쪽버튼을 눌러 〔Add Files to Folder...〕를 선택하여 소스코드를 입력하기 위한 파일을 생성한다.

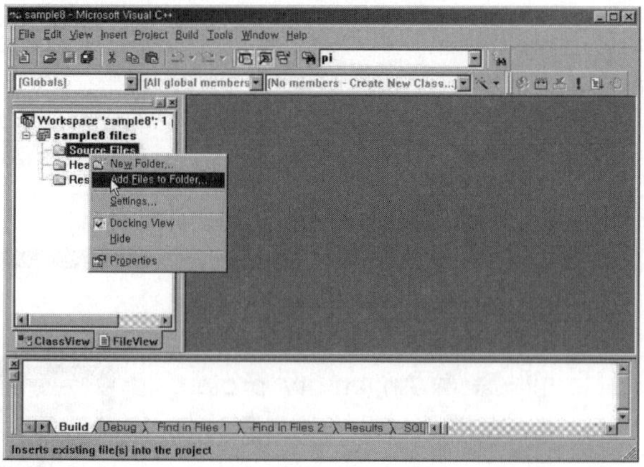

⑤ Insert Files into Project 대화상자가 나타난다. Insert Files into Project 대화상자에서 파일이름을 sample8.c 입력하고 〔OK〕버튼을 클릭 한다.

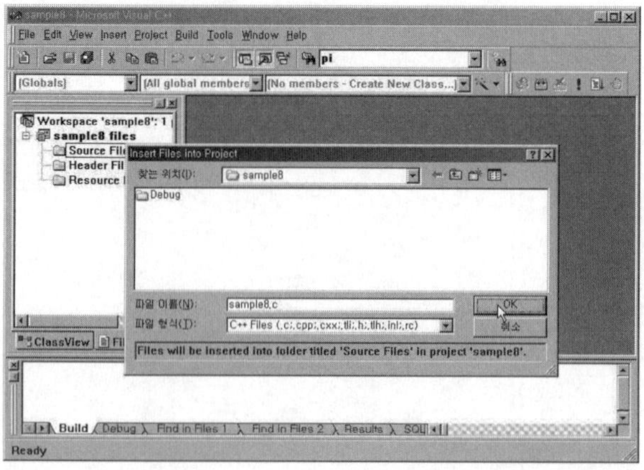

⑥ 소스파일 sample8.c 파일을 참조하겠냐는 대화상자가 나타나면 〔예(Y)〕를 누른다.

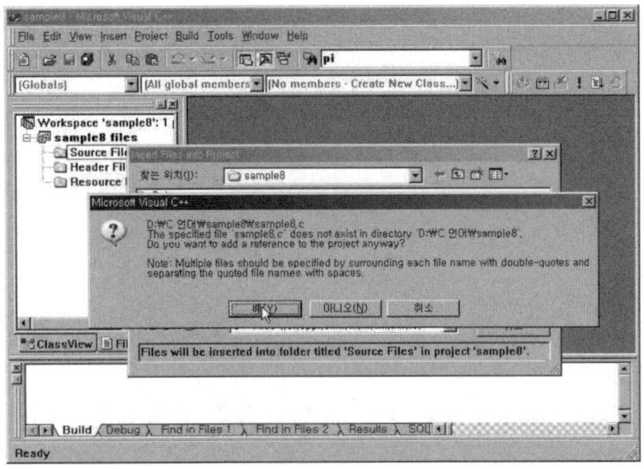

⑦ Source File에서 sample8.c를 클릭하면 파일을 생성한다는 대화상자가 나타나고, 〔예(Y)〕를 누르면 파일을 작성할 수 있는 입력창을 볼 수 있다.

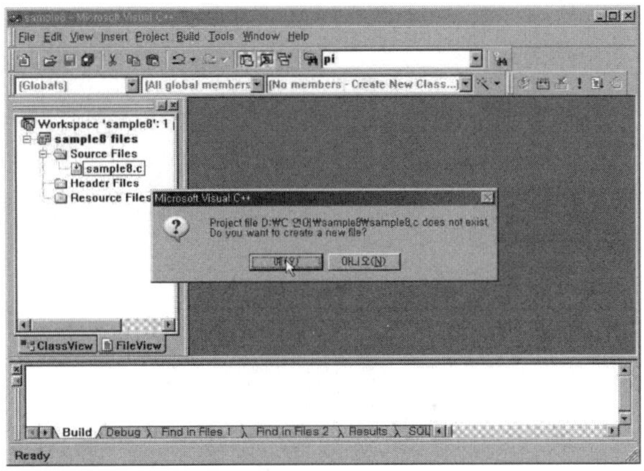

Sample8 소스

```
/* ==================================
        이 프로그램은 비주얼 C++ 6.0 컴파일러로
        실행시켜 보는 소스 프로그램으로 샘플(sample)
        예제이다.
   ==================================    */
// 함수 호출
#include <stdio.h>

int sum(int a, int b);

void stringChar(void);

void main()                              //main 함수
{
        int a=30, b=50;
        printf("\n\n");
        stringChar(); // 호출 함수
        printf("%3d + %3d = %4d\n", a, b, sum(a,b));
}

int sum(int a, int b)                    //피 호출 함수
{
        return(a+b);
}

void stringChar(void)
{
        printf("두 정수의 합을 나타냅니다. \n");
}
```

실행결과

```
두 정수의 합을 나타냅니다.
30 + 50 = 80
```

⑨ 〔Build〕 메뉴에서 〔Execute sample8. exe Ctrl+F5〕를 하면 자동으로 실행 파일을 먼저 생성하고 실행되는 것을 볼 수 있다.

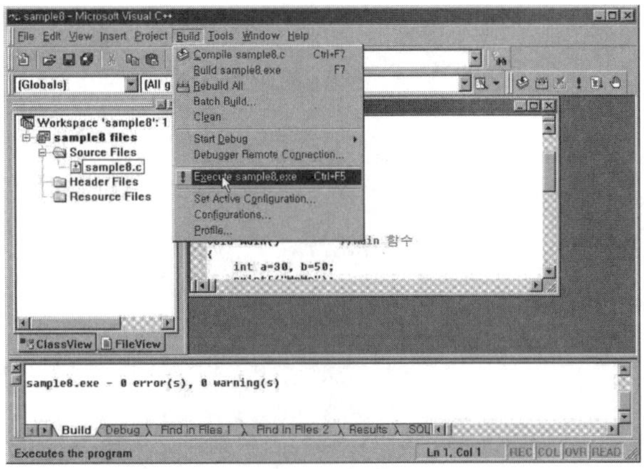

⑩ 실행파일 sample8.exe가 새로운 창에서 실행된 결과가 나타난다.

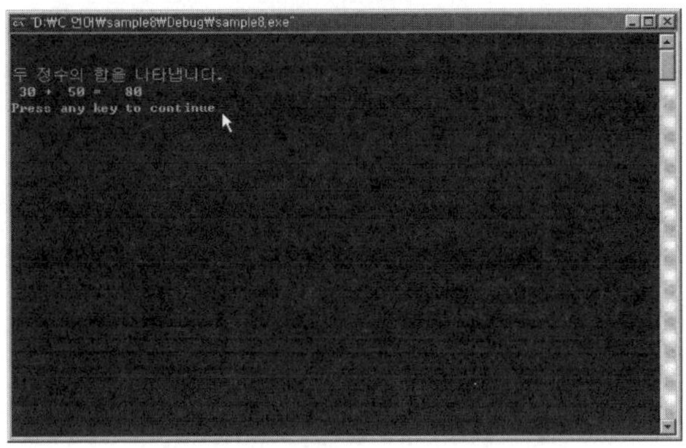

프로그램 8-1

```
#include<stdio.h>
void sun();                              // 함수의 선언
void main()
 {
 sun();                                  // 호출 함수
 printf(" COMPUTER SCIENCE \n");
 sun();                                  // 호출 함수
 }

void sun()                               // 호출되는 함수(피호출 함수)
  {
  printf("========================= \n");
  }
```

실행결과

```
=========================
  COMPUTER SCIENCE
=========================
```

해설

sun() 함수명의 () 내에 인수가 없는 형태로 main() 블록 내의 호출 함수는 피호출 함수를 불러 실행한다.

프로그램 8-2

```
#include <stdio.h>
int add(int x, int y);   // int 함수의 선언

int add(x, y)              // 피호출 함수명
int x,y;                   // 가인수의 형 선언
 {
 int z;
 z=x+y;
 return(z);        // z값을 add(a,b) 함수값으로 되돌려준다.
 }

void main()
{
int a,b,c;

a=60, b=70;
c=add(a,b);// 실인수 a, b값을 피호출 함수의 가인수 x, y에 전달한 다음,
         // 피호출 함수에서 처리된 return(z)값을 돌려 받아 c에 저장한다.
printf(" 두 수의 합 = %d \n",c);
}
```

실행결과

```
두 수의 합 = 130
```

해설

main() 내의 add(a, b)의 인수값 a=60, b=70을 피호출 함수 add(x, y)의 가인수 x, y에 전달한 다음, z=60+70을 한 후 return(130)에 의해 add(a, b)에게 130을 돌려준다. 이 값을 c에 저장한다.

3. 함수의 사용

함수의 사용 선언 → 함수의 호출(실행) → 함수의 정의

그림 8.2 함수의 사용 순서

함수를 사용하는 형식은 일에도 순서가 있듯이 기본적으로 사용하는 순서가 있다. 함수를 사용할 때는 함수의 사용 선언, 함수의 호출, 함수의 정의에 따르면 3단계를 거친다.

1. 함수의 선언

어떤 함수 내에서 다른 곳에 정의된 함수를 호출하기 위해서는 우선 그 함수를 호출 함수내에 선언해 주어야 한다. 그러나, 데이터형이 int인 경우에도 함수의 선언을 생략할 수 있다.

printf() 함수를 선언하지 않고 사용할 수 있는 것은 이미 시스템 헤더 파일인 #include〈stdio.h〉에 선언되어 있기 때문이다.

형식

```
[데이터형] 함수명();
```

예

```
int sub();          ← 정수형 함수 선언
float add();        ← 실수형 함수 선언
char *sum();        ← 문자형 함수 선언
void mbc();         ← 값을 반환하지 않는 함수 선언
```

프로그램 8-3

```
#include <stdio.h>
float sum();                // 실수형 함수의 선언

void main()
 {
 printf("합계 : %5.2f\n", sum()); ← sum()은 호출 함수
 }

float sum()                          // 함수(피호출 함수)
 {
 float a, b, c;
 scanf("%f %f",&a, &b);
 c=a+b;
 return(c);     // 함수 sum()에게 c값을 주어 호출 함수에게 건네줌
 }
```

실행결과

```
15.63   62.456 Enter↵
합계=78.09
```

해설

실수형 함수 float sum();을 선언한 후, 호출 함수에 의해 피호출 함수가 불리워져서 키보드에서 실수값으로 15.63과 62.456을 입력하고, 이 두 값을 더한 것을 함수값으로 return에 의해 되돌려 준다.

프로토타입(prototype) 선언

프로토타입(함수의 원형) 선언 : 최근에 C 언어에서는 함수를 정의할 때나 함수를 선언할 때, 인수들의 데이터형을 괄호( ) 안에 바로 선언하도록 하고 있다.

함수를 호출할 때 인수들 간의 데이터형이 서로 일치하지 않으면 컴파일러(compiler)가 에러를 발생한다. 또, 호출 함수 내에서 인수없이 선언했을 때 컴파일러는 인수들의 데이터형이 정확하게 사용되고 있는가를 확인할 수가 없다.

그래서, 프로토타입(prototype) 선언은 인수들의 데이터형을 ( ) 안에 기술하도록 한 것이다.

형식

[데이터형] 함수명(가인수의 자료형과 가인수);

예 1

```
 int abc (int x, int y);
void mbc (int *x, int *y);
void fun (char a[ ]);
```

프로토타입 선언은 가인수들의 자료형과 함수의 실행 후 리턴(return)되는 값의 형을 선언한 것이다.

한편, 함수의 정의, 즉 피호출 함수의 형식은 이미 앞에서 설명했지만, 그것은 기존의 프로그램에서 개선되기 이전의 형식이므로 프로토타입으로 함수 선언을 했을 때 함수의 정의 형식을 살펴보면 다음과 같다.

예 2

```
int abs (int x, int y)
 ▲    ▲        ▲
데이터형 함수명  가인수의 데이터형과 가인수 x, y
{
함수 또는 내부 변수 선언;
실행 문장들;
return(변수 또는 식);
}
```

함수명 다음의 괄호 속에 main() 프로그램 내의 호출 함수의 실인수 값을 전달 받는 인수, 즉 가인수를 (int x, int y)와 같이 쓴다. 그리고, 실인수와 가인수의 관계를 살펴보면 다음과 같다.

- main() 내에서 함수는 나열되어 있는 순서대로 값이 전달된다.
- 실인수와 가인수의 개수와 데이터형이 같아야 한다.
- 실인수의 변수명과 가인수의 변수명은 달라도 된다.

예 3

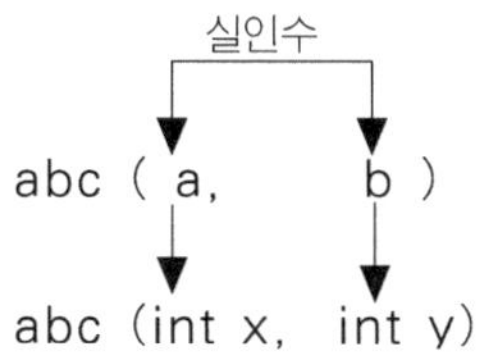

← main() 내의 호출 함수
← 데이터형과 개수는 같고 변수명이 다르다.
← 함수(피호출 함수)

프로그램 8-4

```
#include <stdio.h>
int abc(int x, int y);                  // 함수의 선언(프로토타입)
void main()
 {
 int a,b,c;

 a=310;
 b=450;
 c=abc(a,b);                            // 함수의 호출(호출 함수)
 printf("*합계 = %d \n",c);
 }
 int abc(int x,int y)                   // 함수의 정의(피호출 함수)
  {
  int z;                      // 함수 안에서만 사용되는 변수의 형선언
  z=x*y;
  return(z);
  }
```

실행결과

```
*합계 = 8428
```

해설

이 프로그램은 함수의 트로토타입(prototype) 선언 예의 프로그램이다. 호출 함수의 실인수 a, b값을 피호출 함수의 가인수 x, y에 전달한 다음, z=x*y에 의해 z=8428을 호출 함수 abc(a,b)에게 되돌려 준다. 다시 이 값을 c 변수에 저장한다.

2. 함수의 호출

함수는 자신뿐만 아니라 다른 함수들까지도 호출할 수 있으며, 호출하는 함수의 형식은 다음과 같이 함수명을 사용한다.

형식

```
함수명 ( [실인수,…,] );
```

함수들 간의 데이터 전달은 인수(argument)를 통하여 전달하는 방법과 함수들이 외부 변수를 서로 공유함으로서 전달되는 방법이 있다. 인수에는 실인수와 가인수가 있으며 호출 함수에서는 사용되는 인수를 실인수, 즉 값을 전달하는 인수이고, 피호출 함수에서 사용되는 인수를 가인수라고 하는데, 실인수의 값을 전달받는 역할을 한다.

예

피호출 함수에게 실인수 a, b 값을 전달

- abc(a, b) ;
  → 피호출 함수를 호출하고, 결과값을 돌려 받는 함수명
- c=abc(a,b); ← 피호출 함수를 돌려 받는 (return)값을 c 변수에 저장
- printf("%d\n", abc(a, b))
  → 피호출 함수를 호출하고, 실행 후 return값을 전달받아 화면에 출력

인수를 통하여 데이터를 전달하는 방법에는 call by value 방식과 call by reference 방식이 있는데, 뒤에서 설명하고자 한다.

프로그램 8-5

```
#include <stdio.h>
float add(float x, float y);      // 실수형 함수의 선언
void main()
 {
 float a,b,c;
printf("두 실수형 수를 입력: ");
 scanf("%f %f",&a,&b);

 c=add(a,b);      // 피호출 함수의 호출과 결과값 되돌려 받음
 printf("두 수의 합 = %f \n",c);
 }

 float add(float x, float y)     // 실수형 함수의 정의(피호출 함수)
 {
 float z;
 z=x+y;
 return(z);            // 호출 함수 add(a, b)에 z값을 되돌려 줌
 }
```

실행결과

```
두 실수형 수를 입력 : 3.1415  2.5323 Enter↵
두 수의 합 = 5.673800
```

해설

정수형이 아닌 함수의 경우는 형 선언이 필요하다. 그래서, 실수형 함수의 형 선언을 float add(float x, float y); 으로 한 것이다. 인수값의 전달과 결과값 반환에 대한 설명은 다음과 같다.

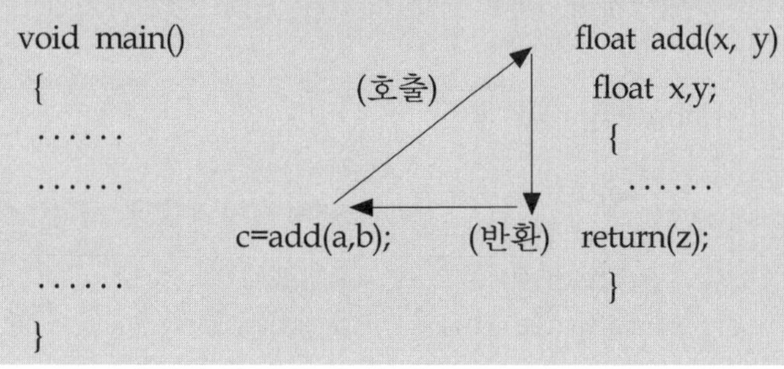

4. 함수간의 데이터 전달

호출 함수는 기본적으로 인수를 통해서 피호출 함수에게 인수값을 전달하고, 피호출 함수에서는 그 실인수의 값을 가인수로 받아 계산과 처리를 한 다음, 그 결과값을 호출 함수에게 되돌려 준다. 이때 되돌려 주는 문장을 제어하기 위해서 return문을 사용한다.

1. return문

형식

```
return;                        ← return값 없이 호출한 함수로 되돌아간다
return식; 또는 return(식);     ← 실행된 결과값을 가지고 호출한 함수로 되돌아간다.
```

피호출 함수 내에서 하나의 값을 되돌려 주는 함수를 return문이라고 하는데, 이것은 두 가지 용도로 사용된다.

- 함수 내(즉 피호출 함수 내)에서 return문을 만나면 현재의 실행 위치와 관계없이 무조건 실행을 종료시키고 호출한 함수로 실행을 옮긴다.
- 함수 내에서 처리한 결과값을 상수, 변수 또는 식을 통해서 호출한 함수로 되돌려준다.

한편, return문의 괄호 내 식의 형과 함수형은 반드시 일치되어야 하며, 함수의 형을 정의하지 않으면 컴퓨터는 int형으로 간주한다. 또 변수나 식의 값을 소괄호로 반드시 묶을 필요는 없지만 시각적으로 묶어 두는 것이 좋다.

return문의 사용 예

```
·return a;     ┐ ← 변수 a값을 반환하며, 괄호는 생략이 가능
·return(a);    ┘
·return(0);      ← 0을 반환한다.
·return(a+b);    ← 식을 사용해도 된다.
```

프로그램 8-6

```
#include <stdio.h>
void star();                 // 반환값 없는 함수 star()선언

 void main()
  {
  printf("---< 백두산의 정기로 이루어진 >---\n");
  star();                    // 호출 함수
  }
 void star()
  {
  printf("===< 아름다운 대한민국 >====\n");
  return;                    // 무조건 호출 함수로 실행이 되돌아 감
  printf("***< 통일된 나라 >*** \n");
  }
```

실행결과

```
---<백두산의 정기로 이루어진>---
===< 아름다운 대한민국 >===
```

해설

피호출 함수 내에서 return문을 만나면 즉시, void main() 내의 호출한 함수로 되돌아가므로 return문 다음에 있는 문장을 실행하지 않는다.

프로그램 8-7

```
#include<stdio.h>
int max(int a, int b);                // 정수형 함수 선언

void main()
 {
 printf("최대값=%d\n",max(250,500));   // 호출 함수
 }

int max(int a, int b)  // 피호출 함수
 {
 if(a>b)                    // 만약, a값이 b보다 크면 a값을 반환하고,
   return a;                // 그렇지 않으면 b값을 반환한다.
 else
   return b;
 }
```

실행결과

```
최대값=500
```

해설 함수에서 1개의 리턴 값을 반환하는 프로그램으로 두 개의 값 중 큰 값을 선택하여 반환한다.

2. 인수와 결과값의 반환

main() 내의 호출 함수를 통해 실인수 값을 전달하고, 피호출 함수에서 가인수를 통해서 이를 전달받아 처리한 다음, 호출한 함수로 되돌려주는 경우의 예를 다음 4가지로 나타낸다.

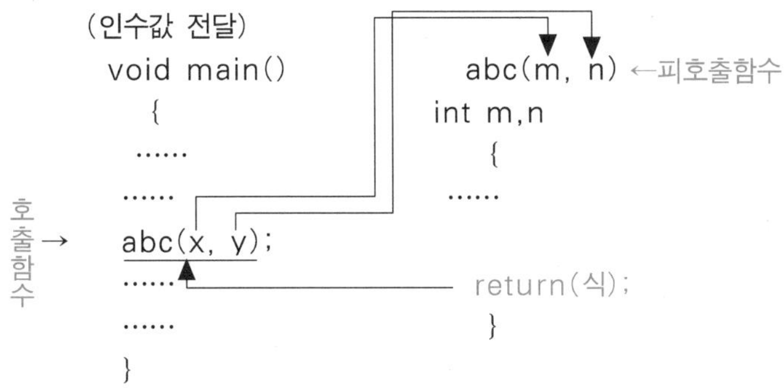

프로그램 8-8

```
#include<stdio.h>
void hap(int a, int b)    // 피호출 함수가 void main() 위에 있을 때는
                          // 프로토타입을 생략이 가능
  {
  int c;
  c=a*b;
  printf("%d * %d = %d\n",a,b,c);
  }

void main()
  {
  hap(20,30);                          // 호출 함수
  hap(40,50);
  hap(60,70);
  }
```

실행결과

```
20 * 30 = 600
40 * 50 = 2000
60 * 70 = 4200
```

해설

호출 함수가 main()함수 위에 놓여 사용될 때는 프로토타입(prototype)을 생략할 수 있다. hap함수에서 처리한 결과를 반환시키지 않으므로 void hap(int a, int b)이다.
hap(20,30)와 같이 함수명만 단독으로 사용하면 반환값이 없다는 의미이며 실인수는 상수이다.

프로그램 8-9

```
#include <stdio.h>
void pat(int x);

void main()
 {
 int a=100;
 pat(a);
 pat(200);
 }

void pat(int x)
 {
 printf("a=%d \n",x);
 printf("< kim jeong ho > \n");
 }
```

실행결과

```
a=100
< kim jeong ho >
a=200
<kim jeong ho >
```

해설

함수의 데이터 값을 전달하는 방법에서 값에 의한 전달 방법으로 호출함수 pat(a);에서 a값을 피호출 함수 void pat(int x);의 x에 전달한다.

프로그램 8-10

```
#include <stdio.h>
void main()
{
int a,mbc();                // 정수형 함수의 선언(반환값 있음)

a=mbc();                    // 함수의 호출(실인수 없음)
printf("%d 은 참이다.\n",a);
}

int mbc()                   // 정수형 피호출 함수(가인수 없음)
{
if(1)                       // 조건이 1이므로 참이 된다.
return(1);        // 값 1을 호출한 함수 mbc()에게 되돌려준다.
 else
  return(0);
  }
```

실행결과

```
1은 참이다.
```

해설

인수가 없고 반환값을 받는 경우의 예이다. 선언문에서 일반 변수와 함수명을 같이 선언할 수 있다. 보통 인수가 없이 결과값을 반환하는 경우의 예는 드물다.

프로그램 8-11

```
#include <stdio.h>
void main()
 {
 int a, abs(int x); // 절대값을 구하는 함수 abs()에 정수형 인수값 선언

 printf("정수의 입력: ");
 scanf("%d",&a);
 printf("%d의 절대값: %d \n",a,abs(a));  // 호출 함수 abs(a)
 }
 int abs(x)                              // 피호출 함수
   int x;                                // 가인수 선언
   {
   return((x>0) ? x : -x);
   }
```

실행결과

```
정수의 입력 : -357 Enter↵
-357의 절대값 : 357
```

해설

인수가 있고 반환값도 있는 경우의 예이다. return문에서 변수를 사용하지 않고 바로 조건 연산자로 구성된 수식을 사용하였는데, if~else문으로 바꿔쓰면 다음과 같다.

```
if (x>0)
  return(x);
else
  return(-x);
```

입력된 수치가 -357이므로 -357>0는 조건이 거짓이 되어 return(-(-357))의 return(357)값을 호출 함수에게 되돌려준다.

3. Call By Reference

피호출 함수에서 return문의 값 두 개를 동시에 호출 함수에게 되돌려 줄 수가 없다. 다음 예에서 나타낸 바와 같이 첫 번째 return문인 return(x)의 결과값이 호출 함수로 되돌아가기 때문에 두 번째 return(y)의 결과값이 호출 함수값으로 되돌려줄 수가 없다.

예 1

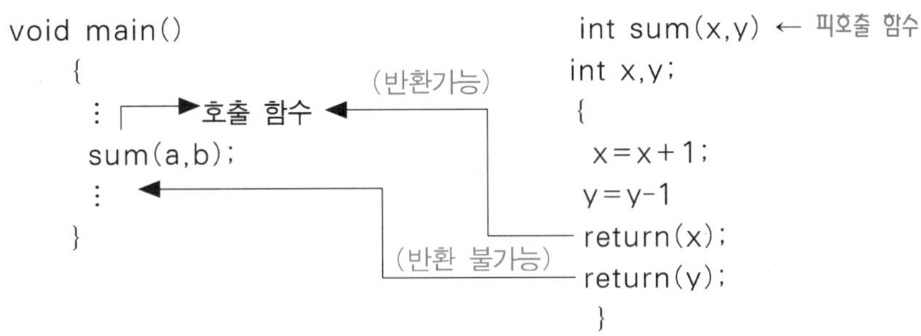

일반적으로 피호출 함수 내에서 두 개 이상의 복수 개 return값을 호출 함수에게로 되돌려 주어야 할 경우가 필요하다. 이와 같이 복수 개의 값을 되돌려 주려면 주소(address)를 사용하는 참조에 의한 함수 호출(call by reference) 방법을 사용해야 한다.

call by reference 방법이란, 인수 전달 방법이 실인수에 해당되는 주소를 대응되는 가인수로 보내는 방법이다. 즉 인수값을 전달하는 것이 아니라 인수의 주소(address)를 전달하는 방법이다. 따라서, 호출 함수의 실인수와 피호출 함수의 가인수는 서로 양방향으로 값 전달이 가능하다.

예 2

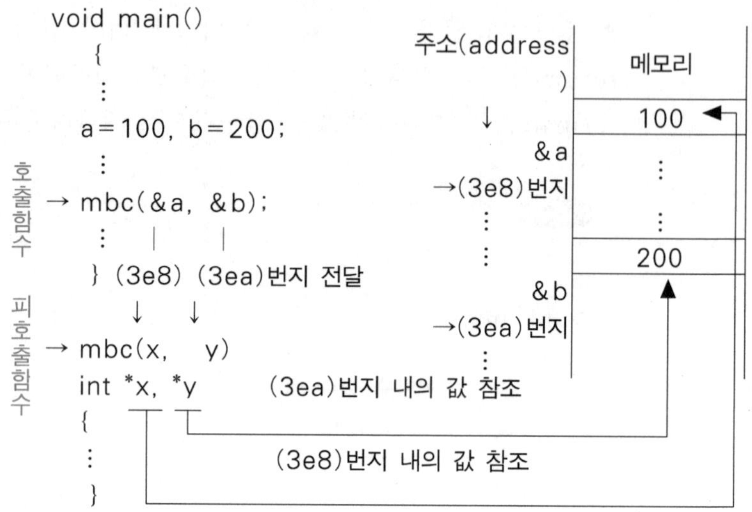

호출 함수가 피호출 함수를 호출할 때 실인수 a와 b의 주소(&a, &b가 가인수 x와 y에 전달되는 데, 이때 실인수 a, b의 주소를 각각 3e8, 3ea라고 가정하면, 가인수 x와 y에 실인수 a의 주소와 b와 주소가 전달된다. 피호출 함수에서의 가인수 x와 y는 포인터 변수 *x, *y로 정의되어 있으므로 이 포인터 변수들은 3e8번지, 3ea번지 내의 값을 참조할 수 있다.

참고 포인터 변수는 변수가 지정한 내용(값)을 끌어낼 때 사용한다.

프로그램 8-12

```
#include <stdio.h>
void swap(int *x, int *y);     // 함수의 선언
void main()
  {
  int a=300, b=500;

  printf("본래의 a, b값 = %d, %d\n",a,b);
  swap(&a, &b);          // 실인수 a, b의 주소를 가인수로 전달
  printf("바꾼 후의 a, b값 = %d, %d\n",a,b);
  }

  void swap(x, y)        // 피호출 함수
   int *x, *y;           // 가인수 선언(a,b) 주소 내의 값 참조
   {
   int z;
   z=*x;  ┐
   *x=*y; │ a, b값의 자리 바꿈
   *y=z;  ┘
   }
```

실행결과

```
본래의 a,b 값 = 300, 500
바꾼 후의 a, b값 = 500, 300
```

해설

void swap() 함수의 형 선언은 호출 함수에서 단지, 피호출 함수를 불러 실행할 따름이지 호출 함수에게 결과값을 반환하는 것이 아니다. 참조에 의한 함수 호출(call by reference) 방법의 예로 수치의 자리바꿈을 나타내는 프로그램이다(참고: 메모리의 주소는 컴퓨터 기종에 따라 다를 수 있다.)

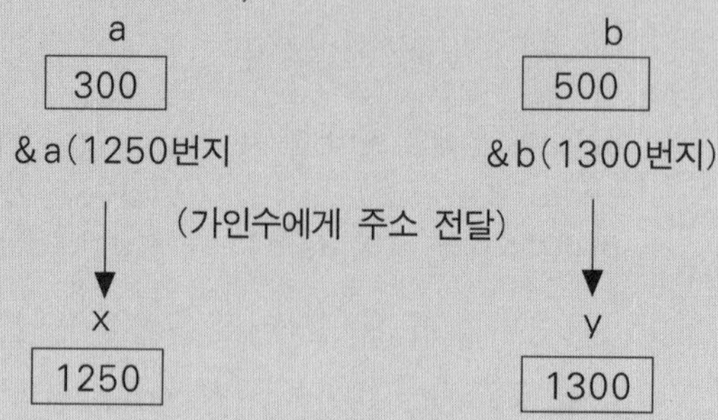

*x ← 1250번지의 내용 참조(300)

*y ←1300번지의 내용참조(500)

프로그램 8-13

```
#include <stdio.h>
 int sum(int x, int y, int *z);
 void main()
   {
   int a,b,c;                          // 정수형 변수의 선언

   a=200;
   b=500;
   sum(a,b,&c);                        // 함수의 호출(&c는 변수 c의 주소)

   printf("c=%d \n",c);
   }

   int sum(x,y,z)                      // 피호출 함수
   int x,y,*z;                         // 가인수 선언
   {
   *z=x+y; // 200+500을 z번지, 즉 c번지 (&c)내의 값으로 저장한다.
   }
```

실행결과

```
c=700
```

해설

call by reference(참조에 의한 호출)의 프로그램으로 실인수 a,b값과 &c(c의 주소)값을 피호출 함수로 가인수 x, y, z에 전달한다. 이때, 피호출 함수의 가인수는 x=200, y-500, z는 c의 주소를 받는다. 그리고, *z=x+y;는 200+500의 값을 z번지 내부에 저장한다. 즉 c번지의 내부에 기억시킨 것이 된다.

4. Call By Value

값에 의한 함수 호출(call by value)은 c 언어에서 가장 일반적인 인수 전달 방법으로 실인수의 실제값이 가인수에 전달된다. 따라서, 호출 함수에서 피호출 함수에게 값을 주는 방식으로 피호출 함수에서 인수값을 바꾸더라도 호출 함수에는 전혀 영향을 받지 않으므로 호출 함수와 호출된 함수(피호출 함수) 각각의 모듈로서 독립성을 유지할 수 있다.

프로그램 8-14

```
#include <stdio.h>
void fun(int x, int y);  // 함수의 선언
 void main()
  {
  int a,b;

  a=100, b=150;
  fun(a,b);                          // 호출 함수(실인수)
  }

 void fun(x,y)                       // 피호출 함수(가인수)
 int x,y;                            // 가인수 선언
  {
  printf("x=%d    y=%d \n",x,y);
  }
```

실행결과

```
x=100 y=150
```

해설

main() 내의 호출 함수가 가지고 있는 실인수 a와 b값을 피호출 함수의 가인수 x와 y에 그대로 전달한다.

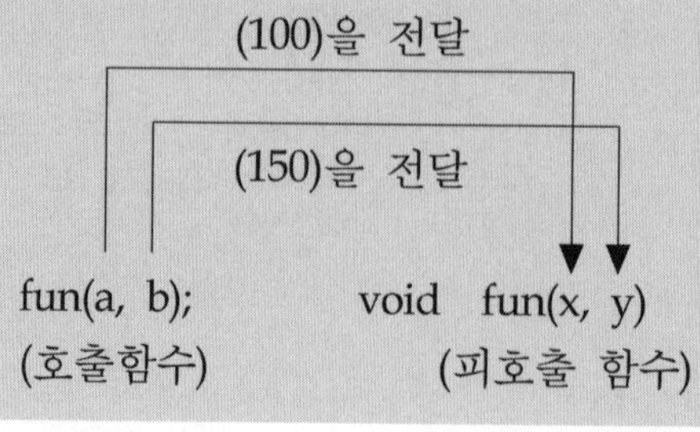

프로그램 8-15

```
#include <stdio.h>
fun(int a, int b);

void main()
{
int a,b;

a=100, b=150;            //    ↙ 호출 함수(실인수 a, b)
printf("%d+%d=%d \n",a,b,fun(a,b));
printf("main routine: a=%d \n",a);
}

fun(a,b)                 // 피호출 함수
 int a,b;                // 가인수 a, b 선언
 {
 a+=b;
 printf("sub routine: a=%d \n",a);
return(a);                     // a+=b의 결과값을 되돌린다.
 }
```

실행결과

```
sub routine: a=250           ← 피호출 함수에서의 가인수 a값
100+150=250
main routine: a=100          ← main() 함수 내의 실인수 a값
```

해설

main()내의 호출 함수의 실인수 a, b값이 100과 200인데 이들 각각의 값이 피호출 함수내의 가인수 a와 b에 전달된다. 그런데, call by value 방법은 가인수, 값을 실인수로 되돌릴 수 없기 때문에 호출 함수와 피호출 함수 사이에 같은 변수(여기서는 a)를 사용하더라도 호출 함수쪽의 실인수 a의 값에는 전혀 영향을 주지 않고 있음을 알수 있다. 따라서, 피호출 함수 쪽에서 가인수 값을 바꾸더라도 호출 함수쪽의 실인수 값을 바꿀 수 없으므로 각각 독립적이다.

이상 call by reference(참조에 의한 함수 호출) 방식은 c 언어에서 가장 일반적으로 사용되는 것으로, 실인수의 실제값을 가인수로 정해주며, 피호출 함수 내에서 인수값을 바꾸더라도 호출 함수에 영향을 주지 않고, 서로 독립성을 유지할 수 있다. 문자 처리에 매우 효율적이다.

5. void형 함수

모든 함수는 return문을 사용하여 값을 반환(return값)으로 하고, 만약 return문이 없으면 0을 그 함수의 반환값으로 한다. 그러나, 함수의 선언을 void(빈)로 지정하면 함수는 값을 되돌리지 않고 제어만 되돌린다. void는 데이터형을 갖지 않는 함수형으로 피호출 함수 내에서 처리한 결과값을 되돌려 주지 않는다. void형에서 함수를 호출할 때는 함수만 단독적으로 사용해야 하며 void로 선언된 함수는 수식에서 사용될 수 없다.

void형 함수의 선언 형식은 다음과 같다.

형식

void 함수명(); 또는
void 함수명(인수의 형 리스트);

예 1

```
 void main()
 {
int a=5;
void abc();          ← void abc(a)로 사용 불가
```

```
        abc(a);        ← x=abc(a)로 사용불가
    }
    void abc(x)
        int x;
        {
        printf("\n a+10=%d", a+10);
        }
```

abc(a);를 x=abc(a)와 같은 수식으로 사용할 수가 없고, 또 void abc(a)와 같은 방법으로도 함수를 호출할 수는 없다.

예 2

```
void main()
 {
     ⋮
     func();        ← 호출 함수
     ⋮
 }
 void func()        ← 함수(피함수 호출)
  {
     ⋮
  }
```

〔예 1, 2〕는 잘못된 함수의 사용이다. func() 함수가 void형으로 정의되기도 전에 func()를 호출하므로 이 시점에서 func()는 int형으로 판단되어 type mismatch의 에러가 발생된다. 따라서, main() { } 내에서,

void func();
으로 선언해야 한다.

프로그램 8-16

```
#include <stdio.h>
 void main()
  {
  int a;
  void cbs(int n);                    // void형 함수의 선언

  printf("\n How many times? ");
  scanf("%d",&a);
  cbs(a);               // 호출 함수
  }

  void cbs(n)           // 함수(피호출 함수)
    int n;
    {
    int i;

   for(i=1; i<=n; ++i)
     {
     printf("\n %d simple function",i);
     printf("  has argument.");
     }
    }
```

실행결과

```
How many times? 3 Enter↵

 1 simple function has argument.
 2 simple function has argument.
 3 simple function has argument.
```

해설

이 프로그램 "simple function has argument."를 화면에 몇 번 출력할 것인가를 나타내는 프로그램이다. main 내의 void cbs(int);를 void cbs();로 바꿀 수 있다. 그러나, void 함수명(가인수의 형, …)으로 써서 가인수가 어떤 자료형인가를 나타내는 것이 좋다.

프로그램 8-17

```
#include <stdio.h>
void smp(int a);         // 반환값 없는 함수 선언

void main()
 {
 smp(5678);              // 호출 함수(인수값 5678을 전달)
 }

void smp(int a)          // 피호출 함수(a로 인수값을 전달 받음)
 {
 printf("전달 받은 값=%d \n",a);
 }
```

실행결과

```
전달 받은 값=5678
```

해설

함수 smp()는 단지, 전달된 인수값 5678을 받아 출력할 뿐이며, return문이 없다. 이와같이 return문이 없이 값을 반환하지 않을 경우 void형을 지정하며 프로토타입 선언에도 void를 사용한다.

6. 기타 함수

함수 선언에서 배열이나 포인터를 사용함으로써 여러 가지 데이터를 전달하고 되돌려 받을 수 있다. 배열을 전달해 주는 경우는 그 시작 주소값을 전달해 주며, 이때 가인수는 주소를 표현할 수만 있으면 된다. 그러면 함수의 인수로 배열과 포인터를 사용하는 예의 프로그램을 살펴보자.

프로그램 8-18

```
#include<stdio.h>
void sum1(int *ct);                    // 인수가 포인터 변수
void sum2(int ct[]);                   // 인수가 배열 변수
void sum3(int ct[], int x);

void main()
 {
 int c[10]={15,25,35,45,55,-10}; ←-10은 반복실행에서 끝을 나타내기 위함
 sum1(c);                 // 배열명 c는 주소를 나타낸다.
 sum2(c);
 sum3(c,5);               // 배열의 데이터 수가 5개임을 나타냄
 }
void sum1(int *ct)        // 가인수를 포인터로 나타냄
 {
 int hab=0;
 while(*ct != -10)        // -10은 배열의 끝을 나타냄
   {
   hab += *ct;
   ++ct;
   }
  printf("sum1=%d \n",hab);
  }

  void sum2(int ct[])              // 가인수를 배열로 표현
   {
   int i, hab=0;
   i=0;
   while(ct[i] != -10)             // -10은 배열의 끝을 나타냄
     {
     hab += ct[i];
     ++i;
     }
printf("sum2=%d \n",hab);
    }
  void sum3(int ct[], int x)       // x는 배열의 개수 5를 받기위함
   {
   int i, hab=0;
  for(i=0; i<x; i++)
   hab+=ct[i];
   printf("sum3=%d \n",hab);
   }
```

실행결과

```
sum1=175
sum2=175
sum3=175
```

해설

함수의 인수를 배열, 포인터로 선언하고, 배열의 초기값을 두어 호출 함수를 통해서 피호출 함수에게 전달한 다음 합계를 구하는 프로그램이다.

프로그램 8-19

```
#include<stdio.h>
void dta(int ct[][5]);          // 함수의 인수를 2차원 배열로 선언

void main()
 {
 int a[3][5]={{65,66,67,68,69},
              {70,71,72,73,74},
              {75,76,77,78,79}};
 dta(a);                 // 호출 함수( a[3][5]의 시작 주소값을 전달한다.)
 }

void dta(int ct[][5])     // 가인수가 2차원 배열
 {
 int i, j;
for(i=0; i<3; i++)
  {
   for(j=0; j<5; j++)
     printf("%c ",ct[i][j]);     // 배열의 초기값을 ascii 문자로 표현
     printf("\n");
  }
 }
```

실행결과

```
A B C D E
F G H I J
K L M N O
```

해설

배열 a[3][5]의 시작 주소 값이 함수측의 배열 ct[][5]의 시작 주소값으로 설정된다. 그런 다음 ct[i][j]를 조작하면 그것은 a[i][j]와 동일한 데이터가 된다. 배열의 수치 데이터가 아스키 문자로 출력되는 프로그램이다.

프로그램 8-20

```
#include<stdio.h>
void stda1(char *p);                    // 인수가 포인터 변수
void stda2(char st[]);                  // 인수가 배열 변수

void main()
 {
 char a[]="KOREAN";

 stda1(a);                              // st[]의 시작주소 값을 전달한다.
 stda1("SEOUL");          // 문자열 "seoul"의 시작 주소값을 전달한다.
 stda2(a);
 stda2("FOOTBALL");
 }

 void stda1(char *p)                    // 피호출 함수(가인수가 포인터)
  {
  printf("문자1=%s \n",p);
  }
 void stda2(char st[])                  // 피호출 함수(가인수가 배열)
  {
  printf("문자2=%s \n", st);
  }
```

실행결과

```
문자1=KOREAN
문자1=SEOUL
문자2=KOREAN
문자2=FOOTBALL
```

해설

함수에서 문자열 전달을 위한 프로그램으로 문자열은 char형 배열로 표현된다. 문자열을 함수로 전달하는 방법은 배열 전달 방법과 같다. 피호출 함수측에서 문자열을 받는 방법은 인수가 배열인 경우와 포인터인 경우로 표현된다.

연습문제 (객관식)

1. 프로그램 작성시 함수를 이용했을 때 장점을 설명한 내용이다. 잘못된 것은?

   ① 반복 실행해야 할 내용을 함수로 만들어 필요할 때 호출하여 사용한다.
   ② 프로그램이 모듈화되므로 읽기 쉽고, 수정 및 편집이 용이하다.
   ③ main() 함수를 생략하고 대신 일반적인 함수를 사용할 수 있다.
   ④ 식별이 쉽고 서술적인 함수명을 사용하면 프로그램의 기능과 구조를 한 눈에 볼 수 있다.

2. 원시 프로그램에서 사용자 정의 함수의 기본 형식에 속하지 않는 것은?

   ① 기억 클래스 ② 함수명
   ③ 배열명 ④ 가인수 선언

3. 피호출 함수의 표현 방법으로 올바른 것은?

   ① float sum(x,y);
   float x,y;
   ② int sum(x,y);
   char x,y;
   ③ static in sum(x,y);
   float x,y;
   ④ static char sum[x,y];
   int y,x;

4. 값을 반환하지 않는 함수의 선언 형태는 어느 것인가?

   ① int viod( ) ② char *void( )
   ③ *void mbc( ) ④ viod sub( )

5. 함수의 프로토 타입 선어으로 적당치 않은 표현은?

   ① int abs(x,y); ② int mbc(int a, int b);
   ③ void sbs(char a[ ]); ④ int kbs(int *x);

6. 피호출 함수를 호출하고 실행 후 그 결과 값을 되돌려 주는 명령어 표현 중 잘못된 것은?

   ① return a; ② return(a);
   ③ return (a+b); ④ return {a-b};

7. 피호출 함수 내에서 두 개 이상의 복수 개의 return 값을 호출 함수에게로 되돌려 주기 위해 주소를 사용하는 방법은?

① call by value　　② call by record
③ call by name　　④ call by reference

8. 인수 전달 방식으로 실인수의 실제값이 가인수로 전달되는 경우, 호출 함수와 피호출 함수가 각각의 모듈로서 독립성을 유지할 수 있는 것은?

① call by value　　② call by reference
③ call by name　　④ call by address

9. 참조에 의한 함수 호출(call by reference) 방식의 호출 함수 표현 방법 중 맞는 것은?

① mbc (x, y);　　② kbs(*a, *b);
③ sbs(&x, &y);　　④ tbc(!x,!y);

10. void형 함수의 선언 형식으로 바르게 표현된 것은?

① void abc(x);　　② void mbc();
③ void x=abc(x);　　④ x=(void)mbc(y);

연습문제 (주관식)

1. 다음 프로그램은 r eturn문을 사용하여 main에 결과를 되돌리는 프로그램이다. 괄호 안에 알맞는 문장을 넣어 프로그램을 완성하시오.(단, add(100,200)=300 형태로 출력)

```
 void main( )
{
int    a = 100, b =200, c;
c = (  ①  ) (a,b);
printf("add (  ②  ) = %d \n", a,b,c);
}
add (  ③  )
int x,y;
{
return(  ④  );
}
```

2. 함수란 무엇이며 함수를 사용한 이점들을 열거하시오.

3. 프로토타입(prototype) 선언이란?

4. call by reference와 call by value에 대해 설명하시오.

5. void형 함수의 예를 들고 설명하시오.

6. 호출 함수측에서 x=20, y=30일 때 이들을 함수 sub()를 호출한 다음에 이들을 곱한 후 결과값을 호출 함수로 되돌려서 출력하는 프로그램을 작성하시오.

7. 1부터 100까지의 합을 호출함수에 되돌려서 그 결과를 출력하는 프로그램을 작성하시오.

제9장 프리프로세서(preprocessor)

1. 매크로(macro)의 정의
2. 헤더파일의 정의
3. #undef와 조건적 컴파일
연습문제

c 언어로 작성한 원시 프로그램(source program)을 실제 번역(compile)하기 전에 프로그램 내부에 포함되어 있는 특별한 지시어들을 미리 해독 처리해 줌으로써 이상 없이 번역을 수행할 수 있도록 해 주는, 먼저 처리 프로그램(전처리 프로그램)을 프리프로세서(preprocessor)라고 한다. 다시 말하면 컴파일하기 전에 미리 정의한 정보를 소스 프로그램에 제공해 주는 역할을 한다.

c 언어에서는 이러한 전처리 프로그램을 선행 처리기라고 하며 선행 처리기를 사용하면 프로그램을 보다 효율적으로 작성할 수 있다. 선행 처리기의 기능으로는 문자열의 치환(macro 확장), 파일의 포함, 조건부 컴파일 등 기타 제어 기능이 있다.

선행 처리기의 지시어는 엄밀히 말하면 c 언어의 원시 프로그램이 아니고, c 언어의 기능을 확장시켜 주는 일종의 컴파일러이다. 선행 처리기의 지시어에는 #define, #undef, #include, #if, #ifndef, #endif, #else 등이 있다.

1. 매크로의 정의

매크로(macro)란, 프로그램 내에서 한 개 이상의 단어나 문장으로 이루어진 특정한 부분이 프로그램의 여러 부분에 반복적으로 쓰여질 때, 이 반복되는 부분의 내용을 심볼(symbol)로 정의하여 기술한 것을 말한다.

다시 말하면, 프로그램 내에서 반복적이고, 여러 곳에서 자주 사용되는 부분을 약어로 따로 정의하여 필요시 반복적으로 사용되는 부분에 그 약어로 사용되는 명령문을 말한다.

이와 같이 반복적인 일련의 문자, 숫자, 상수 등을 하나의 식별자인 약어로 정의하여 사용하면 프로그램 운영시 매우 편리하다.

형식

```
#define  매크로명 치환 문자열
#define  매크로명(인수, 인수, …)  치환 문자열
```

#define은 매크로를 원시 프로그램에 정의하는 데 사용되는 선행 처리기이다. 위의 형식처럼 #define으로 정의되어 있는 매크로를 원시 프로그램 내에서 검색하여 검색된 모든 것들을 지정한 치환 문자열로 대치(치환)시킨다. 따라서, c 언어에서는 프로그램의 맨 서두에 매크로명(macro-name)을 정의해 두면 프로그램 작성시 반복되는 내용을 하나하나 나열하지 않아도, 이미 정의한 매크로 명만으로 그 반복되는 내용을 대신할 수 있다.

예 1

```
#define NAME "KIM JEONG HO"      ← 문자열 정의
#define MAX 150                  ← 정수형 상수 정의
#define NULL '\0'                ← 문자 상수 정의
#define PRINT printf( "%d\n",a)  ← 실행문 정의
  ↑         ↑        └→ 매크로 치환 문자열
선행 처리  macro-name
 명령어
```

#define문을 지정시에는 다음과 같은 규칙들이 있다.

- 첫 칸에 # 기호로 시작되며 원시 프로그램 내의 어떤 곳에서나 지정할 수 있다. 이 때의 효력 발생은 정의한 곳부터 그 프로그램의 끝까지가 된다.
- 매크로명은 소문자로 지정해도 상관 없으나 일반 변수와 구별하기 위해 대문자를 많이 사용한다.
- 매크로명의 중간 사이에는 공백을 두어서는 안 된다.
- 매크로 정의 문장 끝에는 세미콜론(;)을 붙이지 않는다.

  치환 문자열을 한 행에 다 기술하지 못했을 경우 ₩를 표시하면 다음 행에 연결하여 기술할 수 있다.(기종에 따라 안되는 경우도 있다.)

```
#define STR "this language program is simple processor₩example"
```

- 단순히 치환만 해 줄 뿐이지 연산은 수행하지 않는다.
- 매크로는 변수의 형에 상관없이 사용할 수 있다.
- 매크로가 이중 인용 부호 내에 존재해서는 안 된다.
- 매크로명과 인수를 기입하기 위한 괄호 사이에 공백을 넣어서도 안되며 문자열 전체를 괄 호속에 넣어서도 안 된다.

```
#define MAX (x) (x*x)
               ↑
      공백을 두어서는 안 된다.
```

그리고, 다음의 〔예 2〕와 〔예 3〕을 비교해 보자.

예 2

```
void main()
    {
    int a=135, b=246;
    printf("%d\n", a);
 printf("%d\n", 789);
    printf("%d\n", b);
   }
```

예 3

```
 #define PRINT(c) printf("%d\n",c)           ← 매크로 함수 정의
void main()
  {
  int a=135, b=246;
  PRINT(a);                         ← printf("%d₩n, a);와 같다
  PRINT(789);                       ← printf("%d₩n, 789);와 같다
  PRINT(b);                         ← printf("%d₩n, b);와 같다
  }
```

위의 〔예 2〕와 〔예 3〕의 실행 결과는 같다. 그러나, 〔예 3〕의 매크로 함수 정의에 따라 작성한 프로그램으로 그 모양을 달리하고 있다. PRINT(c)가 printf("%d\n", c)을 대신해서 사용되고 있기 때문이다. 매크로 함수를 사용하는 이유는 실행 속도가 빨라진다는 점을 들 수 있다. 일반 함수는 인수를 주고받으므로 인한 함수의 호출시 많은 시간이 소요되고 매크로 함수는 문자의 한 부분일 뿐이다.

예 4

```
#define  MAX(i,j)    ((i >= 0) ? i : -i))   ← i와 j값 중 큰 값을 구하는 매크로
#define  MIN(i,j)    ((i < j) ? i : j))     ← i와 j값 중 작은 값을 구하는 매크로
#define  ABS(i)      ((i >=0 ? i : -i))     ← 절대값을 구한다.
#define  ODD(i)      ((i % 2 == 1) ? 1 : 0))
↑ i값을 2로 나눈 나머지의 값으로 홀수를 구하는 매크로
#define  EVEN(i)     ((i % 2 ==0) ? 1 : 0)
↑ i값을 2로 나눈 나머지의 값으로짝수를 구하는 매크로
#define  ISDIGIT(i)  ((i >= '0' && i <= '9') ? 1 : 0))
↑ i값이 ASCII값 '0'~'9'이면 숫자, 그렇지 않으면 숫자가 아님
#define  ISUPPER(i)   ((i >= 'A' && i <= 'Z') ? 1 : 0))
↑ i값이 대문자인지의 판단
#define  ISLOWER(i)  (((i >= 'A\a' && i <= 'z') ? 1 : 0))
↑ i값이 소문자인지의  판단
#define  TOUPPER(i)  ((ISLOWER(i)) ? (i - 'a' + 'A') : I))
↑ i값이 소문자이면 대문자로 바꿈
#define  TOLOWER(i) ((ISUPPER(i)) ? (i + 'a' - 'A') : i))
↑ i값이 대문자이면 소문자로 바꿈
```

예를 들어, D문자가 d로 바뀌는 예를 살펴보면, D의 ASCII값은 68으로써 i의 값이 되고 'a'는 97, 'A'는 65이므로 i+'a'-'A'연산은 100이

되므로 소문자 d로 변한다.

① #ifdef, #ednif, #ifndef, #endif의 전처리기를 사용한 프로그램 예로 Project name에 sample9이라고 입력하고 〔OK〕 버튼을 클릭 한다.

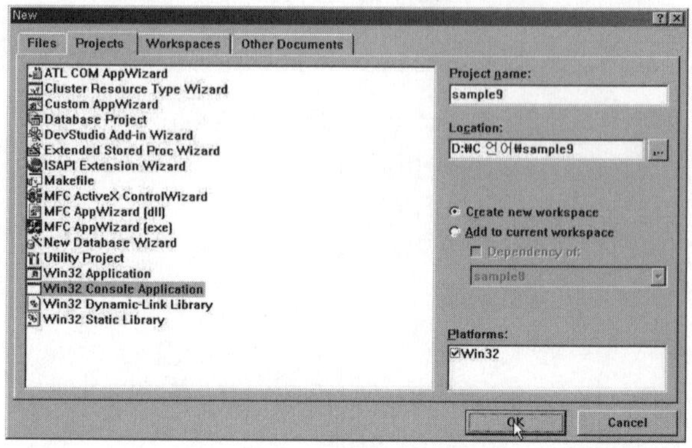

② Win32 Console Application -Step 1 of 1의 대화상자가 나타나는데 이들의 콘솔 어플리케이션의 형태 중 ◉ An empty project를 선택하고 〔Finish〕 단추를 누른다.

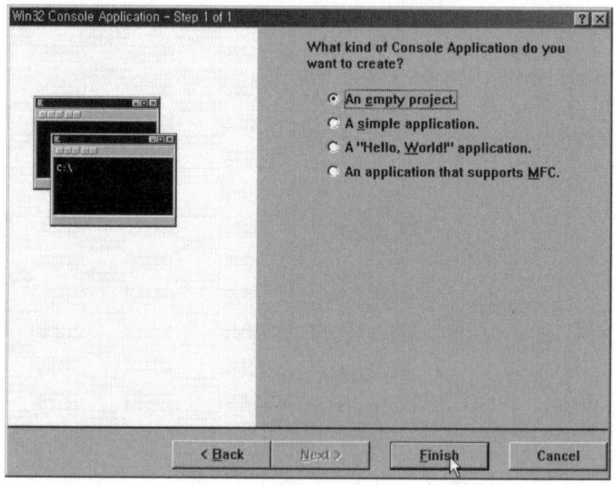

③ 새로 생성된 프로젝트 정보를 보여주고 있으며, Project Directory 위치와 내용을 확인 후 〔OK〕를 선택한다.

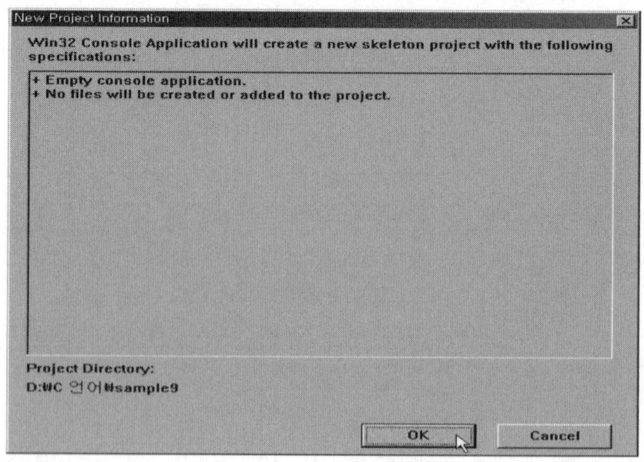

④ 〔FileView〕 탭에서 폴더모양의 〔Source Files〕에서 마우스 오른쪽버튼을 눌러 〔Add Files to Folder...〕를 선택하여 소스코드를 입력하기 위한 파일을 생성한다.

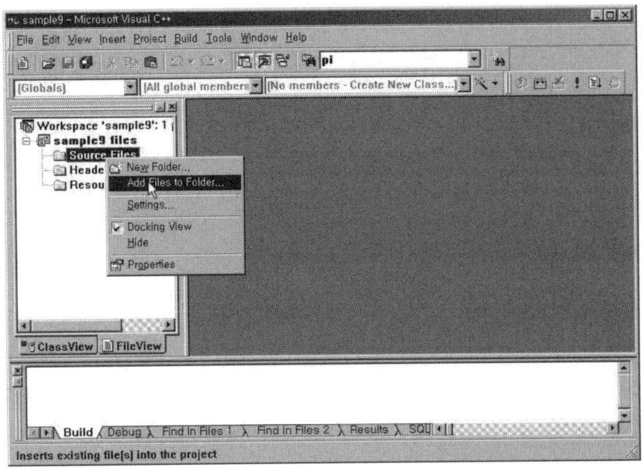

⑤ Insert Files into Project 대화상자가 나타난다. Insert Files into Project 대화상자에서 파일이름을 sample9.c 입력하고 〔OK〕버튼을 클릭 한다.

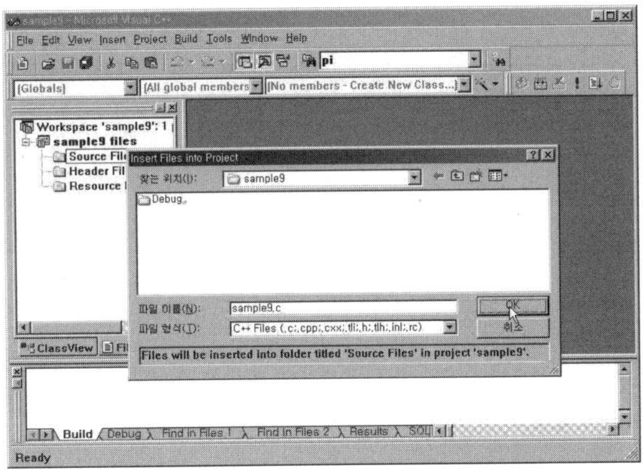

⑥ 소스파일 sample9.c 파일을 참조하겠냐는 대화상자가 나타나면 〔예(Y)〕를 누른다.

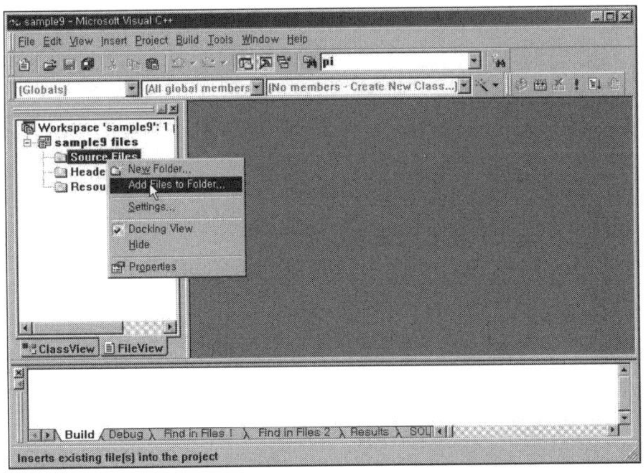

⑦ Source File에서 sample9.c 를 클릭하면 파일을 생성한다는 대화상자가 나타나고, 〔예(Y)〕를 누르면 파일을 작성할 수 있는 입력창을 볼 수 있다.

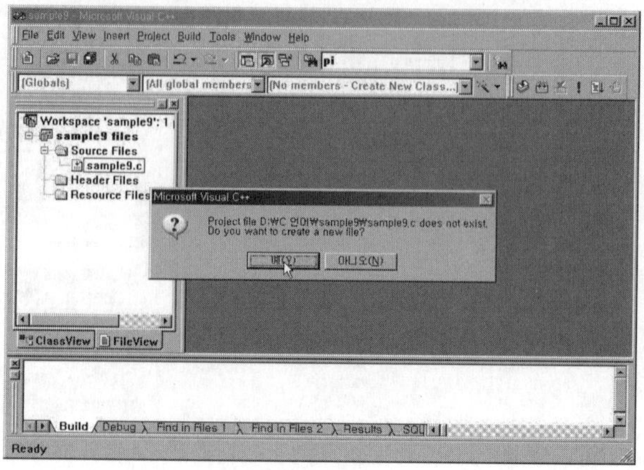

⑧ sample9.c 입력창에 소스를 입력한다.

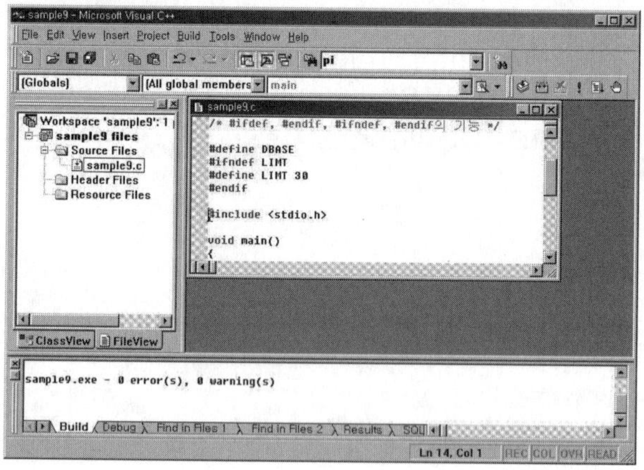

Sample9 소스

```
/* ====================================
        이 프로그램은 비주얼 C++ 6.0 컴파일러로
        실행시켜 보는 소스 프로그램으로 샘플(sample)
        예제이다.
   ==================================    */
// #ifdef, #endif, #ifndef, #endif의 기능
#define DBASE
#ifndef LIMT
#define LIMT 30
#endif
#include <stdio.h>
void main()
{
        int a;
        long prd=1;
        for(a=2;a<=LIMT;a++)
        {
                prd+=a;
// ------------ #if defined DBASE --------
#ifdef DBASE
        if(a%5==0)
        printf("DBASE : 1에서 %d까지의 합은 %d이다. \n", a, prd);
#endif
        }
        printf("1에서 %d까지의 합은 %d이다. \n", LIMT, prd);
}
```

실행결과

```
DBASE = 1에서 5까지의 합은 15이다.
DBASE = 1에서 10까지의 합은 55이다.
DBASE = 1에서 15까지의 합은 120이다.
DBASE = 1에서 20까지의 합은 210이다.
DBASE = 1에서 25까지의 합은 325이다.
DBASE = 1에서 30까지의 합은 465이다.
```

⑨ 〔Build〕 메뉴에서 〔Execute sample9 .exe Ctrl+F5〕를 하면 자동으로 실행 파일을 먼저 생성하고 실행되는 것을 볼 수 있다.

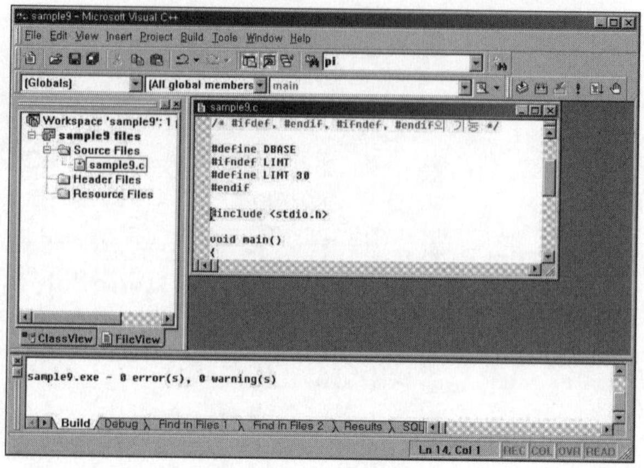

⑩ 실행파일 sample9.exe가 새로운 창에서 실행된 결과가 나타난다.

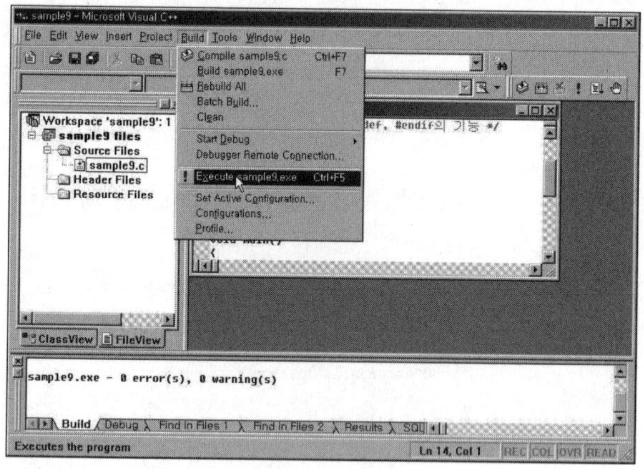

1. 인수 없는 매크로

앞의 예에서 치환 문자열이 상수 뿐만 아니라 어떤 문자열에 대해서도 #define이 사용됨을 보였다. 여기서는 인수가 없는 단순 치환의 예를 살펴보자.

예

```
#define EOF -1
void main()
{
  :
 if(c==EOF)
  :
```

→ EOF가 -1로 치환되어 컴파일된다.

```
void main()
{
  :
 if(x==-1)
  :
while(c!=-1)
```

```
 while(c!=EOF)
  :
}
```

프로그램 9-1

```
#include<stdio.h>
#define   A   100                    // A를 100으로 치환한다.
#define   B   200                    // B를 200으로 치환한다.
 void main()
  {
  printf("%d * %d = %d \n", A,B,A*B);
  }
```

실행결과

```
100 * 200 = 20000
```

해설

A←100, B←200으로 치환해서 A*B=100*200이 되어 20000을 출력한다.

프로그램 9-2

```
#include<stdio.h>
#define   PI   3.141592   // 매크로명 PI에 3.141592값 치환
void main()
 {
 float  r,l,s;

 printf("반지름 입력: ");
 scanf("%f",&r);

 s=PI*r*r;                    // 치환된 PI값 3.141592가 연산됨
 l=2*PI*r;
 printf("반지름=%f, 면적=%f, 원둘레=%f \n",r,s,l);
 }
```

실행결과

```
반지름 입력: 15.5 Enter↵
반지름=15.500000, 면적=745.767456, 원둘레=97.389351
```

해설

PI는 사용자가 정의한 매크로명으로, 선행 처리기는 프로그램 안에서 컴파일러가 번역하기 이전에 PI를 3.141592로 대치시켜 준다.

프로그램 90-3

```
#include<stdio.h>
#define  CSP  "Computer science program."
              //        ↳ 매크로명에 문자열 상수값 치환
 void main()
 {
  printf("제목: %s \n",CSP);
 }
```

실행결과

```
제목 : Computer science program
```

해설

printf() 함수의 이중 인용 부호 안에 매크로 CSP를 사용할 수 없다. 즉 printf("제목: CSP\n");를 하게 되면 CSP는 매크로 기능이 없고, 단순한 CSP로 표현된다. #define 선행 처리기를 사용하여 문자 상수와 문자열 상수 정의는 각각 단일 인용 부호(' ')와 이중 인용 부호(" ")로 묶어서 표현한다.

```
#define A '?'                 ←'문자 상수'
#define A "question mark"←'문자열 상수'
```

프로그램 9-4

```
#include<stdio.h>
#define   TWO   2          // 매크로명 TWO를 2로 치환
#define   FOUR   TWO*TWO  // 정의된 매크로명으로 새로운 매크로명을 정의
#define   PRINT printf("M = %d \n", m)
void main()
 {
 int m=TWO;                          // m 변수에 2가 저장된다.

 PRINT;
 m=FOUR;        // m 변수에 TWO*TWO=2*2의 값이 저장된다.
 PRINT;
 }
```

실행결과

```
M = 2
M = 4
```

해설

매크로명이 정의되어 있으면 그 매크로명을 사용하여 새로운 매크로명을 정의 확장할 수 있다.

2. 인수를 갖는 매크로

선행 처리기는 인수를 갖는 매크로의 치환도 허용되며 인수를 갖는 매크로는 하나의 문장으로 이루어진 함수로 생각할 수 있다. 그러나, 함수는 호출될 때마다 제어만 이동되지만, 매크로는 프로그램 내에 직접 대입되어 컴파일된다.

예

```
#define SQUARE(X) X*X      ← 괄호 안의 인수 X를 갖는 매크로 정의
void main()
 {
 printf(   "%.2f\n", SQUARE(1.2));
 }
```

#define SQUARE(X) X*X에서 괄호 안의 X는 가인수가 된다. 프로그램 중의 SQUARE(1.2)는 매크로를 호출하여 실인수값 1.2를 X*X에 대입해서 치환한 값이 된다. 즉, printf("%.2f\n",1.2*1.2);이 되어 실행 결과는 1.44가 된다.

프로그램 9-5

```
#include<stdio.h>
         //      ┌ 가인수
 #define MAC(a)  a+3     // 인수를 갖는 매크로 정의
void main()
 {
 int x=365;

 printf("x값 = %d \n",x);   //   ┌ 실인수
 printf("MAC값 = %d \n",MAC(x));
 }                  //        └ x+3이므로 365+3이 된다.
```

실행결과

```
x값 = 365
MAX값 = 368
```

해설 선행 처리기는 인수를 갖는 매크로 치환도 허용한다. 인수를 갖는 매크로 정의시 인수를 기입할 괄호와 인수 사이에 공백을 주면 안 된다.

프로그램 9-6

```
#include<stdio.h>
#define  SUN(x,y)  x*2+y*3      // 2개의 인수를 갖는 매크로 정의
void main()
 {
 int a,b;

 a=4;
 b=5;

 printf("value SUN(a,b) = %d \n",SUN(a,b)); // 가인수 개수와 실인수 개수가
                //              ↓          일치한다.
 }                            매크로 호출
```

실행결과

```
value  SUN(a, b) = 23
```

해설

매크로를 호출하는 실인수와 매크로 정의에 있는 가인수는 개수가 같아야 한다. 매크로 호출sun(4,5)는 4*2+5*3=23이 된다.

프로그램 9-7

```
#include<stdio.h>
#define         SQR(X)  ((X)*(X)) // 괄호를 사용한 매크로 정의
void main()
 {
 int i=3;
 int j,k,l;

 j=SQR(i);                  // 매크로 호출
 printf("j = %d \n",j);
 k=SQR(i+2);                // 매크로 호출
 printf("k = %d \n",k);
l=(100/SQR(2));                      // 매크로 호출
printf("l = %d \n",l);
}
```

실행결과

```
j = 9
k = 25
l = 25
```

해설

산술 연산에 해당되는 매크로를 정의할 때 가능한 많은 괄호를 사용하여 프로그래머가 의도하는 연산의 우선 순위가 되도록 해야 한다. [프로그램 9-7]의 치환 상태를 살펴보면 다음과 같다.

j=SQR(i); ⇒ (i)*(i)=3*3=9
k=SQR(i+2) ⇒ (i+2)*(i+2)=(3+2)*(3+2)=25
l=(100/SQR(2)); ⇒ (100/(2)*(2)=100/4=25

2. 헤더 파일의 정의

1. #include의 지정

#include 프리프로세서 지시어는 파일(file)을 포함하는 선행 처리기로써 #include에서 지정한 파일명의 내용들을 현재의 원시 프로그램 내로 가져온다. 이와 같이 다른 파일의 내용을 원시 파일 내에 포함시키는 선행 처리기의 지시어 #include의 형식은 다음과 같다.

형식

```
#include 〈파일명〉
#include "파일명“
```

- 지정된 파일 내용을 프로그램 내로 불러 들인다.
- 〈파일명〉은 표준(시스템) 디렉토리(system directory)에서 파일을 찾는다.
- "파일명"은 현재 작업 중인 디렉토리에서 파일을 찾고, 없으면 시스템에서 지정된 디렉토리를 찾는다. 그러므로, 사용자가 작성한 파일을 포함하려는 이 방식을 사용해야 한다.

예

#include⟨stdio.h⟩ : 시스템 디렉토리에서 파일을 찾는다.
#include "stdio.h" : 현재 작업 중인 디렉토리에서 파일을 찾는다.
#include"\kc\include\stdio,h" : \디렉토리 밑의 kc, 디렉토리 밑의 include 밑의 파일(stdio.h)을 찾는다.
#include "a:stdio.h" : 디스크 드라이브 A에 저장된 파일(stdio.h)을 찾는다.
#include "pot.h" : 현재 작업 중인 디렉토리에서 파일(pot.h)을 찾는다.

include는 중첩될 수 있기 때문에 지정한 파일속에 또 다시 #include를 기술할 수 있다.

① 다음의 내용을 a드라이브에 파일명 abc.h으로 저장한다.

프로그램 9-8

```
#include<stdio.h>
void macro()
 {
 printf("---< 대한민국의 계절 >---\n");
 printf(" (봄), (여름), (가을), (겨울) \n");
 }
```

② 파일명 abc.h을 다음 프로그램의 헤더 파일에 포함시킨다.

```
#include "a:\abc.h"       // abc 헤더 파일을 포함하라는 지시어
void macro();             // 함수 선언

void main()
 {
 macro();                 // 포함된 abc 헤더 파일 호출
 }
```

실행결과

```
---< 대한민국의 계절 >---
 (봄), (여름), (가을), (겨울)
```

해설

원시 프로그램이 있는 디렉토리에서 "abc.h"라는 다른 파일을 호출하여 실행한다.

① 다음의 내용을 파일명 a:\fug.h으로 저장한다.

프로그램 9-9

```
#include<stdio.h>
#define YES_NO int
#define INT int
#define YES 1
#define NO  0
```

② 파일명 fug.h을 다음 프로그램의 헤더 파일에 포함시킨다.

```
#include "a:\fug.h"      // a드라이브에 저장된 fug.h를 포함한다.
void main()
 {
 YES_NO c;               // YES_NO는 int로 정의됨
 INT a, b;               // INT도 int로 정의됨
 c=YES;                  // YES는 1로 정의됨

 for(a=0; a<3; a++)  // 행을 지정하는 반복문
  {
  for(b=0; b<6; b++)// 열을 지정하는 반복문
   {
   if(a==YES)
     {
     printf("Ys");
     c=NO;
     }
   else
     {
     printf("No");
     c=YES;
     }
   }
   printf("\n");
  }
 }
```

실행결과

```
NoNoNoNoNoNo
YsYsYsYsYsYs
NoNoNoNoNoNo
```

해설

void main() 프로그램을 실행시키면 선행 처리기가 fug.h를 불러와서 함께 처리한다.

2. 헤더 파일(header file)

c 언어는 시스템 측에서 많은 헤더 파일을 제공한다. 이 헤더 파일의 내용을 선행 처리기 #include에 의해 읽혀져 원시 프로그램에게 건네준다.

다음은 중요 헤더 파일을 표시한 것이다. 틈틈이 헤더 파일의 기능을 파악해 두어야 하며 컴파일러의 버전에 따라서는 해당 헤더 파일이 없을 수도 있고, 다른 이름으로 정의되어 있기도 하다.

표 9.1 주요 헤더 파일

헤더파일	정의되어 있는 함수	함수의 예
stdio.h	입출력 함수	scanf, printf, getchar, putchar, … 등
	파일 관련 함수	fopen, fprintf, fclose, … 등
conio.h	화면 제어 함수	clrscr, gotoxy, wherex, wherey, … 등
	콘솔(키보드, 모니터) 입출력 함수	cprintf, cputs, putch, getch, getche, cscanf, … 등
string.h	문자열 처리 함수	strcat, strcmp, strcpy, strlen, strncpy, … 등
math.h	수학적 함수	sin, cos, tan, sqrt, log, exp, pow, abs, asin, acos, atan, cosh, sinh, labs, fabs, ceil, floor … 등
ctype.h	문자 형태 판별 함수	isalpha, isdigit, islower, … 등
	문자 변환 함수	tolower, toupper, … 등
stdlib.h	수치 변환 함수	atoi, itoa
	난수 관련 함수	random, randomize
	정렬 함수	qsort

프로그램 9-10

```
#include<windows.h>        //    SetConsoleCursorPosition(),
GetStdHandle()
#include<stdio.h>         // 표준 입·출력 헤더 파일
#include<math.h>          // 수학적 함수 헤더 파일
void gotoxy(int x, int y);

void main()
 {
 system("cls");                    // 화면 삭제
 int n=-150 ;

 gotoxy(25,12); printf("절대값=%d \n", abs(n)); // abs는 절대값을 구함
 gotoxy(25,13); printf("헤더 파일 실습");
 }
 void gotoxy(int x, int y)         // gotoxy 함수선언
  {
  COORD Pos = {x - 1, y - 1};

SetConsoleCursorPosition(GetStdHandle(STD_OUTPUT_HAND
LE), Pos);
  }
```

실행결과

```
                25열
                 ↓
      12행 ───▶ 절대값=150
                헤더 파일 실습
```

해설

<conio.h>는 clrscr()함수와 gotoxy()함수를 정의하는 헤더 파일이다. gotoxy(x,y)함수는 x열, y행의 좌표를 설정해주는 함수로써 범위는 1<= x <=80, 1<= y <=25이다.

여기서, gotoxy(25,12)은 12행 25열의 좌표를 표시한다.

프로그램 9-11

```
#include <stdio.h>                    // 표준 입·출력 헤더 파일 편입
#include <conio.h>                    // 콘솔 입·출력 헤더 파일 편입

 #define   cls()       system("cls")
 #define   max(a,b)   ((a>b)?a:b) // 큰 값을 구하는 매크로 함수
 #define   NUM1       50          // 매크로 상수 50을 정의
 #define   NUM2       80          // 매크로 상수 80을 정의
void main()
{
int a=NUM1, b=NUM2, m;

cls();
m=max(a,b);

printf("큰 수는 %d이다. \n",m);
getch();                              // 아무 키나 누른다.
}
```

실행결과

```
큰 수는 80이다.
```

해설

i=50, j=80이 되고, max(50, 80)은 ((50>80)?50:80)로 치환된 값이므로, 이 식에서 50>80은 거짓이 되어 m에 저장된다.

프로그램 9-12

```
#include <ctype.h>   // 문자 형태 판별 및 문자 변환 함수 헤더 파일 편입
#include <stdio.h>
void main()
 {
 char ch;

 while((ch=getchar()) != EOF)       // 키보드에서 대·소문자 입력
  {
  ch=isupper(ch) ? ch : toupper(ch);
  printf("\n %c",ch);                    // 대문자 출력
  }
 }
```

실행결과

```
abcde^Z     ← ^Z는 Ctrl+Z이다.
 A
 B
 C
 D
 E
```

해설

이 프로그램은 대·소문자 구분없이 입력하여 이들을 대문자로 출력하는 프로그램이다.

ch=isupper(ch) ? ch : toupper(ch);

에서 조건 연산자를 사용한 문장으로 먼저 변수 ch에 저장된 문자가 대문자인가를 묻고, 대문자이면 참(true)의 값이 반환되므로 ch에 저장된 문자를 그대로 출력하게 되고 소문자이면 toupper(ch)에 의해 대문자로 변환되어 출력한다.

3. #undef와 조건적 컴파일

1. #undef문

#undef문은 #define으로 정의된 매크로를 해제시키는 기능을 가진 선행 처리기이다. 그 형식은 다음과 같다.

형식

```
#undef 매크로명
```

예 1

```
#define CUF 2048
#define MAX 32767
#undef CUF
```

#define문에 의해 처음 CUF가 2048로 정의되었으나 #undef CUF로 매크로를 해제시키므로 #undef 이후의 CUF는 사용할 수가 없다.

예 2

```
#define MAX 100
#define MAX 200
#undef MAX
```

이미 #define으로 정의되어 있는 매크로명을 다시 #define으로 재정의하면 앞의 정의는 일시적으로 효력이 유보되고, 여기에 #undef로 지시하면 가장 최근의 매크로 정의가 해제된다.

프로그램 9-13

```
#include<stdio.h>
#define   PI   5.1141592                    // 매크로 정의
#undef     PI                               // 매크로 해제(취소)
#define   PI   3.141592                     // 매크로 재정의
void main()
 {
 float a;                                   // 실수형 변수 선언

 a=3.2;
 printf("원의 넓이=%f \n", a * a * PI);
 }
```

실행결과

```
원의 넓이=32.169903
```

해설

#undef는 #define에서 정의한 매크로 PI를 해제시키고, 다시 재정의한 PI값 3.141592이 main()함수 내에서 사용된다.

2. 조건적 컴파일

조건적 컴파일이란, 어떤 조건을 주어서 어느 범위를 컴파일러에게 지시하는 것을 말하며 선택적 컴파일이라고 한다. 지시어들로는 #ifdef, #ifndef, #if, #else, #elif, #endif 등을 들 수 있다.

#ifdef, #else, #endif

형식

```
#ifdef  매크로명
    :
  문장1;
    :
#else
    :
  문장 2;
    :
#endif
```

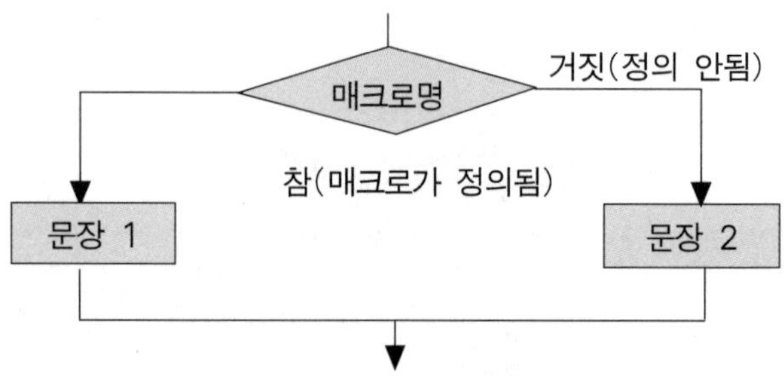

매크로명이 선행 처리기로 정의되어 있으면 문장 1을 컴파일 처리하고 정의되어 있지 않으면 문장 2를 컴파일 처리한다.

프로그램 9-14

```
#include<stdio.h>
void main()
 {
 int a=0;
 int count;
 #ifdef  MAK              // 매크로 명이 선행 처리기로 정의되지 않음
   count=5;
#else
   count=4;               // 실행됨
#endif
do
 {
 printf("a = %d \n",a++);
 }
while(a<count);           // count=4이므로 4보다 작을 때까지 반복
}
```

실행결과

```
a=0
a=1
a=2
a=3
```

해설

매크로명 MAK가 선행 처리기로 정의되지 않았으므로 #else문으로 실행을 옮겨 count=4;가 된다.
그리고, while 반복문에서 조건이 참이면 반복하고, 거짓이면 실행을 종료시킨다.

#if, else, #endif

형식

```
#if 정수식
  :
  문장 1;         ← 정수식이 참이면 문장 1부분을 컴파일
  :
#else
  :
  문장 2;         ← 정수식이 거짓이면 문장 2부분을 컴파일
#endif            ← 컴파일 범위의 끝을 나타냄.
```

프로그램 9-15

```
#include<stdio.h>
#define  SAE  0           // 매크로 SAE를 0(거짓)으로 치환
void main()
 {
 printf("--------\n");
 #if  SAE
   printf(" 팥빙수 \n");   // SAE가 참일 때만 컴파일
#else
   printf(" 사이다 \n");   // SAE가 거짓일 때만 컴파일
   printf(" 콜  라 \n");   //              "
   printf(" 쥬  스 \n");   //              "
 #endif                   //  #if의 범위 끝
   printf("--------\n");
}
```

실행결과

```
--------
사이다
콜  라
쥬  스
--------
```

해설

#define 정의시 SAE를 0(거짓)으로 정의하였으므로 SAE는 항상 거짓이 되어 #else 다음의 문장을 컴파일한다.

#if, #elif, #else, #endif

형식

```
#if   정수식 1
       :
  문장1

       :
#elif   정수식 2
       :
   문장 2;
       :
#else
       :
   문장 3;
#endif
```

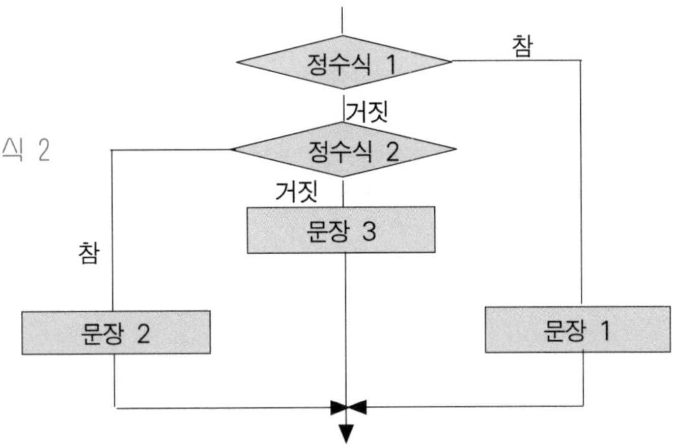

#elif는 #else와 #if를 합친 명령이다. 정수식 1이 참이면 문장 1을 컴파일 처리하고, 거짓이면 정수식 2로 제어를 옮긴다. 여기서, 다시 조건식, 정수식 2가 문장 2를 컴파일 처리하고, 거짓이면 문장 3을 컴파일 처리한다.

프로그램 9-16

```
#include<stdio.h>
#define NUM 4
#if su>10                      // su 값이 정의되지 않았으므로 거짓
#define NUM 10
#elif NUM>5                    // 4>5 조건은 거짓임
#define NUM 5
#else
#define NUM 3                  // NUM 값이 3으로 치환
#endif                         // #if 범위 끝
void main ()
 {
 int i=0;

 do
  {
  printf("welcome to korea ! \n");
  i++;
  }while(i<NUM);               // NUM이 3이므로 3보다 작을 때까지 반복
}
```

실행결과

```
welcome to korea !
welcome to korea !
welcome to korea !
```

해설 이 프로그램에서 사용된 지시어들은 if~else 제어 구조와 같은 기능을 가지고 있으나 선행 처리기는 블록(block)을 나타내는 괄호({ })를 인식하지 못하므로 #else와 #endif로 블록을 나타내고 있다.

#ifndef

형식

```
#ifndef 매크로명
   :
   문장 1;← 매크로명이 #define으로 정의되어 있지 않으면 문장 1을 컴파일
   :
 #else
   :
   문장2;          ← 매크로명이 정의되어 있으면 문장 2를 컴파일
 # endif
```

매크로명이 정의되어 있지 않으면 #ifndef 이하 문장 1을, 정의되어 있으면 #else 이하 문장 2를 컴파일 한다.

프로그램 9-17

```
#include<stdio.h>
#define    HITE   100                 // 매크로 정의
void main()
 {
 #ifdef HITE                   // HITE 100은 참이므로 printf()을 실행
 printf("Hello ! HITE.  \n");
 #else
 printf("Hello!  everyone.  \n"); // 거짓이므로 출력이 안됨
 #endif                              // #ifdef 범위 끝
 #ifndef PAK
 printf("PAK undefined.  \n");  // PAK가 #define로 정의되지
                                // 않는 것이  참이므로 출력됨
 #endif
  }
```

실행결과

```
Hello ! HITE.
PAK undefined.
```

해설

위 프로그램에서 HITE는 #define으로 정의되었고 PAK는 정의되지 않았으므로 "PAK undefined."가 출력되었다.

연습문제

(객관식)

1. 매크로(macro) 정의 선언문으로 옳게 표현된 것은?

① #define　sum=45　　② #define　65　sum
③ #define　50=sum　　④ #define　sum　35

2. #define 문을 정의할 경우의 규칙들 중 잘못된 것은?

① 매크로명의 중간 사이에는 공백을 두어서는 안된다.
② 매크로 정의시 문장 끝에는 세미콜론(;)을 붙이지 않는다.
③ 단순히 치환만 해 줄 뿐이지 연산을 수행하지 않는다.
④ 매크로명은 수치만으로도 만들 수 있다.

3. 매크로가 #define max(x,y) ((x)〉(y) ? x*y : x+y)로 정의되었을 때 MAX(3+5,7)의 값은?

① 12　　② 15
③ 35　　④ 56

4. 매크로가 #define SQR(x) ((x)*(x))으로 정의되었을 때 SQR(3*2)의 값은?

① 9　　② 25
③ 36　　④ 12

5. #include 선행 처리 형식 중 현재 사용 중인 디렉토리에서 파일을 찾는 형식은?

① #include "stdio.h"　　② #include 〈stdio.h〉
③ #include "\tc\include stdio.h"　　④ #include "a:stdio.h"

6. 다음은 헤더 파일(header file)의 종류를 나열한 것이다. 화면 제어, 즉 콘솔 입·출력 헤더 파일의 표현은?

① #include 〈consol.h〉　　② #include 〈conio.h〉
③ #include 〈ctype.h〉　　④ #include 〈stdlib.h〉

7. #define으로 정의된 매크로를 해제시키는 기능을 가진 선행 처리기는 어느 것인가?

① #indef　　② #endif
③ #undef　　④ #elsedef

8. 매크로(macro)명을 정의하여 사용하고자 할 때 필요로 하는 선행 처리기는?

① #if~#else ② #undef
③ #define ④ #include

9. 다음과 같이 명령문이 실행된 후에 변수 RT에 저장되는 값은?

```
#define    TEC 1
#if     TEC
#define     RT    50
  RT=RT+10;
#else
#define     RT    70
  RT=RT+10;
#endif
```

① 50 ② 60
③ 70 ④ 80

10. 조건적 컴파일 지시어가 아닌 것은?

① #ifdef ② #elseif
③ #endif ④ #undef

연습문제

(주관식)

1. 다음 문장의 괄호 속에 적당한 답을 보기에서 고르시오
   1) 프로세서 문은 소스 프로그램 (①)에 위치하여 기술할 수 있다.
   2) 다음은 프로세서 문의 종류들이다.
      - (②)은 파일을 불러들인다.
      - (③)은 문자를 치환한다.
      - (④)는 (⑤)을 해제한다.
      - #ifdef, (⑥), #else는 (⑦)의 조건에 따라 컴파일러를 유효, 무효하게 하는 부분을 선택한다.

■ 보기 ■

a. #if	b. #ifdef	c. #endif
d. 선두	e. #define	f. #undef
g. #include	h. #ifndef	i. 임의

2. 매크로(macro)란 무엇이며 정의시 규칙 8가지를 드시오.

3. 인수를 갖는 매크로 정의의 예를 들고 설명하시오.

4. #include 형식의 예를 들고 설명하시오.

5. 헤더 파일(header file)이란 무엇이며 주요 헤더 파일 6가지를 들고 설명하시오.

6. INPUT을 scanf문에 의한 1정수의 입력, PRINT를 입력한 값의 표시문으로 선언하고 INPUT와 PRINT를 사용하여 1정수를 입력하고, 출력하는 프로그램을 작성하시오.

제10장 포인터(Pointer)

1. 포인터의 개념

포인터(pointer)는 일종의 변수로서 일반 변수와는 달리 데이터값을 갖지 않고, 데이터값을 가지고 있는 주소(address)를 가리킨다. 즉 포인터가 갖는 실제의 데이터가 아니라 데이터가 기억된 기억 장소의 주소이다.

기억 장소의 주소를 표현하기 위해서는 주소 연산자(&)와 포인터 연산자(*)가 사용되며 모두 단항 연산자이다.

```
&변수명
*포인터명
```

주소 연산자 &는 뒤에 오는 변수명의 주소를 나타내며, 일종의 상수이다. 포인터 연산자 *는 뒤에 오는 포인터명이 주소로써 주소가 지정하는 위치의 데이터값을 나타내는 일종의 변수이다.

예 1

&car ← car은 변수이며 &car은 변수 car에 저장된 데이터가 위치하는 기억 장소의 주소를 나타낸다.

*ptr ← ptr은 포인터명으로 주소를 나타내고 *ptr은 ptr이 가리키는 주소에 기억된 데이터값을 나타낸다.

1. 주소 연산자(&)

어떤 프로그램을 작성하면 해당 프로그램이나 사용되는 변수들은 주기억 장소라고 하는 메모리에 기억된다. 이때, 효율적인 메모리 관리를 위해서 컴퓨터는 메모리에 바이트(byte) 단위로 고유의 주소를 부여한다. 사용자는 프로그래밍을 구현할 때에 이 메모리의 주소를 이용할 수 있다. 그런데, 직접적으로 해당 주소를 알아낼 수는 없고, 연산자를 이용하여 간접적으로 그 주소를 취할 수 있도록 하고 있다.

만약, y=&x라 지정하면 변수 x에 저장된 데이터가 위치한 기억 장소의 주소를 변수 y에 대입한다는 의미를 지닌다.

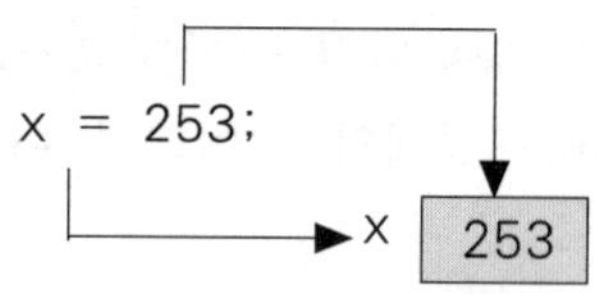

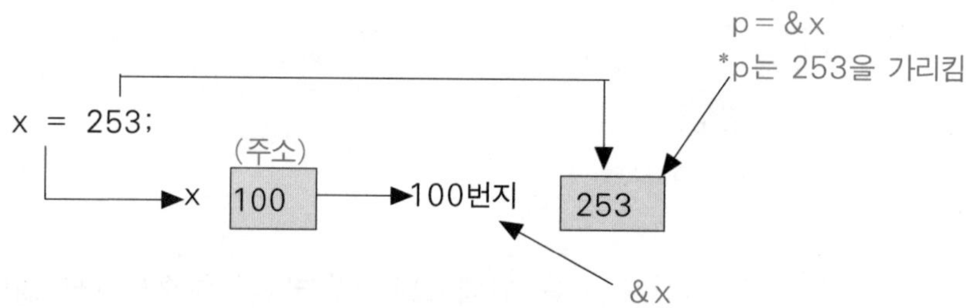

(컴파일러의 인식)

연산자 &는 변수와 배열의 원소에만 적용되고, 산술식이나 상수에는 사용할 수 없고, 레지스터 변수의 주소도 가질 수 없다.

예 2

```
 &100;          ← 상수는 주소를 가질 수 없다.
&(a+1)          ← 산술식 사용 불가
register x;  ┐
&x;          ┘  ← 레지스터 변수로 사용 불가
char c[8];   ┐  ← 배열명은 주소를 추출할 수 없다.
&c           ┘    (배열의 원소는 사용 가능;&a[2])
```

① 포인터 변수의 주소, 내부값을 가리키는 주소, 메모리에 저장된 값을 알아보기 위한 프로그램 예로 Project name에 sample10이라고 입력하고 〔OK〕 버튼을 클릭 한다.

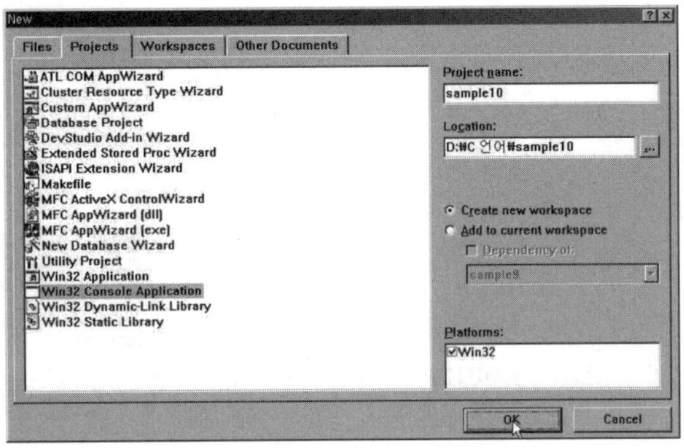

② Win32 Console Application -Step 1 of 1의 대화상자가 나타나는데 이들의 콘솔 어플리케이션의 형태 중 ◉ An empty project를 선택하고 〔Finish〕 단추를 누른다.

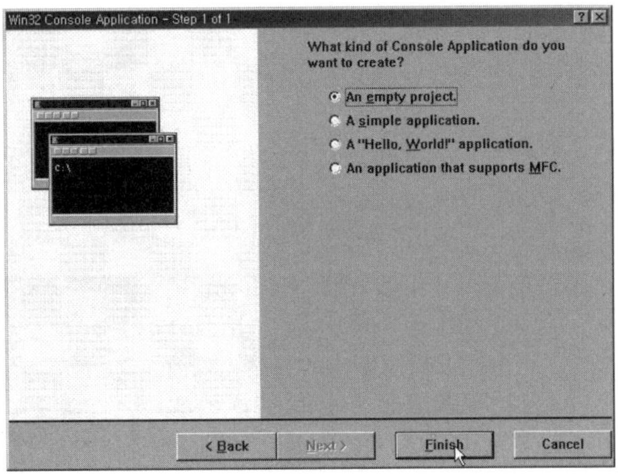

③ 새로 생성된 프로젝트 정보를 보여주고 있으며, Project Directory 위치와 내용을 확인 후 〔OK〕를 선택한다.

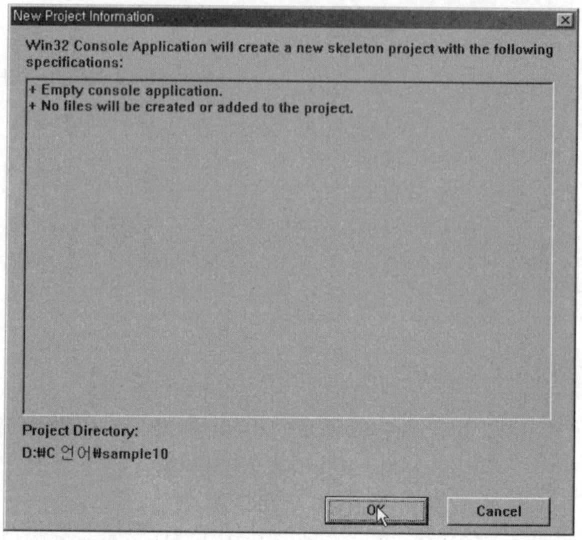

④ 〔FileView〕 탭에서 폴더모양의 〔Source Files〕에서 마우스 오른쪽버튼을 눌러 〔Add Files to Folder...〕를 선택하여 소스코드를 입력하기 위한 파일을 생성한다.

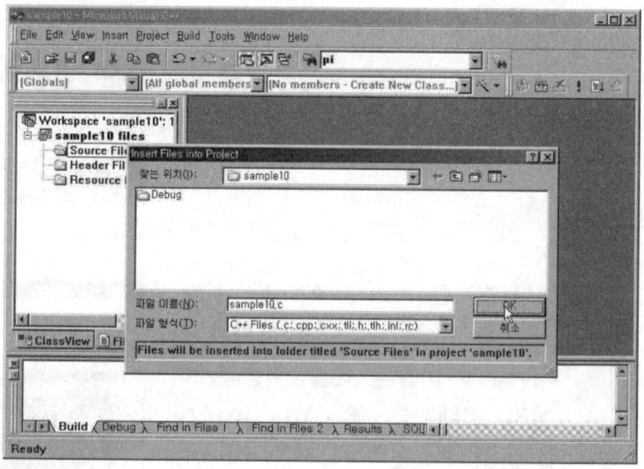

⑤ Insert Files into Project 대화상자가 나타난다. Insert Files into Project 대화상자에서 파일이름을 sample10.c 입력하고 〔OK〕버튼을 클릭 한다.

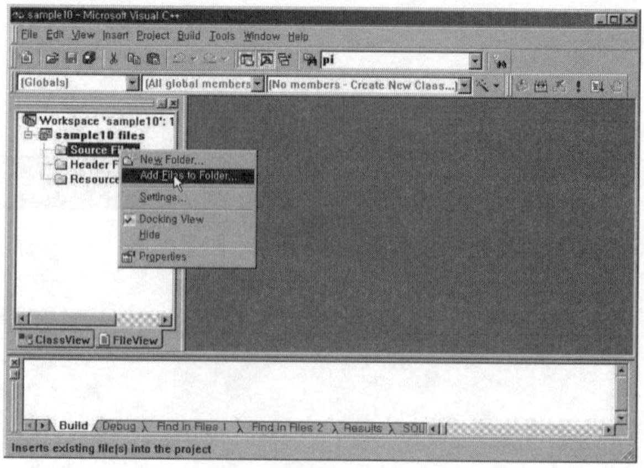

⑥ 소스파일 sample10.c 파일을 참조하겠냐는 대화상자가 나타나면 〔예(Y)〕를 누른다.

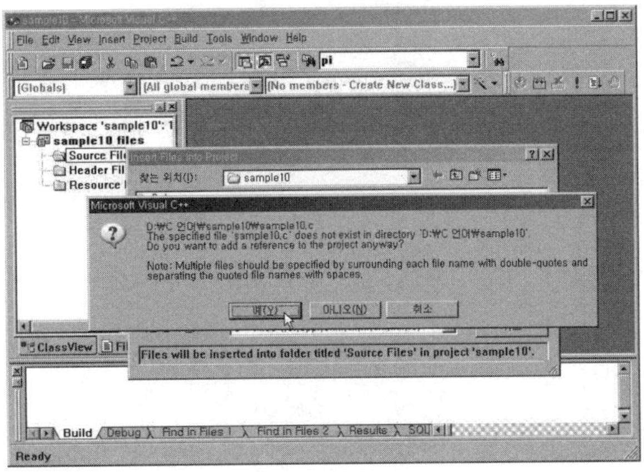

⑦ Source File에서 sample10.c를 클릭하면 파일을 생성한다는 대화상자가 나타나고, 〔예(Y)〕를 누르면 파일을 작성할 수 있는 입력창을 볼 수 있다.

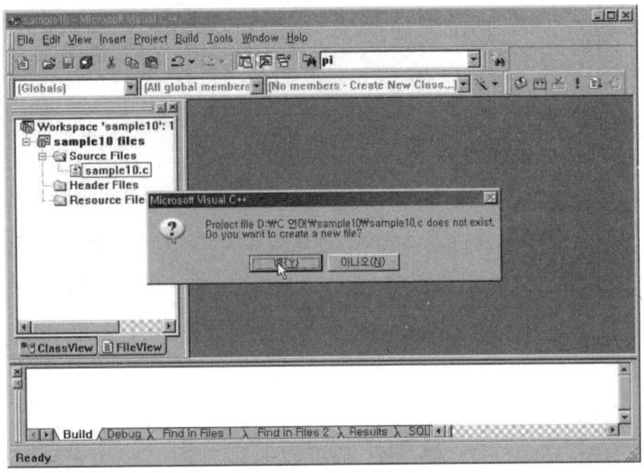

⑧ sample10.c 입력창에 소스를 입력한다.

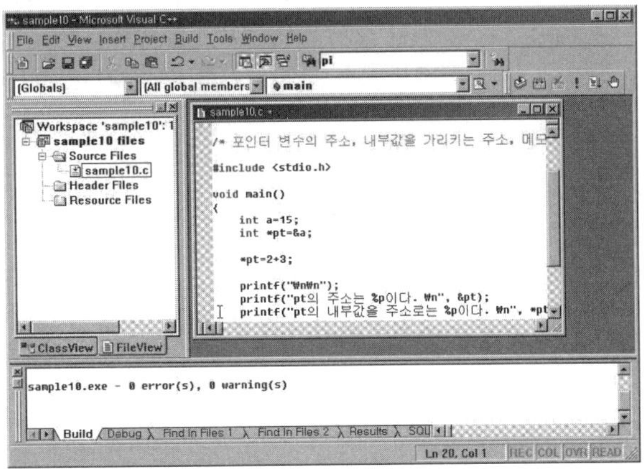

Sample10 소스

```
/* ====================================
        이 프로그램은 비주얼 C++ 6.0 컴파일러로
        실행시켜 보는 소스 프로그램으로 샘플(sample)
        예제이다.
   ==================================    */

// 포인터 변수의 주소, 내부값을 가리키는 주소, 메모리에 저장된 값

#include <stdio.h>
void main()
{
        int a=15;
        int *pt=&a;
        *pt=2+3;
        printf("\n\n");
        printf("pt의 주소는 %p이다. \n", &pt);
        printf("pt의 내부값을 주소로는 %p이다. \n", *pt);
// ---------------------------------------------
        printf("a의 주소는 %p이다. \n", &a);
        printf("a의 메모리에 저장된 값은 %d이다. \n",a);
}
```

실행결과

```
pt의 주소는 0012FF78이다.
pt의 내부값을 주소로는 00000005이다.
a의 주소는 0012FF7C이다.
a의 메모리에 저장된 값은 5이다.
```

⑨ 〔Build〕 메뉴에서 〔Execute sample10.exe Ctrl+F5〕를 하면 자동으로 실행 파일을 먼저 생성하고 실행되는 것을 볼 수 있다.

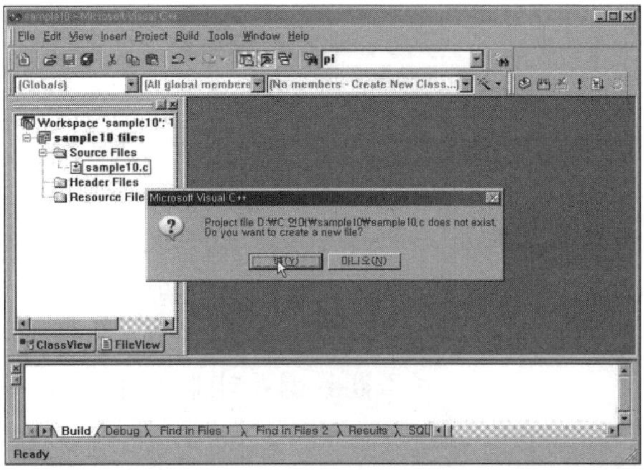

⑩ 실행파일 sample10.exe가 새로운 창에서 실행된 결과가 나타난다.

프로그램 10-1

```
#include <stdio.h>
void main()
 {
 int a;

 a=100;
 printf("데이터 = %d \n",a);
 printf("주  소 = %u \n",&a);     // &a는 변수 a의 주소를 나타냄
 }
```

실행결과

```
데이터 = 100
주  소 = 8650
```

해설

데이터가 들어 있는 어떤 변수의 주소를 알려면, 그 변수명 앞에 &를 붙여 표시하면 된다. 주소를 출력(표시)할 때 10진수로 나타내려면 %u를 사용하고, 16진수로 표시하고 싶으면 %x를 사용하면 된다. 주소값은 컴퓨터에 따라 다를 수 있다.

프로그램 10-2

```
#include <stdio.h>
void main()
{
char a[4];          // 문자형 배열 선언

a[0]='K';
a[1]='B';
a[2]='S';
a[3]='\0';
printf("data = %s \n",a);                  // 문자열을 %s로 받는다.
printf("first address = %u \n",&a);        // a 대신에 &a(0)도 가능
}
```

실행결과

```
data = KBS
first address = 1245052
```

해설

배열 변수의 최초 주소를 알기 위해서는 &a라고 하지 않고, a를 사용했다. 또, 데이터를 표시하기 위해서도 a를 사용했다. 독자들은 혼란을 가질 수 있겠지만, 표현 지시 문자 %s, %u에 따라 다르게 표시된다는 것을 염두에 두기 바란다.

2. 포인터 연산자(*)

변수 a에 포인터 연산자 *를 붙여서 *a라 표현하면 포인터 변수가 되며, 의미는 변수 a에 저장된 주소의 값을 나타낸다. 그럼 먼저 포인터 연산자인 *의 사용 방법에 대해서 알아보자. 만약, 임의의 변수 a에 대한 주소를 다른 기억 장소에 저장하기 위해 다음과 같이 프로그래밍했다고 하면,

예 3

```
int a=150, b;
b=&a;
```

이는 변수 b에 a의 주소값이 돌아갈 듯 싶지만, "non-portable pointer assignment in function main"이라는 경고 에러가 발생된다. 사실은 주소를 포인터 변수가 아닌 일반 변수에 대입시키려고 했기 때문에 발생한 것이다. 결국 주소를 저장할 기억 장소로 일반 변수가 아닌 다른 형태의 변수가 필요하다. 이와 같이 주소를 저장할 변수를 포인터 변수(pointer variable)라고 한다.

예 4

```
int a, *p;          ← 포인터 변수 선언
a=150;
p=&a;
```

〔예 4〕는 올바른 형태의 프로그래밍 방법이다. 포인터 변수는 일반 변수와 같이 선언할 수 있고, 일반 변수와 구별하기 위해서 선언문에서 해당 변수명 앞에 *를 붙인다.

```
*p      a     150    (a 변수의 데이터값)
 p ←   &a   65524   (a 변수의 주소)
```

그림 10.1 변수 a의 주소를 포인터 변수 p에 대입

프로그램 10-3

```
#include <stdio.h>
 void main()
  {
  int a=150;
  int *p;          // 포인터 변수 선언

  p=&a;
 printf("a의 주소 = %u, %u \n",&a,p);
 printf("a의 데이터 = %d,%d \n",a,*p);
 }
```

실행결과

```
a의 주소 = 1245052, 1245052
a의 데이터 = 150,150
```

해설

변수 a가 위치한 주소는 &a로 나타낼 수 있으며 또한 포인터 변수인 p도 그 주소를 가지고 있다. 그리고, 변수가 가지고 있는 데이터값을 출력하기 위해 포인터 변수 p 앞에 *를 사용했는데 이것이 바로 포인터 연산자이다.
* p ← 포인터 변수 p에 저장된 주소를 찾아가 그 주소 내의 내용(데이터)을 가리킨다.

2. 포인터 변수의 선언

형식

```
데이터형 *포인터 변수명;
```

포인터 변수를 사용하기 위해서는 변수 앞에 *를 붙여주고, 데이터형은 변수가 가리킬 수 있는 데이터형이다. *(asterisk)를 간접 연산자 또는 포인터 연산자라고 부르며 *p는 p가 가리키는 기억 장소 주소 내의 데이터값을 참조한다.

포인터 변수의 사용 예

```
int x,y;
int *p;      ← 포인터 변수 선언
y=30;
p=&y;        ← y 주소 600을 p에 대입
x=*p;        ← 포인터 변수 p가 가리키는 곳(600)의 값(30)을 대입
```

변수:

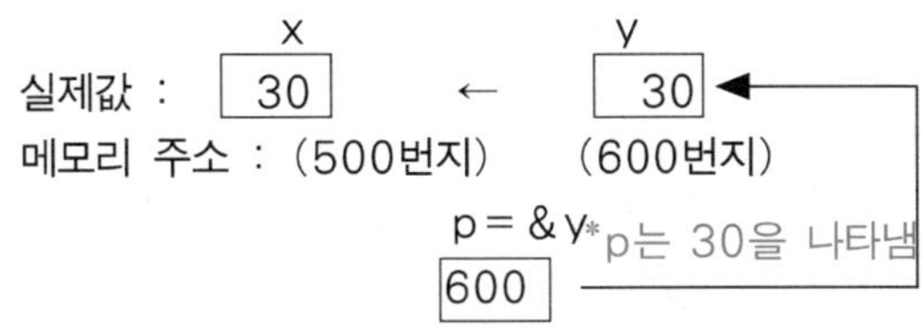

예

```
int *p;            ← 정수형
float a, b, *r;    ← 실수형
char *ptr;         ← 문자형
```

데이터형의 종류에 따른 포인터 변수의 선언 예이다. 포인터 변수는 일반 변수와 함께 선언할 수 있다.

프로그램 10-4

```
#include <stdio.h>
void main()
 {
 int x, y, *p;              // 정수형 변수와 정수형 포인터 변수 선언

 x=200;
 p=&x;                      // 변수 x의 주소가 포인터 변수 p에 저장
 y=*p;

 printf("x의 주소= %d  \n",p);
 printf("x의 데이터 = %d \n",*p);
 }
```

실행결과

```
x의 주소 = 1245052
x의 데이터 = 200
```

해설

*p는 p에 저장된 주소가 가리키는 기억 장소에 저장된 값을 의미하므로 x의 값 200이 y에 대입된다. 이것은 y=x;와 같은 의미이다. 변수의 기억 장소에서의 실제 주소는 컴퓨터에 따라 다르다.

프로그램 10-5

```
#include <stdio.h>
void main()
 {
 int a, *x;
 float b, *y;            // 실수형 변수와 실수형 포인터 변수 선언
 char c, *z;

 printf("a의 주소 = %u, x의 주소 = %u \n",&a, &x);
 printf("b의 주소 = %u, y의 주소 = %u \n",&b, &y);
 printf("c의 주소 = %u, z의 주소 = %u \n",&c, &z);
 }
```

실행결과

```
a의 주소 = 1245052, x의 주소 = 1245048
b의 주소 = 1245044, y의 주소 = 1245040
c의 주소 = 1245036, z의 주소 = 1245032
```

해설

일반 변수와 포인터 변수가 나타내는 기억 장소의 주소를 알아보기 위해 Visual C++ 6.0에서 실행한 결과이다.

프로그램 10-6

```
#include <stdio.h>
 void main()
  {
 char *x;          // 문자형 포인터 변수 선언
 int *y;           // 정수형 포인터 변수 선언
 float *z;                    // 실수형 포인터 변수 선언

 printf("x = %d byte \n",sizeof(*x));    //  포인터 변수 크기를 구함
 printf("y = %d byte \n",sizeof(*y));    //              "
 printf("z = %d byte \n",sizeof(*z));    //              "
 }
```

실행결과

```
x = 1 byte
y = 4 byte
z = 4 byte
```

해설

각 데이터형에 따른 포인터 변수의 크기를 나타내는 프로그램으로, Visual C++ 6.0의 32비트 시스템에서 실행한 것이다.

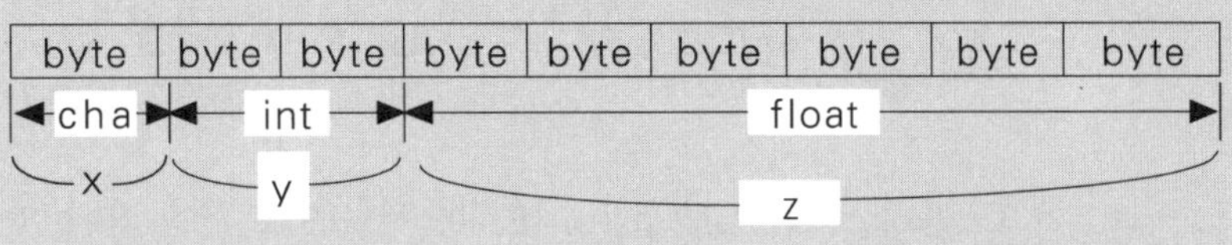

3. 포인터의 값 배정과 초기화

포인터는 주소를 갖고 있는데 이 주소는 사용자가 프로그램 작성시 값을 배정해 주어야 한다. 포인터에 값을 배정하는 것은 컴파일러(compiler)가 확보한 의미가 있는 주소를 사용해야 한다. 그러나, 어쩔

수 없이 절대 번지를 설정해야만 하는 경우는 포인터형으로 cast 하여 배정해야 한다. 다음은 많이 사용하는 포인터 값 설정의 예이다.

예

- int x;
  int *p;
  p=&x; ← 변수 x의 주소가 p에 배정
  변수의 주소를 & 연산자로 배정

- char a[30];
  char *p;
  p=a; ← 배열 a의 시작 주소가 p에 배정
  배열의 주소를 배정(배열명 a[0]~a[29]의 시작 주소를 갖고 있으므로 &a가 불필요)

- char a[30];
  char *p;
  p=&a[3]; ← 배열 원소 a[3]의 주소가 p에 배정
  배열의 한 원소 주소를 & 연산자로 배정

- char *p
  p="korea"; ← 문자열이 기억된 시작 주소가 p에 배정
  char형 포인터에 문자열 시작 주소 배정
- FILE *fp;
  if(fp=fopen("afile.d","r")=NULL ← fopen 함수 실행시 NULL을 받아서 오류발생을 인지한다.

포인터에 NULL(stdio.h 내에서 0으로 정의되어 있음)을 배정한다.

한편, 포인터의 초기값 배정은 포인터 선언시 초기값을 배정할 수 있으며 형식은 다음과 같다.

형식

```
데이터형 *포인터명=초기값 주소;
```

초기값 주소는 컴파일러가 확보한 의미가 있는 주소를 사용하며, 포인터의 선언과 초기화는 동시에 할 필요는 없다.

예

- int x;
  int *p=&x; ← x의 주소를 p에 배정
  변수의 주소를 & 연산자로 배정

- char x[30];
  char *p=x; ← 배열의 시작 주소 x[0]를 p에 배정
  배열의 시작 주소를 배정

- char x[30];
  char *p=&x[6] ← x[6]의 주소를 p에 배정
  배열의 한 원소 주소를 & 연산자로 배정

- char *p="korea"; ← 문자열을 기억시킨 후 문자열 "korea"의 시작 주소를 p에 배정(문자열 "korea"이 기억되는 것이 아님)
  char형 포인터에 문자열의 시작 주소를 배정

4. 배열과 포인터

c 언어에서 모든 배열 처리 동작은 포인터에 의해서도 처리가 가능하다. 왜냐하면 포인터와 배열은 메모리에 접근하기 위해 사용된다는 점에서 같기 때문이다.

배열이 기억 장소에 저장될 때 각 원소들은 연속적으로 저장되므로 배열명은 배열의 첫 번째 원소가 저장된 주소를 가리키는 역할을 하게 된다. 따라서, 배열명을 기준 주소로 정하고, 여기에 몇 번째 원소인가를 나타낼 때는 포인터를 사용할 수 있다.

1. 차원 배열과 포인터

배열과 포인터는 메모리를 접근하는 데는 동일한 의미를 갖지만, 나름대로의 차이점은 있다. 포인터를 직접 이용하면 배열을 이용한 것보다 빠르고 함수의 인자로 이용되는 배열을 처리하기 위해서는 반드시 포인터가 필요하다. 그럼, 배열과 포인터의 관계를 살펴보자. 예를 들어, 다음과 같

이 배열을 선언하고, 그 기억된 형태를 표시하였다고 가정하자.

예

```
int a[5]={15,25,35,45,55};              ← 정수형 배열의 초기치 선언

 &a[0]  &a[1]  &a[2]  &a[3]  &a[4]  ← 주소 지정 방법
|  15  |  25  |  35  |  45  |  55  |
  100    102    104    106    108    ← 정수형(int)이므로 2byte씩 기억
   ↑      ↑      ↑      ↑      ↑        장소의 주소 확보
   p     p+1    p+2    p+3    p+4       (컴파일러에 의해 지정되는 값임.)
```

배열명은 배열의 첫 번째 원소가 저장된 주소값을 나타내므로 여기서는, 100번지를 나타낼 것이다. 그럼, 포인터 변수를 선언하고 그 변수에 첫 번째 원소의 주소를 주면 포인터 변수 p에 100이 저장된다.

```
           배열명
             ↓
• int *p=a;
  또는
  int *p;
  p=a;              ← p=&a[0];로 지정할 수 있다.(왜냐하면 시작을 나타내므로)
```

배열의 시작 주소 &a[0]를 p에 대입, 즉 p==a==&a[0]이 된다. 이와 같이 p는 배열 a의 시작 주소를 가지고 있으므로 p가 하나씩 증가할 때, 그에 대응하는 배열 원소와의 관계를 나타내면 다음과 같다.

```
p   == &a[0]
p+1 == &a[1]
p+2 == &a[2]          ← p=&a[]; (주소 참조)
p+3 == &a[3]
p+4 == &a[4]
```

만약, 주소 내의 데이터값을 끌어내기(즉 데이터값 참조) 위해서 포인터명 앞에 *을 붙이면 된다.

```
a[0] == *p       ← 15
a[1] == *(p+1)   ← 25
a[2] == *(p+2)   ← 35   ← *포인터명은 데이터값 참조
```

a[3] == *(p+3) ← 45
a[4] == *(p+4) ← 55

포인터 변수의 우선순위

① ++연산자는 차례차례 주소를 따라 가며 연산한다.
② 연산자 &와 *는 산술 연산자보다 우선순위가 높다.
③ 단항 연산자는 오른쪽에서 왼쪽으로 계산된다.

다음의 간단한 예를 살펴보자.

표 현	의 미	해 설
*p+1	(*p)+1	데이터 값에 +1한다.
*(p+1)	*←(p+1)	주소에 +1하고 그 주소로 데이터 값 참조
*p+=1	(*p)+=1	*p값에 +1한다.
*p++	*(p++)	주소에 1만 후에 가산한다.
(*p)++	*p+1	데이터 값 1만 후에 가산한다.
*++p	*(++p)	주소를 1만 선행 가산 *(++p)로 사용하는 것이 좋다.
++*p	++(*p)	데이터 값 1만 선행 가산

프로그램 10-7

```
#include <stdio.h>
void main()
 {
 int a[5]={15,25,35,45,55};       // 배열 a[0]~a[4]에 초기치 선언
 int i,*p;

 p=a;                    // 배열의 첫 번째 주소 대입(p=&a[0]도 사용가능)
 for(i=0; i<=4; ++i)
 printf("a[%d]==%d \n",i,*(p+i));
 }
```

실행결과

```
a[0] = 15
a[1] = 25
a[2] = 35
a[3] = 45
a[4] = 55
```

해설

포인터 변수 p를 사용하여 a[0]~a[4]까지의 주소와 데이터값을 참조하는 프로그램이다. 포인터명에 *를 사용함은 지시하는 곳에 저장된 값을 나타낸다.

프로그램 10-8

```
#include <stdio.h>
 void main()
  {
  int a[]={100,200,300,400,500};
  int sum=0;
  int *p=a;

 while(p<=&a[4])  // 배열의 시작 주소에서 다섯 번째 주소까지 반복
   {       //  sum=sum+(*p)를 우선 실행한 다음 계속 p값을 1씩 증가함
   sum+=*p++;
   printf("sum=%d \n",sum);
   }
 }
```

실행결과

```
sum=100
sum=300
sum=600
sum=1000
sum=1500
```

해설

1차원 정수 배열 a[0]~a[4]까지의 배열 원소에 초기값을 선언한 후, 각 배열 내의 원소값을 포인터 변수로 참조하여 합하는 프로그램이다.

프로그램 10-9

```
#include <stdio.h>
void main()
{
static int count[4]={10,20,30,40}; //count[0] … count[3]에 초기값 지정
int *p,i;

p=&count[0];          // p에 시작 주소 count[0]의 주소를 대입
for(i=0; i<4; i++)
printf("p+%d :%3u *(p+%d) :%2d \n",i,p+i,i,*(p+i));
}
```

실행결과

```
        주소              데이터
         ↓                  ↓
p+0 : 86   *(p+0) : 10
p+1 : 88   *(p+1) : 20
p+2 : 90   *(p+2) : 30
p+3 : 92   *(p+3) : 40
```

해설

포인터의 값(주소)은 컴퓨터의 기종에 따라 다르게 출력되지만, int 형인 경우 포인터가 1 증가하면 주소가 2byte씩 증가한다.

2. 2차원 배열과 포인터

2차원 배열도 1차원 배열과 마찬가지로 배열 원소들이 기억 장소에 연속적으로 기억되므로 포인터로 표현이 가능하다. 다음은 2차원 배열과 포인터의 관계이다.

예

```
static int a[3][2]={{100,200},
                    {300,400},
                    {500,600}};
int *p;
p=a[0];  ← 또는 p=&a[0][0];
```

위 예에서 배열 a는 a[0], a[1], a[2]의 3개의 배열 원소로 이루어져 있고 다시 a[0]는 a[0][0]와 a[0][1]로 이루어져 있다. 그러므로 배열 a는 첫 번째 배열의 주소를 가리키고, 다시 a[0]는 a[0][0]를 가리키므로 a는 포인터의 포인터라고 할 수 있다.

다음의 배열 a에 기억되는 형태를 알아보자.

배열 원소	a[0][0]	a[0][1]	a[1][0]	a[1][1]	a[2][0]	a[2][1]	
	100	200	300	400	500	600	
주소	1234	1236	1238	1240	1242	1244	← 컴파일러에 의해 지정
	↑	↑	↑	↑	↑	↑	
	a[0]	a[0]+1	a[1]	a[1]+1	a[2]	a[2]+1	
포인터	p	p+1	p+2	p+3	p+4	p+5	

위에서 p=a[0];을 실행한 후 p==a[0]이지만, p+1==a[0]+1임을 유의해야 한다.

프로그램 10-10

```
#include <stdio.h>
 void main()
  {
  static int a[2][3]={{11,22,33},
                      {44,55,66}}; //2행 3열의 2차원 배열 초기치 선언
  int i,*p;

  p=&a[0][0];              // 배열 a의 시작주소를 p에 저장
  for(i=0; i<6; i++)
  printf("a[][] = %d \n",*(p+i));
 }
```

실행결과

```
a()() = 11   ← a[0][0]
a()() = 22     a[0][1]
a()() = 33     :
a()() = 44     :
a()() = 55     :
a()() = 66   ← a[1][2]
```

해설

2차원 배열과 포인터의 관계이다. 2차원 배열이라 하더라도 기억 장소에는 선형으로 저장되기 때문에 포인터 연산으로 그 위치를 나타낼 수 있다.

프로그램 10-11

```
#include <stdio.h>
void main()
 {          a(0)( ) a(1)( ) a(2)( )
     //       ↓       ↓       ↓
int a(3)(3)={{1,2,3},{4,5,6},{7,8,9}}; // 2행 3열의 2차원 배열 초기치 선언
int i,*p;

p=a(2);           // 배열 a의 세 번째 행의 첫 원소 a(2)(0)를 p에 할당

for(i=0; i<3; i++)
printf("a(2)(%d)= %d \n",i,*(p+i));
}
```

실행결과

```
a(2)(0)= 7
a(2)(1)= 8
a(2)(2)= 9
```

해설

2차원 배열 a[3][3]에서 세 번째 행에 있는 배열 원소 a[2][0], a[2][1], a[2][2]의 데이터만을 출력한 것이다.

프로그램 10-12

```
#include <stdio.h>
 void main()
 {
 int a[2][3]={{11,22,33},{44,55,66}};  // 2행 3열의 2차원 배열 초기치 선언
 int i, sum=0;
 int *p;
 p=a[0];                               // &a[0][0]으로 표현 가능
 for(i=0; i<6; i++)
 sum+=*(p+i);
 printf("배열 원소의 합 = %d \n",sum);
 }
```

실행결과

```
배열 원소의 합 = 231
```

해설 2차원 정수 배열 a[2][3]의 초기값을 선언한 후 배열 원소의 데이터 값을 합하여 출력하는 프로그램이다.

3. 포인터와 문자열

c 언어에서 문자열(string)을 다룰 경우 포인터를 이용하면 매우 편리하다. 문자열에 대한 대부분의 연산은 실제로 포인터로 이루어지기 때문이다.

포인터로 문자열을 조작하는 방식을 알아보기 위해서는 포인터와 배열 관계를 이해하면 될 것이다. 그러나, 이들에 관해서는 서로 다른 차이점이 있다. 즉 포인터에 의한 문자열 처리는 문자열의 주소를 조작하는 것이고, char형 배열에 의한 문자열 처리는 문자열의 실체를 조작하는 것이다.

예 1

```
static char a[ ]="KOREA";
```

배열로 문자열 처리를 하는 것을 살펴보면, 배열 원소의 실제값으로 문자 하나하나 기억된다.

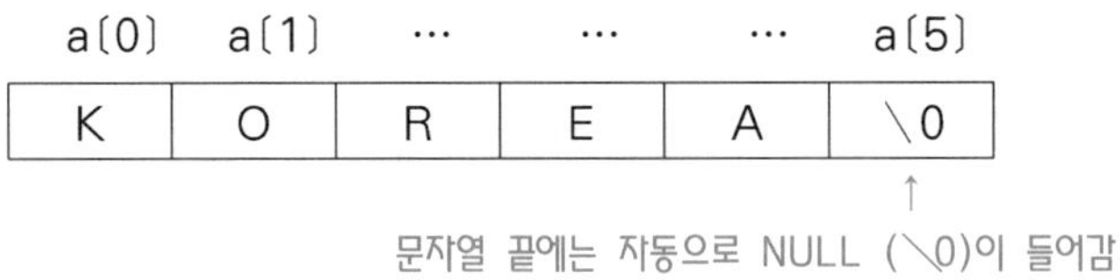

다음은 포인터로 문자열을 처리하는 방식을 알아본다. 먼저, 그 사용 형식은 다음과 같다.

형식

```
char * 포인터명="문자열";
```

사용 예를 들어보자.

예 2

```
static char *a="seoul"; 또는 static char *a;
a="seoul";
```

C 컴파일러는 "seoul"이라는 문자열을 메모리에 저장하고 문자열을 마지막에 '\0'을 추가한다. 그리고 메모리에 기억된 문자열을 참조하기 위해서는 포인터명에 문자열의 시작 주소를 전달한다.

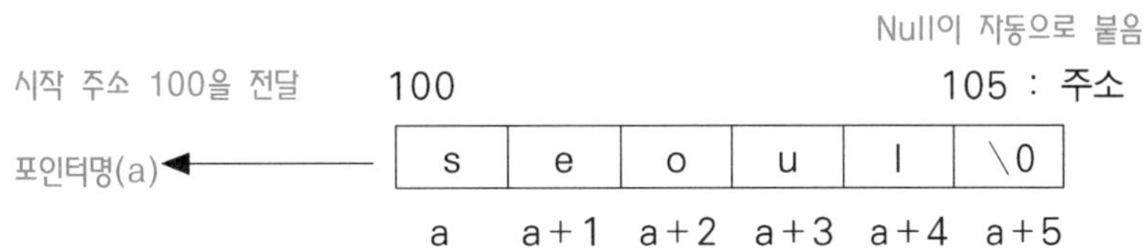

포인터명(a)에 시작 주소만 전달하면 나머지는 자동적으로 순서적 주소가 전달된다. 이 주소들이 가리키는 포인터명에 *을 붙이면 메모리 내에 들어 있는 데이터값을 참조할 수 있다.

한편, 문자열을 모두 출력하려면 다음과 같이 문자열의 끝을 판정하면 된다.

```
while(*a!='\0') ← 문자열의 끝 판정
{
 :
 :
a++;             ← 포인터를 다음으로 이동
 :
 :
}
```

프로그램 10-13

```
#include <stdio.h>
void main()
{
char *p;                    // 포인터 변수 선언
int i;

p="kim jeong ho";       // 포인터 p에 "k"의 시작 주소 지정
for(i=0; i<12; ++i)
printf("*(p+%d) == %c \n",i,*(p+i));  // 데이터를 꺼내어 출력
}
```

실행결과

```
*(p+0)==k
*(p+1)==i
*(p+2)==m
*(p+3)==        ← blank 문자
*(p+4)==j
*(p+5)==e
*(p+6)==o
*(p+7)==n
*(p+8)==g
*(p+9)==        ← blank 문자
*(p+10)==h
*(p+11)==o
```

해설

포인터 변수 p에 문자열 "kim jeong ho"의 시작 주소를 대입시키면, 나머지 주소들은 순서적으로 배열되어 포인터 변수 p+1, p+2, …에 대입된다. 이들의 포인터 변수에 *를 붙여 데이터를 꺼낸다.

프로그램 10-14

```
#include <stdio.h>
void main()
{
char *name;              // 포인터 변수 선언
int i;

name="SEOUL";            // 포인터 변수 name에 "S"의 시작 주소 저장

for(i=0; i<=4; ++i)
printf("*(name+%d)=%c, name[%d]=%c \n", i,*(name+i),i,name[i]);
}
```

실행결과

```
*(name+0)=S, name[0]=S
*(name+1)=E, name[1]=E
*(name+2)=O, name[2]=O
*(name+3)=U, name[3]=U
*(name+4)=L, name[4]=L
```

해설

배열과 포인터의 관계를 살펴보는 프로그램이다. 포인터 변수에 직접 초기값으로 문자열을 주고 나서 포인터 변수를 하나씩 증가한 결과값의 배열의 첨자 형태로 출력한 결과값이 동일하게 나타났다.

프로그램 10-15

```
#include <stdio.h>
void main()
{
char *str="STR";                    // 포인터 변수 선언과 초기값 선언

while(*str != '\0')                 // 문자열의 끝을 판정
 {
 printf("%c \n",*str);              // str 주소의 데이터를 꺼내 출력
 str++;                  // 포인터를 하나씩 증가
 }
}
```

실행결과

```
S
T
R
```

해설

문자열의 끝에는 '\0'이 붙어 있으므로 문자열의 끝을 판정할 때, while(*str!='\0')을 사용할 수 있다. 이는 문자가 NULL('\0') 아니면 (!=)를 계속 반복하여 문자를 꺼내도록 한다.

프로그램 10-16

```
#include <stdio.h>
void main()
{
char *str;
str="c-system";          // char str="c-system";으로 지정 가능
                  // 포인터명 str에 문자열 첫 자인 "c"의 주소가 들어 있다.
printf("str의 첫 주소 == %d \n",str);
printf("문자열 == %s \n",str);
}      //          ↓
// %S 변환 문자는 포인터 변수 str이 가리키는 주소의 값(c)으로부터 문자열 출력
```

실행결과

```
str의 첫 주소 == 4325452
문자열 == c-system
```

해설

문자열을 포인터로 선언한 후 문자열을 꺼내 받아 출력할 경우 %S 변환 문자를 사용할 수 있다. 다른 예를 하나 더 들어보자.

```
char *p;
p="ABC";
printf("%s",p);
  *p     *(p+1)    *(p+2)    *(p+3)  ← 메모리의 데이터 참조
  ↓        ↓         ↓         ↓
|  A   |   B    |   C    |   \0   |  ← 데이터
  p       p+1       p+2       p+3    ← 주소
```

p는 문자열의 선두 주소를 가리킨다. p="ABC"; 에서는 선두 주소 p부터 p+1, p+2, p+3의 주소에 각각 A, B, C, \0을 자동적으로 넣는다. 이들은 p~p+3까지를 1개의 문자열로 보아 %s 변환 문자로 받아 출력한다.

프로그램 10-17

```
#include <stdio.h>
void main()
{
char *p;
p="school-bus";

while(*p !='h')  // *p값이 'h'가 아니면 참이 되어 p만 1씩 증가시키고
p++;             // 그렇지 않으면 'h' !='h'는 거짓이 되어 루프를 벗어난다.
printf("%s \n",p);
}
```

실행결과

```
hool-bus
```

해설

반복문 while에서 *p값이 'h'가 될 때 거짓이 되므로 루프를 빠져 나와 printf문에 %s 변환 문자로 h부터 이후의 문자들을 출력한다. (문자열의 중간에서 문자를 꺼낸다.)

프로그램 10-18

```
#include <stdio.h>
void main()
{
char *n;                                    // 포인터 변수 선언
n="spring,summer,autumn,winter";            // 문자열 대입

printf("%s  \n",n+7);                       // n+7 이후의 문자열 표시
}
```

실행결과

```
summer, autumn, winter
```

해설

전체의 문자열 중에서 n+7 이후의 문자열을 꺼내 출력한다.

4. 문자열의 입력

키보드(keyboard)에서 입력한 문자열을 포인터 변수를 사용하여 화면에 출력하는 프로그램에 대해서 살펴본다. 문자열을 입력하기 위해서는 먼저, 포인터 변수의 선언을 한 다음, scanf에서 %s 지정하여 준다. 이때 %s를 지정할 때 문자열의 길이도 지정할 수 있다. 문자열 입력 형식은 다음과 같다.

예

```
char *a="  "; ← 포인터 변수의 선언과 공백으로 초기화
scanf("%s",a);
```

└▶ a가 아니라 a이고, 문자열 주소에 대입하고 끝에 \0을 넣는다.

↓ 문자열을 표시하는 형식 지정 변환 문자

입력한 문자열 중간에 공백이 있으면 공백 앞까지의 문자들을 입력 문자열로 간주한다. 공백이나 Enter↵키로 문자열의 끝을 알려주고, 문자 길이가 지정되어 있으면 지정된 길이 내에 공백이나 Enter↵키가 입력되지 않는 한 지정된 길이 만큼 입력된다.

지정된 길이보다 더 많은 문자를 입력하면 지정된 길이의 문자만 입력된다. 입력된 문자열 끝에는 자동적으로 널(null) 문자가 삽입되어 문자열의 끝을 나타낸다.

프로그램 10-19

```
#include <stdio.h>
void main()
 {
char line[20];
char *p="                  ";  // *p 선언과 공백으로 초기화포인터 변수선언

p=gets(line);
printf("%s \n",p);
 } // *p가 아니라 p로 해야 한다. p의 주소에서 \0까지의 문자열을 화면에 출력
```

실행결과

```
computer Enter↵
computer
```

해설

키보드에서 문자열 "COMPUTER"를 입력하고 Enter↵키를 치면 이 문자열을 주소 p 내로 읽어 들인다.

프로그램 10-20

```
#include <stdio.h>
void main()
{
char a[8];              // a[0], a[1], ⋯ ⋯ ,a[7] 배열변수 선언
char *p;                // 포인터 변수 선언
int n;

p=&a[0];                // 배열주소를 포인터 주소에 전달
printf("문자열 입력? ");
scanf("%8c",p);         // 키보드에서 자료 입력

for(n=0; n<8; n++)
printf("문자열 출력 = %c \n",*(p+n)); // 주소가 가리키는 내용을 출력
}
```

실행결과

```
문자열 입력? MY HOUSE [Enter]
문자열 출력 =M
문자열 출력 =Y
문자열 출력 =
문자열 출력 =H
문자열 출력 =O
문자열 출력 =U
문자열 출력 =S
문자열 출력 =E
```

해설

8문자를 지정하고 8문자 이하의 문자열을 입력한다. 배열 주소를 포인터 주소에 보내고 그 주소에 키보드에서 문자 자료를 입력한 뒤, 주소를 가리켜 그 속의 데이터를 꺼내 출력하는 프로그램이다.

프로그램 10-21

```
#include <stdio.h>
#include <conio.h>       // 콘솔 입·출력 헤더 파일
void main()
 {
 char line[20]
 char *r;                // 포인터 변수 선언
 int n;

 r=gets(line);           // 문자열을 입력

 for(n=0; n<12; ++n)
 printf("%c",*(r+n));    // 주소 내의 값을 꺼내어 출력
 }
```

실행결과

```
sample test [Enter↵]
sample test
```

해설

문자열을 gets()함수로 읽어들여 반복문(for문)으로 주소를 지정하여 그 주소 속에 들어 있는 값을 출력하는 프로그램이다.

프로그램 10-22

```
#include <stdio.h>
 void main()
   //  행 열
 { //   ↓ ↓
 char a[3][8];                        // 2차원 배열 선언

 scanf("%s",a[0]);
 scanf("%s",a[1]);
 scanf("%s",a[2]);

 printf("%s, %s, %s \n", a[0],a[1],a[2]);
 }
```

실행결과

```
spring  Enter↵
summer  Enter↵
autumn  Enter↵
spring, summer, autumn
```

해설

3개의 문자열을 입력하는데, 저장 장소는 배열 a[3][8]로 선언했다. 3 문자열은 a[1],a[2]를 선두로 하는 주소에 저장된다. 즉 각 문자열의 첫 번째 문자의 주소가 a[0], a[1], a[2]에 저장된다.

	1열 ↓	2열 ↓					7열 ↓
0행: a[0]	s	p	r	i	n	g	\0
1행: a[1]	s	u	m	m	e	r	\0
2행: a[2]	a	u	t	u	m	n	\0

프로그램 10-23

```
#include <stdio.h>
void main()
{
 char line1[20], line2[20], line3[20];
 char *a[3];                // 포인터 배열 변수 선언

 a[0]="          ";    // a[0]가 지칭하는 주소 내에 공백으로 대입
 a[1]="          ";
 a[2]="          ";

 a[0]=gets(line1);        // a[0]가 지칭하는 주소 내에 문자열 입력
 a[1]=gets(line2);
 a[2]=gets(line3));

 printf("%s, %s, %s \n", a[0],a[1],a[2]);
}
```

실행결과

```
morning    Enter↵
afternoon  Enter↵
night      Enter↵
morning, afternoon, night
```

해설

문자형 포인터 변수 *a[3]의 선언은 *a[0], *a[1], *a[2]를 선언한 것이나 마찬가지이다. 이것은 다음의 포인터 배열 변수 부분에서 자세히 다룰 것이다. 그리고 a[0], a[1], a[2]은 문자열의 시작 주소를 가리키는 포인터 변수이다. a[0], a[1], a[2]가 가리키는 주소 내에 공백을 대입한다. 이 공백의 자릿수가 입력할 수 있는 문자수이다.

5. 포인터 배열 변수

포인터 배열이란, 동일한 데이터형의 주소를 관리하는 포인터 변수를 여러 개 모아 배열로 구성하여 처리하는 방법으로 일반적인 배열과 마찬가지로 선언된다.

형식

```
char * 배열명 [요소의 수];
```

예

```
static char *a[4]={"pencil", "paper", "book", "pen"};
```

예와 같이 선언하면, 배열 a는 4개의 배열 원소로 이루어지며 결국, 4개의 포인터를 배열로 묶어 놓은 의미를 갖는다. 즉,

```
*a[0], *a[1], *a[2], *a[3]
```

이 된다. 배열은 일반적인 상수를 그 값으로 취하지만, 포인터 배열은 주소를 취한다. 포인터 배열 선언문에서 초기값을 직접 할당할 수도 있다. 다음은 기억 장소의 기억 형태이다.

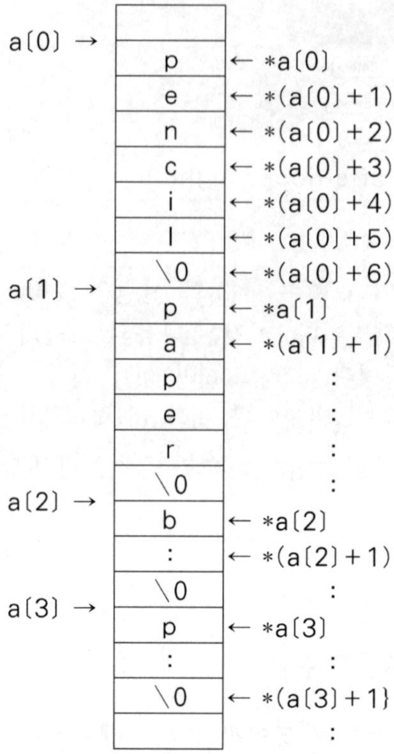

그림 10.2 포인터 배열의 메모리

a[0] : 문자열 "pencil"이 저장되어 있는 시작 주소
a[1] : 문자열 "paper"가 저장되어 있는 시작 주소
a[2] : 문자열 "book"이 저장되어 있는 시작 주소
a[3] : 문자열 "pen"이 저장되어 있는 시작 주소

이상과 같이 포인터 배열은 마치 2차원 배열의 구조와 같은 의미를 지닌다.

프로그램 10-24

```
#include <stdio.h>
 void main()
  {
static char *a[4]={"Kim",          // 포인터 배열과 초기치 선언
                   "Lee",
                   "Pak",
                   "Cho"};
int i,j;

printf("a[0]의 시작 주소 =%c \n", *a[0]);
printf("a[1]의 시작 주소 =%c \n", *a[1]);
printf("a[2]의 시작 주소 =%c \n", *a[2]);
printf("a[3]의 시작 주소 =%c \n", *a[3]);
printf("===< 배열의 각 원소 값 ?=== \n");

for(i=0; i<4; i++)
for(j=0; j<4; j++)

printf("a[%d][%d]==%c \n",i,j,a[i][j]);
}
```

실행결과

```
a[0]의 시작 주소 = K
a[1]의 시작 주소 = L
a[2]의 시작 주소 = P
a[3]의 시작 주소 = C
===< 배열의 각 원소 값 >===
a[0][0]==K
a[0][1]==i
a[0][2]==m
a[0][3]==
a[1][0]==L
a[1][1]==e
a[1][2]==e
a[1][3]==
a[2][0]==P
a[2][1]==a
a[2][2]==k
a[2][3]==
a[3][0]==C
a[3][1]==h
a[3][2]==o
a[][3]==
```

해설

포인터 배열을 사용하여 문자 배열 내의 각 문자들을 참조할 때 2차원 배열 형식으로 지정해야 한다. 한 문자씩 출력을 지정하는 형변환 문자 %c 사용에 유의해야 한다.

프로그램 10-25

```
#include <stdio.h>
void main()
 {
 char *p[4];                // 포인터 배열 선언
 int i;

 p[0]="red";
 p[1]="yellow";
 p[2]="blue";
 p[3]="green";

 for(i=0; i<4; ++i)
 printf("%s \n",p[i]);    // 문자열의 시작 주소를 %s로 지정해서 표시
 }
```

실행결과

```
red
yellow
blue
green
```

해설

포인터 배열 선언으로 *p[0], *p[1], *p[2], *p[3]이 확보되며, p[0], *p[1], *p[2], *p[3]에 각 문자열의 시작 주소를 가진다. 이들 시작 주소를 기점으로 주소 내부에 문자들이 연속적으로 배열된다. 예를 들면, p[0]="red"인 경우 p[0]에 'r', p[0]+1에 'e', p[0]+2에 'd', p[0]+3에 '\0'이 들어간다.

프로그램 10-26

```
#include <stdio.h>
static char *str[]={"Computer",
                    "Hardware",          // 포인터 배열의 초기치
                    "Software"};

 void main()
 {
 int i;

 for(i=0; i<=2; i++)
 printf("str[%d]--->%s \n",i,str[i]);
 }                 //          ↘ 문자열의 선두 주소를 문자열 출력
```

실행결과

```
str[0]--->Computer
str[1]--->Hardware
str[2]--->Software
```

해설

*str[0], *str[1], str[2]가 확보되어 str[0], str[1], str[2]에 각 문자열의 선두 주소가 저장된다. 이 시작 주소를 기점으로 "Computer", "Hardware", "Software"가 %s로 지정되어 출력된다.

6. 이중 포인터 변수

이중 포인터 변수(double pointer variable)란 포인터 변수에 다시 포인터 변수를 지정한 것으로 포인터에 대한 포인터를 말한다. 이중 포인터 변수 선언 형식은 다음과 같다.

형식

```
데이터형 **p;
          └──► p가 가리키고 있는 주소 내의 값
```

예

```
char **p;     이중 포인터 변수 선언
```

위 예와 같은 선언은 실제로 다음과 같은 세 개의 변수로 선언된 것으로 간주된다.

- p : *p가 수록되어 있는 주소를 지칭한다.
- *p : **p가 수록되어 있는 주소를 지칭한다.
- **p : char형의 변수(char형의 값을 가진다.)

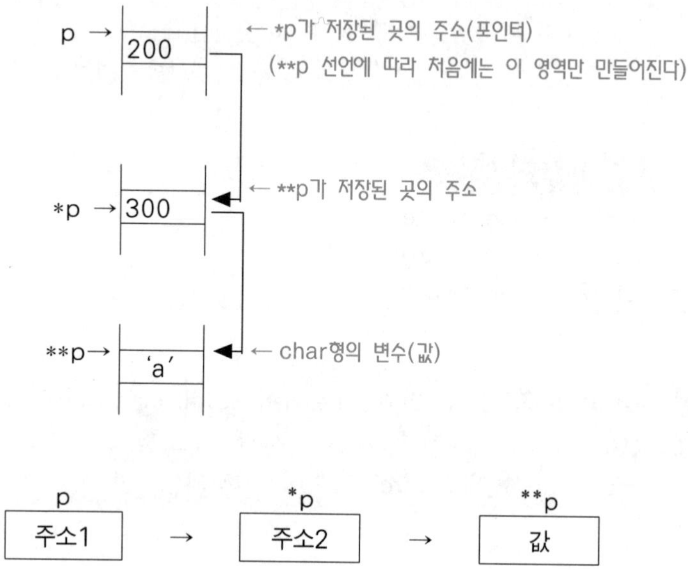

그림 10.3 이중 포인터 변수의 메모리 내용

프로그램 10-27

```
#include <stdio.h>
void main()
 {
 int a,*p,**q;

 a=150;
  p=&a;                    // a의 주소를 p에 저장
  q=&p;                    // p의 주소를 q에 저장

 printf("value a=%d \n",*p);
 printf("value a=%d \n",**q);
}
```

실행결과

```
value a=150
value a=150
```

해설

변수 a에는 150이 기억되며, a의 주소는 변수 p에 기억된다. 또한 p의 주소는 변수 q에 저장된다. 따라서 q는 포인터 변수 p의 포인터 변수가 된다.

7. 포인터와 함수

일반적으로 포인터는 변수의 주소를 가리키지만, 함수의 주소도 가리킬 수 있다. 함수는 함수의 입구라는 주소를 갖고 있기 때문에 이 주소를 포인터에 기억시켜서 표현할 수 있다. 또한, 다른 함수로 인수를 전달할 수 있으며, 함수 호출도 가능하게 된다.

함수에 대한 포인터

함수에서 포인터를 사용하기 위해서는 사용할 포인터를 선언해야 하는 데 먼저, 일반적인 함수 선언을 살펴보자.

```
int abc();
    └──────▶ 함수명(function name)
```

이 선언은 포인터 변수의 경우와 마찬가지로 다음과 같이 두 가지가 정의된 것으로 간주될 수 있다. 즉,

```
① abc     ← 함수의 실제 내용이 수록된 시작 주소
② abc()   ← 함수의 자체
```

마치, 앞의 배열에서와 마찬가지로 배열의 선언시, 배열명 그 자체는 배열이 수록된 시작 주소를 갖는다. 이와 같은 함수를 사용할 때에도 포인터를 사용할 수 있는데, 그 형식은 다음과 같다.

형식

데이터형(*포인터명)( )

( ) 내에 인수를 포함할 수도 있다.

예 1

```
int (*func)();
      ↘ func가 가리키는 주소 내의 값
```

프로그램 10-28

```
#include <stdio.h>
 void (*ft)(int d);          // 함수 포인터 ft선언
void eng(int c);             // 함수의 프로토타입 선언
void kor(int c);             // 함수의 프로토타입 선언

 void main()
 {
 int a=3500;
  ft=eng;       // eng함수의 주소값을 ft에 설정
 ft(a);         // 그 주소로 함수를 추출
  ft=kor;                    // kor함수의 주소값을 ft에 설정
 ft(a);         // 그 주소로 함수를 추출
 }

 void eng(int c)
 {
 printf("value = %d \n",c);
 }

 void kor(int c)
 {
 printf("값은 %d이다. \n",c);
 }
```

실행결과

```
value = 3500
값은 3500이다.
```

해설

함수 포인터의 예를 실제로 실행한 것이다. 같은 포인터 ft를 사용하면서 어떤 때는 함수 eng를 실행하고 어떤 때는 함수 korea를 실행하고 있다. 여기서 ft는 int형 인수를 1개 사용하고 리턴값은 void이다.

프로그램 10-29

```
#include<stdio.h>

char *fun()
 {
 char *p="UNIX-C and Visual-C.";
 return(p);                   // 포인터 값(문자열) 리턴
 }
void main()
 {
 char *fun();        // 함수의 포인터 선언
 printf("%s \n", fun());
 }             //    ↘ 함수를 호출하고, 결과값을 되돌려 받음
```

실행결과

```
UNIX-C and Visual-C.
```

해설 주어진 함수값의 문자열에 대한 포인터를 되돌려 주는 프로그램이다.

함수 배열 포인터

함수 배열 포인터란, 여러 개의 함수에 대해 각각의 시작 주소를 갖는 여러 개의 포인터를 배열로 만들어 주는 것을 의미한다. 다음은 함수 배열을 가리키는 포인터 형식이다.

형식

```
데이터형(*포인터 함수명[첨자])( )
```

예 2

```
int (*fun[3]) ( );
```

위와 같이 선언하면 함수 배열의 결과가 정수형으로 함수 배열 원소

fun[0]( ), fun[1]( ), fun[2]( ) 3개의 함수 원소(function element)가 준비된다. 여기에 3개의 함수에 대한 선언을 포함해서 살펴보자.

예 3

```
int sun1( ), sun2( ), sun3( ),
int (*fun[3]( );
```

이때, 포인터 배열에 각 함수의 시작 주소를 대입시키기 위해서는 다음과 같이 한다.

```
fun[0]=sun1;
fun[1]=sun2;
fun[2]=sun3;
 ↑         └▶ 함수의 시작 주소
포인터 배열의 원소
```

프로그램 10-30

```
#include <stdio.h>
void sum(int a, int b);// sum 함수 선언(prototype)
void dif(int a, int b); // dif   "
void mul(int a, int b); // mul   "
void div(int a, int b); // div   "

void main()
 {
 int k;
 void (*pro[4])(int a, int b);   // 함수 배열 포인터 선언
 pro[0]=sum;              // 시작주소를 설정
 pro[1]=dif;                        //       "
 pro[2]=mul;                        //       "
 pro[3]=div;                        //       "
 for(k=0; k<=3; k++)
  pro[k](250, 50);  // 4개의 함수를 차례대로 불러와 각각에 인수값 대입
 }
```

```
void sum(int a, int b)
  {
  printf("더하기=%d \n", a+b);
  }
void dif(int a, int b)
  {
  printf("빼기 =%d \n", a-b);
  }
void mul(int a, int b)
  {
  printf("곱하기=%d \n", a*b);
  }
void div(int a, int b)
  {
  printf("나누기=%d \n", a/b);
```

실행결과

```
더하기=300
빼기 =200
곱하기=12500
나누기=5
```

해설

void (*pro[4])(int a, int b)는 2개의 int형 인수를 갖고, 리턴값이 void인 함수로써 시작주소값을 4개 가질 수 있는 포인터 배열이 된다. 포인터 pro에 sum, dif, mul, div라는 4개의 함수의 포인터를 할당한 것이다.

연습문제

(객관식)

1. 기억 장소의 주소를 나타내기 위한 표현으로 옳게 된 것은?

① &150　　② &(a+1)
③ & str　　④ register &x

2. 다음과 같은 프로그램에서 *P가 출력해 내는 값은?

```
int a=150, *P;
p=&a;
printf("%d", *P);
```

① 변수 a의 주소　　② 150
③ P 변수의 주소　　④ null

3. 다음과 같은 프로그램에서 출력되는 값은?

```
void main()
{
float * x;
printf("%d byte \n", sizeof (*x));
}
```

① 1byte　　② 2byte
③ 4byte　　④ 8byte

4. 배열의 초기화에 대한 표현이다. 맞게 표현된 것은?

① int a[3]=(10,15,25);　　② int a[3]={12.5,13.5,14.2};
③ char a[]=("seoul");　　④ static char a[]="korea"

5. null('\0') 문자를 필요로 하는 명령문은?

① static char *a;　　② static int *a;
③ static char &a;　　④ static int &a;

6. 포인터 변수 사용 방법으로 옳게 표현된 것은?

① char *a;
scanf("%s", &a

② char *a;
scanf("%s", #a);

③ char *a;
scanf("%5s", a);

④ char *a;
scanf("%5s", ?a);

7. 다음의 명령문이 실행될 경우, 실행 후의 I의 값은?

```
int a[2][2]={{120,220},{320,420}};
int *p;
  p=&a[0][0];
  i=*(p+1);
```

① 120
② 220
③ 320
④ 420

8. 다음의 명령문이 실행될 경우, a[2]의 출력값은?

```
char *a[ ]={"spring", "summer", "autumn", "winter"};
print("%s", a[2]);
```

① spring
② summer
③ autumn
④ winter

9. 다음의 명령문이 실행될 경우 *a++의 출력값은?

```
int m[4]={130,230,330,430};
int *a=m;
printf("%d", *a++);
```

① 130
② 131
③ 230
④ 231

연습문제 (주관식)

1. 1차원 배열이 초기화를 선언하고, 포인터를 사용하여 홀수의 합과 짝수의 합을 구하는 프로그램이다. 괄호 안을 적당한 문장으로 채우시오.

```
void main()
{
int a[ ] = {1,2,3,4,5,6,7,8,9,10};
int b,c,i,( ① );
   b=c=0;
   p=&a[0];
   for(i=0; i<10; i+=2)
   {
   b+=(  ②  );
   c+=(  ③  );
   }
   printf("1+3+5+7+9 => %d \n", b);
   printf("2+4+6+8+10 => %d \n", ( ④ ));
   }
```

2. 다음 각각의 경우 *ptr와 *(ptr+2)의 값은?

```
① static int a[4]={1,2,3,4};
   int *ptr;
   ptr=a;
② static float b[2][2]={{1.5,2.5},{1.8,3.5}};
   float *ptr;
   ptr=b[0];
```

3. 다음 프로그램을 실행하면 어떤 출력을 나타내는가?

```
# include <stdio.h>
# define PR(x) printf("%d\n", X)
void main()
{
int *ptr[3];
int a=12, b=24, c=36;
ptr[0]=&a;
ptr[1]=&b;
ptr[2]=&c;
PR(*ptr[1]);
PR(**ptr+1);
}
```

4. 다음 프로그램을 실행시켜 본 후 이 프로그램을 포인터를 사용한 형태로 바꿔 다시 프로그래밍 하시오.

```
# include < stdio.h>
void main()
{
int i, j;
static int a[4][3]={{1,2,3,}, {4,5,6}, {7,8,9}, {10,11,12}};
for(i=0; i<4;i++)
{
for(j=0; j<3; j++)
printf("%2d", a[i][j]);
putchar ('\n');
}
}
```

5. 다음 두 프로그램을 실행 후 (*p)++와 *p++의 차이점을 설명하시오.

```
① #include <stdio.h>
   void main()
   {
   char a, *p;
   a='A';
   p=&a;
   (*p)++;
   printf("*p=%c\n", *p);
   }
② #include <stdio.h>
    void main()
    {
    char a, *p;
    static char a[3]="CMP";
    P=&a[0];
    *p++;
    printf("*p=%c\n", *p);
    }
```

제11장 구조체와 공용체

1. 구조체(structure)

구조체는 서로 다른 데이터형을 갖는 변수들을 하나의 명칭 아래 함께 묶어 하나의 단위로 참조할 수 있도록 구성된다. 프로그램이 복잡해지고 커지게 되면 처리해야 할 데이터의 종류가 많아져 서로 간에 밀접한 연관이 있는 데이터들이 생겨난다. 예를 들면, 성적표, 주소록, 책목록, 급여 항목, 가계부 등에서 서로 연관되어 있는 데이터들의 묶음이다.

예

성적표
학번 :
성명 :
국어 :
영어 :

책목록
저자 :
책 이름 :
출판사 :
출판 연도:

가계부
난방비 :
식생활비 :
교육비 :
문화비 :

➡ 구조체는 서로 연관된 데이터들의 묶음이다.

1. 구조체 선언

구조체는 struct라는 지시어를 이용하여 선언하며, 일반 형식은 다음과 같다.

형식

```
struct 구조체명            ← 지정한 구조체명으로 기억 영역이 확보된다.
 {
 데이터형1 멤버명1;
 데이터형2 멤버명2;
         …
         …
 데이터형n 멤버명n;
 };                        ← 구조체 선언 끝에 반드시 ;을 붙인다.
```

위의 형식에서 구조체명은 변수가 아니라 데이터형이다. 또 멤버(member)명은 구조체를 구성하는 것으로 배열의 원소와 비슷하며 데이터형은 각 멤버의 데이터형이다. 구조체에서는 멤버의 데이터형이 서로 다르기 때문에 각 멤버마다 부여해야 한다. 위의 형식은 구조체를 정의하는 것이 아니라 구조체의 형을 정의하는 것이다. 다음은 구조체의 형을 나타낸 예이다.

예

```
                     데이터형
struct SUNGJUK { ↓          ┌──────► 멤버(member)들
         ↑       int   hakbun;
      구 조체명   char   name[10];
                 int    kor;
                 int    eng;
                 int    mat;
                 int    tot;
                 float  ave;
                 };
```

이와 같이 정의된 구조체 멤버(member)들은 다음과 같이 연속된 기억 장소에 저장된다.

hakbun	name[0] ~name[9]	kor	eng	mat	lot	ave
int	char	int	int	int	int	float

구조체 선언의 위치는 함수 내부 및 외부에서 할 수 있는데 일반적으로 함수의 외부에서 선언한다. 왜냐 하면 변수의 선언과 마찬가지로 내부 선언은 범용성이 적기 때문이다.

2. 구조체 변수의 선언

구조체를 정의하려면 구조체형을 갖는 구조체 변수를 다시 선언해야 한다. 구조체 변수란 이미 선언된 구조체를 데이터형으로 갖는 변수를 말하며, 이 구조체 변수가 선언되어야만 비로소 이미 선언한 구조체에 실제로 기억 장소가 확보된다.

다음은 구조체 변수 선언 형식이다.

형식

```
struct 구조체명 구조체 변수1, 구조체 변수2,…;
```

예 1

```
struct SUNGJUK sum;
```

SUNGJUK → 구조체명

sum → 구조체 변수

여기서, 변수 sum은 SUNGJUK의 구조를 가지는 구조체 변수로 선언되어 이미 선언한 구조체내의 요소들(hakbun, name 등)의 형태가 sum이라는 변수에 복사된다. 이 변수들은 배열과 비슷한 점이 있는데, 배열의 요소는 같은 데이터형의 원소들의 집합인데 반하여 구조체 변수는 여러 가지 형태의 데이터형으로 구성된 집합이다.

또한, 구조체와 구조체 변수 선언을 각각 따로 하지 않고 구조체 선언 시 구조체 변수를 동시에 함께 선언할 수 있다.

형식

```
struct 구조체명
  {
  데이터형1 멤버형1;
  데이터형2 멤버형2;
          .
          .
          .
  데이터형n 멤버형n;
  } 구조체 변수 1, 구조체 변수2, …;  → 구조체 변수들의 위치
```

예 1

```
   구조체명을 생략할 수 있다.
          ↓
struct body
 {
 char name[10];
 int heigh;
 float weight, bust;
 } man, woman;
```

여기서, man과 woman은 구조체 멤버들의 대표적인 이름이 되며 구조체 변수를 복수 개로 선언하면 기억 장소도 복수 개로 만들어진다. man과 woman에 속한 동일 명칭의 멤버들은 이름은 같지만, 서로 다른 기억 장소에 저장되며 전혀 다른 의미를 갖게 된다.

man :

name[0]	…	name[9]	heigh	weight	bust
1byte	....		2byte	4byte	4byte

woman :

name[0]	…	name[9]	heigh	weight	bust
1byte	....		2byte	4byte	4byte

기억의 형태로는 같은 구조를 갖지만, 각각 서로 다른 기억 장소에 저장된다.

① 구조체 변수에 관한 프로그램 예로 Project name에 sample11 이라고 입력하고 〔OK〕 버튼을 클릭 한다.

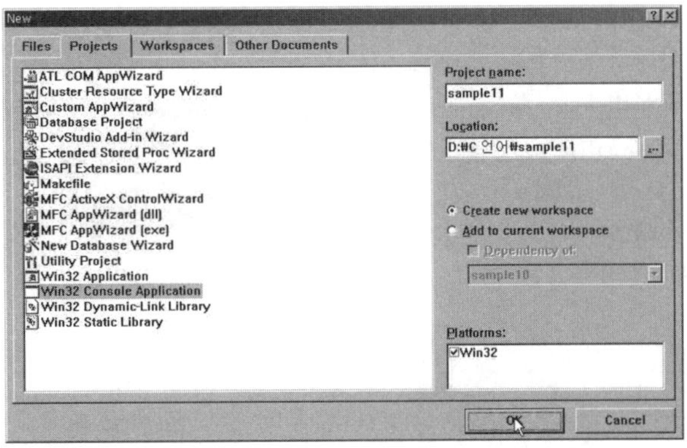

② Win32 Console Application -Step 1 of 1의 대화상자가 나타나는데 이들의 콘솔 어플리케이션의 형태 중 ◉ An empty project를 선택하고 〔Finish〕단추를 누른다.

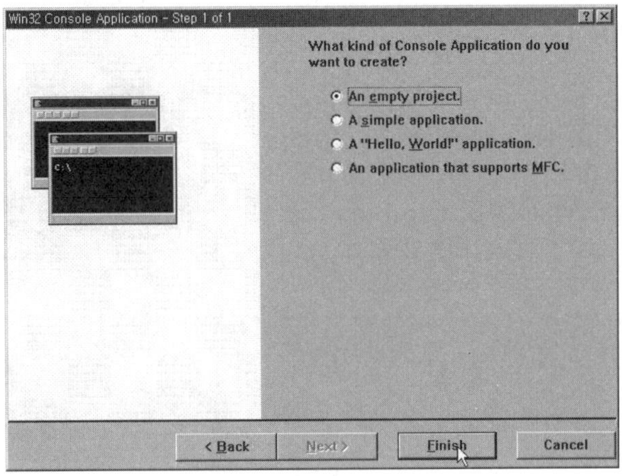

③ 새로 생성된 프로젝트 정보를 보여주고 있으며, Project Directory 위치와 내용을 확인 후 〔OK〕를 선택한다.

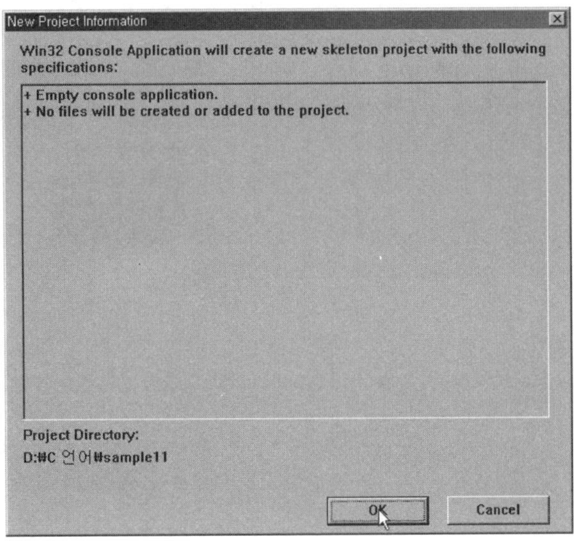

④ 〔FileView〕 탭에서 폴더모양의 〔Source Files〕에서 마우스 오른쪽버튼을 눌러 〔Add Files to Folder...〕를 선택하여 소스코드를 입력하기 위한 파일을 생성한다.

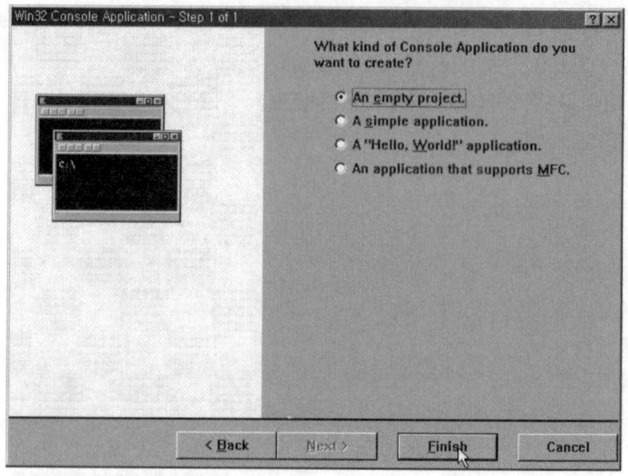

⑤ Insert Files into Project 대화상자가 나타난다. Insert Files into Project 대화상자에서 파일이름을 sample11.c 입력하고 〔OK〕버튼을 클릭 한다.

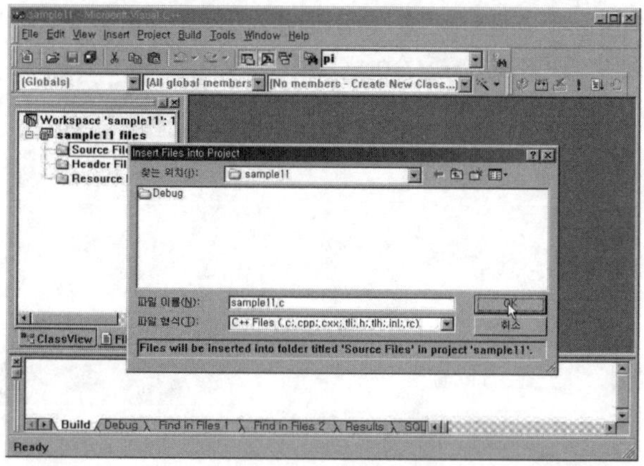

⑥ 소스파일 sample11.c 파일을 참조하겠냐는 대화상자가 나타나면 〔예(Y)〕를 누른다.

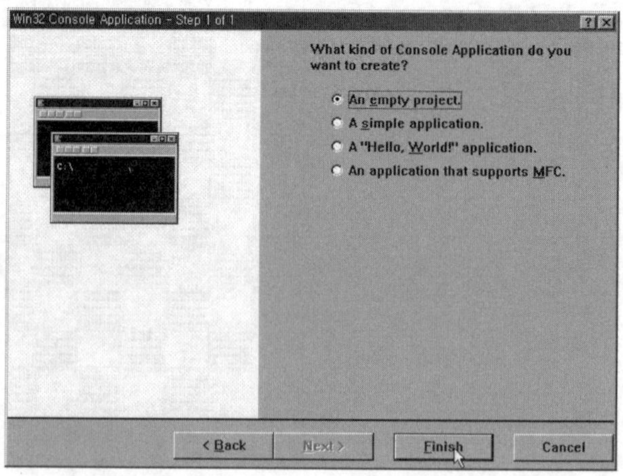

⑦ Source File에서 sample11.c를 클릭하면 파일을 생성한다는 대화상자가 나타나고, 〔예(Y)〕를 누르면 파일을 작성할 수 있는 입력창을 볼 수 있다.

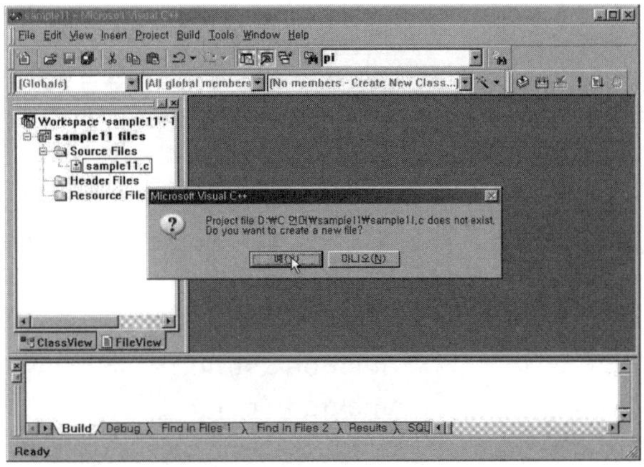

⑧ sample11.c 입력창에 소스를 입력한다.

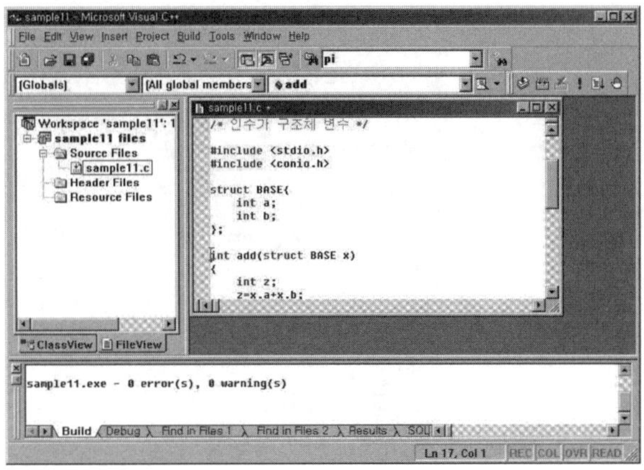

Sample11 소스

```
/* ====================================
        이 프로그램은 비주얼 C++ 6.0 컴파일러로
        실행시켜 보는 소스 프로그램으로 샘플(sample)
        예제이다.
   ====================================   */

// 인수가 구조체 변수
#include <stdio.h>
#include <conio.h>
struct BASE{
        int a;
        int b;
};
int add(struct BASE x)
{
        int z;
        z=x.a+x.b;
        return(z);
}
void main()
{
        struct BASE sum;
        int total;
        printf("\n\n");
        printf("입력데이터 : ");
        scanf("%d%d",&sum.a, &sum.b);
        total=add(sum);
        printf("합계 = %d \n", total);
        getch();
}
```

실행결과

```
입력데이터 = 100 200 Enter↵
합계 = 300
```

⑨ 〔Build〕 메뉴에서 〔Execute sample11.exe Ctrl+F5〕를 하면 자동으로 실행 파일을 먼저 생성하고 실행되는 것을 볼 수 있다.

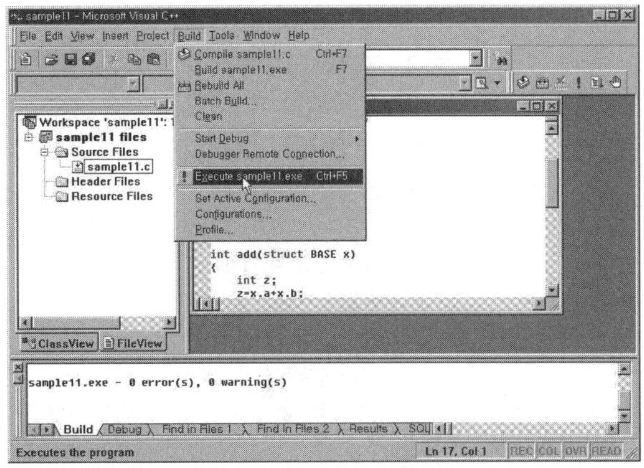

⑩ 실행파일 sample11.exe가 새로운 창에서 실행된 결과가 나타난다.

3. 구조체 멤버의 참조

구조체 멤버(member)를 참조하기 위해서는 변수명과 멤버 사이에 연산자(struct member operator)인 dot(".")를 사용하여 각 변수들을 기술한다.

형식

구조체, 변수명, 멤버명

앞의 〔예 2〕에서 선언한 구조체 변수 man, woman의 각 구성 멤버를 참조하려면 다음과 같이 한다.

```
man. name[3]
man. heigh     ← 구조체 변수 man에 속하는 멤버 heigh를 참조
man. weight
man. bust
또는
woman. name[2] ← 구조체 변수 woman의 배열 name 멤버의 3번째
woman. heigh     문자를 참조
woman. weight
woman. bust
```

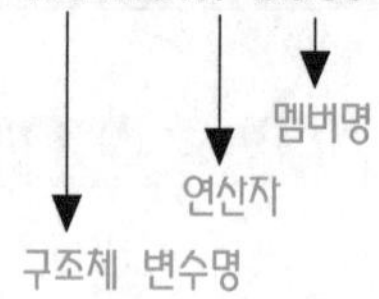

프로그램 11-1

```
struct sample{                          // 구조체의 형 선언
            int no;
            char name[20];
            Int page;
            float price;
            };
#include <stdio.h>
void main()
 {
 struct sample book;                    // 구조체 변수 book의 선언
 printf("책 이름: ");
 gets(book.name);                       // 구조체 변수에 데이터를 입력
 printf("번호, 페이지,가격: \n");
 scanf("%d",&book.no);
 scanf("%d",&book.page);
 scanf("%f",&book.price);

 printf("\n 번호 =%d \n",book.no);
 printf("책 이름 =%s \n",book.name);
 printf("페이지 =%d  \n",book.page);
 printf("가격 =$%3.2f \n",book.price);
 }
```

실행결과

```
책 이름 : C - Language [Enter↵]
번호,페이지,가격 :
10 [Enter↵]
300 [Enter↵]
15.8 [Enter↵]
```

```
번호 = 10
책 이름 =C - Language
페이지 =300
가격 =$15.80
```

해설

구조체에 값을 입력하는 방법과 출력하는 프로그램이다. 구조체의 멤버는 "구조체명, 멤버명"으로 참조한다.

프로그램 11-2

```
#include <stdio.h>
void main()
 {
 struct man {              // 서로 다른 데이터형을 한 조(set)로 하는
        char * name;       // 구조체형 선언
        int age;
        char * job;
        char * sex;
        };
    struct man num;

    num.name="김 철 우";  // 구조체 변수에 초기값 대입
    num.age=28;                 //            "
    num.job="공무원";   //            "
    num.sex="남자";     //            "
    printf("성명: %s \n",num.name);
    printf("나이: %d \n",num.age);
    printf("직업: %s \n",num.job);
    printf("성별: %s \n",num.sex);
    }
```

실행결과

```
성명: 김 철 우
나이: 28
직업: 공무원
성별: 남자
```

해설

구조체 변수의 출력은 일반 변수와 마찬가지로 취급된다.

프로그램 11-3

```
#include <stdio.h>
 void main()
 {
      struct man{          // 구조체명과 구조체 변수를 동시에 선언
         char * name;
         int age;
         char * job;
         char * sex;
         }num;

     num.name="박 현 숙";          // 구조체 변수에 초기값 대입
     num.age=30;                   //          "
     num.job="회사원";  //                "
     num.sex="여  자";  //                "

     printf("성명: %s \n",num.name);
     printf("나이: %d \n",num.age);
     printf("직업: %s \n",num.job);
     printf("성별: %s \n",num.sex);
     }
```

실행결과

```
성명: 박 현 숙
나이: 30
직업:회사원
성별:여  자
```

해설

구조체의 형 선언과 구조체 변수를 동시에 선언한 프로그램이다.

```
struct man {          ← 멤버를 포인터 변수로 선언
       char *name;
   (구조체명)   :
     } num;   → 구조체 변수
```

프로그램 11-4

```
#include <stdio.h>
void main()
 {
 struct card{                              // 구조체형 선언
            char *name;
            char *address;
            char *tel;
            };
 struct card num1,num2,num3;               // 구조체 변수 선언
 num1.name="kim j.h.";
 num1.address="gwang ju";
 num1.tel="525-4533";

 num2.name="pak h.s.";                     // 구조체 변수에 값을 대입
 num2.address="seoul si";                  //          "
 num2.tel="754-9493";                      //          "

 num3.name="lee s.g";
 num3.address="busan si";
 um3.tel="232-8808";
```

```
printf("%s %s %s \n",num1.name,num1.address,num1.tel);
printf("%s %s %s \n",num2.name,num2.address,num2.tel);
printf("%s %s %s \n",num3.name,num3.address,num3.tel);
}
```

실행결과

```
kim j. h. gwang ju 525-4533
pak h. s. seoul si 754-9493
lee s. g. busan si 232-8808
```

해설 구조체 변수를 복수 개 사용한 프로그램의 예이다. 즉, "struct card num1, num2, num3;"에서 num1, num2, num3은 구조체 변수이다.

4. 구조체 변수의 초기화

구조체 변수도 일반 변수나 배열처럼 기억 클래스(storage class)를 갖는다. 구조체 변수의 초기화는 배열과 마찬가지로 기억 클래스가 extern이나 static인 경우에만 가능하며 초기값은 다음 형식과 같이 콤마로 구분되며, { }로 묶어서 나타내고, 초기화가 이루어지지 않는 경우에는 0으로 초기화된다.

형식

```
struct 구조체명 구조체 변수={초기값, 초기값, …};
```

예

```
struct card          ← 구조체명
{
char * name;
char * address;  ← 구조체 선언
char * tel;
```

```
} man;              ← 구조체 변수 선언

void main()
 {
```

구조체 변수의 초기화
↓

```
static struct card man={
                        "Hong gil dong", ← man. name의 초기값
                        "Seoul",         ← man, address의 초기값
                        "754-9493"       ← man. tel의 초기값
                        };
```

또는

```
static struct card man={ "Hong gil dong","Seoul",
                                  "754-9493"};
```

```
        ⋮
        }
```

프로그램 11-5

```
#include <stdio.h>
struct card                  // 구조체명
 {
  char *name;     ─┐         // 구조체 선언
  char *address;   │         //      "
  char *tel;       │         //      "
  };              ─┘

void main()
 {
 static struct card num1={"Hong il jum",
                          "seoul",
                          "012-9966"
                       }, // 초기값을 계속 부여할 때는 콤마로 구분
```

```
                   num2={"pak sun hee",
                         "gwang",
                         "676-3786"
                        };

 printf("%s %s %s \n",num1.name, num1.address, num1.tel);
 printf("%s %s %s \n",num2.name, num2.address, num2.tel);
 }
```

실행결과

```
Hong il jum, seoul,  012-9966
pak sun hee, gwang, 676-3786
```

해설 구조체 변수 man1과 man2에 초기값을 부여한 프로그램이다. 초기값을 연속적으로 부여할 때는 콤마(,)로 구분한다.

프로그램 11-6

```
#include <stdio.h>
void main()
  {
    struct card {          // 구조체 명 및 구조체 선언
                char *name;
                int    age;
                char *job;
                };          // 반드시 세미콜론을 붙인다.
  struct card  num1={"장보고",28,"상업"},   // 구조체 변수에 초기값 할당
                num2={"이순신",30,"장군"},                "
                num3={"김홍도",25,"화가"};                "

  printf("%10s %3d %5s \n",num1.name,num1.age,num1.job);
  printf("%10s %3d %5s \n",num2.name,num2.age,num2.job);
  printf("%10s %3d %5s \n",num3.name,num3.age,num3.job);
  }
```

실행결과

```
장보고 28 상업
이순신 30 장군
김홍도 25 화가
```

해설

복수의 구조체 변수에 초기값을 할당하는 프로그램이다. 구조체 변수에 초기값을 할당하는 방법은 배열과 마찬가지로 변수명 다음에 { }를 기술하고 그 안에 값을 부여한다. 할당되는 순서는 정의된 멤버의 순이다.

프로그램 11-7

```
#include <stdio.h>
struct sungjuk                              // 구조체명(생략 가능)
 {
 int bunho;
 char name[10];
 int kuk;
 int eng;
 int mat;
 } a={35,"안중근",95,90,100};          // 구조체 변수에 초기값 할당
void main()
 {
 printf("      ===<성  적  표>=== \n");
 printf("------------------------------- \n");
 printf("번호  성명  국어  영어  수학 \n");
 printf("%d  %d  %4d  %5d  %6d \n",a.bunho, a.name,a.kuk, a.eng, a.mat);
 }
```

실행결과

```
   ===< 성  적  표 >===
---------------------------------
번호  성 명  국어   영어   수학
---------------------------------
35   안중근  95    90    100
```

해설 구조체 선언과 동시에 변수의 값을 초기화 하는 프로그램이다.

5. 구조체 배열

지금까지 살펴본 구조체 변수는 하나의 구조체형 데이터 그룹만을 갖도록 되어 있다. 따라서, 여러 개의 구조체형 데이터 그룹을 사용하려면 구조체 배열을 사용해야 한다. 구조체 배열은 일반 배열과 선언 형식이나 사용 방법이 비슷하나, 단지 배열 원소가 구조체라는 차이가 있다. 구조체 배열의 선언 형식은 다음과 같다.

형식 1

```
struct 구조체명
 {
 데이터형1 멤버명1;
 데이터형2 멤버명2;

 데이터형n 멤버명n;
  } 배열명;
```

예를 들어, 다음과 같은 형태의 구조체가 있다고 하자.

```
struct card {
             char name[10];
             int age;
             char juso[10];
          } man1, man2, man3;
```

이때, 구조체 변수인 man1, man2, man3는 같은 데이터형을 나타내는 변수로서, 이를 배열을 이용하여 표현할 수 있다.

예

```
struct card {
            char name[10];
            int age;
            char juso[10];
         } man[3];
```

위의 [예 1]은 다음과 같은 배열로 된 구조체를 얻는다.

man[0]	man[0].name	man[0].age	man[0].juso
man[1]	man[1].name	man[1].age	man[1].juso
man[1]	man[2].name	man[2].age	man[2].juso

그리고, [예 1]과 같이 선언한 후에는 main() 함수 내에서 아래와 같은 구조체 배열을 선언해야 한다.

```
struct card man[3];
```

이와 같이 선언하면 요소가 세 개인 구조체 배열 man[ ]이 준비되며, 이때 이들 구조체 배열 각 요소에 초기화를 시킬 때에는 다음과 같이 하면 된다.

```
struct card man[3]={
                    {"홍길동",27,"서울"},
                    {"박문수",30,"부산"},
                    {"장보고",25,"광주"},
                 };
```

또한, 구조체 연산자인 "·"을 사용하여 구조체 배열 각 구성 요소마다 직접 데이터를 대입하려면, 다음과 같이 해도 된다.

```
man[0].name="홍길동";
man[0].age=27;
man[0].juso="서울";

man[1].name="박문수 ";
```

```
man[1].age=30;
man[1].juso="부산";

man[2].name="장보고";
man[2].age=25;
man[2].juso="광주";
```

형식 2

```
struct 구조체명   ← 구조체의 정의
 {
 데이터형1 멤버명1;
 데이터형2 멤버명2;
         :
         :
 };
void main()
 {
 struct 구조체명 배열명;    ← 구조체 변수를 배열로 선언
 }
         :
         :
```

예 2

```
struct shop
       {
          char artical[10]; ← 구조체 멤버의 정의
          int price;
       };                    ← 구조체 끝에는 반드시 세미콜론(;)을 명시
      void main()
       {
       struct shop x[5];
              :
       }
```

프로그램 11-8

```
#include <stdio.h>
void main()
 {
 struct card                          // 구조체의 정의
  {
  char *name;
  int age;
  char *job;
  }man[3];                            // 구조체 배열 변수 선언

  man[0].name="장승업";               // 구조체 배열 요소에 직접 데이터 대입
  man[0].age=30;                      //                 "
  man[0].job="화가";    //             "

  man[1].name="류기환";               // 구조체 배열 요소에 직접 데이터 대입
  man[1].age=28;                      //                 "
  man[1].job="작가";    //             "

  man[2].name="유명한";               // 구조체 배열 요소에 직접 데이터 대입
  man[2].age=25;                      //                 "
  man[2].job="학생";    //             "

  printf("%10s %3d %4s \n",man[0].name,man[0].age,man[0].job);
  printf("%10s %3d %4s \n",man[1].name,man[1].age,man[1].job);
  printf("%10s %3d %4s \n",man[2].name,man[2].age,man[2].job);
  }
```

실행결과

```
장승업 30 화가
류기환 28 작가
유명한 25 학생
```

해설 구조체 변수가 배열인 경우의 프로그램으로서 구조체 배열의 각 요소에 초기값을 대입하여 출력한 것이다.

프로그램 11-9

```
#include <stdio.h>
 struct card {                    // 구조체의 정의
             char *name;
             char *address;
             char *tel;
             };                   // 반드시 세미콜론 붙임
 void main()
 {
 static struct card a[]={            // 첨자 생략한 배열
                      {"cho yang soo", // 구조체 배열 요소에 초기화
                       "seoul",       //        "
                       "659-5623"}, //        "
                      {"lee kang sun",       //         "
                      "busan",        //        "
                      "123-4567"}   //        "
                      };

printf("%s %s %s\n",a[0].name, a[0].address, a[0].tel);
printf("%s %s %s\n",a[1].name, a[1].address, a[1].tel);
}
```

실행결과

```
cho yang soo: Seoul: 659-5623
lee kang sun: busan: 123-4567
```

해설 배열로 선언된 구조체의 요소에 초기화를 나타내는 프로그램이다.

프로그램 11-10

```
#include <stdio.h>
struct jumsu
 {
 char  name[12];       // 구조체 멤머들의 선언
 int eng, mat, tot;
 float ave;
 };
void main()
 {
 int a;

 struct jumsu sc[3];                 // 구조체 변수가 배열

 for(a=0; a<3; a++)
  {
  printf("< %d번째  입력 >\n", a+1);
  printf("성명=");
  scanf("%s", sc[a].name);   // 키보드에서 성명 입력
  printf("영어=");
  scanf("%d", &sc[a].eng);   // 키보드에서 영어 점수 입력

  printf("수학=");
  scanf("%d", &sc[a].mat);    // 키보드에서 수학 점수 입력

  sc[a].tot=sc[a].eng+sc[a].mat;
  sc[a].ave=sc[a].tot/2.0;
  }

  printf("\n이름   영어 수학  합계   평균\n");

printf("==============================\n");
  for(a=0; a<3; a++)
  {
   printf("%s  %2d  %3d ",sc[a].name, sc[a].eng, sc[a].mat);
   printf("%5d %7.2f\n", sc[a].tot, sc[a].ave);
  }
 }
```

실행결과

```
〈1번째 입력 〉
 성명=김강권 [Enter↵]
 영어=90  [Enter↵]
 수학=98  [Enter↵]
〈2번째 입력 〉
 성명=유해선 [Enter↵]
 영어=99  [Enter↵]
 수학=80  [Enter↵]
〈3번째 입력 〉
 성명=문익점 [Enter↵]
 영어=95  [Enter↵]
 수학=88  [Enter↵]

   이름  영어   수학   합계     평균
   ===================================
    김강권  90     98      188    94.00
    유해선  99     80      179    89.50
    문익점  95     88      183    91.50
```

해설

구조체 멤버가 name문자 배열, eng, mat, tot 정수형 변수, ave 실수형 변수로 구조체를 선언하고, 키보드로부터 3명의 학생에 대한 이름, 영어 및 수학 점수를 입력받아 각각의 구조체를 저장하고, 화면에 구조체 내용을 출력하는 프로그램이다.

6. 구조체 포인터 변수

구조체 변수를 포인터 형태로 선언할 수 있으며 실제 C 프로그램에서는 구조체 변수가 포인터 형태로 사용되는 경우가 매우 많다. 구조체 포인터는 일반 포인터와 선언 형식이나 사용 방법이 비슷하며 구조체 포인터의 멤버를 참조할 때 "." 이나 "→"를 사용한다. 일반적으로 포인터를 선호하는 이유는 다음과 같다.

- 배열 자체보다 배열에 대한 포인터를 다루는 것이 더 쉬운 것처럼 구조체 자체보다 구조체에 대한 포인터를 다루는 것이 더 쉽다.

• 구조체는 함수의 인수로써 전달되지 않지만 구조체에 대한 포인터는 함수의 인수로써 사용할 수 있다.
• 많은 데이터들이 구조체로 되어 있으며 이들이 구성 요소가 다른 구조체를 가리키는 포인터 형태로 되어 있다.

형식 1

```
struct 구조체명
 {
 구성 요소들의 데이터형 선언;
     :
     :
 };
 struct 구조체명 *포인터 변수명;
```

예 1

```
struct score
{
int hakbun;
char name[10];
int kor,
int eng;
int mat;
};
```

그리고 main()함수 내에서 구조체 포인터 변수를 선언할 때는 다음과 같이 한다.

```
struct score *sun;
```

구조체명 구조체 포인터 변수로 선언

예와 같이 sun을 포인터 변수로 선언하면 sun은 score 구조체가 있는 시작 주소를 나타내며 이때의 *sun은 그 주소에 저장된 구조체를 나타낸다. 즉 구조체 포인터 변수는 포인터가 가리키는 대상체가 구조체가 된다. 예를 들면, *sun은 첫 번째 구조체가 되며 *(sun+1)은 두 번째 구조체가 된다.

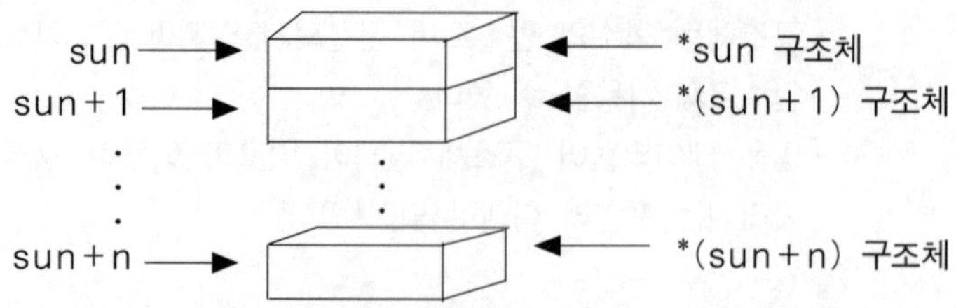

그림 11.1 구조체 포인터 변수 sun의 기억 형태

구조체 포인터 변수에 의한 멤버(member) 참조 방법은 앞에서 언급했듯이 두 가지가 있다. 하나는 간접 멤버십 연산자(indirect membership operator) "->"를 사용하는 것이고, 다른 하나는 dot 연산자 "."를 사용하는 것이다.

형식 2

구조체 포인터명 → 구조체의 멤버명
　　　　　　　　└→부호(-)와 >기호로 나타냄

예 2

```
sun -> hakbun
sun -> name
sun -> kor
sun -> eng
sun -> mat
```

형식 3

(*구조체 포인터명).구조체의 멤버명

예 3

```
(*sun).hakbun
(*sun).name
(*sun).kor
(*sun).eng
(*sun).mat
```

위의 〔예 2〕와 〔예 3〕은 같은 의미를 갖는다.

프로그램 11-11

```
#include <stdio.h>
#include <string.h>

struct student              // 구조체의 정의
{
char  name[20];
int kor;                    // 구조체의 멤머 정의
int eng;
};
void main()
{
 struct student kim;        // 구조체 변수 kim 선언
 struct student *p=&kim;    // 구조체 포인터 변수 선언 (P에 kim의 시작
                            //  주소 할당)
 strcpy(p->name,"kim sung chul");          // strcpy()는 문자열 복사
         p->kor=80;
 (*p).eng=90;                              // p -> eng=90;와 같음
 printf("name=%s\n" ,p->name);
 printf("korea=%d\n" ,p->kor);
 printf("english=%d\n" ,p->eng);
}
```

실행결과

```
name=kim sung chul
korea=80
english=90
```

해설

인터 p에 구조체 변수 kim의 시작 주소를 지칭한다. 포인터 p를 사용하여 멤버를 지정할 때 반드시 (*p).kor로 해야 한다. 만약, *p.kor이나 *(p.kor)로 표현하면 옳지 않은 표현이다. 이와 같은 혼란을 방지하기 위해 -> 연산자를 사용해서 표현한다.
즉, p->kor=80;로 표현한다.

프로그램 11-12

```
#include <stdio.h>
struct card{                    // 구조체의 정의
 char name[20];
 int age;                       // 구조체의 멤버 정의
 float ki;
 };                             // 반드시 세미콜론을 붙인다.
void main()
 {
 struct card a, *insa;  // 구조체 포인터 변수 선언
 insa=&a;                       // insa에 a의 시작 주소를 할당

 printf("성명 = ");
 gets(a.name);

 printf("연령 = ");
 scanf("%d",&a.age);
 printf("신 장 = ");
 scanf("%f",&a.ki);

 printf("%-20s %-3d %-7.1f \n",insa->name,
        insa->age,insa->ki);
}
```

실행결과

```
성명 = kim yong hyun
연령 = 26
신장 = 172
kim yong hyun  26  172.0
```

해설

여기서, 사용된 포인터 변수는 struct card형이 아니고 구조체 변수의 주소를 지정하는 변수이다. 구조체 변수 a와 포인터 변수 insa의 관계는 다음과 같다.

```
insa=&a;
a.name==insa->name==(* insa).name
a.age==insa->age==(* insa).age
a.ki==insa->ki=(*insa).ki
```

프로그램 11-13

```
#include <stdio.h>
main()
 {
 struct sangpum   {
 char name[6];
 int price1;
 int price2;
 }x[]={{"감귤",150,200},
        {"사과",500,700},  // 각 배열 요소 X[0], X[1], X[2]의 값을 초기화
        {"포도",600,800}};
struct sangpum *sp; // sp는 구조체 sangpum을 가리키는 포인터 변수
 int i;
 sp=x;                      // 배열 x[]의 시작 주소를 포인터 sp에 대입
 printf("\n 시작 주소 => %x \n",sp);
 for(i=0; i<3; i++,sp++)
 printf("\n %-4s %d %d",
 sp->name,sp->price1,sp->price2);
 }
```

실행결과

```
시작 주소 => ffd8
감귤 150 200
사과 500 700
포도 600 800
```

해설

프로그램 실행시 메모리의 상태에서 포인터가 가리키고 있는 구조체의 name 멤버 참조는 다음과 같다.

sp->name 혹은 (* sp).name

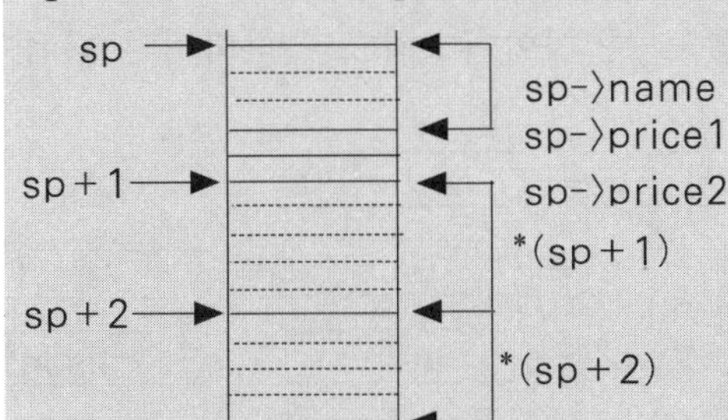

7. 중첩된 구조체

중첩된(nested) 구조체란 하나의 구조체 내에 또 다른 구조체를 포함하고 있는 것을 말한다. 이와 같은 구조체를 참조하기 위해서는 멤버(member)의 연산자를 반복해서 사용하므로 가능하며, 예를 들면 다음과 같다.

```
struct insum {
  char name[20];    ← 상품명
  int cost;         ← 정가   ┐
  int discnt;       ← 할인가 │ 별도의 구조체로 정의할 멤버
  int special;      ← 우대가 │
  int invno;        ← 재고수 ┘
  }
struct insum total;
```

이 구조체에서 가격 데이터가 3개로 정의되어 있으므로 관리가 복잡하다. 이때, 가격에 해당되는 멤버만 별도로 묶어 구조체로 표현하면 편리해진다. 그럼, 중첩된 구조체 모양으로 나타내 보자.

```
struct sum {
  int cost;       ← 정가
  int discnt;     ← 할인가
  int special;    ← 우대가
  };
  struct insum {
   char name[20];
    struct sum value;    ← 가격을 표현하는 구조체
    int invno;
    } insum total;
```

이 구조체 전체를 블록 다이어그램으로 나타내면 다음과 같다.

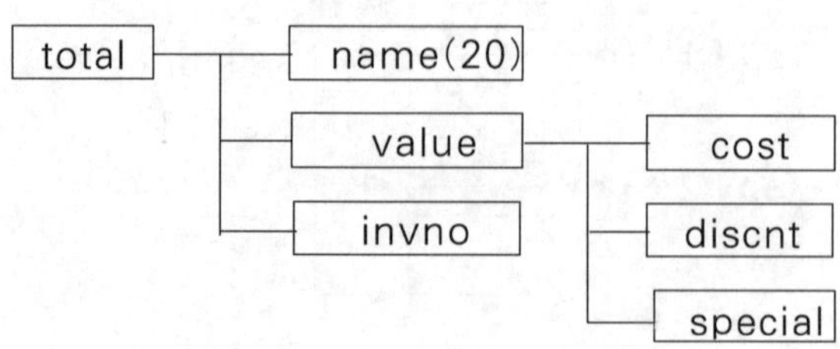

그림 11.2 중첩된 구조체의 블록 다이어그램

프로그램 11-14

```
#include <stdio.h>
struct jikup {            // 구조체의 구조체 선언
          char hoisa[8];
          char buser[6];
          };
struct man {              // 구조체의 구조체 선언
         char name[8];
         int age;
         struct jikup sub;
         };

void main()
 {
 int i;

 struct man a[3]={
      "윤선달",18,{"백화점","점원"},   // 구조체 배열 변수
      "박선희",35,{"호  텔","사장"},   // 선언과 초기화
      "김운명",45,{"만물상","전무"}};
 for(i=0; i<3; i++)
  printf("\n %s %d %s %s",a[i].name,
       a[i].age,a[i].sub.hoisa, // 구조체 a[1]의 sub 멤버의 hoisa 멤버
       a[i].sub.buser);
 }
```

실행결과

```
윤선달 18 백화점 점원
박선희 35 호  텔 사장
김운명 45 만물상 전무
```

해설

중첩된 구조체 프로그램의 예로서 구조체 man 속에 구조체 jikup이 포함되어 있다. 이 구조체 man에 해당되는 멤버들의 초기값을 구조체 배열 변수 a[3]을 선언하여 저장한 것이다.

8. 비트 필드 구조체

c 언어에서 프로그래머가 프로그램을 작성하다 보면, 가끔 어떤 변수는 1 또는 0의 값만을 취하는 경우가 있다. 이는 참(true)과 거짓(false)의 상태를 판별하기 위해서 한 바이트(byte) 이상의 길이를 차지하는 변수를 선언하여 사용한다면, 이것은 기억 장소를 낭비하는 것으로 실제로는 1비트(bit)만 있으면 된다.

따라서, 기억 장소를 효율적으로 사용하기 위해서는 구조체 항목으로 비트 필드(bit field)를 사용할 수 있도록 하고 있다. 구조체의 멤버 변수들은 최소 단위가 바이트이다. 그러나, 비트 필드 구조체는 변수를 비트단위로 지정할 수 있다. 다음은 비트 필드로 구성된 구조체 변수의 선언 형식이다.

형식

```
struct[구조체명]
 {
 unsigned[비트 필드명1]:비트의 크기;
 unsigned[비트 필드명2]:비트의 크기;
        :
        :
 } 변수명1, 변수명2, …;
```

예 2

```
struct field
{
 unsigned a:1;
 unsigned b:1;
 unsigned c:1;
 } flags;
```

에서 flags는 1비트 길이의 a,b,c를 비트 필드로 갖는 구조체 변수이다. 비트 필드의 참조 방법은 다음과 같이 구조체 항목을 참조하는 것과 같다.

```
flag.a=0;
flag.b=flags.z=1;
```

```
if(flag.c==0 && flag.c==0)
```

비트 필드에 필드명을 생략하면 그 비트의 길이 만큼 뛰어 넘는다. 그리고, 이 부분은 필드명이 없으므로 참조할 수도 없다. 또한 비트 크기를 0으로 지정하면 int형의 경계선 정렬(boundary alignment)이 이루어져 다음의 비트 필드는 현재의 word에 남아 있는 비트들을 건너뛰어 다음 word의 첫 번째 비트부터 시작된다.

다음의 예를 살펴보자.

```
struct
 {
 unsigned a:2
 unsigned b:4
 unsigned : 0
 unsigned c:1
 } big;
```

에서 big의 기억 형태는 다음과 같다.

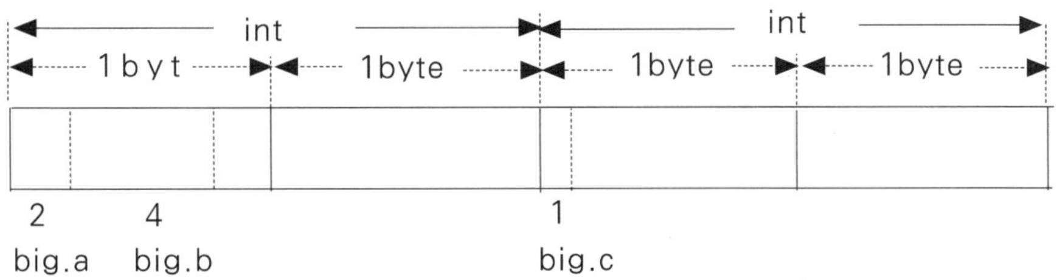

그림 11.3 비트 필드 구조체에서의 기억 형태

비트 필드는 다음과 같은 몇 가지의 규약 사항이 있다.

- 비트 필드는 주소를 갖지 못하므로 포인터를 사용할 수 없으며, 또한 주소 연산자(&)도 사용할 수 없다.
- 비트 필드는 배열로 선언할 수 없다.
- 한 개의 비트 필드는 int의 크기를 초과할 수 없으며, 전체 비트 필드의 합도 int의 크기를 초과할 수 없다. 또한, 비트 필드는 int형의 경계에 맞아야 한다.
- 비트 필드가 기계의 내부에서 기억될 때 int형의 왼쪽 비트부터 오른쪽으로 기억될지, 또는 오른쪽 비트에서부터 왼쪽으로 기억될지는 기계에 따라 달라진다.

프로그램 11-15

```
#include <stdio.h>
struct field
  {
//비트 필드명  비트의 크기
        ↓ ↓
  unsigned a: 1;           // 비트 필드의 구조체 선언
  unsigned b: 1;           //          "
  unsigned c: 1;           //          "
  unsigned d: 1;           //          "
  unsigned e: 1;           //          "
  unsigned f: 1;           //          "
  unsigned g: 1;           //          "
  unsigned h: 1;           //          "
  unsigned i: 1;//            "
  }kit, *pt;         // 비트 필드로 구성된 구조체 변수 선언
  void main(void)
  {
  pt=&kit;                 // 구조체 변수의 주소
  kit.a=1;                 // 비트 필드 참조
  kit.b=0;                 //        "
  kit.c=0;                 //        "
  kit.d=0;                 //        "
  kit.e=0;                 //        "
  kit.f=0;                 //        "
  kit.g=1;                 //        "
  kit.h=0;                 //        "
  kit.i=0;                 //        "
  printf("\n 비트수 = %d \n",kit);
  printf("\n *pt = %c \n", *pt);
  if(kit.a==1)
  printf("\n LSB==1 \n");
  else
  printf("\n LSB==0 \n");
  }
```

실행결과

```
비트수 = 65
*pt = A
LSB==1
```

해설

이 프로그램을 실행한 시스템은 비트 필드가 다음 그림과 같이 오른쪽에서 왼쪽으로 기억된다는 것을 알 수 있다.

(MSB) (LSB)

0	1	0	0	0	0	0	1
	↑ kit.g						↑ kit.a

따라서, $(01000001)_2=(65)_{10}=(41)_{16}$이므로 이것은 ASCII 코드로 대문자 A가 되며 이 책의 끝부분에 수록된 ASCII 코드표를 참조하기 바란다.

9. 구조체와 함수

함수를 호출할 때 구조체를 함수에 전달하거나 또는 구조체 변수에 어떤 값을 할당할 때에는 구조체에 대한 멤버의 주소를 사용하거나 구조체에 대한 포인터를 사용할 수 있다.

구조체 변수가 함수의 인수

구조체의 멤버를 함수의 인수로 사용할 수 있는데, 이 경우는 구조체 내의 모든 멤버가 복사되게 된다. 그래서 구조체의 크기에 따라 프로그램의 실행 시간이 길어진다.

프로그램 11-16

```
#include<stdio.h>
struct susja                    // 구조체형 선언
 {
 int score1;
 int score2;
 };
 int hab(struct susja c) // 구조체가 함수의 인수에 사용
  {
  int z;
  z=c.score1+c.score2;            // 구조체 멤버의 합
  return(z);
  }

void main()
 {
 struct susja sum;
 int total;                          구조체 멤버에 데이터 입력
                                     ↓
 printf("score data="); scanf("%d%d", &sum.score1, &sum.score2);
 total = hab(sum);
 printf("합계= %d\n",total);
 }
```

실행결과

```
score data=100 200 Enter↲
합계=300
```

해설

main() 함수 내에서 정의한 구조체 변수 hab함수는 sum함수를 호출하고 있다. 함수의 인수 전달 원칙에서 실인수와 가인수는 자료형과 개수가 일치해야 한다.

프로그램 11-17

```
// 이 구조체 정의 내용을 파일명 "a:\pck.h"으로 저장한다.
 struct pck {                    // 구조체의 정의
            int id;
            char name[20];
            char address[50];
            char tel[15];
            int age;
            };

 #include <stdio.h>
 #include "a:\pck.h"         // a드라이브에서 파일명 pck.h를 불러낸다.

 void kim(struct pck ps)    // 구조체를 함수의 인수로 사용(가인수 선언)
   {
   printf("\n =======(결과 출력)=======\n");
   printf("번호 = %d\n", ps.id);
   printf("성명 = %s\n", ps.name);
   printf("주소 = %s\n", ps.address);
   printf("전화 = %s\n", ps.tel);
   printf("나이 = %d\n", ps.age);
   }

 void main()
  {
  struct pck as;
  printf("번호 : "); scanf("%d", &as.id);
  printf("성명 : "); scanf("%s", as.name);
  printf("주소 : "); scanf("%s", as.address);
  printf("전화 : "); scanf("%s", as.tel);
  printf("나이 : "); scanf("%d",&as.age);

 kim(as);          ← 호출 함수
  }
```

실행결과

```
번호 : 5 Enter↵
성명 : Kimjh Enter↵
주소 : Seoul Enter↵
전화 : 02-754-9493 Enter↵
나이 : 35 Enter↵

========< 결과 출력 >========
번호 = 5
성명 = Kimjh
주소 = Seoul
전화 = 02-754-9493
나이 = 35
```

해설 kim함수 호출시 실인수(as)로 구조체를 변수로 사용했으므로 void kim(struct pck ps)처럼 가인수 선언도 같은 구조체 변수로 선언되어야 한다.

구조체의 포인터 변수가 함수의 인수

구조체를 함수에 전달하는 두 번째 방법으로 함수의 인수로써 구조체 포인터를 사용할 수 있다. 이 경우는 구조체가 모두 복사되는 것이 아니라 구조체의 선두 번지만 전달되기 때문에 프로그램의 실행 속도가 빠르다. 그러므로 구조체 자체보다 구조체 포인터를 전달하는 것이 좋다.

프로그램 11-18

```
#include <stdio.h>
void gaesan(struct jumsu *p);  // 합과 평균을 구하는 함수 선언
void c_data(struct jumsu *p);  // 결과를 출력하는 함수 선언

struct jumsu {                 // 구조체 정의
  char name[12];               // 멤버들의 데이터형 선언
  int os, db, hab;
  float avg;
  };
```

```
void main()
{
 struct jumsu st[3] ={ {"이가도", 95, 88},
                       {"똥박사", 86, 75},
                       {"강도사", 77, 99}};
 struct jumsu *p;

 p=&st[0];    // 구조체 배열의 시작주소 저장
 gaesan(p);   // 구조체 포인터 변수를 인수로 전달
 c_data(p);   // 결과를 출력하는 함수에 인수 전달
}

void gaesan(struct jumsu *p)
 {
 int a;
 for(a=0; a<3; a++)
  {
  (p+a)->hab = (p+a)->os + (p+a)->db;
  (p+a)->avg = (p+a)->hab/2.0;
  }
 }

void c_data(struct jumsu *p)
 {
 int a;
 printf("\n name  OS  DB  hab   avg \n");
 printf(" ============================== \n");
 for(a=0; a<3; a++)
  {
  printf("%s %d  %d  ", (p+a)->name, (p+a)->os, (p+a)->db);
  printf("%d %5.2f \n", (p+a)->hab, (p+a)->avg);
  }
 }
```

실행결과

```
 name   OS   DB   hab  avg
 ==================================
이가도   95    88   183  91.50
똥박사   86    75   161  80.50
강도사   77    99   176  88.00
```

해설

함수를 호출할 겨우 인수가 구조체 포인터 변수로 전달되는 경우 함수에서는 구조체 포인터 변수라는 것을 알리기 위해 gaesan(struct jumsu *p) , c_data(struct jumsu *p)와 같이 표현한다.

2. 공용체(union)

공용체(union)란, 동일한 하나의 기억 장소를 여러 개의 변수가 관리하는 기법을 말한다. 이때, 기억 장소는 문자형, 정수형, 실수형의 데이터를 모두 저장할 수 있으며 선언과 사용 방법은 구조체와 비슷하다.

1. 공용체의 선언

공용체의 선언은 union이라는 예약어(reserved word)를 사용하여 선언이 이루어지는 것만 구조체와 다를 뿐 변수의 선언 방법도 구조체와 동일하다. 공용체의 정의 및 공용체 변수의 선언 형식은 다음과 같다.

형식 1

```
union 공용체명
  {
  항목 선언 리스트;
          :
          :
  } 공용체 변수명;
```

형식 1은 공용체와 공용체 변수를 동시에 선언한 경우이고 다음의 형식 2는 공용체와 공용체 변수를 각각 따로 선언한 경우이다.

형식 2

```
union 공용체명
  {
  항목 리스트;
       :
       :
  };
union 공용체명 공용체 변수1, 공용체 변수2, …;
```

예

```
union man {             ← 공용체 선언
    char *name;  ┐
    int age;     │      ← 멤버 선언
    char *job;   ┘
    };
union man list;         ← 공용체 변수 선언
              ↑
         공용체 변수명
```

공용체로 선언된 변수들은 서로 다른 데이터형을 갖는다 하더라도 하나의 기억 공간을 모든 변수가 공유한다.

이때, 할당되는 기억 장소의 길이는 선언된 변수 중에서 가장 길이가 긴 변수의 길이가 된다.

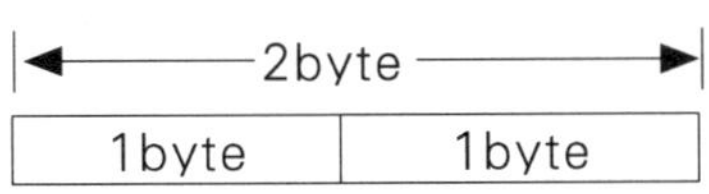

: list.name, list.age, list.job가 공유한다.

공용체 멤버의 데이터형 중에서 char형은 1byte, int형은 2byte이므로 가장 큰 멤버 int형인 2byte의 크기로 기억 장소가 확보되며, 다른 멤버의 데이터형들도 이 2byte를 공유한다.

2. 공용체 변수 멤버 참조

공용체의 멤버(member)를 참조하는 방법은 앞에서 설명한 구조체의 경우와 같다. 다음은 공용체의 구성 요소를 참조하는 형식을 나타내고 있다.

형식

공용체 변수명. 멤버명 ← 변수에 의한 참조 방법
또는
공용체 변수명 -> 멤버명 ← 포인터에 의한 참조 방법

데이터형이 서로 다른 3개의 항목들이 동일한 기억 장소에 기억된다는 것을 알 수 있으나, 이들이 동시에 기억될 수는 없다. 예를 들면,

```
union data
      {
      int bin;
      double bigft;
      char letter;
      };
     union data sam;
```

와 같이 공용체 변수 sam이 선언되고, 다음과 같은 공용체의 멤버 참조 명령이 실행될 때 sam에 기억되는 형태는 다음 그림과 같다.

sam.bin=15;

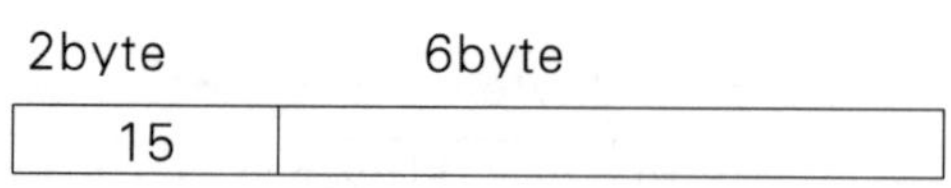

변수 sam에 15가 기억된다.(2byte만 사용)

sam.bigft=35.2;

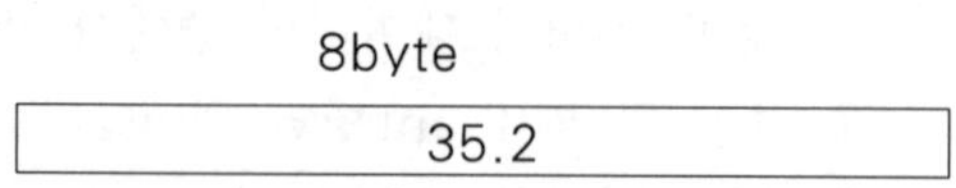

앞에서 기억된 15가 지워지고 35.2가 기억된다.(8byte만 사용)

sam.letter='c';

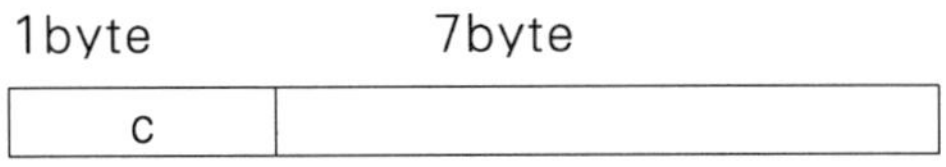

35.2가 지워지고, 문자 c가 기억된다.(1byte만 사용)

또, 공용체 변수는 배열이나 포인터 형태로도 선언될 수 있다.

```
union data num[5];        ← 공용체 배열
union data  * ptr;        ← 공용체 포인터 변수
ptr=&sam;                 ← 포인터에 값을 대입
```

위의 항목은 다음과 같은 형태로 공용체의 멤버를 참조할 수 있다.

예 1

```
num[3].bin=25;
num[4].letter='A';
ptr->bigft=12.345;
pta->letter='B';
```

공용체는 구조체나 배열속에 포함되어 나타낼 수도 있으며, 반대로 공용체 내에 구조체나 배열을 포함할 수도 있다. 이때, 멤버를 참조하는 방법은 중첩된 구조체에서와 같다. 예를 들면,

```
struct
 {
char  *name;
int age;
union
 {
int a;
float b;
char *c;
  } up;
 } bam[5];
```

에서 공용체의 멤버 참조 형식은 다음과 같이 나타낼 수 있다.

```
bam[3].up.a=35;
bam[0].up.b=12.345;
bam[2].age=1;
```

그리고, 배열 bam의 i번째 요소에서 문자열 c의 첫 번째 문자는

* bam[i].up.c 또는 bam[i].up.c[0]

로 표현된다.

프로그램 11-19

```
#include<stdio.h>
void main()
 {

 union man{        // 공용체 선언
          char * name;         // 멤버들의 데이터형 선언
          int age;      //           "
          char * job; //           "
          };

 union man card;      // 공용체 변수 선언
 card.name="유명한";
 printf("이름: %s \n",card.name);

 card.age=30;
 printf("나이: %d세 \n",card.age);

 card.job="축산업";
 printf("직업: %s  \n",card.job);
 }
```

실행결과

```
이름 : 유명한
나이 : 30세
직업 : 축산업
```

해설 구조체는 각 멤버가 각각 다른 기억 장소를 갖지만 공용체에서는 각 멤버가 같은 기억 장소를 사용하며 하나의 멤버만이 이용될 수 있다.

프로그램 11-20

```
#include <stdio.h>
struct tag {      // 구조체 정의
    char a;       // 멤버의 데이터형 선언
    int  b;       //          "
    float c;      //          "
    }sa;          // 구조체 변수 선언
union big {       // 공용체 정의
    char m;       // 멤버의 데이터형 선언
    int n;        //          "
    float p;      //          "
    }ra;                        // 공용체 변수 선언
void main()
 {
 int i,j;
 i=sizeof(struct tag);                // 구조체의 크기를 구함
 j=sizeof(union big);                 // 공용체의 크기를 구함

 printf("struct => %d byte \n",i);
 printf("union => %d byte \n",j);
 }
```

실행결과

```
struct => 7 byte
union => 4 byte
```

해설 구조체와 공용체의 size를 조사하는 프로그램이다.

```
           char a     int b     float c
구조체 : | 1byte | 2byte | 4byte | ← 서로 다른 장소에 변수 a,b,c가 배치
공용체 : char m
         int n     → 4byte를 동일한 장소에 공용으로 m,n,p가 배치
         float p ▼
```

3. 형의 정의(Type define)

c 언어에서는 int, char, 배열, 포인터 등의 데이터형으로부터 새로운 데이터형을 만들 수 있는데, 그것은 기존의 데이터형 이름을 새로운 데이터형 이름으로 정의하는 것이다. 다음은 형의 정의 형식을 나타내고 있다.

형식

typedef 기존 데이터형 새로운 데이터형;

예 1

```
typedef int INTEGER;
typedef float REAL;
typedef char * string;
typedef int camp[10];
```

위의 예 1과 같이 정의되어 있을 경우 다음과 같이 선언하여 사용할 수 있다.

```
INTEGER flag;       ← int flag;
 REAL a, b;         ← float a, b;
 string max, text;  ← char *max, *text;
 camp m, n          ← int m[10], n[10];
```

(← 오른쪽은 왼쪽에 선언된 내용의 의미와 같음)

예 2

```
typedef float mbc;
typedef mbc key[3][5];
mbc p, q;              ← float p, q와 같은 의미
key A, B;              ← float A[3][5], B[3][5]를 의미함
```

형의 정의와 #define은 기능면에서 비슷한 점들이 많이 있으나 다음과 같은 차이도 있다.

- typedef는 데이터형을 정의하는 데에서만 제한되어 사용된다.

- typedef는 컴파일러에 의해서 실행되고, #define은 프리프로세서(perprocessor)에 의해서 실행된다.
- 데이터형의 정의는 #define보다 융통성이 많다.

프로그램 11-21

```
#include <stdio.h>
void main()
 {
 typedef char *STRING;                    // 사용자 형의 정의

 STRING name="four seasons";             // 형의 선언
 STRING season="spring,summer,autumn,winter";

 printf("name=%s \n",name);
 printf("season=%s \n",season);
 }
```

실행결과

```
name=four seasons
season=spring, summer, autumn, winter
```

해설 typedef문에서 기존 데이터형 char를 새로운 데이터형 이름으로 *STRING를 정의한 것이다. STRING name, times이라 정의하면 이는 char *name, *times;로 나타낸 것과 마찬가지이다.

프로그램 11-22

```
#include <stdio.h>
typedef struct                          // 구조체에 typedef문 정의
{
char *name;
int age;
}CARD;                    // 구조체 변수명
void main()
 {
 CARD data[]={"Choi Y.M.",35};  // 구조체 변수 선언과 초기값 대입
 CARD * p;

 p=data;

 printf("%s %d세 \n", p->name,p->age);
 }
```

실행결과

```
Choi Y.M.35세
```

해설

구조체에 형의 정의(type define)는 struct 앞에 typede라 지칭하고, 그 다음에 구조체 변수가 선언되는 위치에 구조체 변수명 CARD를 지정함으로써 항상 struct라는 예약어가 뒤따르도록 한다.

4. 열거형

열거형(enumerated type)은 enum이라는 키워드(keyword)를 이용하여 새로운 데이터형과 그 데이터형이 사용할 수 있는 상수들을 정의한다. 열거형 데이터의 정의와 열거형 변수의 선언 형식은 다음과 같다.

형식 1

```
enum 열거 목록명{열거 요소1, 열거 요소2,…};
enum 열거 목록명 변수명1, 변수명2, …;
```

예 1

```
enum colors {yellow, green, blue};
enum colors c,d;
```

여기서, 열거 목록명(태그명) colors를 enum형으로 정의하고 집합 {yellow, green, blue)를 열거 리스트라고 하며 집합 내의 원소 yellow, green, blue를 열거 상수(enumerator)라 한다. 두 번째 줄은 enum형인 colors 변수를 선언하는 것으로서 이때, 변수에 대한 메모리가 할당되며, 변수 c는 enum colors형에 관련된 열거 리스트 원소 중 한 개 값을 가질 수 있다.

만약, c 변수에 집합 내의 원소가 아닌 다른 값을 대입(즉 c=red)하면 문법적인 에러를 발생한다.

그리고, enum형으로 정의되면 컴파일러는 열거 리스트 집합 { } 내에 열거된 열거 상수들을 특별히 순서를 지정하지 않는 한 순서대로 0부터 시작되는 정수값을 할당하게 된다.

즉 enum colors {0,1,2}로 정의된다.

형식 2

```
enum 열거 목록명{열거 요소1, 열거 요소2,…} 변수명1, 변수명2, …;
```

예 2

```
enum colors{yellow, green, blue} c, d;
```

프로그램 11-23

```
#include <stdio.h>
 enum seasons {           // 열거형 정의
       spring,summer,autumn,winter};
 enum seasons a;          // 열거형 변수 a 선언
 void main()
  {
  a=autumn;

  if(a==autumn);

  if(a==autumn)
  printf("---< 추수의 계절 >---\n");
  printf("---<     가 을     >---\n");
  }
```

실행결과

```
---< 추수의 계절 >---
---<     가 을     >---
```

해설 seasons라는 열거 목록명으로 enum형을 정의하고, 그 열거 상수들을 { }내에 spring, summer, autumn, winter를 정의하였다. 또 변수 a를 정의하여 enum seasons형에 관련된 열거 리스트 중의 autumn을 대입한 후 이의 값을 출력한 것이다.

프로그램 11-24

```
#include <stdio.h>
enum week {sun,mon,tue,wed=6}; ← 열거형 정의
enum week b1;        // 특정값 대입
enum week b2;        // 열거형 변수 선언
enum week b3;
enum week b4;

 void main()
 {
 int b1,b2,b3,b4;
 b1=sun,b2=mon,b3=tue,b4=wed;
 printf("b1=%d \n",b1);
 printf("b2=%d \n",b2);
 printf("b3=%d \n",b3);
 printf("b4=%d \n",b4);
 }
```

실행결과

```
b1=0
b2=1
b3=2
b4=6
```

해설

열거 상수 sun,mon,tue,wed가 컴파일시 순서대로 0부터 2까지의 정수값을 가지고 있음을 나타내지만, wed는 6을 나타냈다. 만약, 프로그래머가 6을 지정하지 않았다면 3을 나타냈을 것이다.

연습문제

(객관식)

1. 다음은 구조체 선언의 예이다. 구조체 변수의 선언으로 옳게 된 것은?

```
struct man {
          char *name;
          int age;
          };
```

① struct num man;　　② struct num . man;
③ struct man num;　　④ bstruct man : num;

2. 구조체의 데이터형에 대한 멤버들을 선언하였다. 멤버(member)에 값을 입력하는 방법으로 옳은 것은?

```
struct card { int hakbun;
            char name[20];
            } student;
```

① scanf("%d", &student.hakbun);
② scanf("%d", &student ->hakbun);
③ scanf("%d", student.hakbun);
④ scanf("%d", student * hakbun);

3. 구조체 선언에서 구성 요소(member)의 자료형이 float sum;일 때 멤버 sum이 갖는 기억 장소의 크기는?

① 1byte　　② 2byte
③ 4byte　　④ 8byte

4. 구조체의 초기화 형식으로 옳게 표현된 것, 즉 괄호 안에 채워질 문장은?

```
struct pyo { int no;
            char name[10];
            } (            )
```

① a=[25, 안중근];　　② a=(25, "안중근");
③ a :=("25","안중근");　　④ a={25, "안중근"};

5. 다음은 구조체 선언과 구조체 포인터 변수를 동시에 나타낸 것이다. 구조체 포인터의 멤버 참조 표현으로 옳게 된 것은?

```
struct man { char  *name;
             int age;
           } * student;
```

① name -> student
② age -> student
③ student -> name
④ student : age

6. 다음은 비트 필드(bit field) 구조체의 규칙이다. 잘못된 것은?

① 비트 필드는 배열로 선언할 수 없다.
② 비트 필드는 주소(address)를 갖지 못하며 주소 연산자(&)로 사용할 수 없다.
③ 한 개의 비트 필드는 int의 크기를 초과할 수 없다.
④ 전체 비트 필드의 합은 int의 크기를 초과할 수 있다.

7. 다음의 공용체 문장에서 공용체가 차지하는 기억 장소의 길이는 몇 byte인가?

```
union big {int a;
           char b;
           float c;
           double d; };
```

① 4
② 8
③ 12
④ 15

8. 형의 정의(type define) 문으로 기존 데이터형은 int이고, 신규 데이터형은 float이다. 옳게 선언된 것은?

① type define int float;
② typedef int float;
③ #define float int;
④ #typedef float int;

9. 열거형 명령문인 enum의 선언을 타나내고 있다. 실행 후에 출력되는 값은?

```
enum month {a, b=5, c, d, e} i,j;
  i=c;
  j=d;
  printf("%d,%d \n", i,j);
```

① c,d ② 5,6
③ 6,7 ④ i,j

10. 다음과 같이 열거형을 정의하였다. 열거형 변수 선언 형태 중 옳게 표현된 것은?

```
enum color {red, green, yellow, blue};
```

① enum color a,b,c; ② color enum a,b,c;
③ color red, green, yellow; ④ enum a,b,c;

연습문제 (주관식)

1. 다음 프로그램은 외부 구조체 자료의 포인터를 이용한 표현이다. 공란(괄호속)에 적당한 문장을 넣어 프로그램을 완성하시오.

```
struct ( ① ) {
      char * name;
      (     ②    ) ;
      char * address;
      char * tel;
      };
      void main()
      {
      struct man ( ③ );
      ( ④ ) man a[] = {"Kim J,H.", "남","서울","754-9493",
                        "Lee Y.S","여","광주","525-1786",
                        "Cho B.H.","남","부산","678-3549"};
      int k;
      dta = a;
      printf("name sex address tel \n");
      printf("-------------------\n");
      for (k=0; k<3; ( ⑤ ), dta++)
      {
      printf("%s %s %s %s \n", dta -> name,
        dta -> sex, dta -> address, dta -> tel);
      }
        }
```

2. 학번, 성명, 성적을 구조체의 멤버로 하여 구조체를 선언하시오.

3. 다음의 구조체를 보고 ①, ②, ③을 설명하시오.

```
struct abc { int a;
                  int b;
                  struct abc * p;
               } item, list[5];
```

① item · p = &item　　② (item · p) -> a = 58;

③ list[3] · b = 35;

4. 구조체와 공용체의 차이점을 설명하시오.

5. typedef 문을 사용하는 큰 이유를 들고, 선언 방식의 예를 드시오.

제12장 라이브러리 함수

1. 문자열 처리 함수

문자열 처리 함수는 문자열의 끝이 '\0'로 끝나는 문자열을 처리 대상으로 하고 있으며 헤더 파일 string.h에 선언되어 있다. 문자열 처리 함수들을 사용할 때는 #include〈string.h〉로 미리 선언해 두어야 한다. 다음의 표 12.1은 일반적으로 사용되는 문자열 처리 함수를 정리해 놓은 것이다.

표 12.1 string.h 라이브러리

함수명	서 식	인수형	기 능
strcmp( )	strcmp(s1, s2)	int	s1과 s2를 비교한다(s1〈s2:음수, s1=s2:0, s1〉s2: 양수)
strlen( )	strlen(s)	int	문자열의 길이를 구한다.
strcpy( )	strcpy(s1, s2)	char	s2를 s1으로 복사한다.
strncpy( )	strncpy(s1, s2, n)	char	s2를 s1에 앞에서부터 n개 문자를 복사한다.
strcat( )	strcat(s1, s2)	char	문자열 s2를 s1에 연결한다.
strchr( )	strchr(s, c)	char	s에서 최초의 문자 c 이후를 구한다.
strrchr( )	strrchr(s, c)	char	s에서 최후의 문자 c 이후를 구한다.
strrev( )	strrev(s)	char	문자열을 거꾸로 변환한다.
strset( )	strset(s, c)	char	s를 c로 지정한 문자로 바꾼다.
strupr( )	strupr(s,)	char	s의 소문자를 대문자로 바꾼다.
strlwr( )	strlwr(s)	char	s의 대문자를 소문자로 바꾼다.

1. 문자열의 비교 (strcmp(), strncmp())

형식

```
변수=strcmp(문자열1, 문자열2);
변수=strncmp(문자열1, 문자열2, n);
```

비교되는 두 문자열의 비교는 ASCII 코드값에 의해 크기가 비교되는데, 문자열 1과 문자열 2를 앞에서부터 한 문자씩 차례대로 비교하여 "문자열 1>문자열 2"이면 양수를,"문자열 1=문자열 2"이면 0을, "문자열 1<문자열 2"이면 음수를 리턴하여 등호 좌측의 변수에 기억한다. strncmp() 함수를 사용하면 문자열 1과 문자열 2의 몇 번째 문자까지 비교할 것인지 문자의 개수 n을 지정할 수 있으며, 변수는 정수형 변수이어야 한다.

① 수학적 함수를 사용한 프로그램 예로 Project name에 sample12이라고 입력하고 〔OK〕 버튼을 클릭한다.

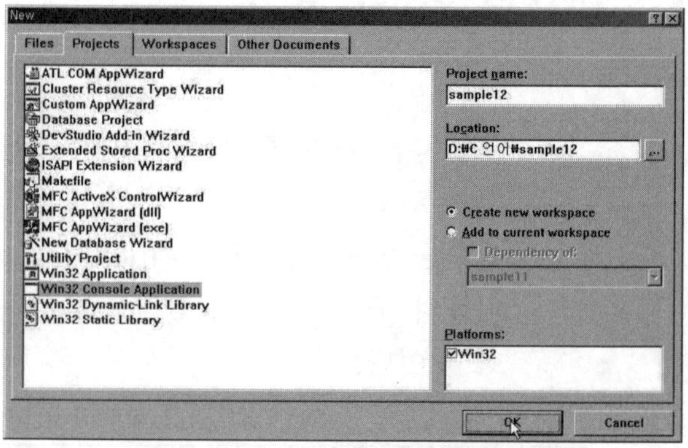

② Win32 Console Application -Step 1 of 1의 대화상자가 나타나는데 이들의 콘솔 어플리케이션의 형태 중 ◉ An empty project를 선택하고 〔Finish〕단추를 누른다.

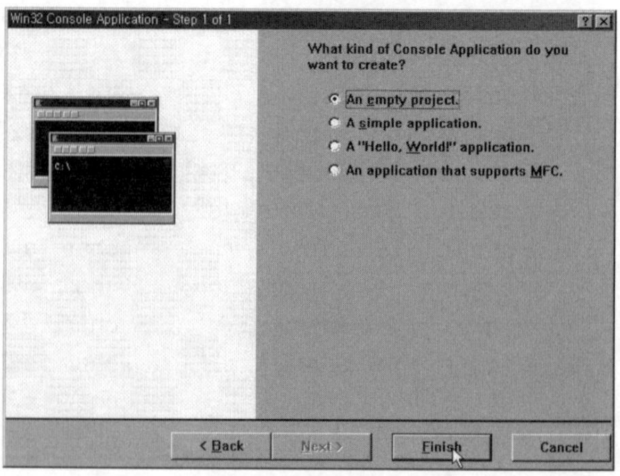

③ 새로 생성된 프로젝트 정보를 보여 주고 있으며, Project Directory 위치와 내용을 확인 후 〔OK〕를 선택한다.

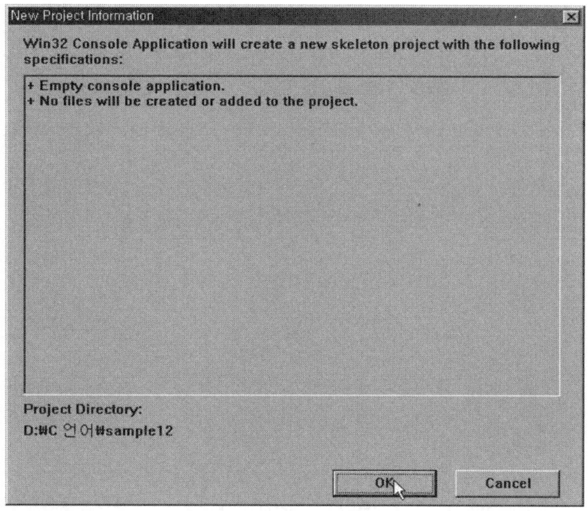

④ 〔FileView〕 탭에서 폴더모양의 〔Source Files〕에서 마우스 오른쪽버튼을 눌러 〔Add Files to Folder...〕를 선택하여 소스코드를 입력하기 위한 파일을 생성한다.

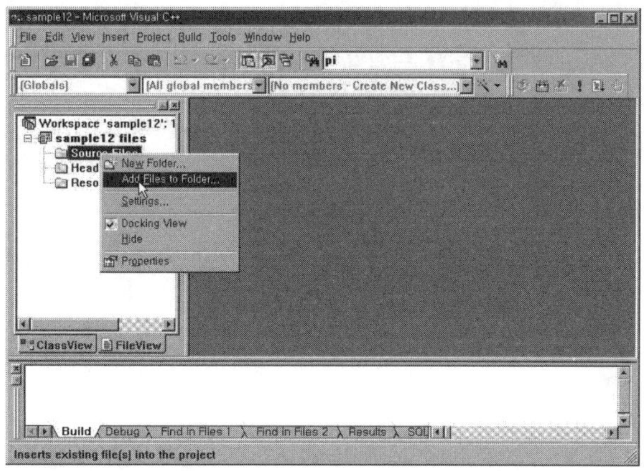

⑤ Insert Files into Project 대화상자가 나타난다. Insert Files into Project 대화상자에서 파일이름을 sample12.c 입력하고 〔OK〕버튼을 클릭 한다.

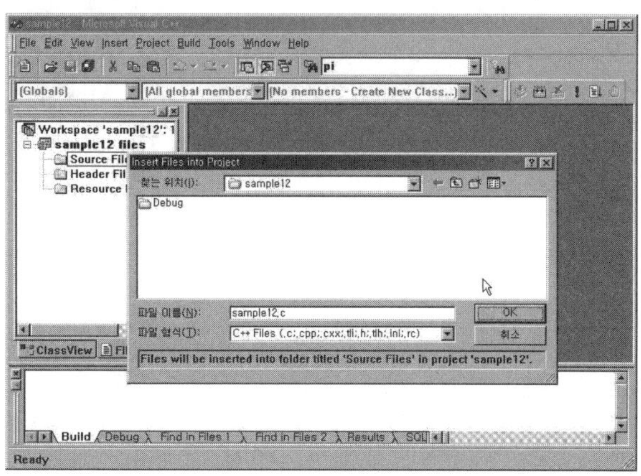

⑥ 소스파일 sample12.c 파일을 참조하겠냐는 대화상자가 나타나면 〔예(Y)〕를 누른다.

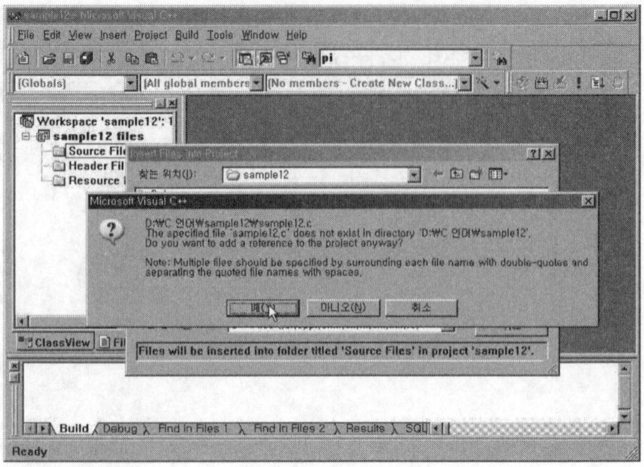

⑦ Source File에서 sample12.c를 클릭하면 파일을 생성한다는 대화상자가 나타나고, 〔예(Y)〕를 누르면 파일을 작성할 수 있는 입력창을 볼 수 있다.

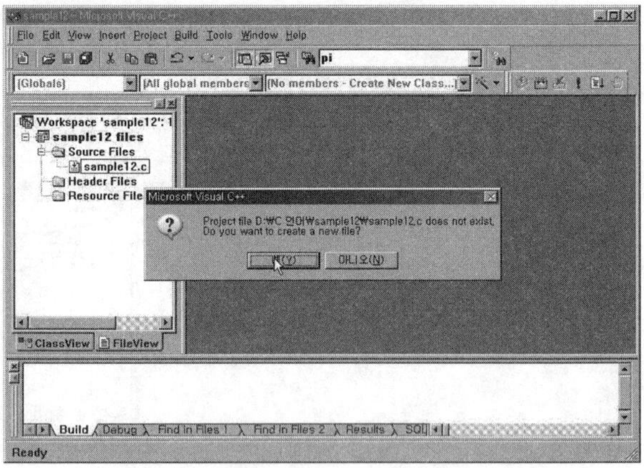

⑧ sample12.c 입력창에 소스를 입력한다.

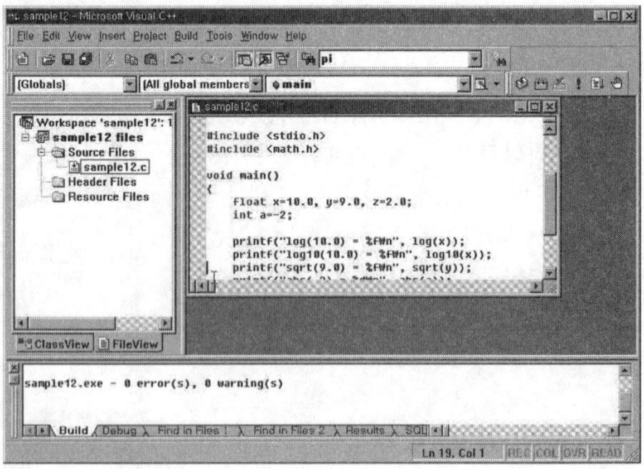

Sample12 소스

```
/* ====================================
        이 프로그램은 비주얼 C++ 6.0 컴파일러로
        실행시켜 보는 소스 프로그램으로 샘플(sample)
        예제이다.
   ====================================  */
// 수학적 함수
#include <stdio.h>
#include <math.h>
void main()
{
        float x=10.0, y=9.0, z=2.0;
        int a=-2;
        printf("log(10.0) = %f\n", log(x));
        printf("log10(10.0) = %f\n", log10(x));
        printf("log(10.0) = %f\n", log(x));
        printf("log10(10.0) = %f\n", log10(x));
        printf("sqrt(9.0) = %f\n", sqrt(y));
        printf("abs(-2) = %d\n", abs(a));
        printf("pow(9,2) = %f\n", pow(y,z));
        printf("pow(10,2) = %f\n", pow(10,z));
}
```

실행결과

```
log(10.0) = 2.302585
log10(10.0) = 1.000000
sqrt(9.0) = 3.000000
abs(-2) = 2
pow(9,2) = 81.000000
pow(10,2) = 100.000000
```

⑨ 〔Build〕 메뉴에서 〔Execute sample12. exe Ctrl+F5〕를 하면 자동으로 실행 파일을 먼저 생성하고 실행되는 것을 볼 수 있다.

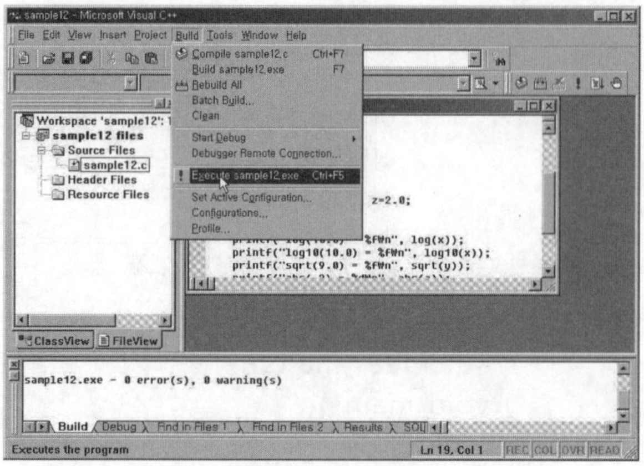

⑩ 실행파일 sample12.exe가 새로운 창에서 실행된 결과가 나타난다.

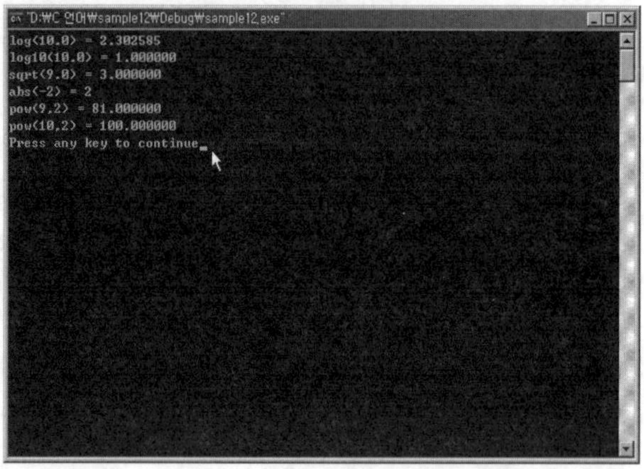

프로그램 12-1

```
#include <stdio.h>              // 표준 입·출력 헤더 파일
#include <string.h>                  // 문자열 헤더 파일
void main()
 {
 char * a="korea Gwangju";           // 비교할 문자열 1
 char * b="korea seoul";             // 비교될 문자열 2
 int m,n;
 m=strcmp(a,b);                      // 두 문자열 비교
 n=strncmp(a,b,5);                   // 5번째 문자까지 비교
 printf("m=%d \n",m);
 printf("n=%d \n",n);
 }
```

실행결과

```
m=-1
n=0
```

해설

strcmp(a,b)의 결과값은 -1이다. 왜냐 하면, 문자열 1과 문자열 2의 같은 문자를 한 문자씩 비교하다가 문자가 서로 같지 않은 문자 k와 s를 만나 비교하는 데 이때 'k'와 's'의 ASCII값이 각각 107과 115이다. 따라서 107-115=-8이 되어 비교한 문자가 다르므로 -1이 된다.
그리고, strncmp(a,b,5)는 5번째 문자까지 비교하는 데, 비교한 문자가 같으므로 0이 된다.

2. 문자열 길이 표시(strlen())

형식

```
char * str;          ← 문자열
int strlen(str);     ← 문자열의 길이
```

strlen() 함수는 문자열의 길이를 구하는 함수로써 문자열 끝에 있는 null('\0')은 문자열의 길이에 포함시키지 않는다.

프로그램 12-12

```
#include <stdio.h>          // 표준 입·출력 헤더 파일
#include <string.h>         // 문자열 헤더 파일
void main()
 {
 char str[255];
 int len;
 printf("문자열 입력: ");
 gets(str);                 // 키보드에서 문자열 입력
 len=strlen(str);           // 문자열의 길이를 구함
 printf("문자열의 길이 = %d \n",len);
 }
```

실행결과

```
문자열 입력: Seoul university
문자열의 길이 = 16
```

해설

strlen() 함수를 사용하여 문자열 "Seoul university"이라는 문자열 길이를 계산하여 출력하는 프로그램이다. 문자열 끝에는 항상 '\0'이 존재하지만 문자열의 길이 계산에는 포함시키지 않는다.

3. 문자열의 복사(strcpy(), strncpy())

형식

```
char * str1, * str2;          ← 문자열 1, 문자열 2
strcpy(str1, str2);
strncpy(str1, str2, n);
```

strcpy() 함수는 문자열 2를 문자열 1에 복사할 때 사용하며 strncpy() 함수는 문자열 2를 문자열 1에 앞에서부터 n개 문자를 복사할 때 사용한다.

이때, 복사되는 장소 str 1의 길이가 복사되는 문자열보다 같거나 커야 한다. 그렇지 않으면 절단되어 원하지 않은 결과가 나타날 것이다. 또한, str1의 길이가 복사되는 문자열보다 길면 복사된 후의 나머지는 공백으로 남는다.

프로그램 12-3

```
#include <stdio.h>                    // 표준 i/o header file
#include <string.h>                   // string(문자열) 헤더 파일
void main()
 {
  char * a="            ";            // 문자열 길이 만큼 초기화
  char * b="            ";

  strcpy(a,"class room");             // 문자열 복사
  strncpy(b,"class room",5);          // 5문자 복사

  printf("%s \n",a);
  printf("%s  \n",b);
 }
```

실행결과

```
class room
class
```

해설

위의 프로그램을 실행시킨 후 복사되는 형태를 살펴보면 다음과 같다.

a:	'c	'1'	'a'	's'	's'	'	'r'	'o	'o'	'm'	'\0'	← 초기화된 문자길이 만큼 복사
b:	'c	'1'	'a'	's'	's'	'	'	'	' '	' '	'\0'	← 5문자만 복사

4. 문자열의 연결(strcat(), strncat())

형식

```
char * str1, str2;        ← 문자열 1, 문자열 2 선언
strcat(str1, str2);
strncat(str1, str2);
```

strcat() 함수는 문자열 2를 문자열 1에 연결할 때 사용하며, strncat() 함수는 문자열 2를 문자열 1에 앞에서부터 n개 문자를 연결

할 때 사용한다.

다음의 예는 strcat() 함수를 사용하여 str 1 끝에 str 2에 저장된 문자열을 추가하여 하나의 문자열로 결합한 프로그램이다.

프로그램 12-4

```
#include <stdio.h>
#include <string.h>        // 문자열 헤더 파일
void main()
 {
 char *a="pencil";         // 문자열 1
 char *b=" note";          // 문자열 2

 strcat(a,b);              // 문자열 연결

 printf("%s \n",a);
 }
```

실행결과

```
pencil note
```

해설 문자열 1인 "pencil"과 문자열 2인 " note"를 연결하는 프로그램이다.

' '	'n'	'o'	't'	'e'	'\0'

+

'p'	'e'	'n'	'c'	'i'	'l'	'\0'

=

'p'	'e'	'n'	'c'	'i'	'l'	' '	'n'	'o'	't'	'e'	'\0'

프로그램 12-5

```
#include <stdio.h>
#include <string.h>
void main()
 {
 char *a="apple";                     // 문자열 1
 char *b=" orange";                   // 문자열 2

 strncat(a,b,4);                      // 4문자만 연결

 printf("%s \n",a);
 }
```

실행결과

```
apple ora
```

해설

문자열 1에 문자열 2의 4문자만 연결하는 프로그램이다.

'a'	'p'	'p'	'l'	'e'	'\0'

' '	'o'	'r'	'a'	'n'	'g'	'e'	'\0'

←── 4문자 ──→

'a'	'p'	'p'	'l'	'e'	' '	'o'	'r'	'a'	'\0'

←── 4문자 ──→

5. 문자열의 검출(strchr(), strrchr())

형식

```
변수=strchr(문자열, a);
변수=strrchr(문자열, a);
```

strchr() 함수는 주어진 문자열에서 최초의 문자 a 이후의 문자열을 발췌하여 등호 좌측에 있는 변수에 기억시키고자 할 때 사용하며,

strrchr() 함수는 주어진 문자열에서 최후의 문자 a 이후의 문자열을 발췌하여 등호 좌측에 있는 변수에 기억시킬 때 사용한다. 이때 등호 좌측에 있는 변수는 문자열을 기억할 수 있는 형태의 변수이어야 하며, 주어진 문자열에 문자 a가 없으면 널(null)을 저장한다.

프로그램 12-6

```
#include <stdio.h>
#include <string.h>
void main()
 {
 char *p="seoul university";
 char *m="                    ";    // 문자열의 초기화
 char *n="                    ";    // 문자열의 초기화

 m=strchr(p,'u');                  // 최초의 문자 'u' 이후를 발췌
 n=strrchr(p,'u');                 // 최후의 문자 'u' 이후를 발췌

 printf("m=%s \n",m);
 printf("n=%s \n",n);
 }
```

실행결과

```
m=ul university
n=university
```

해설

strchr() 함수는 지정된 최초의 문자 이후를 검출하고, strrchr() 함수는 맨뒤의 문자 'u' 이하를 검출한다.

6. 문자열 역순으로 변환(strrev())

형식

```
변수=strrev(문자열);
```

strrev() 함수는 문자열을 거꾸로 뒤집어내는 함수이다. 즉 주어진 문자열을 역순으로 나열할 때 사용하는 것으로 좌측의 변수는 문자열이 기억될 수 있는 변수이어야 한다.

프로그램 12-7

```
#include <stdio.h>
#include <string.h>
void main()
{
char *x="korea";                    // 문자열의 초기화
char *y="          ";               //       "

y=strrev(x);                        // "aerok"로 변환

printf("y=%s \n",y);
}
```

실행결과

```
y=aerok
```

해설

문자열 “korea”를 strrev() 함수에 의해 역으로 변환된 “aerok"를 출력하는 프로그램이다.

7. 같은 문자 나열(strset())

```
strset(문자열 변수, 문자 상수);
```

어떤 한 문자를 여러 개 나열하여 문자열을 만드는 함수이다. 문자 상수가 문자열 변수의 초기값으로 지정한 공백(blank)의 수만큼 동일한 문자를 나열한다.

프로그램 12-8

```
#include <stdio.h>
#include <string.h>
void main()
 {
 char *p="          ";    // 10칸 blank로 초기화

 strset(p,'#');             // '#'문자를 10개 확보
 printf("p=%s \n",p);
 }
```

실행결과

```
p=##########
```

해설

10 칼럼의 공백(blank)으로 초기화된 수만큼 동일한 문자를 출력해 낸다.

8. 문자열의 대 · 소문자 바꾸기(strlwr(), strupr())

형식

문자열 변수=strlwr(문자열); ← 문자열을 소문자로 변환
문자열 변수=strupr(문자열); ← 문자열을 대문자로 변환

strlwr() 함수는 지정한 대문자를 소문자로 변환하는 함수이며, strupr() 함수는 지정한 소문자를 대문자로 변환하는 함수이다.

프로그램 12-9

```
#include <stdio.h>
#include <string.h>
void main()
 {
 char a[]="office automation"; // 배열에 문자열 대입
 char b[]="MY HOME";           //           "
 char *x="                     "
 char *y="                     "
 a=strupr(a);             // 소문자를 대문자로 변환
 b=strlwr(b);             // 대문자를 소문자로 변환

 printf("x=%s \n",x);
 printf("y=%s \n",y);
 }
```

실행결과

```
x=OFFICE AUTOMATION
y=my home
```

해설 문자열 "office automation"은 strupr() 함수에 의해 대문자로 바뀌고, 문자열 "MY HOME"은 strlwr() 함수에 의해 소문자들로 바뀜

9. 문자열 찾기(strstr())

형식

```
char * str1, * str2;              ← 문자열1, 문자열2
변수=strstr(str1, str2);
```

strstr() 함수는 str 2로 지정된 문자열을 str 1에서 찾아 처음으로 발견되는 문자열이 값을 좌측의 문자열 변수로 기억시킨다. 만일, 문자열이 발견되지 않으면 null('\0')을 기억시킨다.

프로그램 12-10

```
#include <stdio.h>
#include <string.h>
void main()
 {
 char *a;          // 포인터 변수 선언
 a=strstr("character string","st");  // 왼쪽에서 오른쪽으로 최초로 발견되는
                                     // st의 문자열을 발췌한다.
 printf("a=%s \n",a);
 }
```

실행결과

```
a=string
```

해설

"character string"의 문자열 속에서 최초로 발견되는 "st"에 대한 문자열을 찾아 출력하는 프로그램이다.

10. 문자열 속의 문자 찾기(strpbrk())

형식

```
char * str1, * str2;
변수=strpbrk(str1, str2);
```

strpbrk() 함수는 str 2로 지정된 문자열 속의 어느 한 문자를 str 1이 가리키는 문자열에서 찾아 문자열 변수에 기억시킨다. 만일 문자가 발견되지 않으면 null을 기억시킨다.

프로그램 12-11

```
#include <stdio.h>        // standard i/o header file
#include <string.h>       // 문자열 헤더 파일
void main()
 {
 char *a;          // 문자열을 담기 위한 포인터 변수 선언

 a=strpbrk("character string","brk");  // 문자열 중 b,r,k 문자를 찾아 최초로
                                       // 발견된 문자를 기억
 printf("a=%c \n", *a);
 }
```

실행결과

```
a=r
```

해설

strpbrk() 함수는 문자열에서 'b', 'r', 't'의 문자를 찾아 이들 중 가장 먼저 발견되는 문자 'r'를 포인터 변수에 저장한다.

2. 수학 함수 라이브러리

삼각 함수, 제곱근, 절대값, 지수, 대수 등의 수학적인 함수는 헤더 파일 math.h에 내장되어 있다. 따라서 사용자는 이러한 수학적인 함수의 값을 구할 필요가 있으며 헤더 파일 math.h를 프로그램 서두에 선언한 후 사용하고자 하는 함수명을 이용하면 쉽게 사용할 수 있다.

표 12.2 math.h 라이브러리

종 류	함수명	인수의 형	기 능
삼각 함수	sin(x)	double	사인값을 구한다.(x는 라디안 각)
	cos(x)	double	코사인값을 구한다.(x는 라디안 각)
	tan(x)	double	탄젠트값을 구한다.(x는 라디안 각)
	기타	double	asin(x),acos(x),atan(x),sinh(x),cosh(x),tanh(x)
산술 연산	exp(x)	double	지수 e^x값을 구한다.
	log(x)	double	자연 로그 $loge^x$를 구한다.
	log10(x)	double	사용 로그 $log10^x$를 구한다.
	sqrt(x)	double	제곱근 $\sqrt{x}$를 구한다.
	pow(x,y)	double	X^y의 값을 구한다.
	abs(x)	int	정수 x의 절대값을 구한다.
	labs(x)	long	배정도 정수의 절대값을 구한다.
	fabs(x)	double	실수 x의 절대값을 구한다.
변환	ceil(x)	double	소수 이하를 반올림한다.
	floor(x)	double	소수 이하를 버린다.
	fmod(x,y)	double	x를 y로 나눈 나머지를 구한다.
	modf(x, &y)	double	x의 정수부와 소수부로 분리

1. 삼각 함수(sin(), cos(), tan())

삼각 함수의 값을 구할 때에 사용되는 함수로 인수의 값은 반드시 라디안(radian)값을 사용해야 한다. 다음은 각도를 라디안으로 바꾸는 공식이다.

• 라디안(radian)=각도 * 3.141592/180

프로그램 12-12

```
#include <stdio.h>        // 표준 입·출력 헤더 파일
#include <math.h>         // 수학적 함수 헤더 파일
void main()
 {
 double x,y=60.0;

 x = y * 3.141592/180;           // 각도 60을 라디안으로 변환

 printf("sin(%.0f)=%.6f \n", y,sin(x));
 printf("cos(%.0f)=%.6f \n", y,cos(x));
 printf("tan(%.0f)=%.6f \n", y,tan(x));
 }
```

실행결과

```
sin(60)=0.866025
cos(60)=0.500000
tan(60)=1.732050
```

해설

삼각 함수 sin( ), cos( ), tan( )에 대해 60을 라디안으로 하는 삼각 함수값을 구한다.

프로그램 12-13

```
#include <stdio.h>         // 표준 입·출력 헤더 파일
#include <math.h>          // 수학적 함수 헤더 파일
void main()
 {
 double a,b=30.0;                    // 배정도 실수형 변수 선언

 a=b * 3.141592/180;                 // 각도 30을 라디안으로 바꿈

 printf("asin(%.0f)=%.6f \n", b,asin(a));
 printf("acos(%.0f)=%.6f \n", b,acos(a));
 printf("atan(%.0f)=%.6f \n", b,atan(a));
 }
```

실행결과

```
asin(30)=0.551069
acos(30)=1.019727
atan(30)=0.482348
```

해설

30에 대한 라디안 값을 인수로 하여 arc sin(), arc cos(), arc tan()의 삼각 함수값을 구한다.

2. abs(), labs(), fabs() 함수

절대값을 구할 때 사용되는 함수로서 정수형 데이터의 절대값을 구할 때는 abs() 함수를 사용하고, 배정도 정수형 데이터의 절대값을 구할 때는 labs() 함수를 사용, 실수형 데이터의 절대값을 구할 때는 fabs() 함수를 사용한다.

프로그램 12-14

```
#include <stdio.h>
#include <math.h>        // 수학적 함수 헤더 파일
void main()
 {
 int a;              // 변수의 데이터형 선언
 long b;                     //            "
 double c;           //            "

 a=-387;
 b=-47965;
 c=123456.765;

 printf("%d의 절대값은 %d이다. \n", a, abs(a));
 printf("%ld의 절대값은 %ld이다. \n", b, labs(b));
 printf("%.3f의 절대값은 %.3f이다. \n", c, fabs(c));
 }
```

실행결과

```
-387의 절대값은 387이다.
-47965의 절대값은 47965이다.
123456.765의 절대값은 123456.765이다.
```

해설

abs() 함수는 정수형 데이터의 절대값, labs() 함수는 배정도 정수형 데이터의 절대값 fabs() 함수는 실수형 데이터의 절대값을 구한다.

3. sqrt() 함수

sqrt() 함수의 기능은 지정한 인수의 제곱근을 구하며, 이때의 인수는 double형이며 결과 역시 double이다.

프로그램 12-15

```
#include <stdio.h>     // 표준 입·출력 헤더 파일
#include <math.h>      // 수학적 함수 헤더 파일
void main()
 {
 double c, d;                 // 배정도 실수형 변수 선언

 c=25.0;
 d=36.0;
 printf("%.0f의 제곱근은 %.0f이다. \n", c, sqrt(c));
 printf("%.0f의 제곱근은 %.0f이다. \n", d, sqrt(d));
 }
```

실행결과

```
25의 제곱근의 5이다.
36의 제곱근의 6이다.
```

해설

25의 제곱근 ($\sqrt{25}$) 5를 구하는 프로그램이다.

4. ceil(), floor() 함수

ceil() 함수는 소수 이하의 반올림을 할 때 사용하는 함수이고, floor() 함수는 소수 이하를 버림할 때 사용하는 함수이다.

프로그램 12-16

```
#include<stdio.h>
#include <math.h>   // 수학적 함수 헤더 파일
void main()
 {
 double c;

 c=18.5;                  //                    소수 이하 반올림
                          //                          ↓
 printf("%.1f의 소수이하 반올림 하면 %.1f이다. \n", c, ceil(c));
 printf("%.1f의 소수이하를 버리면 %.1f이다. \n", c, floor(c));
 }                        //                          ↑
                          //                     소수 이하 버림
```

실행결과

```
18.5의 소수 이하 반올림하면 19.0이다.
18.5의 소수 이하를 버리면 18.0이다.
```

해설 ceil(18.5)는 소수 이하를 반올림하여 19.0이 되고, floor(18.5)는 소수 이하를 버림으로써 18.0이 된 것이다.

5. pow(), exp() 함수

pow(x,y) 함수는 x를 y로 거듭제곱, 즉 x^y의 값을 구하는 함수이고, exp(x) 함수는 지수값 e^x를 구한다.

프로그램 12-17

```
#include<stdio.h>
#include <math.h>    // 수학적 함수 헤더 파일
void main()
 {
 double x, y, a=2.0, b=3.0;

 x=pow(a,b);
 y=exp(x);

 printf("%.0f를 %.0f으로 거듭 제곱한 값: %.0f \n", a, b, x);
 printf("exp(%.0f)=%f \n", x,y);
 }
```

실행결과

```
2를 3으로 거듭 제곱한 값 : 8
exp(8)=2980.957987
```

해설

pow(2.0, 3.0)은 2.0을 3.0으로 거듭 제곱한 것이고, exp(8. 0)은 $e^{8.0}$ 값을 구한다.

6. log(), log10() 함수

log(x)는 x의 자연 대수를 구하는 함수이고, $\log_{10}(x)$는 x의 상용 대수를 구하는 함수이다.

프로그램 12-18

```
#include<stdio.h>
#include <math.h>          // 수학적 함수 헤더 파일
void main()
{
double a,b,c;              // 배정도 실수형 변수 선언

a=1.35689;
b=log(a);                  // 자연 대수의 계산
c=log10(a);                // 상용 대수의 계산

printf("log(%f)=%f \n",a,b);
printf("log10(%f)=%f \n",a,c);
}
```

실행결과

```
log(1.356890)=0.305195
log10(1.356890)=0.132545
```

해설

수학적 함수 헤더 파일에서 제공하는 수학 함수들을 이 프로그램에 포함시켜 자연 대수 계산과 상용 대수 계산을 하여 출력하도록 하는 프로그램이다.

7. fmod() 함수

실수의 나눗셈에서 나머지를 구하는 함수이다. 즉 실수 a를 실수 b로 나눈 다음, 그 나머지 값을 구한다. 다음 프로그램을 살펴보자.

프로그램 12-19

```
#include<stdio.h>
#include <math.h>
void main()
 {
 double a,b,c,d;

 a=25.456;
 b=6.78;
 c=floor(a/b);              // a/b의 몫을 구함
 d=fmod(a,b);               // a/b의 나머지를 구함

 printf("%f/%f=%f...%f \n",a,b,c,d);
 }
```

실행결과

```
25.456000/6.780000=3.000000...5.116000
```

해설

fmod() 함수는 실수형 나눗셈에서 나머지를 구한다. 즉 a/b의 나머지를 구한다.

8. modf() 함수

modf(a, &b) 함수는 부동 소수점(실수) a값을 소수부와 정수부로 나누는 함수이다. 다음 프로그램을 살펴보자.

프로그램 12-20

```
#include<stdio.h>
#include <math.h>          // 수학적 함수 헤더 파일
void main()
 {
 double a,b,c;

 a=729.13579;              // 배정도 실수형 변수에 초기치 대입
 c=modf(a,&b);             // c에 소수부, &b에 정수부를 저장

 printf("소수부 = %f \n", c);
 printf("정수부 = %f \n", b);
 }
```

실행결과

```
소수부=0.135790
정수부=729.000000
```

해설 c=modf(a, &b)는 정수부를 &b에 소수부를 c에 대입한다.

3. 메모리 관리 함수

기억 장소를 동적(dynamic)으로 할당, 해제 등의 기능을 실행하는 함수들로서 이들 함수들은 〈alloc.h〉 파일에 존재하므로 이러한 함수를 사용하기 위해서는 미리 선행처리기 #include로 선정해 두어야 한다.

↑	프로그램 영역	
하위주소	정적(static) 영역	← static 변수, 외부 변수
상위주소	heap 영역	← malloc() 함수 등
↓	스택(stack) 영역	← 자동 변수

그림 12.1 메모리 영역(pc의 c 경우)

① 정적 영역(static area) : 정적 변수와 외부 변수가 설정되는 메모리로서 컴파일(compile) 할 때에 그 크기와 할당(allocation)이 정해지고 메모리의 하위 주소부터 확보된다.

② 스택 영역(stack area) : auto 변수가 설정되는 영역으로서 함수의 실행시에 만들어 지고 끝나면 소멸된다. 이 영역은 메모리의 상위 주소에 위치하고 실행할 때에는 하위 주소 방향으로 진행된다.

③ 히프영역(heap area) : 이 영역의 메모리는 사용자(user)가 필요시에 할당하는 곳으로서 malloc() 함수나 calloc() 함수 등을 사용하여 확보할 수 있다. 이 영역은 동적 (dynamic)으로 할당된다.

1. malloc() 함수

형식

```
unsigned size;
char *malloc(size);
```

malloc() 함수는 memory allocation의 의미로 기억 장소를 동적으로 할당하는 함수이다. 즉, 지정한 인수(size)의 바이트 만큼 기억 장소 영역을 확보하여 이 영역의 포인터(시작 주소)를 반환한다. 만약, 할당하기 위한 충분한 공간이 없으면 null('\0')을 반환한다.

예 1

```
char *str;              ← 문자형 포인터 변수
str=malloc(20);
strcpy(str, "HONG GIL DONG");
```

메모리 내에 20바이트짜리 블록을 확보하고, 그 블록의 시작 주소를 str에 저장한다. 그 후, str에 문자열 "HONG GIL DONG"을 복사해 넣는다.

예 2

```
int *str;                    ← 정수형 포인터 변수
str=(int *)malloc(2);        ← (int *)는 정수 형태의 기억 장소임을 나타냄
*str=300;
```

메모리 내에 2바이트 만큼의 정수형 데이터가 채워질 수 있도록 기억 영역(블록)을 확보하고, 그 블록의 시작 주소를 str에 반환(저장)한다.

예 3

```
struct DATA {
            char name[10];
            int a;
            } *str;
str=(struct DATA *)malloc(12);
            └─▶구조체 형태의 기억 장소임을 나타냄
```

구조체의 멤버들을 저장하기 위해서는 12바이트의 기억 공간이 필요하다.

프로그램 12-21

```
#include <string.h>
#include <stdio.h>
#include <stdlib.h>        // exit()함수의 프로토타입
void main()
 {
 char * str;                 // 문자형 포인터 변수 선언
 str=(char  *)malloc(15);  // 문자형 데이터를 채울 수 있는 블록을 바이트로 확보
 if(str != '\0')
 strcpy(str,"Good morning !");   // 메모리 할당이 이루어진 경우
 else
  {
  printf("메모리 할당이 안됨. \n");   // 메모리 할당이 안된 경우
  exit(1);                          // 프로그램 실행 종료 표시
  }
 printf("%s \n", str);
 }
```

실행결과

```
Good morning !
```

해설

str=(char *) malloc(15)는 문자형 데이터가 채워질 수 있도록 메모리 내에 15바이트로 블록을 만들어 낸 후 그 블록의 시작 주소를 str에 반환한다.

프로그램 12-22

```
#include <stdio.h>
#include <stdlib.h>
void main()
 {
 char *a[5];                    // 포인터 배열 변수 선언
 int i;

 for(i=0; i<3; i++)
  {
 if((a[i]=(char *)malloc(13))==NULL) // 13바이트 단위의 블록을 각각 확보한다.
   {                              // 만약, 확보하지 못하면 화면에 출력한
   printf("메모리 확보 불가능\n");   //  후 실행 종료
   exit(1);
   }
 gets(a[i]);                    // 키보드에서 문자열 입력
 }
 for(i=0; i<3; i++)
 printf("%s \n",a[i]);
 free(a[i]);                    // 블록 해제
 }
```

실행결과

```
kim jeong ho [Enter↵]
pak yoon soo [Enter↵]
lee sung sik [Enter↵]
kim jeong ho
pak yoon soo
lee sung sik
```

해설

(a[i]=malloc(13)=NULL은 a[0]에서 a[4]까지 13바이트 단위의 블록이 각각 확보될 수 있지만 만약, 기억 장소(블록)가 확보되지 않을 경우는 "메모리 확보 불가능"을 화면에 출력하고 exit(1)에 의해 실행을 종료시킨다.

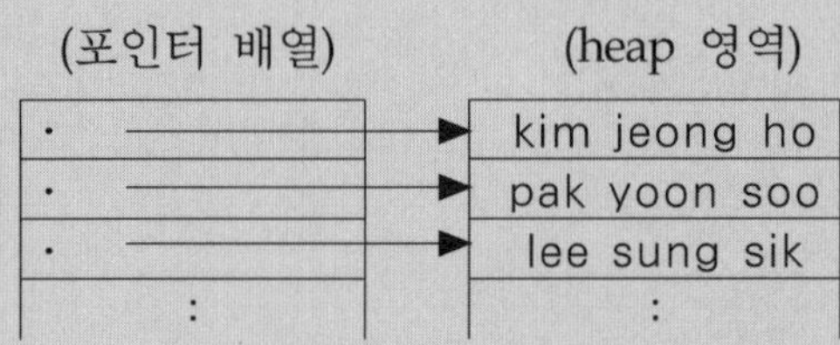

여기서 heap 영역이란? 메모리의 블록 영역으로서 기억 장소 할당과 해제가 일정한 순서없이 자유롭게 이루어질 수 있는 기억 장소이다.

2. Calloc() 함수

형식

```
unsigned n;              ← 원소의 수
unsigned size;           ← 각 원소의 바이트 수
char * calloc(n, size);
```

calloc() 함수는 size(바이트) 단위의 크기로 n개의 기억 장소(블록)를 확보하고, 그 확보된 영역을 0이나 '\0'로 초기화한다. 메모리 영역에 블록이 확보되지 않을 경우는 널(null) '\0'을 반환한다.

예

```
int * a;
a=(int *)calloc(5, sizeof(int));
```

이것은 정수형(int) 데이터가 기억될 기억 장소(블록)를 5개 확보한 후 0으로 초기화한다.

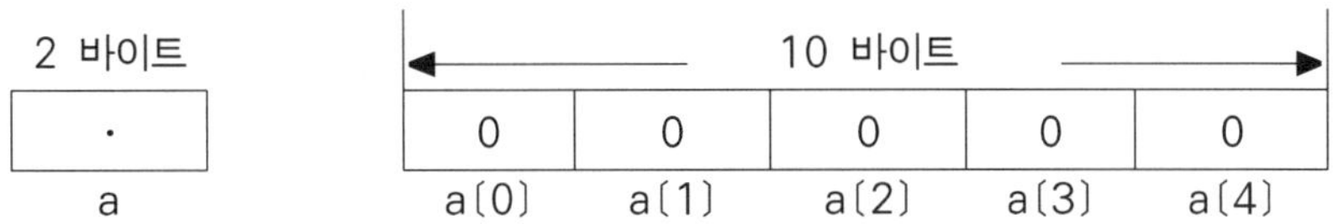

프로그램 12-23

```
#include <string.h>     // 문자열 처리 함수 헤더 파일
#include <stdio.h>

void main()
 {
 char *a;                  // 포인터 변수 선언

 a=(char *)calloc(15,sizeof(char)); // 1byte 단위의 크기로 15개의 기억 장소
                                    //  (블록)를 확보
 if(a)
 {
 strcpy(a,"Kim Chan Woo");    // 문자열을 a에 복사
 printf("%s \n",a);
 }
 else
 printf("메모리 확보 안됨! \n");
}
```

실행결과

```
Kim Chan Woo
```

해설 원소의 수 15개와 char의 크기 1byte를 곱한 수 만큼의 블록을 확보하여 '\0'으로 초기화한 다음 문자열 "Kim chan woo"로 채운다.

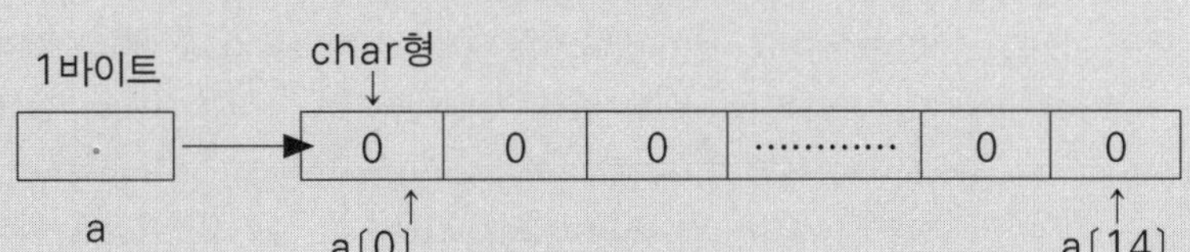

3. realloc() 함수

형식

```
char *realloc(block, newsize)
char *block;              ← 이전의 메모리 블록에 대한 포인터
unsigned newsize;         ← 새로운 메모리 크기(바이트)
```

realloc() 함수는 이미 확보되어 있는 메모리의 크기를 변경하는 함수이다. block이 가리키는 메모리 블록의 크기를 newsize로 바이트를 지정하여 크게 하거나 작게 변경한다. 재 할당하면 블록의 내용은 새로운 영역으로 전달된다.

예

```
char *p, *q;
p=malloc(10);          ← 메모리 내용 10바이트 짜리 블록 확보
q=realloc(p, 30);      ← 메모리 내에 30바이트 짜리 블록 재 확보
```

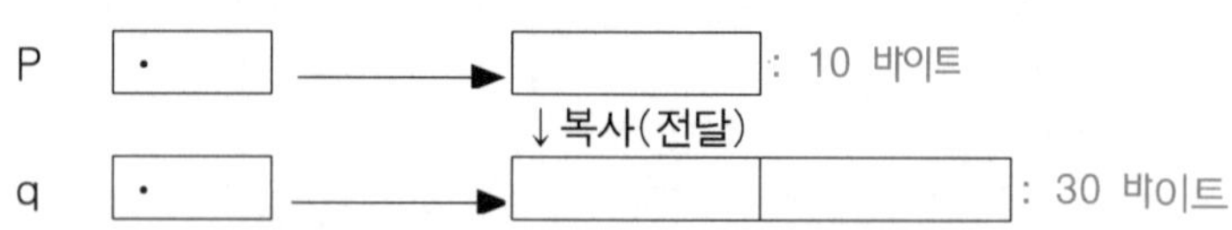

프로그램 12-24

```
#include <string.h>        // 문자열 처리 함수 헤더 파일
#include <stdio.h>

void main()
 {
 char * str;

 str=(char *)malloc(7); // 6바이트짜리 문자형의 기억 장소(블록)를 확보
 strcpy(str, "Visual");   // str에 "TURBO"를 복사
printf("str의 주소 = %u, 내용 = %s \n",str,str);
 str=(char *)realloc(str,20);       // 20바이트 짜리 블록 재 확보
 strcat(str," C++ 6.0 Language");          // str에 연결한다.
 printf("str의 주소 = %u, 내용 =%s \n",str,str);
 }
```

실행결과

```
str의 주소 = 4391360, 내용 = Visual
str의 주소 = 4391360, 내용 = Visual C++ 6.0 Language
```

해설

malloc(6)에 의해서 6바이트의 기억 영역(블록)을 확보하고 "TURBO"를 복사한 후, 메모리의 시작 주소와 복사된 문자열을 출력하였다. 그런 다음 이미 확보된 메모리의 영역을 realloc(str,20)에 의해서 재확보를 하고 그곳에 "C-Language"라는 문자열을 저장하면, 이미 기존의 내용과 새로운 내용이 연결되어 나타난다.

4. free() 함수

형식

```
void free(block)
char * block;          ← 해제할 메모리 블록의 포인터
```

free() 함수는 block이 가리키는 메모리 블록을 해제한다. 즉 malloc(), calloc(), realloc() 함수에 확보되었던 메모리의 영역을 해제하여 다시 자유 공간으로 환원하는 함수로서 반환값은 없다. free() 함수의 올바른 사용은 메모리를 절약할 수 있다는 장점이 있다.

프로그램 12-25

```
#include <stdio.h>
void main()
 {
 char *str1, *str2;
 int i;

for(i=0; i<=2; i++)
 {
 str1=(char *)malloc(10);    // 10바이트 짜리 문자형의 기억장소 확보
 str2=(char *)malloc(20);    // 20바이트 짜리 문자형의 기억장소 확보
```

```
  printf("확보된 위치: str1=%u, str2=%u \n",
 str1,str2);
 free(str1);                       // str1에 의해 확보된 블록 해제
 }
}
```

실행결과

```
확보된 위치 : str1=4391024, str2=4390960
확보된 위치 : str1=4391024, str2=4399072
확보된 위치 : str1=4391024, str2=4399008
                  ↑                   ↑
               동일 주소           상이한 주소
```

해설

str1은 매번 사용한 후 블록을 해제하여 다시 실행시키면 이미 그곳은 비어 있는 공간이 되어 있어서 동일한 주소가 할당되나, str2는 사용만 하고 해제는 하지 않았으므로 시스템 측에서는 계속 사용하는 영역으로 판단하고 다른 블록 영역을 찾게 된다.

4. 기타의 라이브러리 함수

c 언어는 이미 설명한 문자열과 수학 함수, 표준 라이브러리 함수, 메모리 관리 함수 이외에도 많은 함수들을 제공하고, 여기서는 일반적으로 많이 사용되는 것들만 몇 가지 정리하여 설명하고자 한다.

1. stdlib.h에 관련된 함수

stdlib.h 파일에 관련된 함수로는 문자열을 수치 데이터로 바꾸는 문자 변환 함수와 수치를 문자열로 바꿔주는 수치 변환 함수, 그리고 난수 함수 등이 있다.

표 12.3 stdlib.h 함수

함수명	기　　능
atoi(문자열)	문자열을 int형 정수로 변환시킨다.
atol(문자열)	문자열을 long형 정수로 변환시킨다.
atof(문자열)	문자열을 float형 실수로 변환시킨다.
itoa(i, 변수,n)	n진수 int형 정수를 문자열로 변환하여 변수에 대입시킨다.
ltoa(i, 변수,n)	n진수 long형 정수를 문자열로 변환하여 변수에 대입시킨다.
ultoa(i, 변수,n)	n진수 unsigned long형 정수를 문자열로 변환하여 변수에 대입시킨다.
rand( )	0~32767 사이의 정수 난수를 발생시킨다.
random(i)	0~(i-1) 사이의 정수 난수를 발생시킨다.
randomize(i)	난수 발생자를 초기화한다.

프로그램 12-26

```
#include <stdio.h>          // 표준 입·출력 함수 헤더 파일
#include <stdlib.h>         // 라이브러리 함수 헤더 파일
void main()
 {
 printf("atoi()=%d \n", atoi("5342")); // 문자열을 정수로 변환
 printf("atol()=%ld \n", atol("12345")); // 문자열을 long형 정수로 변환
printf("atof()=%f \n", atof("7.15e6")); // 문자열을 float형 실수로 변환
 }
```

실행결과

```
atoi()=5342
atol()=12345
atof()=7150000.000000
```

해설 atoi()는 수치의 범위가 -32768~32767가 되고, atol()의 수치 범위는 -2147483648~2147483647이 된다. atof()는 문자열을 float형 실수로 반환시킨다.

프로그램 12-27

```
#include <stdlib.h>        // 라이브러리 함수 헤더 파일
#include <stdio.h>
void main()
 {
 char m[50];               // 문자형 배열 변수 선언

 itoa(255,m,16);           // 16진수 255를 문자열로 변환
 printf("itoa()=%s \n", m);

 ltoa(613456,m,10);        // 10진수 613456을 문자열로 변환
 printf("ltoa()=%s \n", m);

 ultoa(0xffffL,m,10); // 10진수 unsigned형 oxffffL을 문자열로 변환
 printf("ultoa()=%s \n",m);
 }
```

실행결과

```
itoa()=ff
ltoa()=613456
ultoa()=65535
```

해설 itoa(), ltoa(), ultoa() 함수는 각각 주어진 진수(radix)의 수치를 문자열로 바꿔주는 함수들이다.

프로그램 12-28

```
#include <stdio.h>
#include <conio.h>        // 콘솔 입·출력 함수의 헤더 파일
#include <stdlib.h>       // 라이브러리 함수의 헤더 파일
#define randomize() srand((unsigned)time(NULL)) // 난수 발생의 초기화 정의
void main()
 {
 int i;

 system("cls");            // 화면을 clear
 randomize();              // 난수 발생의 초기화

 for(i=1; i<6; i++)        // 반복 수행 동안 5개의 난수 발생
 printf("%d회 --> %d \n", i, rand());
 }
```

실행결과

```
1회  --> 17238
2회  --> 12689
3회  --> 19573
4회  --> 81301
5회  --> 22121
```

해설

rand() 함수는 0~32767 사이의 정수 난수들을 발생시킨다. 만약, randomize() 함수를 사용하지 않으면 항상 일정한 형식의 난수만 발생한다.

프로그램 12-29

```
#include <stdio.h>
#include <conio.h>
#include <stdlib.h>        // 라이브러리 함수의 헤더 파일
#define randomize() srand((unsigned)time(NULL)) // 난수 발생의 초기화 정의
void main()
 {
 int i;

 system("cls");                      // 화면 지우기
 randomize();                        // 난수 발생의 초기화

                                        난수발생 시작수치
 for(i=1; i<6; i++)                          ▲
 printf("%d회 --> %d \n", i, rand()%98+2);
 }                                         ▼
                                        난수발생 최종수치
```

실행결과

```
1회 --> 63
2회 --> 25
3회 --> 26
4회 --> 85
5회 --> 27
```

해설 실행할 때마다 임의의 난수를 발생시키려면 randomize()를 사용하여 미리 선언한 후 random() 함수를 사용한다. random(100)은 2부터 100 사이의 난수들을 발생케 한다.

2. ctype.h에 관련된 함수

문자 평가 함수

1개의 문자가 숫자인지, 문자인지, 제어 문자인지, 대문자 또는 소문자인지 여부 등을 평가하는 함수들이 ctype.h에 정의되어 있으며, 검사된 항목이 만족하면 참(true)으로 0이 아닌 값을, 만족하지 않으면 거짓(false)인 0을 반환한다.

표12.4 문자 평가 함수(ctype.h)

함 수 명	기 능
isalpha(c)	문자 c가 영문자(A~Z, a~z)이면 참(true)
isalnum(c)	문자 c가 영문자, 숫자(A~Z, a~z, 0~9)이면 참
isascii(c)	문자 c가 ASCII 코드(0~ox7f)이면 참
islower(c)	문자 c가 소문자(a~z)이면 참
isupper(c)	문자 c가 대문자(A~Z)이면 참
isdigit(c)	문자 c가 10진 숫자(0~9)이면 참
isspace(c)	문자 c가 공백(공란, 탭)이면 참
ispunct(c)	문자 c가 구두점이면 참
isprint(c)	문자 c가 인쇄 가능 문자이면 참
isxdigit(c)	문자 c가 16진 숫자(0~9, A~F, a~f)이면 참
iscntrl(c)	문자 c가 제어 코드(0~0xlf, 0x7f)이면 참
isgraph(c)	문자 c가 그래픽 문자(0x21~0x7e)이면 참

프로그램 12-30

```
#include <stdio.h>
#include <ctype.h>
#include <conio.h>
void main()
 {
 static char abc[]="ABCZabcdz0129 #!?";
 int i;
 clrscr();
for(i=0; abc[i]!=0; i++)
 printf("[%c]",abc[i]);          // 초기화된 문자열 그대로 출력
 printf("\n");
```

```
 for(i=0; abc[i]!=0; i++)
 printf("%2d ",isalpha(abc[i])); // 영문자이면 0이 아닌 값,
 printf("\n");                  // 영문자가 아니면 0이 출력

for(i=0; abc[i]!=0; i++)
 printf("%2d ",islower(abc[i])); // 영문 소문자가 아니면 0, 소문자이면
 printf("\n");                   // 0이 아닌 값이 출력

for(i=0; abc[i]!=0; i++)
 printf("%2d ",isupper(abc[i])); // 영문 대문자가 아니면 0, 대문자이면
 printf("\n");                   // 0이 아닌 값을 출력

for(i=0; abc[i]!=0; i++)
 printf("%2d ",isspace(abc[i]));// 공백이 아니면 0, 공백이면 0이 아닌 값 출력
 printf("\n");

for(i=0; abc[i]!=0; i++) // 수치가 아니면 0, 수치이면 0이 아닌 값 출력
 printf("%2d ",isdigit(abc[i]));
 printf("\n");

for(i=0; abc[i]!=0; i++)
 printf("%2d ",isalnum(abc[i])); ← 영문자 또는 수치가 아니면 0,
 printf("\n");                      영문자 또는 수치이면 0이 아닌 값 출력
 }
```

실행결과

[A]	[B]	[C]	[Z]	[a]	[b]	[c]	[d]	[z]	[0]	[1]	[2]	[9]	[ ]	[#]	[!]	[?]
4	4	4	4	8	8	8	8	8	0	0	0	0	0	0	0	0
0	0	0	0	8	8	8	8	8	0	0	0	0	0	0	0	0
4	4	4	4	0	0	0	0	0	0	0	0	0	0	0	0	0
0	0	0	0	0	0	0	0	0	0	0	0	0	1	0	0	0
0	0	0	0	0	0	0	0	0	2	2	2	2	0	0	0	0
4	4	4	4	8	8	8	8	8	2	2	2	2	0	0	0	0

해설 문자 평가 함수들에 의해 출력된 결과 중 0이 아닌 숫자들은 참(true)을 의미하고, 0인 숫자는 거짓 (false)을 의미한다.

문자 변환 함수

문자 변환 함수는 대문자를 소문자로 변환하거나 또는 그 반대로 변환한다. 또, ASCII 코드가 아닌 값을 ASCII 코드값으로 변환한다.

표12.5 문자 변환 함수(ctype.h)

함수명	기 능
toascii(c)	문자 c를 ASCII 문자로 변환하며 하위 비트 이외는 모두 0으로 변경
tolower(c)	문자 c가 대문자이면 소문자로 변환
toupper(c)	문자 c가 소문자이면 대문자로 변환
_tolower(c)	문자 c를 무조건 소문자로 변환
_toupper(c)	문자 c를 무조건 대문자로 변환

프로그램 12-31

```
#include <stdio.h>
#include <ctype.h>        // 문자 변환 함수 헤더 파일
void main()
 {
 int c;

 printf("문자열 입력: ");
 c=getchar();   // 키보드에서 1문자 입력 문자 a를 ASCII 문자로 변환

 printf("toasii(c)=%x \n",toascii(c));
 }
```

실행결과

```
문자입력: a Enter↵
toascii(c)=61
```

해설

영문 소문자 a를 toascii()함수에 의해 ASCII 코드값 61로 변환한 것이다.

프로그램 12-32

```
#include <stdio.h>        // 표준 입·출력 헤더 파일
#include <ctype.h>        // 문자 변환 함수 헤더 파일
void main()
 {
 int c;

 for(c=97; c<=122; c++)
 putchar(toupper(c));  // 영문 소문자 a~z를 대문자로 변환
 }
```

실행결과

```
ABCDEFGHIJKLMNOPQRSTUVWXYZ
```

해설

10진수 ASCII 코드로 된 97~122는 영문 소문자 a~z가 되며, 이는 toupper( ) 함수에 의해 대문자로 변환된 결과이다.

3. 문자열 변환 함수

문자열 변환 함수는 출력하고자 하는 문자열을 주어진 형식(format)에 따라 편집하여 주는 함수로서 sprintf() 함수와 sscanf() 함수 등이 있다. 이들은 <stdio.h> 파일에 선언되어 있다.

sprintf() 함수

형식

```
int sprinf(str, format, 인수)
char *str, *format;
      ▲      ▲
      │      └── 서식 제어 문자열
  출력될 문자열
```

sprintf() 함수는 출력하고자 하는 인수들을 format에 표시된 변환 규칙에 따라 str 버퍼에 넣어 편집한다. 버퍼 str의 맨 끝에는 '\0'이

자동적으로 추가된다. 함수값으로 출력된 문자의 수를 반환하고, 에러 발생시에는 EOF를 되돌린다.

프로그램 12-33

```
#include <stdio.h>
void main()
 {
 char str[10];                // 문자형 배열 변수 선언
 double c=25.436;             // 배정도 실수형 변수 선언과 초기치 대입

 sprintf(str,"c = %5.2f",c); // 25.436을 %5.2f 서식에 따라 편집하여
 printf("%s \n",str);         // 버퍼 str에 저장한다.
 }
```

실행결과

```
c = 25.44
```

해설

sprintf() 함수에 의해 버퍼(buffer) str에 저장되는 형태를 살펴보면 다음과 같다.

c		=		2	5	.	4	4	\0

sscanf() 함수

형식

```
int sscanf(str, format, 인수, …)
char *str, *format;
       ↑      ↑
       |      └── 서식 제어 문자열
  입력할 문자열
```

sscanf() 함수는 str 내의 데이터를 format에 표시된 규칙에 따라, 인수 등에 입력시켜준다. 즉 포인터 str이 가리키는 문자열로부터 데이터를 읽어 들인다.

프로그램 12-34

```
#include <stdio.h>          // 표준 입·출력 header file
void main()
{
char * str="korea 25 3.1415"; // 포인터 변수 선언과 문자열의 초기화
char name[10];
int i;
float j;

sscanf(str,"%5s %3d %f",name,&i,&j);  //
        //    └ str에 기억된 문자열을 서식 %5s, %3d, %f에 맞추어 구분한다.
printf("name=%s \n",name);
printf("i=%d \n",i);
printf("j=%f \n",j);
}
```

실행결과

```
name=korea
i=25
j=3.141500
```

해설

str 내의 데이터 중 "Korea"를 %5s에 따라 5자리 형식으로 name 변수에 기억시키고, 또 "25"를 %3d에 따라 i 변수에 기억시킨다. 마찬가지로 "3.1415"를 %f의 규칙에 따라 j 변수에 기억시킨다.

k	o	r	e	a	\0			2	5		3	.	1	4	1	5	0	0
		name												j				

반환되는 함수값은 입력 변수의 개수가 되며, 만약 에러시에는 -1이 된다.

연습문제 (객관식)

1. #include 〈string.h〉와 관계가 먼 것은?

① strcmp()　　② strlen()
③ sqrt()　　④ strcpy()

2. 문자열의 연결에 관한 함수로 올바른 것은?

① strcat(a, b);　　② strchr(a, b);
③ strncpy(a, b);　　④ strcmp(a, b);

3. 다음의 프로그램에서 len에 기억되는 값은?

```
char str[15];
int len;
str="seoul korea";
len=strlen (str);
```

① 11　　② 15
③ seoul　　④ SEOUL KOREA

4. 다음의 프로그램에서 m에 저장되는 값은?

```
char *p = "seoul university";
char *m = "                    ";
m = strchr(p,'u');
```

① university　　② seoul
③ ul university　　④ niversity

5. 다음의 프로그램에서 출력되는 a의 값은?

```
char *a="my life";
printf("a=%s \n", strupr(a));
```

① my life　　② efil ym
③ My Life　　④ MY LIFE

6. #include 〈math.h〉와 관계가 먼 것은?

① sqrt(x) ② fabs(x)
③ tolower(x) ④ pow(x,y)

7. 메모리에 기억 장소(블록)를 확보하고 그 확보된 영역을 '\0'이나 0으로 초기화하는 함수는?

① malloc() 함수 ② calloc() 함수
③ realloc() ④ free() 함수

8. #include 〈stdlib.h〉에 관계 있는 함수는?

① strcpy() ② labs()
③ fmod() ④ random()

9. #include 〈ctype.h〉에 관계되는 함수로 문자 c가 소문자(a~z)이면 참(true)이 되는 함수는?

① isalpha(c) ② inalnum(c)
③ isascii(c) ④ islower(c)

10. 문자열(string) 변환 함수 sscanf()의 prototype은 어느 것인가?

① #include 〈dos.h〉 ② #include 〈string.h〉
③ #include 〈stdio.h〉 ④ #include 〈math.h〉

연습문제 (주관식)

1. 다음의 프로그램에서 괄호를 적당한 문장으로 채워 완성하시오.

```
#include <string.h>
void main()
{
char a[100], b[100];
( ① ) (a, "good morning");
( ② ) (b, "hello");
( ③ ) (a, b);
if(( ④ ) (a, b)>0)
printf(" a lengh=%d\n", ( ⑤ )(a));
else
printf("b length=%d\n", ( ⑥ )(b));
}
```

※ 배열 a, b에 문자열을 복사하고 a에 b를 결합한다. 또 a와 b의 문자열을 비교하고 a가 클 때 a의 길이를 그렇지 않을 때는 b의 길이를 표시한다.

2. 다음의 문자열에서 문자수를 출력하는 프로그램을 작성하시오.

"Seoul is the capital of korea."

3. 다음 그림에서 40° 의 경사진 언덕길을 250m 올랐을 때, 수평 거리 (x)m를 구하는 프로그램을 작성하시오.

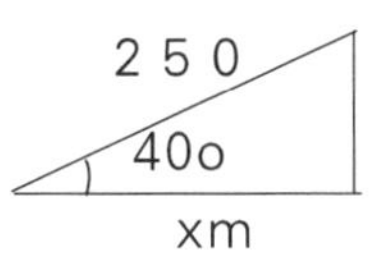

4. 다음의 수학식을 c 언어의 함수식으로 나타내시오.

① $\frac{1}{2}\sin a+\cos b$

② $\log x+\log 10y$

③ $3\log 10\sqrt{x+y} - \log(3-x)$

④ $a3+10a-e5-x3$

⑤ $3x3+4x2+5x-8$

⑥ $\pi r2+2\pi r$

5. 키보드에서 영문자를 받아들여 다음과 같이 대문자는 소문자로, 소문자는 대문자로 바꾸어 출력하는 프로그램을 작성하시오.

```
input = Seoul - korea [Enter↵]
output = sEOUL - KOREA
```

제13장 파일처리 입·출력함수

1. 표준 입·출력함수

표준 입·출력은 시스템이 지정한 표준 입·출력장치를 통해 데이터의 입·출력이 이루어지는 것을 의미한다. 표준 입력장치는 키보드(keyboard)이며, 표준 출력장치는 단말기(모니터)의 화면이다. 따라서, 표준 입력함수들은 키보드를 통하여 데이터를 읽어들이고, 모니터의 화면으로 데이터를 출력하게 된다. 그리고, 대부분의 표준 입·출력함수들은 〈stdio.h〉 파일에 들어 있으며, 표준 입·출력함수의 종류에는 이미 소개한 scanf(), printf(), getchar(), putchar(), gets(), puts() 등이 있다. 여기서는 몇 가지만 다시 간추려 설명하고자 한다.

1. 단일 문자 입력(getchar())

형식

```
#include<stdio.h>
int getchar(); 또한 char getchar();
```

getchar() 함수는 get character 의미의 약어로 키보드로부터 실행중인 프로그램으로 한번에 1문자씩 입력받아 전달해 주는 역할을 한다.

getchar() 함수의 괄호 안에는 인수(매개변수)를 기술하지 않으며, 1개의 문자를 입력받아 정수형(int)의 값으로 리턴한다. 이때, 정수형의 값은 ASCII 코드값이다. 또한, 리턴(return)값은 int형이지만 리턴값으로 받아들이는 변수는 char형도 가능하다.

예

```
#include <stdio.h>
void main()
{
int a;                          ← 정수형 변수 a 선언
printf("input=  ");
a=getchar();                    ← 1문자 입력

printf("한 문자 출력 = %c \n",a);
printf("한 문자의 ASCII 코드값 = %d \n",a);
}
```

실행결과

```
Input = A Enter↵
한 문자 출력 = A
한 문자의 ASCII 코드값 = 65
```

2. 단일 문자 출력(putchar())

형식

```
#include<stdio.h>
putchar(c);    ← 단, c는 인수이다.
```

putchar() 함수는 실행중인 프로그램에서 하나의 문자를 받아 화면으로 하나의 문자를 출력시킨다. putchar()의 괄호 안에는(매개 변수)를 넣어 주어야 한다. 인수 c는 int형이나 char형이 된다.

예

```
#include <stdio.h>          ← 표준 입·출력 헤더 파일
void main()
  {
  char c;

  printf("Input= ");
  c=getchar();              ← 키보드에서 1문자 입력
  putchar(c);               ← 화면에 1문자 출력
  }
```

실행결과

```
Input = B Enter↵
B
```

해설

include<stdio.h>는 버퍼형 입·출력 시스템을 위해서 필요한 표준 헤더 파일(standard header file)로 시스템이 입력 데이터를 받아들이기 위한 버퍼(buffer)를 사용하고 있음을 알 수 있다. 버퍼를 사용하는 경우 입력이 끝나면 Enter↵키를 반드시 쳐 주어야 한다.

Buffer란?

컴퓨터의 각 장치마다 한 번에 처리할 수 있는 데이터의 크기나 속도가 각기 다르기 때문에 작업 효율성이 떨어질 수 밖에 없다. 따라서, 각 장치간의 데이터 전송시 데이터의 효율적인 처리를 위해서 임시 기억 장소를 두어 완충 역할을 하게 하는데, 이러한 임시 기억 장소를 버퍼(buffer)라고 한다.

버퍼 사용의 장점은 한 문자를 전송하는 것보다 한꺼번에 여러 문자를 보내는 것이 시간이 덜 걸리게 된다.

즉 Enter↵키를 쳤을 때, 그 때까지 입력한 문자들이 한꺼번에 전부 전송된다. 또, 문자를 잘못 입력했을 때 키보드로 수정이 용이하다.

① 파일 입출력 처리에 관한 함수를 이용한 프로그램 예로 Project name에 sample13이라고 입력하고 〔OK〕 버튼을 클릭 한다.

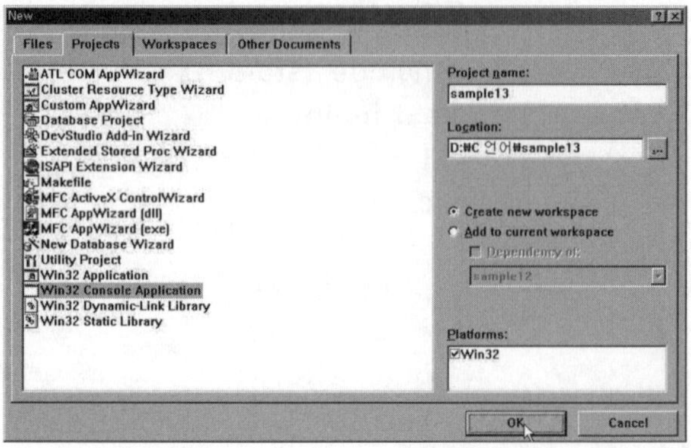

② Win32 Console Application - Step 1 of 1의 대화상자가 나타나는데 이들의 콘솔 어플리케이션의 형태 중 ◉ An empty project를 선택하고 〔Finish〕단추를 누른다.

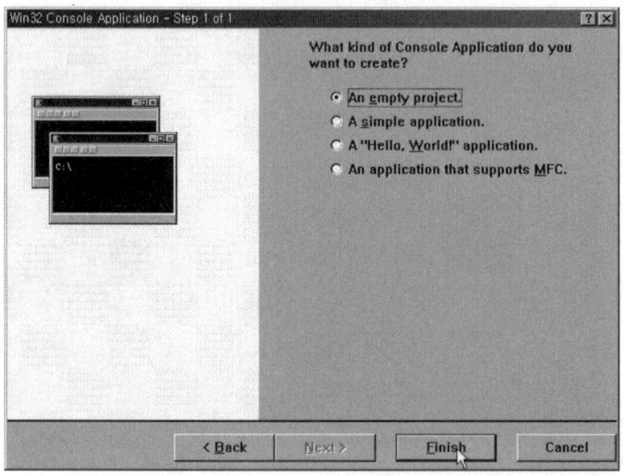

③ 새로 생성된 프로젝트 정보를 보여주고 있으며, Project Directory 위치와 내용을 확인 후 〔OK〕를 선택한다.

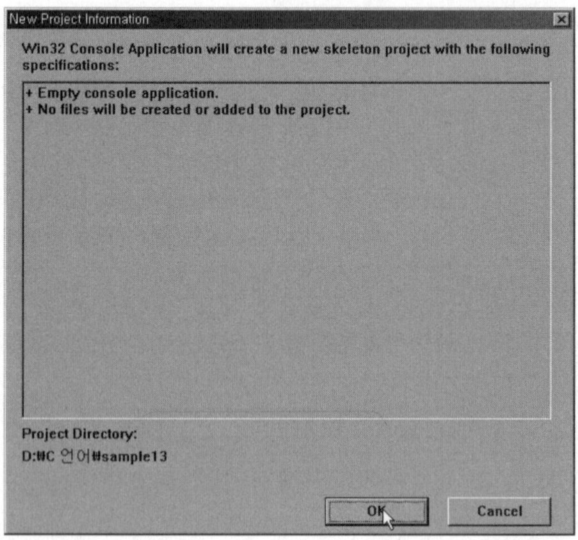

④ 〔FileView〕 탭에서 폴더모양의 〔Source Files〕에서 마우스 오른쪽버튼을 눌러 〔Add Files to Folder...〕를 선택하여 소스코드를 입력하기 위한 파일을 생성한다.

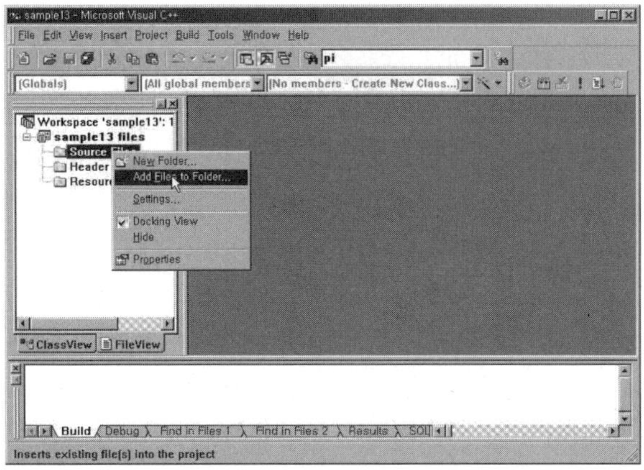

⑤ Insert Files into Project 대화상자가 나타난다. Insert Files into Project 대화상자에서 파일이름을 sample13.c 입력하고 〔OK〕버튼을 클릭 한다.

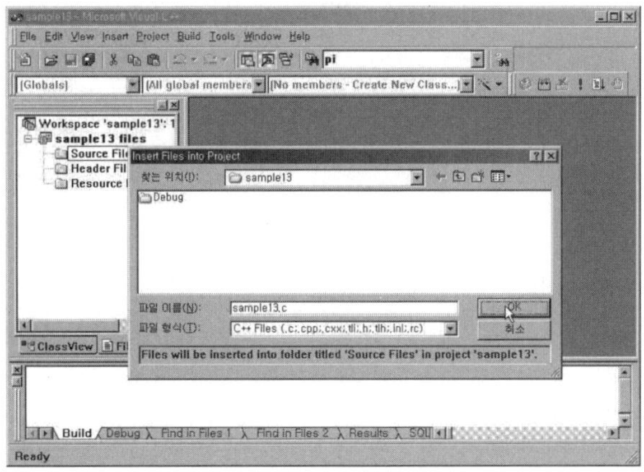

⑥ 소스파일 sample13.c 파일을 참조하겠냐는 대화상자가 나타나면 〔예(Y)〕를 누른다.

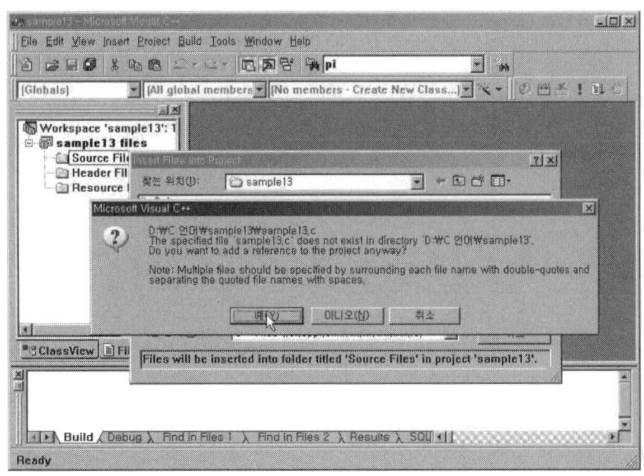

⑦ Source File에서 sample13.c를 클릭하면 파일을 생성한다는 대화상자가 나타나고, 〔예(Y)〕를 누르면 파일을 작성할 수 있는 입력창을 볼 수 있다.

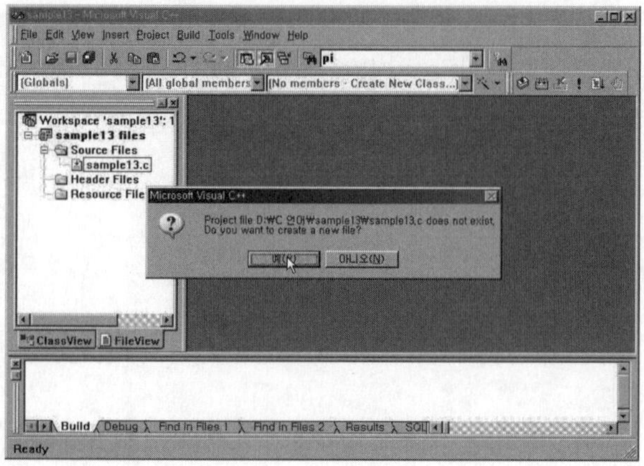

⑧ sample13.c 입력창에 소스를 입력한다.

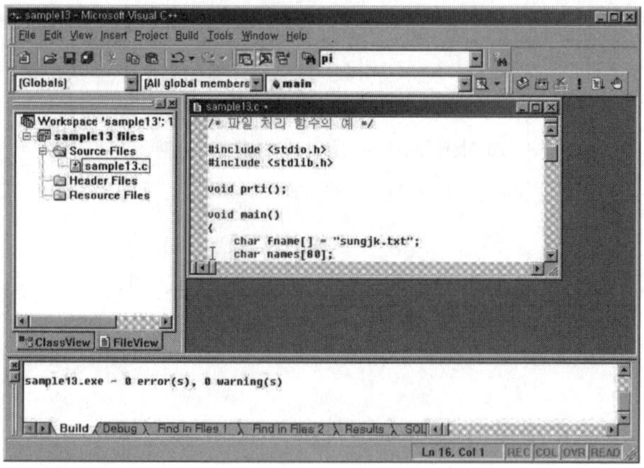

Sample23 소스

```
/* ====================================
       이 프로그램은 비주얼 C++ 6.0 컴파일러로
       실행시켜 보는 소스 프로그램으로 샘플(sample)
       예제이다.
   ====================================   */
// 파일 처리 함수의 예

#include <stdio.h>
#include <stdlib.h>
void prti();

void main()
{
       char fname[] = "sungjk.txt";
       char names[80];
       FILE *f;
       int point1, point2, cnt=0;
       if((f=fopen(fname, "w")) == NULL)
       {
              printf("파일이 열리지 않음 \n");
              exit(1);
       };
       printf("성명과 성적(성적1, 성적2)을 입력하시오 \n");
       fgets(names, 80, stdin);
       while(!feof(stdin))
       {
              // 파일 "sungjk.txt"에 쓰기
              fprintf(f, "%d", ++cnt);
              fputs(names,f);
              fgets(names, 80, stdin);
       }
       fclose(f);
       if((f = fopen(fname, "r"))==NULL)
       {
              printf("파일이 열리지 않음 \n");
              exit(1);
       };
```

```
        prti();
        while(!feof(f))
        {
         // 파일 "sungjk.txt"에서 읽기
         fscanf(f, "%d %s %d %d\n", &cnt, names, &point1, &point2);
         // 표준출력에 쓰기
         fprintf(stdout, "%8d%20s%10d%10d\n",cnt, names, point1, point2);
        }
        fprintf(stdout, "%s\n", "------------------------------ ");
        fclose(f);
}

void prti()
{
        fprintf(stdout, "%s\n", "번호", "성명", "성적(1)", "성적(2)");
        fprintf(stdout, "%s\n", "-------------------- ");
}
```

실행결과

```
성명과 성적(성적1, 성적2)을 입력하시오
장보고 85 95 Enter↵
서동요 95 89 Enter↵
김하늘 75 65 Enter↵
홍길동 99 95 Enter↵
^Z
     번호
--------------------------------------------------
       1          장보고          85       95
       2          서동요          95       89
       3          김하늘          75       65
       4          홍길동          99       95
--------------------------------------------------
```

⑨ 〔Build〕 메뉴에서 〔Execute sample13.exe Ctrl+F5〕를 하면 자동으로 실행 파일을 먼저 생성하고 실행되는 것을 볼 수 있다.

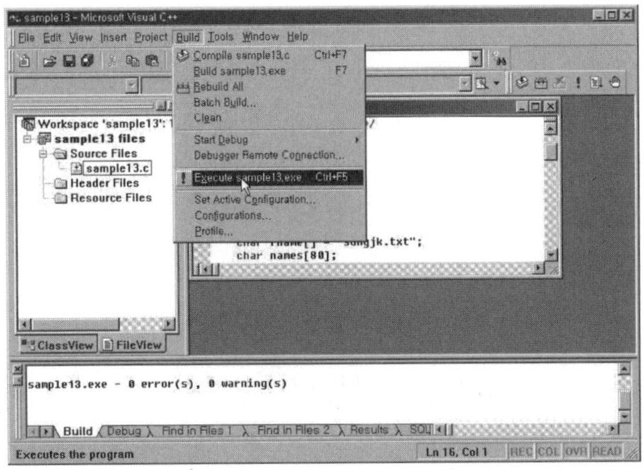

⑩ 실행파일 sample13.exe가 새로운 창에서 실행된 결과가 나타난다.

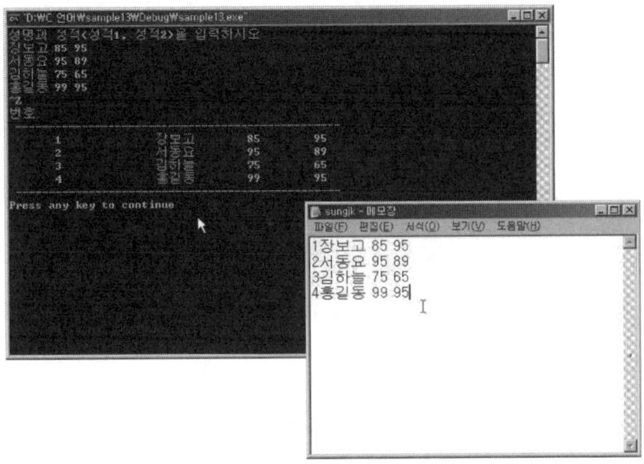

3. gets() 함수

형식

```
char *gets(str)  ← 문자열 입력 함수
char *str;
```

문자열을 키보드에서 표준 입력하는 데에는 scanf() 또는 gets() 함수를 많이 사용한다. gets(str) 함수는 표준 입력으로부터 문자열을 입력받아서 이를 string이 가리키는 장소(버퍼)에 하나의 레코드를 기억시키고 그 포인터를 되돌려준다.

이때, 입력된 모든 문자열은 키보드에서 Enter↵키 또는 Return키를 칠 때까지의 문자들을 말한다. 키보드에서 입력된 모든 문자열을 입력으로 받아들이고 [Enter↵]키를 치면 scanf 함수에서는 \n(new line)을 삽입하지만 gets() 함수에서는 null 문자인 \0으로 바꿔서 삽입한다. 이것은 키보드에서 입력한 문자열을 올바른 문자열로 저장하기 위해서 필요하다.

프로그램 13-1

```
#include <stdio.h>
void main()
{
char str[30];     // str[30]을 *str로 정의하면 컴파일시 warning 에러 발생
printf("string input:=");
gets(str);        // 키보드에서 문자열 입력
printf("%s \n",str);
}
```

실행결과

```
string input:=sample programming [Enter↵]
sample programming
```

해설

키보드로부터 입력한 문자열 sample programming을 읽어들여서 문자열 포인터 str이 가리키는 장소에 기억시킨 후 그 포인터를 되돌리는 경우의 프로그램이다.

*str:

s	a	m	p	l	e		p	r	o	g	r	a	m	m	i	n	g	\0

sample programming [Enter↵]

Null 문자 자동 첨가

프로그램 13-2

```
#include <stdio.h>
void main()
 {
 char str[30], *ptstr;              // 배열 변수와 포인터 변수 선언
 printf("string input:=");
 gets(str);                   // 키보드에서 문자열 입력
 ptstr=str;                   // 배열의 시작 주소를 ptstr에 대입
 while(*ptstr)
 printf("%c", *ptstr++);
 }
```

실행결과

```
string input:=sample programming [Enter↵]
sample programming
```

해설

여기서는 #include<stdio.h>를 선언하지 않았으며 키보드에서 입력한 문자열은 [Enter↵]키를 누를 때 비로서 배열 str 영역에 채워지며 마지막에 널(null) 문자 \0가 채워진다.

*ptstr :	s	a	m	p	l	e		p	r	o	g	r	a	m	m	i	n	g	\0
	↑ str																		↑ Null 문자 자동 첨가

4. puts() 함수

형식

```
int puts(str)  ← 문자열 출력 함수
char *str;
```

puts() 함수는 문자열을 표준 출력장치(화면)로 출력하며, '\0'을 만나면 '\n'로 바꾸어 출력한다. 또한, 문자열은 printf() 함수의 %s 변환 기호를 이용하여 출력할 수도 있다.

printf() 함수는 puts() 함수보다 사용하기는 다소 불편하지만 다양하게 출력할 수 있으므로 printf() 함수를 많이 이용한다.

puts() 함수와 printf() 함수의 차이는 puts() 함수는 각 문자열마다 자동적으로 new line('\n')이 출력되지만 printf() 함수는 원하는 곳에만 new line을 출력할 수 있다는 점이다.

다음은 puts() 함수와 printf() 함수의 차이점을 나타내는 프로그램이다.

예 1

```
#include <stdio.h>
void main()
  {
  char * str1="Hong ";
  char * str2="Gil Dong"; ← 포인터 변수에 초기값 대입
puts("%s",str1);  ─┐
puts("%s",str2);  ─┘  ← 자동적으로 각 문자열마다 ₩n이 지정된다.
}
```

실행결과

```
Hong
Gil Dong
```

해설 puts() 함수는 각각의 문자열 마다 시스템이 자동적으로 \n(new line)을 출력한다.

예 2

```
#include <stdio.h>
void main()
 {
 char *str1="Hong ";
 char *str2="Gil Dong";

 printf(str1);     ← "\n"을 지정하지 않음
 printf(str2);     ← "\n"을 지정하지 않음
 }
```

실행결과

```
Hong Gil Dong
```

해설

printf() 함수는 프로그래머가 임의대로 \n(new line)을 사용하여 출력할 수 있다.

프로그램 13-3

```
#include <stdio.h>
void main()
 {
 static char a[]="good morning.";  // 배열 변수에 문자열 대입
 static char *b="good morning, sir !"; // 포인터 변수에 문자열 대입

 puts("Mr.Kim");
 puts(a);
 puts(b);
 }
```

실행결과

```
Mr.Kim
good morning.
good morning, sir!
```

해설

puts() 함수는 매번 새로운 줄(new line)에 결과를 출력한다.

2. 고수준 파일 입·출력 함수

1. 표준 입·출력 파일

파일은 정보가 저장된 기억 장소의 집합으로 순차적으로 처리되는 문자열이라고 할 수 있다. 파일은 보통 디스크에 저장되며 각각의 고유 이름을 가지고 있다. 예를 들면, 하드디스크에서 현재 디렉토리에 들어 있는 파일들을 나타내려면 c:\> dir Enter↵을 치면 된다.

또한, 프로그램 내에서 사용되는 데이터의 입·출력 파일을 들 수 있는데, 이러한 파일은 필요한 때에 오픈(open)하고 사용이 끝나면 닫도록(close) 되어 있으나 프로그램의 실행이 시작되면 자동적으로 파일을 열어 주고 종료되면 닫아주는 여러 가지 표준 입·출력 파일을 갖고 있다.

C에서는 키보드, 콘솔(화면), 프린터 등의 입·출력장치를 하나의 파일로 취급하며 이를 표준 입·출력 파일이라고 한다. 이들은 프로그램 실행과 동시에 개방되어 사용되고, 종료와 동시에 자동적으로 닫혀진다. 이와 같은 기능은 stdio.h 내에 기본적으로 입·출력(화면, 키보드, 프린터 등) 스트림(stream)에 관한 매크로로 정의되어 있는데, 이를 살펴보면 다음과 같다.

표 13.1 표준 입·출력 파일

스트림명	역　할	연결 장치	파일 식별자
stdin	표준 입력(standard input)	키보드 입력	0
stdout	표준 출력(standard output)	화면 출력	1
stderr	표준 오류(standard error)	화면 출력	2
stdaux	표준 보조 장치(standard auxiliary)	시리얼(I\O) 포트	3
stdprn	표준 프린터(stardard print)	프린트 Port	4

예를 들면, 다음과 같은 문장이 있다고 하자.

```
fprintf(stdout, "File not found\n");
```

stdout이 지정한 곳에 "File not found"라는 문자열을 출력하라는 의미로 받아들일 수 있는데, 이때 stdout은 파일 포인터가 아닌 표준 출력을 의미한다. 결국 위의 문장은 printf("File not found");와 동일한 의미이다.

```
ch=getc(stdin);                → ch=getchar();
```

```
putc(ch, stdout);                    → putchar(ch);
fscanf(stdin, "%d %d", &a, &b);→ scanf("%d %d, &a, &b);
```

표 13.1의 표준 입·출력장치들은 운영체제에 의해서도 자동적으로 개방된 상태로 언제라도 입·출력을 수행할 수 있다. 다음은 표준 입·출력 파일을 이용한 예이다.

예

```
int c;
c=fgetc(stdin);

fput(c,stdout);
fput(c,stdprn);
```

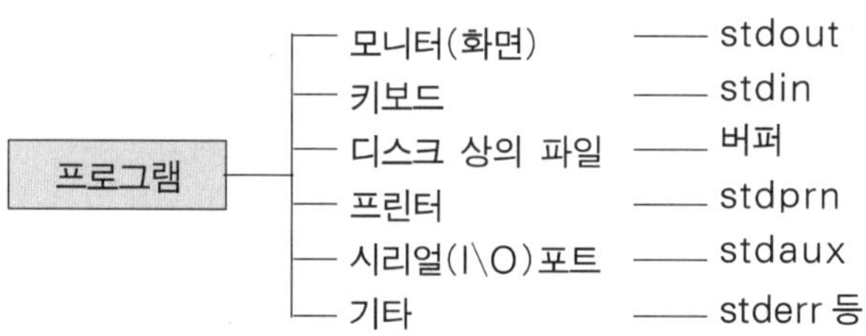

그림 13.1 스트림(stream)

프로그램 13-4

```
#include <stdio.h>
void main()
 {
 int c;
               키보드에서 입력
                    ↓
 while((c=getc(stdin))!=EOF)    // EOF의 값은 선행 처리기에서 제공
 putc(c,stdout);
 }              ↑
           모니터(화면)로 출력
```

실행결과

```
moon, earth, sun [Enter↵]
moon, earth, sun
^Z
```

해설

키보드에서 모니터(CRT)로 출력하는 표준 입출력 프로그램이다. getc() 함수는 1문자를 키보드에서 받아들이고, 그 읽어들인 값을 C 변수에 대입한 후, C 변수값이 EOF(-1)와 "같지 않다(!=)"면 putc(c, stdout);로 출력을 한다.

2. 고수준 파일 입·출력함수

c 언어에서 사용되는 고급 수준의 입·출력들은 이미 설정된 입·출력 버퍼(buffer)에서 데이터들을 읽기와 쓰기를 한다. 왜 직접 입·출력을 행하지 않고 버퍼를 경유하도록 하는 이유는 CPU의 속도에 비해 디스크 드라이브와 같은 주변장치의 속도는 엄청나게 느리다. 만약, 데이터 하나를 읽어오고, 메모리에 들어오는 대로 CPU가 처리한다면 CPU의 처리 속도는 워낙 빠르기 때문에 데이터 하나를 처리한 후 다음 데이터가 들어올 때까지 많은 시간을 허비하게 되고, 결국 CPU가 아무리 빠르더라도 컴퓨터의 처리 효율은 크게 떨어지게 된다.

그러므로, 디스크에 저장된 데이터를 읽어올 때 일단 버퍼의 크기만큼(보통 512byte) 일정량의 데이터를 버퍼에 읽어 채우고, CPU는 버퍼에 들어 있는 데이터를 순식간에 처리하는 방식을 사용한다. 반대로 출력할 때는 처리된 데이터를 버퍼에 넣고 꽉차면 한꺼번에 디스크로 출력한다.

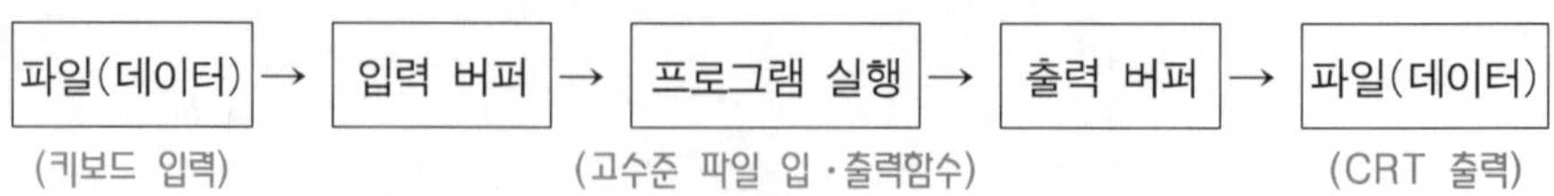

그림 13.2 고수준 파일 입·출력함수와 버퍼

일반적으로 표준 입·출력 파일은 시스템이 그 파일의 내용을 사용하기 위해서 자동적으로 파일을 열어주고 파일 사용이 끝나면 파일을 다음 사용을 위해 닫아주며 입·출력 버퍼를 설정 또는 초기화하여 준다.

그러나, 여기서 언급되는 고급 수준의 입·출력함수들은 그 파일의 데이터를 사용하기 위해서는, 먼저 파일을 열어 주어야 하며, 입·출력을 위한 영역을 초기화하여야 하고 사용이 끝나면 반드시 닫아두어야 한다.

파일(file)이란?

파일이란, 컴퓨터의 디스크나 테이프와 같은 기억장치에 어떤 정보들의 모임을 저장하는 장소를 말하며 그 장소명을 파일명이라 한다. 일반적으로, 파일은 일반 파일, 디렉토리 파일, 특수 파일로 나눌 수 있으며 여기서 우리가 가장 많이 접하고 있는 파일로서는 일반 파일을 들 수 있다. 또한, 일반 파일은 보통 프로그래머가 정의한 그대로 ASCII 문자들로 구성된 텍스트 파일(text file)과 원시 프로그램을 컴파일하여 만들어진 이진 파일(binary file)이 있다.

텍스트 파일은 인쇄가 가능한 문자들로 구성된 파일을 말한다.

예를 들어 원시 프로그램 등이 그것이다. 텍스트 파일의 레코드는 \n으로 구분된다. 따라서 입·출력할 때는 \n까지의 1개 레코드를 읽기 또는 쓰기를 한다.

이진 파일은 인쇄가 불가능한 데이터들로 구성된 파일을 말한다. 따라서 이진 파일은 텍스트 파일과 달리 레코드 개념이 없으며 파일의 처음부터 끝까지 데이터가 연결되어 있다.

파일 선언

파일을 입력 및 출력을 하기 위해서는 맨 먼저 해야 하는 것이 파일 포인터의 선언이다. 이 파일 포인터는 스트림(stream)에 존재하게 되는 것으로 실제 파일과 프로그램을 연결해주는 통로가 된다.

형식

```
FILE *포인터명;
```

예 1

```
FILE *fp1, *fp2;
```

파일 포인터란 액세스하려는 파일의 내부 이름을 의미하며, 그 파일에 관한 정보가 저장된 기억 장소를 지정하는 포인터를 말한다.

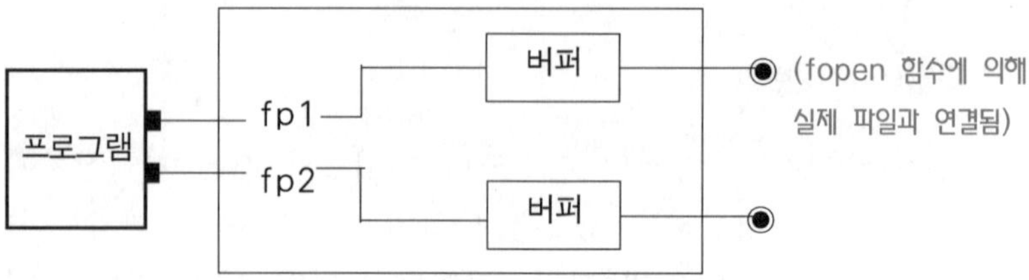

그림 13.3 파일 포인터의 역할

파일 열기(fopen())

프로그램, 스트림, 디스크상의 파일 간에 데이터가 입·출력할 수 있도록 만드는 단계를 파일 열기(file open)이라고 한다. fopen() 함수가 바로 이 역할을 수행하는 데, 이때 정상적으로 입·출력이 가능하면 파일 포인터가 리턴(return)되며 디스크에 저장할 공간이 없거나 써넣기 방지 탭이 붙어 있는 경우 등으로 개방될 수 없을 때는 NULL(\0)을 반환한다.

형식

```
포인터명=fopen("파일명", 모드);
```

예 2

```
FILE  *fp;
fp=fopen("test.dat","w");
```

- fp : 파일 포인터로서 접근하려는 파일의 내부 이름으로 그 파일에 관한 정보가 저장된 기억 장소를 지정하는 지시자
- 파일명 : 액세스하려는 파일의 이름으로써 문자열로 지정한다.
- 모드 : 액세스 모드(access mode)는 다음의 표 13.2와 같다.

표 13.2 모드의 종류

모 드	의 미
"w"	파일의 처음 위치에서 기록하기(writing) 위해 개방한다. 만일, 파일에 존재하지 않으면 처음으로 생성되고, 이미 존재한다면 그 내용은 무시된다.
"r"	파일의 처음부터 판독(reading)하기 위해 개방한다. 이미, 파일이 존재해 있어야 한다.
"a"	파일의 끝에 기록하기 위해 개방, 또는 새로운 자료를 파일 끝에 추가, 이때 새로운 파일이 생성된다.
"w+"	파일의 기록과 판독을 위해 사용되며, 파일이 존재하지 않으면 새로 생성하고, 존재하면 기존의 내용을 무시한다.
"r+"	파일의 판독과 기록을 위해 사용되며, 파일이 존재하지 않으면 에러가 발생한다.
"a+"	파일의 끝에 기록을 위해 사용되며, 파일이 존재하지 않으면 새로 생성하고, 존재하면 파일 끝에 추가한다.

위의 표에서 + 다음에 사용되는 문자가 있는데, 그것은 텍스트(text)모드 문자와 이진(binary)모드 문자이다. 사용되는 예는 다음과 같다.

"w+" 또는 "r+" : 텍스트 모드로 파일을 연다.

"w+b" 또는 "wb" : 이진 모드로 파일을 연다.

그리고, 앞의 모드들에서 "w", "r", "a"는 주로 순차 파일(sequential file)에서 사용되며, "w+", "r+", "a+"는 랜덤 파일(random file)에서 많이 사용한다.

파일 닫기(fclose())

형식

```
fclose(파일 포인터 변수);
```

fclose() 함수는 fopen() 함수에 의해 열려진 파일을 닫고 할당된 파일 포인터를 해제하고 또한, 동시에 버퍼 안에 있는 데이터를 모두 비우는 기능을 가진 함수이다. 사용을 위해 열었던 파일은 사용 후에는 반드시 닫아주어야 한다. 만약, 닫아주지 않으면 프로그램 실행이 끝날 때 자동적으로 닫아준다. 그러나, 이때는 잘못하면 데이터 일부 또는 전부가 깨질 위험이 있으므로 파일 사용 후 닫아주는 습관이 필요하다.

예 3

```
FILE *fi;                     ← 파일 포인터 선언
   :
fi=fopen("a:test.dat", "w");  ← a 드라이브에 test.dat라는 파일명으로
   :                            기록하기 위해 파일을 연다.
fclose(fi);        ← 파일을 닫는다.
```

프로그램 13-5

```
#include <stdio.h>
#include <stdlib.h>        // exit()함수의 prototype
void main()
 {
 char name[]="2002년 올림픽, 서울의 찬가 !";
 FILE  *fp;                // 파인 포인터 선언

 fp=fopen("a:test.txt","w"); // a드라이브에 test.txt라는 파일명으로
                           // 기록하기 위해 파일을 연다.

 if(fp==NULL)// 만일 파일이 개방(open)이 안되면 NULL을 반환하고,
  {              // 개방되면 파일 처리를 한다.
  printf("file don't open !");     // open이 안된 경우 화면 출력
  exit(0);        // 파일 포인터 선언 프로그램 실행을 끝냄
  }
fputs(name,fp);            // name에 저장된 데이터를 파일로 기록함
  fclose(fp);              // 파일닫기
 }
```

실행결과

```
시작 ➔ 실행 ➔ 열기 : cmd

C:\WINDOWS>A: Enter↵
A:\>dir Enter↵
       :
  TEST  TXT  26  02-01-10   17:50
       :
A:\>type test.txt Enter↵
   2002년 올림픽, 서울의 찬가!
A:\>EXIT Enter↵
```

해설

파일의 열기와 닫기를 위한 샘플 프로그램으로 test.txt라는 파일명으로 "2002년 올림픽, 서울의 찬가"라는 데이터를 디스크에 기록하는 것이다. 이때, 기록된 파일을 확인하기 위해 A:\>type test.txt Enter↵ 를 해 본 것이다.
그리고, fopen() 함수가 단독으로 쓰이는 경우는 거의 없다. 개방이 불가능하여 NULL이 리턴(return)될 때는 개방이 불가능하다는 메시지를 출력하고 강제로 실행을 끝낸 후, 도스 상태로 돌아오도록 만들어준다.

단일 문자 입·출력

이미, 앞절의 표준 입·출력함수에서 언급했듯이 getchar() 함수를 이용하여 단일 문자를 입력시키거나, putchar() 함수를 이용하여 단일 문자를 출력시키는 함수에 대해서 설명하였다.

이 절에서는 파일을 이용한 단일 문자 입·출력함수에 대해서 살펴보기로 한다.

① getc() 함수

형식

```
FILE *fp;
int ch;
  :
ch=getc(fp);
```

getc()는 getchar()와 동일한 기능을 갖는 것으로 표준 입력 데이터, 즉 키보드로부터 입력되는 한 문자를 읽어들이지만, getc(fp)는 파일 포인터가 가리키고 있는 지정한 파일의 현재 문자 위치에서 한 문자를 읽어들이고, 다음 문자를 읽어들이기 위해 문자 위치를 1만큼씩 증가시키는 매크로 함수이다.

getc() 함수가 읽어들인 데이터는 int형이며 만약, 문자의 위치가 파일의 끝이거나 오류가 발생하면 EOF(-1)를 함수의 값으로 반환한다. 개방된 파일이 이진 파일인 경우 파일의 끝을 결정하는 함수 feof()가 필요하다. 만약, 키보드로 자료를 입력시킬 때는 getc(stdin);으로 기술해야 한다.

② putc() 함수

형식

```
FILE *fp;
char ch;
  :
putc(ch, fp);
```

putc() 현재 지정되어 열려진 파일의 현 문자 위치에 한 문자를 출력하고 다음 문자 출력을 준비하기 위해 문자 포인터 위치를 1만큼 증가시키는 매크로 함수이다. 이때 출력된 문자는 char형이며, 만약 에러가 발생하면 -1을 함수의 값으로 반환한다.

만약, 표준 출력(화면으로 출력시키고자 할 때는 putc(ch, stdout);으로 기술하여야 한다. 이는 putchar(ch);와 같은 기능을 갖는다.

프로그램 13-6

```
#include <stdio.h>
void main()
 {
 int c;
        //              ↙ 표준 입·출력 파일의 파일 포인터
 while((c=getc(stdin))!=EOF)  // 키보드에서 1문자 입력
 putc(c,stdout);
 }      //  ↳  표준 출력 파일의 파일 포인터
```

실행결과

```
C-Language programming is fun. Enter↲
C-Language programming is fun.
 ^Z              ← Ctrl+Z키를 누름
```

해설

이 프로그램은 키보드에서 입력한 데이터(표준 입력)를 읽어 들여서 파일의 끝(EOF)을 만날 때까지 화면에 표준 출력하는 함수 getc()와 putc()를 사용하여 작성한 것이다.

이 프로그램에서는 반드시 선행 처리기 #include<stdio.h>를 포함시켜야 한다. 왜냐 하면, stdin과 stdout가 <stdio.h> 파일 내에 getc(stdin), putc(stdout)라는 매크로로 정의되어 있기 때문이다. 즉,

define getchar() getc(stdin)

#define putchar(ch) putc(ch, stdout)이다.

프로그램 13-7

```
#include <stdio.h>
 void main()
 {
 int ch;
 FILE *fp;                  // 파일 포인터 선언
 fp=fopen("a:sam-1","w");// 파일면 sam-1을 기록 전용으로 개방
 while((ch=getchar())!=EOF)  // 키보드에서 1문자씩 입력
 putc(ch,fp);               // 디스크에 파일로 저장
 fclose(fp);
 }
```

실행결과

```
spring is the first season. Enter↵
summer is the second season. Enter↵
^Z   ←  Ctrl+Z 키를 누름
```

해설

키보드에서 입력한 데이터를 sam-1라는 파일로 출력하는 프로그램이다. 디스크에 파일로 저장되었는가 확인하기 위해서는 A:\>type sam-1 Enter↵를 해보면 된다.

프로그램 13-8

```
#include <stdio.h>
void main()
 {
 int ch;
 FILE  *fp;

 fp=fopen("a:sam-2","w"); // 파일명 sam-2을 써넣기 전용으로 개방
 while((ch=getchar())!=EOF)  // 키보드에서 Ctrl+Z키가 눌러지기
 putc(ch,fp);                // 전까지는 1문자씩 입력
 fclose(fp);
 }
```

실행결과

```
=====< KOREAN SEASONS >===== Enter↵
^Z   ← Ctrl+Z 키를 누름
```

해설

키보드에서 입력한 데이터를 sam-2라는 파일 디스크에 써넣는 프로그램이다. 디스크에 저장되었는가 확인하기 위해서는 A:\>type sam-2 Enter↵를 해보면 알 수 있다.

프로그램 13-9

```
#include <stdio.h>
void main()
 {
 int c;
 FILE  *fp1, *fp2;                    // 파일 포인터 선언

 if((fp1=fopen("a:sam-1","r"))!=NULL) // sam-1을 읽기 모드로 개방
  {                  //  만약 개방이 안되면 NULL을 반환하여 실행을 끝냄
  fp2=fopen("a:sam-2","a");           // sam-2를 추가 모드로 개방

  while((c=getc(fp1))!=EOF) // fp1에 의해 지시된 파일로부터
                            // 한 문자씩 읽어 c에 저장
  putc(c,fp2);                        // fp2에 문자들을 출력한다.
  fclose(fp1);
  fclose(fp2);
  }
 }
```

실행결과

```
시작 → 실행 → 열기 : cmd
 C:\WINDOWS>A: Enter↵
 A:\>dir Enter↵
         :
   SAM-1      26   02-01-10   17:50 ...
   SAM-2      57   02-01-12   10:10 ...
         :
 A:\>TYPE SAM-2 Enter↵
  =====< KOREAN SEASONS>=====     ← sam-2 파일
  spring is the first season.   ┐
  summer is the second season.  ┘← sam-1 파

 A:\>EXIT Enter↵
```

해설

이미, 디스크에 sam-1 파일과 sam-2 파일을 만들어 놓고 이 두 파일을 읽기와 추가 모드로 개방한 다음, sam-1 파일을 getc()로 읽어서 sam-2 파일에 추가하는 프로그램이다.

③ fgetc() 함수

형식

```
FILE *fp;
char ch;
  :
ch=fgetc(fp);
```

표준 입·출력 함수인 getchar()와 마찬가지로 하나의 문자를 읽어들이는 함수이다. 단지, fgetc()와 getc()는 지정된 파일로부터 하나의 문자를 읽어들인다.

fgetc()는 함수로, getc()는 매크로로 정의되어 있다는 것만 다를 뿐 사용 방법은 같다. 그리고, ch=fgetc(fp);는 파일의 끝을 만나거나 에러가 발생하면 EOF가 전달된다.

④ fputc() 함수

형식

```
FILE  *fp;     ← 파일 포인터
char ch;
  :
fputc(ch, fp);
```

실행 중에 전달받은 하나의 문자를 파일 포인터의 지정된 파일로 출력하는 함수이다. 즉 fp로 지정된 파일에 변수 ch에 있는 문자를 출력하는 것이다. 역시 에러인 경우는 EOF(-1)를 반환한다.

프로그램 13-10

```
#include <stdio.h>
FILE *fp;                          // 파일 포인터 선언
void main()
  {
  char a='M', b='B', c='C';    // 변수 a, b, c의 초기화
  fp=fopen("a:test1.txt","w");  // 파일명 test1.txt로 쓰기(기록) 개방
  fputc(a,fp);                  // 변수 a값 파일에 기록
  fputc(b,fp);                  // 변수 b값 파일에 기록
  fputc(c,fp);                  // 변수 c값 파일에 기록
  fputc(0x1a,fp);                         // 변수 EOF값 파일에 기록

  fclose(fp);  ← 파일닫기
  }
```

실행결과

```
시작 → 실행 → 열기 : cmd
C:\WINDOWS>A: Enter↵
A:\>type test1.txt Enter↵
MBC              ← A 드라이브의 디스크에 기록된 내용을 확인
```

해설

복수 문자와 매크로 상수 'EOF'를 파일에 기록하는 프로그램이다. fputc(a,fp);에서 fputc('0x1a', fp)까지는 디스크(파일)에 문자 M, B, C, EOF를 기록한다. 여기서, '0x1a'는 EOF의 ASCII 코드이다.

프로그램 13-11

```
#include <stdio.h>
FILE  *fp;
void main()
 {
 char ch;
 int a;

 fp=fopen("a:test1.txt","r");      // 파일명 test1.txt로 읽기 개방
 for(a=1; a<=3; a++)               // a가 1부터 3까지 1씩 증가하면서 반복
  {
  ch=fgetc(fp);                    // 디스크(파일)로부터 1문자씩 읽어냄
  putchar(ch);                     // 읽어낸 문자를 화면에 출력
  }

 fclose(fp);
 }
```

실행결과

```
MBC
```

해설

디스크(파일)에 기록된 복수 개의 문자들을 읽어내 화면에 출력하는 프로그램이다. 위 프로그램에서 for문 대신에 while문을 사용해도 된다. 즉,

```
while(ch!='EOF')
   {  ch=fgetc(fp);
      putchar(ch);  }
```

문자열 입 · 출력

파일에 문자열을 기록하거나 또는 파일로부터 문자열을 읽어낼 경우에 사용되는 함수로 fputs() 함수와 fgetc() 함수가 있다.

① fgets()함수

형식

```
FILE  *fp;            ← 파일 포인터
int n;                ← 입력 최대 문자수
char  *str;           ← 문자열을 저장하는 버퍼
char  *fgets(str, n, fp);
```

fgets() 함수는 3개의 매개 변수를 갖는다. 파일 포인터 fp가 지정하는 파일로부터 n-1개의 문자를 읽어들여 버퍼 str에 저장한다.

입력된 문자열 버퍼 끝에는 '\n'와 NULL 문자 '\0'이 자동적으로 추가된다. 입력하려는 문자열이 n-1보다 큰 경우에는 n-1개의 문자만 입력되고, 나머지 데이터는 다음의 입력 데이터로 사용된다. 따라서, 레코드의 길이보다 한 바이트 크게 버퍼를 지정해야 한다.

만약, 현재의 문자열 포인터 위치가 파일의 끝이거나 읽는 도중에 에러가 발생하면 NULL 문자 '\0'이 반환된다. 다음은 문자열 "book"이 fgets() 함수에 의해 읽어 들여진 경우, 버퍼에 저장된 형식을 나타내고 있다.

b	o	o	k	\n	\0

← fgets() 함수로 읽혀진 버퍼 속의 문자열

② fputs() 함수

형식

```
FILE  *fp;            ← 파일 포인터
char  *str;           ← 출력할 문자열 변수
inr fputs(str, fp);
```

fputs() 함수는 NULL 문자로 끝난 문자열 str을, 즉 str로 지정된 장소에 있는 것을 NULL이 발견될 때까지 fp로 지정된 장소에 써 넣는다. 이때, NULL 문자 '\0'는 파일에 복사되지 않는다.

프로그램 13-12

```
#include <stdio.h>
FILE *fp;
void main()
 {
 char  *st="C-Language";     // 문자열 변수에 초기값을 대입

 fp=fopen("a:test2.txt","w");// 파일명 test2.txt을 써넣기 전용으로 개방
 fputs(st,fp);              // st에 저장된 문자열 파일에 써넣는다.

 fclose(fp);
 }
```

실행결과

```
 시작 ➔ 실행 ➔ 열기 : cmd
C:\WINDOWS>A: Enter↵
A:\>type test2.txt Enter↵
C-Language                    ← A 드라이브의 디스크에 기록된 내용을 확인
```

해설 문자열을 파일(디스크)에 기록하는 프로그램이다. 이는 파일 포인터 fp가 지칭하는 파일로 st라는 변수에 저장된 문자열을 출력한다.

프로그램 13-13

```
#include <stdio.h>
FILE  *fp;
void main()
 {
 char  * st;             // 읽어낼 문자열을 받는 포인터 변수 선언
 st="            ";
 fp=fopen("a:test2.txt","r"); // a드라이브의 파일명 test2.txt 내용을 읽어내기 위해 개방
 fgets(st,13,fp);                 // 문자열을 읽어 냄
 printf("%s"'st);                 // 읽어 낸 문자열을 화면에 출력
 fclose(fp);
 }
```

실행결과

```
C-Language
```

해설

파일에서 문자열을 읽을 때는 fgets() 함수를 사용한다. 이때, 읽어 들일 문자수를 지정해야 하는데 실제로 읽는 문자의 수는 지정한 수에 -1을 해야 한다. 즉 13-1=12 문자인 "C-Language"를 읽어들인다.

프로그램 13-14

```
#include <stdio.h>
FILE  *fp;
void main()
 {
 char str[256];              // 문자형 배열 변수 선언
 fp=fopen("a:test3.txt","w");    // 파일명 test3.txt로 써넣기 개방
       //                  ↙표준 입력(키보드)
 while(fgets(str,256,stdin))     // 키보드에서 문자열 입력
 fputs(str,fp);              // 입력된 문자열을 디스크에 파일로 저장
 fclose(fp);
 }
```

실행결과

```
Do you know how strong Korea is today in [Enter↵]
the world economy? [Enter↵]
It's the world's 13th largest trading country.[Enter↵]
 ^Z    ← [Ctrl]+[Z] 키를 누름
```

해설

키보드로부터 문자열 데이터를 입력하여 디스크에 파일명 TEST3.TXT라는 이름으로 저장한다. 확인해보려면 A:\>type test3.txt [Enter↵] 하면 된다.

프로그램 13-15

```
#include <stdio.h>
FILE *fp;
void main()
 {
 char str[256];
 fp=fopen("a:test3.txt","r");      // 파일명 test3.txt로 읽기 개방
 while(fgets(str,256,fp)!=NULL) // 읽어낸 마지막 문자가 null(\0)
                                   //이면 끝낸다.
 printf("%s",str);                 // 읽어낸 문자들을 화면에 출력
 fclose(fp);                       // 파일을 닫는다.
 }
```

실행결과

```
Do you know how strong Korea is today in
the world economy?
It's the world's 13th largest trading country.
```

해설

A드라이브의 디스크에 저장되어 있는 test3.txt 파일 내의 내용을 읽어서 화면 출력하는 프로그램이다.

프로그램 13-16

```
#include <stdio.h>
FILE  *fp;
void main()
 {
 char str[80];
 fp=fopen("a:test4.dat","w");// a 드라이브에 test4.dat 파일명으로 써넣기 개방
 while(gets(str)!=NULL)  // 키보드에서 입력한 문자의 끝이면 루프를 벗어난다.
  {
  fputs(str,fp);              // 문자열을 디스크의 파일로 써 넣는다.
  fputs("\n",fp);
  }
 fclose(fp);
 }
```

실행결과

```
The pen is mighter than the sword. Enter↵
Kim Dae Joong Enter↵
Lee Soon Sin Enter↵
^Z     Ctrl+Z 키를 누름
```

해설

역시, 키보드로부터 문자열을 입력시켜 디스크 내의 파일명 test4.dat라는 파일로 써넣는 프로그램이다.
디스크의 test4.dat 파일에 문자열 데이터가 저장되었는가 확인하기 위해서는 A:\>test4.dat Enter↵ 를 해야 한다.

프로그램 13-17

```
#include <stdio.h>
FILE  *fp;                        // 파일 포인터 선언
void main()
 {
 char str[80];
 fp=fopen("a:test4.dat","r");// a 드라이브에 저장된 test4.dat 파일을 읽어
                                  // 내기 개방
 while(fgets(str,79,fp)!=NULL) // 읽어낸 문자열의 끝이 null('\0')이면 실행 종료
 printf("%s",str);                      // 읽어낸 문자열을 화면에 출력
 fclose(fp);                      // 파일 닫기
 }
```

실행결과

```
The pen is mighter than the sword.
Kim Dae Joong
Lee Soon Sin
```

해설

a 드라이브의 디스크에 저장된 test4.dat 파일의 내용을 화면에 출력하는 프로그램이다.

서식 지정 파일 입·출력

fputc()와 fgetc()는 1문자 단위의 입·출력을 행하고, fputs()와 fgets()는 문자열(또는 1행) 단위의 입·출력을 행하는 함수들이다.

문자이외의 데이터형을 파일에 입·출력할 때는 fprintf()와 fscanf() 함수를 이용하는 데 여기에는 서식 지정이 필요하다.

① fprintf() 함수

형식

```
FILE  * fp;
fp=fopen("파일명", "w");
      :
fprintf(fp,format,인수1, 인수2, …);
```

fprintf() 함수는 형식 지정 제어 문자열이 지정한 형태(format)로 데이터를 변환하여 파일로 출력하는 함수이다.

사용 방법은 printf()와 동일하나 출력을 표준 출력으로 보내지 않고 파일 포인터 fp로 지정된 파일로 보낸다. fprintf()로 출력한 데이터를 fscanf()로 입력할 때 데이터의 구분을 필드(field) 길이로 할 것인지 아니면 구분 기호인 탭, 공백, 줄바꿈 등으로 할 것인지 명확하게 해 두어야 하는데, 가능한 필드 폭으로 지정하는 것이 좋다.

예

```
while (scanf("%s, %d, name, &age) !=EOF)
fprintf(fp, "%5s%3d\n",name, age);
             ↑   ↑
        필드 길이(형식 지정제어 문자열)
```

키보드로 입력하는 문자열과 숫자 데이터를 파일 포인터 fp에 문자열 5자리, 숫자 3자리로 써넣는 예이다.

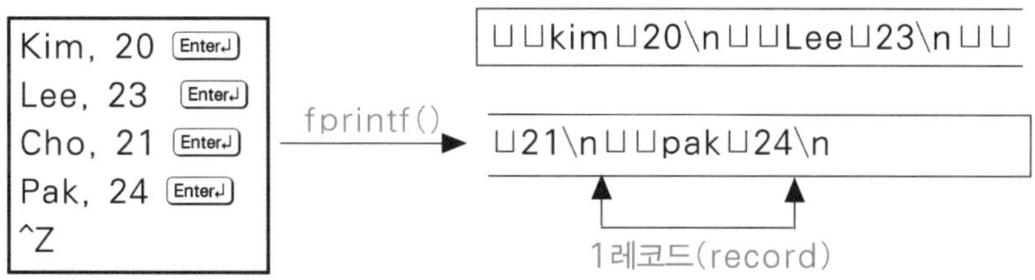

(키보드에서 입력) (데이터가 디스크의 파일에 기록되는 형태)

② fscanf() 함수

형식

```
FILE  * fp;
fp=fopen("파일명","r");
    :
fscanf(fp, format, 인수1, 인수2, …);
```

(format: 입력 형식 제어 문자열)

fscanf() 함수는 파일 포인터로 지정된 파일로부터 데이터를 읽어낸다. scanf() 함수의 기능과 동일하나 scanf() 함수는 키보드(표준 입력 장치)로부터 데이터를 읽어들인다.

입력 형식 제어 문자열에 따라 데이터 입력이 이루어지지만, 그 데이터 자체에 구분 기호(즉 탭, 줄바꿈, 공백 등)가 있으면 구분 기호 이후는 잘려진 상태로 읽어낸다.

그리고, 입력 형식 제어 문자열 내에 서식이 맞지 않는 데이터가 입력되면, 바로 실행이 중단되며, 반환값으로 인수의 개수를 반환한다. 또, EOF나 에러 발생시에는 -1의 값을 반환한다.

예

```
ip=fscanf(fp, "%7s%10s%3d", bun, name, jumsu);
```

- fp: 파일포인터
- "%7s%10s%3d": 형식 제어 문자열
- ip: 인수의 개수 3이 기억됨(파일의 끝이면 EOF(-1)가 기억된다.

프로그램 13-18

```
#include<stdio.h>
#include<stdlib.h>

void main()
 {
 FILE  *fp;                 // 파일 포인터 선언
 int score;
 char  *str,subject[20];

 str="a:test5.dat";   // a 드라이브의 파일 test5.dat를 오픈하기 위한 문자열
 if((fp=fopen(str,"w"))==NULL)  // 오픈이 안되면 다음 블록{ }을 실행하고
  {                          //  오픈이 되면  다음 블록을 건너뛴다.
   printf("파일을 만들 수 없다.!  %s \n",str);
   exit(0);                  // 프로그램 실행 종료
  }
  printf("(#) 과목명과 점수를 입력하시오! \n\n");

  while(scanf("%s %d \n" ,subject,&score)!= EOF)// 키보드에서 데이터 입력
  fprintf(fp,"%s %d \n" ,subject,score); // 디스크에 데이터 기록

  fclose(fp);    // 파일 닫음
}
```

실행결과

```
(#) 과목명과 점수를 입력하시오!
  국어  95  Enter↵
  영어  85  Enter↵
  수학  78  Enter↵
  물리  90  Enter↵
  화학  86  Enter↵
  ^Z ← Ctrl+Z 키를 누름
```

해설

세 과목의 성적을 순차 파일로 fprintf를 사용해서 디스크에 기록하는 프로그램이다. 만약, 디스크 기록되어 있는가를 확인해 보기 위해서는 다음과 같이 하면 된다.

```
A:\>type test5.dat  Enter↵
 국어 95
 영어 85
 수학 78
 물리 90
 화학 86
```

프로그램 13-19

```
#include <stdio.h>
#include <stdlib.h>

void main()
 {
 FILE  *fp;        // 파일 포인터
 int score;
 char  *str, subject[20]; // 드라이브와 피일명 지정을 위한 문자열 변수
                          // 과목명을 나타내는 배열 변수 선언
 str="a:test5.dat";

 if((fp=fopen(str,"r"))==NULL)  // 파일 개방이 안되면 블록 { }을 실행하고,
  {                             // 개방이 되면 { }을 건너 뛴 다음을 실행시킨다.
  printf("파일을 개방할 수 없다.!  %s \n",str);
  exit(0);                      // 실행 종료 함수
  }
 while(fscanf(fp, "%s%d",subject,&score)!=EOF) // 디스크에서 데이터를
printf("%s %d \n", subject,score);             // 읽어냄
fclose(fp);       // 파일 닫음
}
```

실행결과

```
국어 95
영어 85
수학 78
물리 90
화학 86
```

해설 앞의 프로그램 13-18에 의해 디스크에 저장된 데이터를 fscanf() 함수로 읽어내어 화면에 나타내는 프로그램이다.

파일의 블록 단위 입 · 출력

fprintf() 함수와 fscanf() 함수는 일정한 형식을 갖춘 데이터를 디스크에서 읽어내거나 기록하기 위한 방법으로 가장 쉬운 방법이기는 하지만 항상 효율적인 것은 아니다. 이것은 CRT 화면에 나타나는 대로 형식화면 ASCII 데이터를 만들기 때문에 실행할 때마다 부수적인 작업이 뒤따른다.

따라서, 속도와 파일의 크기 등으로 문제가 되는 경우가 있는데, 이때 fwrite()함수와 fread() 함수를 사용하는 것이 좋다.

① fread() 함수

형식

```
int fread(buffer, size, n, fp)
char  *buffer;      ← 반환 포인터
int size;           ← 1개 레코드(블록) 크기(byte수)
int n;              ← 읽을 레코드(블록)수
FILE  * fp;
```

fread() 함수는 파일 포인터 fp로 지정된 파일로부터 크기가 size 바이트인 데이터 블록을 n개 만큼 읽어들여, buffer가 가리키는 기억 장소에 기억시킨다. 이때, 기억 장소는 (size *n)바이트 만큼 확보해야 한다.

fread() 함수는 정상적으로 읽어낸 블록의 수(n)를 함수값으로 되돌린다. End Of File 직전에 남아 있는 데이터가 size 바이트 미만이면 그 블

록은 읽혀지지 않는다. 그러나, size 바이트 이상이면 블록을 n개 만큼 읽어들이지 못하였을 경우 실제 읽어들인 블록 수를 함수값으로 되돌린다.

따라서, 바이트 단위의 텍스트 파일을 읽을 때 size를 1로 하여 읽으면 End Of File 근처의 데이터를 모두 읽을 수 있다.

fread() 함수는 파일의 끝을 만나거나, 에러가 발생한 경우에는 함수값으로 0을 되돌린다.

예

```
            ┌→ 파일 포인터
fread(buf, 18, 1, fp);
반환 포인터┘     ↓    └→ 읽어낼 블록(레코드)수
          블록당 byte 수
```

fread() 함수를 테스트하기 위해서, 우선 18바이트를 1블록으로 하는 3블록의 54바이트 데이터 파일 생성 프로그램을 만들어 보자.

프로그램 13-20

```
#include <stdio.h>
FILE  *fp;        // 파일 포인터 선언

void main()
 {
 char name[10],ko[3],en[3];
 int i;
 fp=fopen("a:test1.dat","w");  // a 드라이브의 디스크에 test1.dat 파일
 for(i=0; i<3; I++)                    // 써넣기 개방
 {
 printf("\n");
 printf("name: ");
 gets(name);                           // 키보드에서 성명 입력
 printf("kor: ");
 gets(ko);                    // 키보드에서 점수 입력
 printf("eng: ");
 gets(en);                    // 키보드에서 점수 입력
 fprintf(fp, "%10s%4s%4s", name, ko, en); // 데이터를 저장
 }
fclose(fp);
}
```

실행결과

```
name : 조영기 Enter↵
kor: 90  Enter↵
eng: 87  Enter↵

name : 이종수 Enter↵
kor: 93  Enter↵
eng: 78  Enter↵

name : 김건식 Enter↵
kor: 93  Enter↵
eng: 80  Enter↵
```

해설

fread() 함수를 수행시켜 보기 위해서 미리 a 드라이브의 test1.dat 파일로 54바이트의 데이터를 생성시킨 것이다. 디스크에 저장된 파일을 확인해 보자.

A:\>type test1.dat Enter↵
조영기 90 87 이종수 99 78 김건식 93 80

프로그램 13-21

```
#include <stdio.h>
#include <stdlib.h>
#define  SIZE  18
#define  N       1
FILE  *fp1, *fp2;
void main()
 {
 char buff[SIZE * N+1];  // 버터 크기 = 데이터 크기(18byte) * 블록수(1블록)+1
 int n;                  // (블록 끝에 \0를 추가하기 위해 1byte를 더함)
 if((fp1=fopen("a:test1.dat","r"))==NULL)
  {
  printf("can't open file \n");
  exit(1);
  }
  fp2=fopen("a:test2.dat","w");
  while((n=fread(buff,SIZE,N,fp1))!=NULL)  // test1.dat를 18바이트씩 읽어냄
  {
  buff[n  * SIZE]='\0';               // 블록 끝에 \0를 추가함
  printf("%s \n",buff);   // 18바이트 블록 단위로 화면 출력
  fprintf(fp2, "%d%s \n", n, buff);  // est2.dat 파일에 18바이트씩 블록
  }                                  // 단위로 디스크에 저장
 fclose(fp1);
 fclose(fp2);
 }
```

실행결과

```
조영기  90  87
이종수  99  78
김건식  93  80
```

해설

프로그램 13-20에서 생성된 54바이트의 데이터 파일을 18바이트 길이로 나누어 3개의 블록으로 만드는 데, 각각의 블록 끝에 \0(null 문자)를 추가하여 test2.dat라는 파일에 1블록씩 출력하는 프로그램이다.

② fwrite() 함수

형식

```
int fwrite(buffer, size, n, fp)
char  * buffer;    ← 써넣을 데이터가 들어 있는 버퍼
int size;          ← 블록의 바이트수 (1개의 레코드 byte수)
int n;             ← 블록수(레코드수)
FILE  *fp          ← 파일 포인터
```

fwrite() 함수는 대부분 이진(binary) 파일에 데이터를 블록 단위로 기록하고자 할 때 사용한다. buffer에 저장되어 있는 블록 수(1블록은 size의 byte수)만큼의 데이터를 파일 포인터 fp로 지정된 파일에 기록(write)한다. 이때 정상적으로 파일에 기록이 되면 기록된 블록수를 반환하며, 만약 지정한 블록 수와 반환되는 블록 수가 차이가 생기면 에러로 간주하여 0을 반환한다.

예

```
                        ┌ 기록할 블록수(레코드수)
fwrite(buff, 15, 3, fp);
         ↓     ↓    └→파일 포인터
   반환포인터  한 블록당 byte수
```

프로그램 13-22

```
#include <stdio.h>
#include <stdlib.h>
FILE  *fp1, *fp2;

void main()
 {
 char buff[91];
 int n;

 if((fp1=fopen("a:test1.dat","r"))==NULL) // 파일이 개방 안되면 블록 { }을
  {                                         // 실행하고, 개방이 되면 { }을 건너
printf("can't open file \n");              // 뛰어 다음을 실행시킨다.
  exit(1);
  }
 fp2=fopen("a:test3.dat","w");
 while((fread(buff,18,3,fp1))!=NULL)// 54바이트의 데이터를 3블록 (18바이
 {                                   // 트씩) 으로 나누어 읽어 들인다.
 fwrite(buff,18,2,fp2);              // 2블록(18byte*2)
 }
 fclose(fp1);
 fclose(fp2);
 }
```

실행결과

```
<DOS모드에서>
A:\>type test3.dat Enter↵
조영기  90  87    이종수  99  78
```

해설

이미 프로그램 13-20에서 생성된 파일 test1.dat를 18byte*3블록=54byte를 읽어서 파일 test3.dat에 다시 2블록만 써넣는 프로그램이다.

참고

exit() 함수의 기능은 프로그램 실행을 종료시킨다. 만약, 함수 내의 인수가 0이면 정상적으로 프로그램 실행을 종료시키고, 1이면 비정상적(에러)으로 프로그램 실행을 종료시킨다.

- exit(0); ← 정상적으로 프로그램 실행 종료
- exti(1); ← 비정상적으로 프로그램 실행 종료

3. 랜덤 파일 함수

랜덤 파일(random file)이란, 파일을 순서적으로 읽거나 쓰는 것이 아니라 임의로 일정한 데이터의 크기, 즉 블록(레코드) 단위로 읽거나 쓰는 파일을 말한다.

이 랜덤 파일의 특징으로는 첫째, 한 파일의 레코드 길이는 모두 같다. 둘째, 임의로 데이터를 읽기와 쓰기를 할 수 있다. 셋째, 블록(레코드)의 내용 변경이 용이하다. 넷째, 기억장소의 낭비가 많다.

1. fseek() 함수

fseek() 함수는 파일 포인터의 위치를 사용자가 원하는 지점으로 이동하는 함수로서 파일내의 원하는 지점에 포인터를 이동시킨 후 그 지점에 수록된 내용을 읽거나 처리할 수 있도록 하는 함수이다.

형식

```
int fseek(fp, offset, mode)
FILE  * fp;          ← 파일 포인터
long int offset;     ← 이동하기 위한 바이트 수
int mode;            ← 이동 위치 모드
```

파일 포인터(fp)의 위치를 offset의 시작점으로부터 offset 바이트 만큼 떨어진 곳으로 이동시킨다. 포인터의 이동이 정상적으로 수행되면 0을, 그렇지 않으면 -1의 값을 반환한다.

offset는 파일 포인터가 가리키는 위치로부터 원하는 지점으로 이동하기 위한 바이트 수를 말하며 양수의 값을 가지면 순방향으로 이동하고, 음수의 값이면 역방향으로 위치가 이동된다. mode는 현재 파일 포인터가 가리키고 있는 시작점을 나타내며 다음과 같은 3가지 중 하나를 사용하면 된다.

0 : 파일의 최초 시작 위치(SEEK_SET)
1 : 파일 내의 현재 위치(SEEK_CUR)
2 : 파일의 끝 위치(SEEK_END)

예

- fseek(fp, 250L, 0);

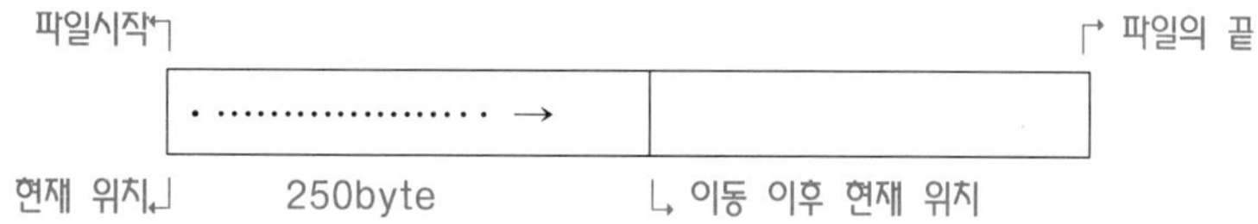

파일 포인터 fp는 파일의 맨 처음으로부터 250바이트 떨어진 곳으로 이동

```
fseek(fp, 250L, SEEK_SET);
```

- fseek(fp, 150L, 1);

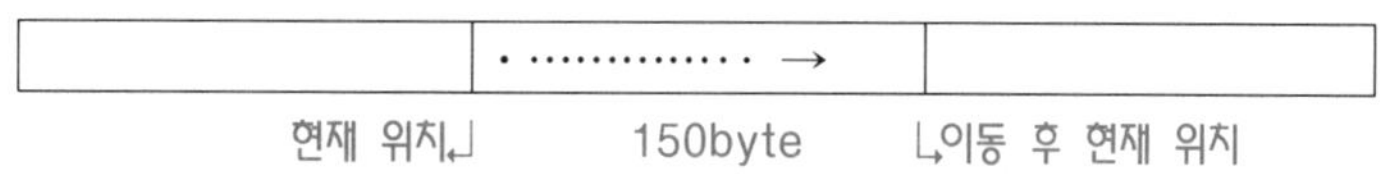

현재 fp가 가리키고 있는 지점으로부터 150바이트 떨어진 곳으로 이동

```
fseek(fp, 150L, SEEK_CUR);
```

- fseek(fp, –100L, 2);

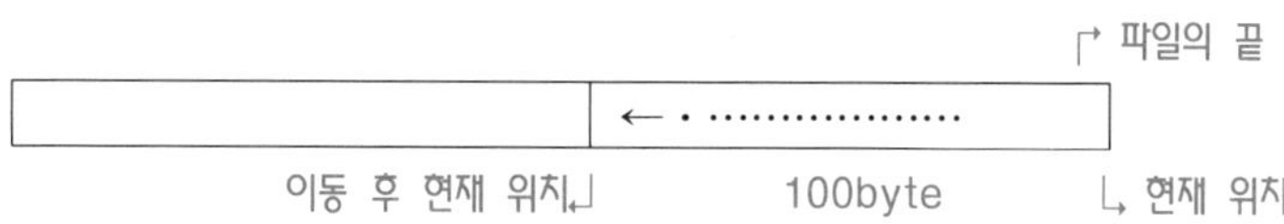

fp는 파일의 맨 끝으로부터 100바이트 이전 위치로 이동

```
fseek(fp, -100L, SEEK_END);
```

프로그램 13-23

```
#include <stdio.h>          // 표준 입·출력 헤더 파일
#define  REC 6L             // 레코드의 길이를 6자리 long형으로 정의
void main()
 {
 FILE  *fp;                 // 파일 포인터 선언
 char name[10];
 int n;
 long offset;               // offset 변수를 long(int)형으로 선언
 fp=fopen("a:ran.dat","w");// a 드라이브의 디스크에 파일명 ran.dat로
 for(n=0;  n<3;  n++)            // 써넣기 개방
  {
  printf("name=");
  gets(name);               // 키보드에서 문자열로 성명을 입력
  offset=n*REC;             // 레코드의 위치 계산
  fseek(fp,offset,0);       // 파일의 써넣기 시작 위치를 지정하여
                            // 6바이트 레코드 단위로
  fprintf(fp,"%6s",name);          // 쓰기 시작함
  }  //       ↳ 6byte 길이로 성명을 디스크에 써넣음
 fclose(fp);
 }
```

실행결과

```
name  =  김영만  Enter↵
name  =  김찬우  Enter↵
name  =  박천도  Enter↵
```

해설

이 프로그램은 랜덤 파일을 a 드라이브에 생성하는 것으로서 3명의 성명을 각각 6바이트의 레코드 단위로 디스크에 기록할 수 있도록 되어 있다.

그럼 저장된 성명을 확인해 보자.

```
A:\>type ran.dat  Enter↵
김영만김찬우박천도
```

0번	1번	2번	← 레코드 번호
김영만	김찬우	박천도	← 파일명 ran.dat
0~5	6~11	12~17	← 바이트 수

한글은 1문자에 2바이트로 표시된다.

프로그램 13-24

```
#include <stdio.h>
#include <stdlib.h>
#define REC 6L    // 레코드 길이를 6자리 .long형으로 정의
void main()
 {
 FILE  *fp;
 char name[10];
 int n;
 long offset;
 dasi; fp=fopen("a:ran.dat","r"); // a 드라이브 디스크의 ran.dat 파일로부터
 printr("레코드 번호는 ? ");       // 읽어오기 개방
 scanf("%d",&n);
 if(n==3)                      // 입력된 레코드 번호가 3이면 실행을 종료
  {
  printf("* * * < 끝 >* * * \n");
  exit(0);                     // 프로그램 실행을 종료시킨다.
  }
  offset=n * REC;              // 읽어올 레코드 위치 계산
  fseek(fp,offset,0);          // 파일 읽기 시작 위치를 지정함
  fgets(name,7,fp);// 디스크로부터 성명을 읽어옴(fgets 함수는 문
                               // 자수 -1을 읽어내므로 7로 지정함)
  printf("%s \n",name);
    fclose(fp);
    goto dasi;                 // 랜덤 파일의 레코드를 반복적으로 읽기 위함
    }
```

실행결과

```
레코드 번호는 ? 0  Enter↵
김영만
레코드 번호는 ? 2  Enter↵
박천도
레코드 번호는 ? 1  Enter↵
김찬우
레코드 번호는 ? 3  Enter↵
* * * < 끝 > * * *
```

해설

랜덤 파일로 생성된 a 드라이브의 ran.dat 파일로부터 데이터(성명)를 레코드 단위로 읽어내어 화면에 표시하는 프로그램이다. fgets 함수로 읽어낼 때는 문자열의 끝 문자인 null을 만나든지(또는 "\n") 혹은 n-1개의 문자를 읽어낼 때까지 이루어진다.

프로그램 13-25

```
#include <stdio.h>
#define REC 44L              // 레코드 길이를 44 byte로 지정
FILE  * fp;                  // 파일 포인터 선언

void main()
 {
 char name[9],addr[35];
 int n;
 long offset;                // 변수 offset를 long형으로 선언

 fp=fopen("a:juso.dat","w");  // a 드라이브의 디스크에 파일명 juso.dat로 쓰기 개방
 for(n=0; n<5; n++)
  {
  printf("레코드 번호 : %d \n",n);

  printf("성명: "); gets(name);     // 키보드에서 성명 입력
  printf("주소: "); gets(addr);     // 키보드에서 주소 입력
  printf("\n");

  offset=n*REC;                     // 레코드의 위치 계산
  fseek(fp,offset,0);               // 레코드 단위로 랜덤 파일 지정
  fprintf(fp,"%-9s%-35s",name,addr); // 성명과 주소를 디스크에 저장
  }
 fclose(fp);
 }
```

실행결과

```
레코드 번호 : 0
성명 : 조형민 [Enter↵]
주소 : 서울시 서초구 서초동 123-567 [Enter↵]

레코드 번호 : 1
성명 김상문 [Enter↵]
주소 : 광주 광역시 서구 광천동 174-901 [Enter↵]

레코드 번호 : 2
성명 : 김철주 [Enter↵]
주소 : 경남 김해시 북부동 345-70 [Enter↵]

레코드 번호 : 3
성명 : 박계수 [Enter↵]
주소 : 전남 나주시 향교동 11-1 [Enter↵]

레코드 번호 : 4
성명 : 이영복 [Enter↵]
주소 : 강원도 인제군 서화면 천도리 13-42 [Enter↵]
```

해설

5명의 성명과 주소를 레코드 단위의 랜덤 파일로 디스크에 저장하는 프로그램이다. 디스크에 저장되는 형태는 다음과 같다.

44byte		44byte
조형민 서울시 서초구 서초동 12-567	········	이영복 강원도 인제군 서화면 천도리 13-42

디스크에 저장된 데이터를 확인해 보기 위해서는 A:\>type juso.dat [Enter↵]을 치면 된다.

프로그램 13-26

```
#include <stdio.h>
#define REC 44L              // 레코드 길이를 44byte로 지정
FILE  * fp;                  // 파일 포인터 선언
void main()
 {
 char name[9],addr[35]
 int n;
 long offset;

 fp=fopen("a:juso.dat","r"); // a 드라이브 디스크의 juso.dat 파일명으로
 for(n=0; n<5; n++)                    // 읽어내기 개방
  {
  offset=n * REC;
  fseek(fp,offset,0);

  fgets(name,10,fp); // fgets() 함수는 문자수-1개를 읽어내므로 10으로
                     // 지정해야 됨
  fgets(addr,36,fp);        // 36-1개의 문자를 읽어 냄
  printf("%-9s %-35s \n", name,addr);
  }
  fclose;
  }
```

실행결과

```
조형민  서울시 서초구 서초동 123-567
김상문  광주 광역시 서구 광천동 174-901
김철주  경남 김해시 북부동 345-70
박계수  전남 나주시 향교동 11-1
이영복  강원도 인제군 서화면 천도리 13-42
```

해설

앞의 프로그램 13-25에 의해 생성된 랜덤 파일의 데이터(성명, 주소)를 한꺼번에 화면에 출력한 것이다.

프로그램 13-27

```
#include <stdio.h>
#include <stdlib.h>
#define REC  44L                    // 레코드 길이를 44byte로 지정
FILE  *fp;                  // 파일 포인터 선언

void main( )
 {
 char name[9],addr[35];
 int n;
 long offset;
next:  fp=fopen("a:juso.dat","r")// a 드라이브 파일명 juso.dat로 읽어
 printf("읽어낼 레코드 번호는? ");                    // 내기 개방
 scanf("%d",&n);

 if(n==5)
  {
  printf("===< 끝 >=== \n");
  exit(0);
  }

  offset=n * REC;                  // 레코드를 계산
  fseek(fp,offset,0);              // 파일 읽기의 시작 위치를 지정

  fgets(name,10,fp);               // 성명을 읽어냄
  fgets(addr,36,fp);      // 주소를 읽어냄
  printf("%-9s %-35s \n\n",name,addr); // 읽어낸 성명과 주소를 화면에 출력
 fclose(fp);
 goto next;  // 또 다른 레코드를 읽어 내기 위해 표제명(label) next로
  }            // 수행 위치를 옮김
```

실행결과

```
읽어낼 레코드 번호는 ? 1 Enter↵
김상문 광주 광역시 서구 광천동 174-901

읽어낼 레코드 번호는 ? 3 Enter↵
박계수 전남 나주시 향교동 11-1

읽어낼 레코드 번호는 ? 0 Enter↵
조형민 서울시 서초구 서초동 123-567

읽어낼 레코드 번호는 ? 2 Enter↵
김철주 경남 김해시 북부동 345-70

읽어낼 레코드 번호는 ? 4 Enter↵
이영복 강원도 인제군 서화면 천도리 13-42

읽어낼 레코드 번호는 ? 5 Enter↵
===〈 끝 〉===
```

해설

랜덤 파일로 생성된 성명과 주소를 레코드 단위로 하나하나 불러내어 화면에 출력해 보는 프로그램이다.

2. ftell() 함수

형식

long ftell(fp)	← 정상 실행시 파일의 현재 위치를 나타내며 에러시 -1L값을 반환한다.
FILE * fp;	← 파일 포인터

ftell() 함수는 파일의 현재 위치를 함수값으로 되돌려준다. 이때 파일의 현재 위치는 파일의 시작점에서의 바이트 수로 나타낸다. 예를 들면, 파일이 open되면 현재 위치는 0이 된다. ftell() 함수의 수행이 실패하면 -1L을 반환한다.

다음의 예는 앞의 프로그램 13-23에서 생성된 ran.dat파일의 내용을 fseek()함수를 이용하여 이 파일 시작점에서 6바이트를 이동한 후 그 위치에 있는 파일의 내용 “김찬우”라는 데이터를 읽어서 화면에 출력한 후 다시 fseek() 함수를 이용하여 그 파일 끝으로 이동시킨 후, 다시 ftell() 함수를 이용하여 현재 위치를 파악하는 프로그램이다.

프로그램 13-28

```
#include <stdio.h>
 FILE *fp;          // 파일 포인터 선언
 void main()
  {
  char name[10];

  fp=fopen("a:ran.dat","r");  // a 드라이브에서 ran.dat 파일명으로 읽어내기 개방
  fseek(fp,6L,0); // 읽어내기 시작 위치(맨 처음에서 6바이트 떨어진 곳)를 나타냄.
  fgets(name,7,fp);        // 7바이트째부터 성명을 읽어 들인다.
  printf("%s \n",name);

  fseek(fp,0L,2);           // 파일의 맨 끝 위치를 가리킨다.
  printf("ran.dat 파일의 크기는? %d바이트이다. \n", ftell(fp));
  fclose(fp);                              //            ↓
  }        // 파일의 시작점에서 현재의 위치까지 파일의 크기를 나타낸다.
```

실행결과

```
김찬우
ran.dat 파일의 크기는? 18바이트이다.
```

해설

프로그램 13-23에 의해서 생성된 a:ran.dat 파일에서 6바이트 떨어진 위치의 데이터 "김찬우"를 읽어들인 후 fseek(fp, 0L, 2)에 의해 파일의 맨 끝을 현재 위치로 지정한 다음 ftell() 함수에 의해 파일의 시작점부터 파일의 끝지점까지의 데이터 크기를 byte수로 나타낸 것이다.

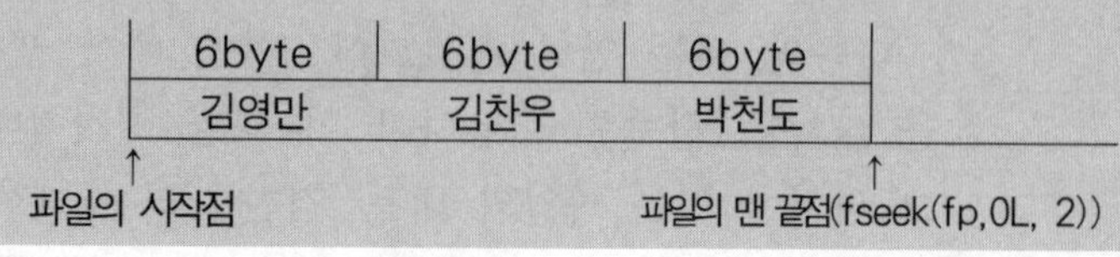

3. rewind() 함수

형식

```
int rewind(fp);    ← 파일의 위치를 시작점으로 되돌림.
FILE *fp;          ← 파일 포인터
```

rewind() 함수는 파일 포인터 fp가 가리키는 파일의 현재 위치를 그 파일의 선두 위치로 되돌린다. 이것은 fseek(fp, 0L, 0)와 같은 의미이며 함수값을 되돌리지 않는다.

프로그램 13-29

```
#include <stdio.h>
 void main()
  {
  int c;

  while((c=getchar())!=EOF)
    {
    switch(c)
     {
     case 'a' : printf("America \n\n"); break;
     case 'b' : printf("Korea \n\n"); break;
     case 'c' : printf("English \n\n"); break;
     default : printf("---< end >--- \n\n");
     break;
     }
     rewind(stdin);          // 파일의 현재 위치를 선두로 되돌림. EOF와
    }                        // 에러 플래그를 클리어함
  }
```

실행결과

```
a    Enter↵
America

c    Enter↵
English

b    Enter↵
Korea

e    Enter↵
---< end >---

^Z    ← Ctrl+Z
```

해설

키보드에서 한 문자 입력하고, 그 문자를 판정해서 분기하는 프로그램이다. 여기서, 입력은 a[Enter↵]키나 b[Enter↵]키로 한다고 했을 때, 이때 [Enter↵]키는 없어지지 않고 stdin 버퍼에 남아 있기 때문에, rewind(stdin)을 사용해 버퍼에 남아 있는 [Enter↵]키를 없앤다. 그렇지 않으면 a[Enter↵]키라는 입력에 대해 프로그램은 루프를 두 번 실행한다.

4. feof() 함수

형식

```
int feof(fp);      ← 정상 종료시 0, 에러 발생시 -1
FILE  *fp;         ← 파일 포인터
```

getc()나 fgets() 등은 파일의 끝이나 에러 발생시에 함수값으로 EOF(-1)을 되돌린다. 만약, -1이 반환되었을 때, feof()를 이용하여 파일의 끝인지 아닌지 구분할 수 있다. feof()는 파일의 끝이 아닌 경우에는 함수값으로 0을 되돌리고, 파일의 끝인 경우에는 0이 아닌 정수를 되돌린다.

프로그램 13-30

```
#include <stdio.h>
FILE  *fp;

void main()
 {

  fp=fopen("a:test3.txt","r");
  while(!feof(fp))// a 드라이브의 디스크에 생성된 파일을 읽어 내면서
  putchar(getc(fp));  // 파일의 끝이면 종료시킨다.
 }
```

실행결과

```
Do you know how strong Korea is today in
the world economy?
It's the world's 13th largest trading country.
```

해설

앞의 프로그램 13-14에서 만들어진 디스크 파일을 feof() 함수를 사용하여 이 파일 끝까지의 내용을 읽어서 화면에 출력하는 프로그램이다.

5. fflush() 함수

형식

```
int fflush(fp)      ← 버퍼를 비운다.
FILE  *fp;          ← 파일 포인터
```

파일 포인터 fp(또는 stdin)에 대한 버퍼를 모두 비운다. 이는 특히, 표준입력 파일, 즉 키보드로부터 데이터를 입력받는 경우, 이전에 입력되어 키보드에 대기하고 있는 데이터를 취소하거나 파일에 대한 출력을 확실히 하고자 할 때 사용한다.

fflush() 함수는 버퍼의 내용을 비우게 하지만, 파일을 닫게(close)하지는 않는다.

그리고, fflush() 함수가 성공적으로 수행되면 함수값으로 0을 반환하고, 그렇지 않으면 EOF를 되돌린다.

프로그램 13-31

```
#include <stdio.h>
void main()
 {
 char a,b;
 fscanf(stdin, "%c", &a);              // scanf("%c", &a)
 fscanf(stdin, "%c", &b);
 fprintf(stdout,"a=>%d, b=>%d \n",a,b);
 fscanf(stdin,"%c", &a);
 fflush(stdin);                  // 키보드 버퍼를 강제적으로 비운다.
 fscanf(stdin,"%c", &b);
 fprintf(stdout,"a=>%d, b=>%d \n",a,b);
 }
```

실행결과

```
G [Enter]     ← G 다음에 누른 리턴키 [Enter]는 키보드 버퍼에 보관된다.
a=>71, b=>10   ← G 다음에 누른 리턴키의 값
H [Enter]
I [Enter]
a=>72, B=>73
```

해설 fflush(stdin) 함수는 fscanf() 함수에 의해 입력한 문자 다음에 눌러졌던 [Enter]키를 버퍼에서 지우게 한다.

연습문제 (객관식)

1. 단일 문자열 입 · 출력함수 getchar( ), putchar( )에 필요한 헤더 파일은?

① #include 〈stdlib.h〉　② #include 〈conio.h〉
③ #include 〈ctype.h〉　④ include 〈stdio.h〉

2. 터보 C 컴파일러 사용시 EOF와 같은 뜻을 갖는 키보드는?

① Ctrl+Z　② Alt+Z
③ Ctrl+E　④ Alt+C

3. 공백(space)도 문자열로 받아들일 수 있는 문자열 입력 함수는?

① char str[10];
getchar (str);
② char *str;
getch (str);
③ char str[10]
gets(str);
④ char *str;
getc (*str);

4. 다음은 동일한 의미로 짝지워진 것이다. 동일한 의미로 짝지워지지 않은 것은?

① ch=getc(stdin); → ch=getchar();
② putc(ch, stdout); → putchar(ch);
③ getch(stdin); → gets();
④ fscanf(stdin, "%d", &a); →scanf("%d", &a);

5. 다음 중 고수준 파일 선언 형태로 옳게 표현된 것은?

① char *FP;　② int *fp;
③ file fp;　④ FILE *fp;

6. 파일 열기 명령문으로 잘못 나타낸 것은 ?

① fp=fopen("test.dat","wt");　② fp=fopen("test.dat","rt");
③ fp=fopen("test.dat", "ra");　④ fp=fopen("test.dat","wb");""

7. 문자열 "book"가 fgets( ) 함수에 의해 읽어낼 경우 버퍼에 저장된 형식은?

① | b | o | o | k | \n | \r |　② | b | o | o | k | \o | \n |
③ | b | o | o | k | \t | \n |　④ | b | o | o | k | \n | \o |

8. 파일 내에서 파일의 최초 시작 위치로부터 20바이트 뒤쪽으로 이동시킬 때의 명령문은?

① fseek(fp, -20L, 0);　　② fseek(fp, 20L, 0);
③ fseek(fp, -19L, 1);　　④ fseek(fp, 20L, 1);

9. 파일 포인터 *fp 또는 stdin에 대한 버퍼(buffer)를 비우게 하는 명령문은?

① fflush(stdin);　　② int feof(fp);
③ fscanf(stdin, "%c", &a);　　④ int rewind(fp);

10. 오픈(open)된 파일을 닫는 명령문은?

① feof(fp);　　② fend(fp);
③ fclose(fp);　　④ ftell(fp);

연습문제 (주관식)

1. 표준 입 · 출력함수란?

2. 표준 입 · 출력파일의 종류를 들고 설명하시오.

3. 버퍼(buffer)란 무엇이며 버퍼 사용 프로그램의 예를 드시오.

4. 다음 A, B 프로그램의 차이점을 기술하시오.

```
(A 프로그램)
#include 〈stdio.h〉
void main( )
 {
  int c;
while ((c=getchar( )) !=EOF)
putchar(a);
 }

(B 프로그램)
#include 〈stdio.h〉
void main( )
 {
  int a;
while ((a=getc(stdin)) !=EOF)
putchar(a,stdout);
 }
```

5. 다음과 같은 입력 레코드 형식으로 data.txt 파일에 써넣는 프로그램을 작성하시오.

8byte	10byte	3byte	3byte	3byte
학번	성명	국어	영어	수학

Visual C++로 구현한 **C 프로그래밍**

인 쇄 : 2014년 2월 17일　발 행 : 2014년 2월 21일

글쓴이 : 김정호·김충혁·이부형

펴낸이 : 정 병 국

펴낸데 : **웅보출판사**

서울특별시 강서구 양천로 [illegible] 비즈메트로 1차 413호

TEL (02) 326-1497

FAX (02) 326-1843

등록번호 2-1033호　등록일 1991년 5월 30일

값 25,000원

Woongbo

Publish Company

Publish Company

Woongbo

Woongbo
Publish Company